2025

PAULO DE BESSA ANTUNES

SANÇÕES ADMINISTRATIVAS AMBIENTAIS

DECRETO 6.514/2008

Dados Internacionais de Catalogação na Publicação (CIP) de acordo com ISBD

A636s   Antunes, Paulo de Bessa

         Sanções administrativas ambientais: Decreto 6.514/2008 / Paulo de Bessa Antunes. - Indaiatuba, SP : Editora Foco, 2025.

         312 p. ; 17cm x 24cm.

         Inclui índice e bibliografia.
         ISBN: 978-65-6120-489-7
         1. Direito ambiental. I. Título.

2025-1329   CDD 341.347   CDU 34:502.7

Elaborado por Odilio Hilario Moreira Junior - CRB-8/9949
Índices para Catálogo Sistemático:

     1. Direito ambiental 341.347
     2. Direito ambiental 34:502.7

PAULO DE BESSA ANTUNES

SANÇÕES ADMINISTRATIVAS AMBIENTAIS

DECRETO 6.514/2008

2025 © Editora Foco
Autor: Paulo de Bessa Antunes
Diretor Acadêmico: Leonardo Pereira
Editor: Roberta Densa
Coordenadora Editorial: Paula Morishita
Revisora Sênior: Georgia Renata Dias
Revisora Júnior: Adriana Souza Lima
Capa Criação: Leonardo Hermano
Diagramação: Ladislau Lima e Aparecida Lima
Impressão miolo e capa: FORMA CERTA

DIREITOS AUTORAIS: É proibida a reprodução parcial ou total desta publicação, por qualquer forma ou meio, sem a prévia autorização da Editora FOCO, com exceção do teor das questões de concursos públicos que, por serem atos oficiais, não são protegidas como Direitos Autorais, na forma do Artigo 8º, IV, da Lei 9.610/1998. Referida vedação se estende às características gráficas da obra e sua editoração. A punição para a violação dos Direitos Autorais é crime previsto no Artigo 184 do Código Penal e as sanções civis às violações dos Direitos Autorais estão previstas nos Artigos 101 a 110 da Lei 9.610/1998. Os comentários das questões são de responsabilidade dos autores.

NOTAS DA EDITORA:
Atualizações e erratas: A presente obra é vendida como está, atualizada até a data do seu fechamento, informação que consta na página II do livro. Havendo a publicação de legislação de suma relevância, a editora, de forma discricionária, se empenhará em disponibilizar atualização futura.
Erratas: A Editora se compromete a disponibilizar no site www.editorafoco.com.br, na seção Atualizações, eventuais erratas por razões de erros técnicos ou de conteúdo. Solicitamos, outrossim, que o leitor faça a gentileza de colaborar com a perfeição da obra, comunicando eventual erro encontrado por meio de mensagem para contato@editorafoco.com.br. O acesso será disponibilizado durante a vigência da edição da obra.

Impresso no Brasil (4.2025) – Data de Fechamento (4.2025)

2025
Todos os direitos reservados à
Editora Foco Jurídico Ltda.
Rua Antonio Brunetti, 593 – Jd. Morada do Sol
CEP 13348-533 – Indaiatuba – SP

E-mail: contato@editorafoco.com.br
www.editorafoco.com.br

ABREVIATURAS

ACO – Ação Cível Originária
AI – Auto de Infração
ANM – Agência Nacional de Mineração
APA – Área de Proteção Ambiental
APP – Área de Preservação Permanente
Art. – artigo
CCB – Código Civil Brasileiro
CF – Constituição Federal
CONAMA – Conselho Nacional do Meio Ambiente
CTN – Código Tributário Nacional
DOF – Documento de Origem Florestal
e.g. – exemplo gratia (por exemplo)
GEE – Gases de efeito estufa
IBAMA – Instituto Brasileiro do Meio Ambiente e dos Recursos Naturais Renováveis
ICMBio – Instituto Chico Mendes de Conservação da Biodiversidade
IN – Instrução Normativa
IPHAN – Instituto do Patrimônio Histórico e Artístico Nacional
LC – Lei Complementar
LICC – Lei de Introdução ao Código Civil
MPA – Ministério da Pesca e Aquicultura
MPF – Ministério Público Federal
PMFS – Plano de Manejo Florestal Sustentável
PNMA – Política Nacional do Meio Ambiente
PNQA – Política Nacional de Qualidade de Ar
PNRS – Política Nacional de Resíduos Sólidos
PRAD – Plano de Recuperação de Áreas Degradas
REsp – Recurso Especial
RPPN – Reserva Particular do Patrimônio Natural

Sinaflor – Sistema Nacional de Controle da Origem dos Produtos Florestais
SISNAMA – Sistema Nacional do Meio Ambiente
STF – Supremo Tribunal Federal
STJ – Superior Tribunal de Justiça
UC – Unidade de Conservação

APRESENTAÇÃO

O importante Decreto 6.514/2008 tem merecido pouca atenção dos juristas, sendo raras as obras que se dedicam a estudá-lo. Entretanto, o interesse dos advogados e demais profissionais da área ambiental é enorme. O Decreto, embora seja federal, tem sido adotado por muitos Estados e Municípios, tendo, portanto, uma abrangência nacional e não meramente federal.

Este livro retoma o conteúdo dos Comentários ao Decreto 6.514/2008 (infrações administrativas contra o meio ambiente) lançado em 2010 pela Editora Lúmen Juris. 14 anos depois do lançamento da obra, percebe-se que o Decreto 6.514/2008 se tornou um corpo amorfo, confuso e assistemático devido às inúmeras mudanças que sofreu ao longo dos anos. Este livro busca sistematizar os assuntos contidos no Decreto, dando-lhes um mínimo de coerência e organização. Por esse motivo, a fórmula de comentário artigo por artigo foi abandonada, dado que não há uma sequência lógica entre os artigos que, em muitos casos, se sucedem de forma quase que anárquica.

A redação do Decreto deixa a desejar, os erros jurídicos são muitos, a utilização inadequada de conceitos jurídicos, as contradições e equívocos são uma constante da norma.

A principal questão, no entanto, é o déficit de legalidade que o Decreto encerra; todavia, ele tem sido reconhecido pelos tribunais nacionais.

Apesar de todos os seus defeitos, o Decreto 6.514/2008 tem prestado relevantes serviços à proteção do meio ambiente.

Este livro tem conteúdo eminentemente prático e está voltado para os profissionais do meio ambiente, estejam na esfera pública ou na privada. Há uma vasta apresentação jurisprudencial que, espero, possa ser útil aos profissionais.

SUMÁRIO

ABREVIATURAS V

APRESENTAÇÃO VII

1ª PARTE
AS SANÇÕES ADMINISTRATIVAS

CAPÍTULO 1 – AS INFRAÇÕES E AS SANÇÕES ADMINISTRATIVAS AMBIENTAIS.. 3

   1.1 Considerações gerais 3
       1.1.1 Tipos em branco e abertos 5
       1.1.2 Violação do princípio da legalidade 7
              1.1.2.1 Crime e ilícito administrativo 9
   1.2 Poder de polícia ambiental e infração administrativa 10
       1.2.1 Poder de polícia ambiental 10
       1.2.2 *Non bis in idem* 14
   1.3 As sanções administrativas 18
       1.3.1 Advertência 19
       1.3.2 Multas (simples e diária) 20
       1.3.3 Apreensão dos animais, produtos e subprodutos da fauna e flora e demais produtos e subprodutos objeto da infração, instrumentos, petrechos, equipamentos ou veículos de qualquer natureza utilizados na infração.. 22
       1.3.4 Destruição ou inutilização de produto................................ 23
       1.3.5 Suspensão de venda ou fabricação do produto................ 24
       1.3.6 Embargo de obra ou atividade e de suas respectivas áreas 24
       1.3.7 Demolição de obra 27
       1.3.8 Suspensão parcial de obra ou atividade............................. 30
       1.3.9 Valores das multas e caracterização de negligência ou dolo 31

CAPÍTULO 2 – A IMPOSIÇÃO DAS SANÇÕES 33
    2.1   Advertência 38
    2.2   Multas 41
    2.3   Demais sanções administrativas 51

CAPÍTULO 3 – PRESCRIÇÃO E DANO 67
    3.1   Aspectos gerais 67
    3.2   Base legal 72
    3.3   Reparação do dano 74
    3.4   Taxa de Controle a Fiscalização Ambiental (TCFA) 75

CAPÍTULO 4 – INFRAÇÕES ADMINISTRATIVAS CONTRA A FAUNA 77
    4.1   Proibição de maus-tratos 86
    4.2   Ilícitos administrativos relativos à pesca 94

CAPÍTULO 5 – INFRAÇÕES ADMINISTRATIVAS CONTRA A FLORA 113
    5.1   Proteção às florestas e demais formas de vegetação 113
    5.2   Ilícitos administrativos relativos aos produtos madeireiros 116
    5.3   Impedimento de regeneração de vegetação e danos à vegetação ... 120
    5.4   Política nacional de manejo integrado do fogo 142

CAPÍTULO 6 – INFRAÇÕES RELATIVAS À POLUIÇÃO E OUTRAS INFRAÇÕES AMBIENTAIS 151
    6.1   Poluição atmosférica 157
          6.1.1   Lei 14.850/2024 (Política Nacional de Qualidade do Ar) 158
    6.2   Poluição sonora 163
    6.3   Dificultar o uso de praias 163
    6.4   Ausência de destinação adequada 164
    6.5   Mineração 166
    6.6   Produtos tóxicos e perigosos 169
    6.7   Ausência de licenciamento ambiental 170
    6.8   Outras infrações 173

CAPÍTULO 7 – INFRAÇÕES CONTRA O ORDENAMENTO URBANO E O PATRIMÔNIO CULTURAL 175

7.1 A matéria na Constituição Federal 175

    7.1.1 O papel dos municípios 177

7.2 Os tipos administrativos 180

CAPÍTULO 8 – INFRAÇÕES CONTRA A ADMINISTRAÇÃO AMBIENTAL 187

8.1 Fiscalização 195

8.2 Falta de apresentação de documentos 201

8.3 Estudos ambientais 203

CAPÍTULO 9 – INFRAÇÕES COMETIDAS EXCLUSIVAMENTE EM UNIDADES DE CONSERVAÇÃO 205

9.1 Pesquisa científica e exploração de imagem 207

9.2 Plano de manejo 209

9.3 Dano 211

2ª PARTE
PROCESSO ADMINISTRATIVO PARA APURAÇÃO DE INFRAÇÕES AMBIENTAIS

CAPÍTULO 10 – A AUTUAÇÃO 219

10.1 A legalidade constitucional 219

10.2 Procedimento e processo administrativo ambientais 220

    10.2.1 Os princípios do processo 222

10.3 A autuação 224

    10.3.1 O auto de infração 227

        10.3.1.1 Vícios do Auto de Infração e prescrição 227

            10.3.1.1.1 Vícios sanáveis e insanáveis dos autos de infração 230

10.4 Mecanismos alternativos de solução de controvérsias 240

    10.4.1 A necessária adoção de mecanismos alternativos de solução de disputas 241

CAPÍTULO 11 – A DEFESA ADMINISTRATIVA 249

11.1 A defesa técnica 250

11.2 PRAZOS PROCESSUAIS 253

11.2.1 O prazo razoável 253

11.2.2 Preclusão e preclusão administrativa 255

CAPÍTULO 12 – INSTRUÇÃO E JULGAMENTO DO AUTO DE INFRAÇÃO 257

12.1 A instrução 257

12.2 A produção de provas 258

12.3 Alegações finais 260

12.3.1 Intimação por edital 264

12.4 O julgamento administrativo 269

CAPÍTULO 13 – RECURSOS 273

CAPÍTULO 14 – DO PROCEDIMENTO RELATIVO À DESTINAÇÃO DOS BENS E ANIMAIS APREENDIDOS 277

CAPÍTULO 15 – PROCEDIMENTO DE CONVERSÃO DE MULTA SIMPLES EM SERVIÇOS DE PRESERVAÇÃO, MELHORIA RECUPERAÇÃO DA QUALIDADE DO MEIO AMBIENTE 281

15.1 Programa Nacional de Conversão de Multas do Ibama (PNCMI) 281

15.2 Dificuldades para a execução da conversão das multas 285

15.3 Implementação da conversão da multa 287

CAPÍTULO 16 – DISPOSIÇÕES FINAIS 291

REFERÊNCIAS 295

1ª PARTE
AS SANÇÕES ADMINISTRATIVAS

Capítulo 1
AS INFRAÇÕES E AS SANÇÕES ADMINISTRATIVAS AMBIENTAIS

As infrações e as respectivas sanções decorrentes da violação das normas de proteção ao meio ambiente são importantes instrumentos para a garantia da boa qualidade ambiental. este capítulo busca examinar o tema à luz do direito positivo brasileiro.

1.1 CONSIDERAÇÕES GERAIS

O Decreto 6.514/2008 estabelece as bases para a imputação de responsabilidade administrativa para quem, por ação e/ou omissão, lesione o bem jurídico meio ambiente, assim como desobedeça às determinações dos órgãos de controle ambiental, conforme previsto abstratamente pelo § 3º do artigo 225 da CF. O parágrafo constitucional determina a tríplice responsabilidade ambiental, que se desdobra nas esferas administrativa, civil e penal. A norma, entretanto, não estabelece que *necessariamente* as três vertentes da responsabilidade ambiental incidam sobre um mesmo fato e um mesmo autor. Este ponto será examinado mais à frente, levando em consideração em especial a, cada vez maior, aproximação entre a responsabilidade administrativa e a penal; e, também, a natureza federal do Estado Brasileiro. Em ambos os casos têm sido bastante comum a imputação dupla de responsabilidade (bis in idem).

O Decreto 6514/2008 foi baixado pelo chefe do Executivo no uso de sua competência regulamentar definida pelo inciso IV do art. 84 da Constituição Federal, com vistas a regulamentar a Lei 9.605/1998. A Lei 9.605/1998 é um texto jurídico de má qualidade, com pretensões a abarcar múltiplas áreas do direito, *e.g*, direito administrativo, direito internacional e direito penal. Entretanto, é uma norma basicamente de direito penal. Há que se registrar que a Lei 9.605/1998 não dispõe sobre tipos administrativos, limitando-se a estabelecer uma responsabilidade administrativa genérica, conforme se percebe de seu artigo 70 ("Considera-se infração administrativa ambiental toda ação ou omissão que viole as regras jurídicas de uso, gozo, promoção, proteção e recuperação do meio ambiente"). Assim, como se verá mais adiante, o Decreto 6.514/2008 se assemelha, em muitos aspectos, aos regulamentos autônomos que, em nosso ordenamento jurídico são extremamente limitados, haja vista que somente podem dispor sobre: (1) organização e funcionamento da administração federal, quando não implicar aumento de despesa nem criação ou extinção de órgãos públicos e (2) extinção de funções ou cargos públicos, quando vagos. Contudo, o Poder Judiciário tem reconhecido a legalidade do regulamento.

Nesse ponto é relevante relembrar a lição de Maria Sylvia Zanella di Pietro, no sentido de que o decreto, "quando comparado à lei, que é *ato normativo originário* (porque cria direito novo originário de órgão estatal dotado de competência própria derivada da Constituição), o decreto regulamentar é *ato normativo derivado* (porque não cria direito novo, mas apenas estabelece nomas que permitam explicitar a forma de execução da lei)" (Pietro, 2022, p. 240). Ao analisarem o Decreto 3.179/1999, Nicolao Dino de Castro, Ney de Barros Bello Filho e Flávio Dino de Castro e Costa assumem posição ambígua, pois afirmam que:

> [a]lmejou-se, assim, superar a situação em que, por estarem tais temas regulados eminentemente por atos infralegais, as penas administrativas impostas eram desconstituídas pelo Poder Judiciário, mormente no que se refere às multas.
>
> Contudo, é possível que a mesma tese que fez nascer tal orientação jurisprudencial continue a ser apresentada aos Tribunais a fim de justificar pleitos de desconstituição de sanções impostas pela Administração. Desta feita, invocar-se-ia o caráter genérico do dispositivo em exame, implicando afronta ao princípio da tipicidade – corolário do da legalidade.
>
> Não se pode catalogar esta preocupação como absurda, na medida em que o artigo 5º, inciso II da Carta Magna não deixa espaço para a edição de decretos autônomos, com eficácia externa, gerando direitos e obrigações para os cidadãos. Neste sentido especificamente na seara do Direito Administrativo sancionador, em recente julgamento o STF sublinhou a necessária submissão do direito de punir – titularizado pela Administração – ao princípio da legalidade estrita.[1] (Castro, Bello e Costa, 2000, p. 324).

Contraditoriamente, afirmam: "[s]em embrago, considera-se o artigo em comento como suficiente para dar suporte à atividade administrativa de promoção, proteção e recuperação do meio ambiente" (Castro; Bello e Costa, 2000, p. 324) como fundamento normativo suficiente para que o Executivo expeça regulamento tipificando os ilícitos administrativos puníveis. O entendimento do ilustre membro do MPF Nicolao Dino de Castro e Costa Neto é no sentido de que na busca de "estabelecer maior nitidez" ao tipo aberto contido no artigo 70 da Lei 9.605/1998 é que o decreto foi baixado (Costa NETO, 2003). Em meu ponto de vista, o entendimento não se sustenta. É pouco razoável que um único artigo de lei possa se transmutar em mais de 70 tipos administrativos. Veja-se que leis ambientais posteriores fugiram da fórmula genérica, deixando claro que a infração administrativa é uma violação da lei específica que regula uma determinada matéria, conforme o regulamento.

---

1. Normas por meio das quais a autarquia, sem lei que o autorizasse, instituiu taxa para registro de pessoas físicas e jurídicas no Cadastro Técnico Federal de Atividades Potencialmente Poluidoras ou Utilizadoras de Recursos Ambientais, e estabeleceu sanções para a hipótese de inobservância de requisitos impostos aos contribuintes, com ofensa ao princípio da legalidade estrita que disciplina, não apenas o direito de exigir tributo, mas também o direito de punir. Plausibilidade dos fundamentos do pedido, aliada à conveniência de pronta suspensão da eficácia dos dispositivos impugnados. Cautelar deferida. STF. ADI 1823 MC/DF – Relator(a): Min. Ilmar Galvão, Julgamento: 30.04.1998. Publicação: 16.10.1998. Tribunal Pleno.

Lei 11.105/2005	Art. 21. Considera-se infração administrativa toda ação ou omissão que *viole as normas previstas nesta Lei* e demais disposições legais pertinentes
Lei 13.123/2015	Art. 27. Considera-se infração administrativa contra o patrimônio genético ou contra o conhecimento tradicional associado toda ação ou omissão que *viole as normas desta Lei*, na forma do regulamento.
Lei 14.785/2023	Art. 52. Considera-se infração administrativa toda ação ou omissão que *viole as normas previstas nesta Lei* e as demais disposições legais pertinentes.

O próprio legislador abandonou a fórmula contemplada no artigo 70 da Lei 9.605/1998 o que, por si só, nos leva a pôr em dúvida o modelo adotado pela lei de crimes ambientais.

1.1.1 Tipos em branco e abertos

Cabe, preliminarmente, observar que o Decreto 6514/2008 é formado por (1) tipos em branco e (2) tipos em aberto. Curiosamente, a ordem constitucional inaugurada em 1988, tem dado margem à ampliação das esferas meramente administrativas em detrimento da legalidade estrita, o que é, em meu entendimento, contraditório, haja vista que a Lei Fundamental é bastante clara ao prestigiar o princípio da legalidade administrativa que está expressamente previsto no caput de seu artigo 37. Entretanto, em nome de uma suposta necessidade de celeridade, combinada com uma certa ansiedade ambiental, a violação da legalidade tem sido justificada frequentemente. De fato, a jurisprudência tem admitido como legal, a ilegalidade congênita contida no Decreto 6.514/2008. O STJ entende que o artigo 70 da Lei 9.605/1998 é suficiente para justificar a imposição de sanções.[2]

Vladimir Passos de Freitas, analisando o acórdão proferido no REsp 1091486/RO, se pronunciou no sentido de que:

> [d]e fato, a mesma conduta descrita no art. 46 da Lei 9.605/1998 está também enunciada no art. 47 do Decreto 6.514/2008. Assim, é verdade que o dispositivo constante da Lei de Crimes Ambientais, utilizado como base para a autuação, é um delito penal. Contudo, *se combinado com a descrição genérica do art. 70 da Lei 9.605/1998*, em conjunto com o artigo do decreto regulamentador ora mencionado, confere

---

2. (...) 5. Considera-se infração administrativa ambiental, conforme o disposto no art. 70 da Lei 9.605/98, toda ação ou omissão que viole as regras jurídicas de uso, gozo, promoção, proteção e recuperação do meio ambiente. 6. O art. 46 do mesmo diploma legal, por seu turno, classifica como crime ambiental o recebimento, para fins comerciais ou industriais, de madeira, lenha, carvão e outros produtos de origem vegetal, sem exigir a exibição de licença do vendedor, outorgada pela autoridade competente, e sem munir-se da via que deverá acompanhar o produto até final beneficiamento. 7. Conquanto se refira a um tipo penal, a norma em comento, combinada com o disposto no art. 70 da Lei 9.605/98, anteriormente mencionado, confere toda a sustentação legal necessária à imposição da pena administrativa, não se podendo falar em violação do princípio da legalidade estrita. 8. Recurso especial provido, para denegar a segurança anteriormente concedida (STJ, REsp 1091486/RO, 1ª Turma, Relatora Ministra Denise Arruda, Publicação: 06/05/200902009-05-06).

o respaldo legal necessário à imposição da pena por parte de uma autoridade administrativa, no caso, oriunda de um órgão ambiental.[3]

Diferentemente da compreensão da Corte, penso que, em matéria de direito sancionador, não há como se afastar a legalidade estrita; inclusive sob pena de que o Executivo altere os tipos administrativos ao sabor das conveniências momentâneas, em flagrante agressão à segurança jurídica, como tem ocorrido.

Penso que há incompreensão do conceito de tipo aberto e, ao mesmo tempo, uma mistura entre os conceitos de "norma penal em branco" e do "tipo aberto". Incidentalmente, é necessário esclarecer que normas definidoras de condutas administrativas típicas e puníveis integram um conceito amplo de direito penal, ou um direito administrativo penal. Celso Antônio Bandeira de Mello afirma que se reconhece a natureza administrativa de uma infração pela sanção que lhe corresponde, e ela é revelada pela autoridade encarregada de aplicá-la. "Não há, pois, cogitar de qualquer distinção substancial entre infrações e sanções administrativas e sanções penais" (Mello, 2023, p. 761).

Não deve passar em claro o fato de que o artigo 79 da Lei 9.605/1998 determina a aplicação subsidiária dos preceitos do Código Penal e do Código de Processo Penal quando necessário preencher alguma lacuna. Registre-se que o legislador não fez qualquer reserva em relação ao artigo 70. No caso das sanções estabelecidas pelo Decreto 6.514/2008 a sua repercussão sobre a esfera individual do infrator é de elevada monta. A maior multa aplicável é de R$ 50.000.000,00, valor que desde julho de 2008 permanece inalterado;[4] a sua correção pelo IGPM (FGV) até o mês de outubro de 2024 traria o valor para R$ 146.269.315,00. Vale anotar que, no particular, a Administração está descumprindo o artigo 9º do regulamento que determina a correção periódica do valor das multas ambientais.[5] Logicamente, o poder dissuasório do valor diminui muito, mesmo sendo um valor absoluto elevado. Por outro lado, a tendência moderna é a diminuição do espaço reservado à atuação o direito penal e a ampliação da área própria das sanções administrativas, com multas e restrições mais severas. Por consequência, necessário se faz que a administração tenha reduzido o seu campo de discricionariedade quanto à definição das condutas puníveis, sob pena de retrocesso na esfera dos direitos e garantias individuais e rompimento com o princípio da legalidade.

---

3. Disponível em: https://www.stj.jus.br/docs_internet/revista/eletronica/stj-revista-eletronica-2015_237_cap-DireitoAmbientalAdministrativo.pdf. Acesso em: 03 nov. 2024.
4. Parecer 100/2014/CGOR/CGU/AGU. Direito administrativo. Multa administrativa. Atualização. UFIR. IPCA-E. O fato de não constar do art. 7º da Lei 7.102/83 a expressa previsão de possibilidade de substituição da UFIR por um outro índice não importa em inaplicação ou congelamento das multas, podendo as mesmas serem corrigidas pelo IPCA-E, índice que, nos termos da jurisprudência do STJ, substituiu a UFIR. Entendimento em sentido contrário esvaziaria e tornaria inócua a atividade fiscalizatória do Estado, além de contribuir para o enriquecimento sem causa dos sancionados. Disponível em: https://sapiens.agu.gov.br/documento/430579. Acesso em: 10 dez. 2024.
5. Art. 9º O valor da multa de que trata este Decreto será corrigido, periodicamente, com base nos índices estabelecidos na legislação pertinente, sendo o mínimo de R$ 50,00 (cinquenta reais) e o máximo de R$ 50.000.000,00 (cinquenta milhões de reais).

As normas penais em branco demandam preenchimento por parte da administração, a obediência a padrões e parâmetros de lançamento de efluentes ou de emissões atmosféricas que são fixados pelo órgão de controle ambiental. O tipo aberto é o que permite que o aplicador da norma se utilize de uma grande dose de discricionariedade, levando à insegurança quanto à sua abrangência.

1.1.2 Violação do princípio da legalidade

O regime constitucional brasileiro estabelece que a Administração Pública obedeça a uma série de princípios arrolados no *caput* do artigo 37 da CF, entre os quais se destaca o da *legalidade administrativa*. Ele, segundo André de Carvalho Ramos, possui várias dimensões: (1) princípio da reserva absoluta de lei; (2) princípio da reserva relativa de lei; (3) princípio da reserva de lei formal e (4) princípio da reserva de lei material. Há reserva absoluta de lei quando o tema de determinada matéria for completamente regido por lei; não deixando espaço para o poder regulamentar; a reserva relativa ocorre nas hipóteses em que a matéria é regida por lei, admitindo a atuação do poder regulamentar, "com espaço para a atuação discricionária do agente"; a reserva de lei formal indica que determinada matéria só pode ser regida por um ato legislativo emanado do Congresso Nacional, se federal, e que integre o processo legislativo;[6] a reserva de lei material indica que a matéria deve ser regida por atos normativos "equiparados à lei", ainda que não tenham origem no Poder Legislativo. Cuida-se de hipótese restrita: (1) medidas provisórias; (2) lei delegada e (3) decretos relativos à organização e funcionamento da administração pública, desde que não aumentem despesa ou a criação e/ou extinção de órgãos públicos, ou extinção de funções ou extinção de cargos públicos quando vagos (Ramos, 2024).

Quando há violação de normas administrativas e há necessidade de punição para o infrator, o princípio da legalidade se desdobra em outro que é o da *reserva legal*. Não se discute da necessidade de estabelecer limites à atividade pública e particular com vistas a garantir a salubridade ambiental. O ponto da discussão está no *método* utilizado para a definição das restrições. O procedimento escolhido pela administração faz com que a simples prática de um ilícito administrativo, em tese, se transforme em prática de ilícito penal. Aliás, deve ser registrado que a expressão *crime ambiental* se vulgarizou de tal forma que, até os órgãos ambientais têm feito confusão entre os ilícitos. No caso da imposição de sanções administrativas a particulares, deve ser acrescentado ao princípio da legalidade o da *reserva de lei*. Isso porque o poder administrativo não pode agir autonomamente, salvo nas restritíssimas hipóteses estabelecidas pela CF (art. 84, VI), conforme já foi visto acima.

---

6. CF. Art. 59. O processo legislativo compreende a elaboração de: I – emendas à Constituição; II – leis complementares; III – leis ordinárias; IV – leis delegadas; V – medidas provisórias; VI – decretos legislativos; VII – resoluções. Parágrafo único. Lei complementar disporá sobre a elaboração, redação, alteração e consolidação das leis.

As infrações administrativas previstas no Decreto 6.514/08 têm evidente caráter penal (sancionador), e nem poderia ser diferente, haja vista que o mencionado decreto pretende "regulamentar" uma lei que, em essência, é penal, muito embora trate de outras matérias também. Lucas Rocha Furtado (2007, p. 145), ex-Procurador-Geral do Tribunal de Contas da União, sobre o tema entende que:

[a]firmar que ninguém, vale dizer que os particulares somente podem ser obrigados a fazer ou a deixar de fazer algo em função da lei tem o mesmo sentido que afirmar que a Administração Pública somente pode intervir no âmbito de atuação dos particulares impondo-lhes obrigações, condicionando-lhes o exercício de atividades, limitando-lhes o exercício de direitos, por exemplo, ao se utilizar de lei".

Para concluir a crítica que ora se faz, mesmo correndo o risco de repetição enfadonha, cumpre assinalar que a doutrina mais moderna e conforme com a realidade de uma Constituição democrática tem afirmado que, "os tipos devem ser claros, suficientemente densos, dotados de um mínimo de previsibilidade quanto aos seus conteúdos" (Osório, 2000, p. 2010) e acrescenta: "dentre as possíveis consequências da cláusula constitucional do devido processo legal, destaca-se a ideia de que as normas sancionadoras não podem ser excessivamente vagas, pois devem ser redigidas com a suficiente clareza e precisão, dando justa notícia a respeito de seu conteúdo proibitivo" (Osório, 2000, p. 211).

Analistas apressados do artigo 70 da Lei 9.605/1998 poderiam argumentar que o legislador estabeleceu uma cláusula geral e que, em tese, teria deixado ao administrador definir concretamente as hipóteses, estas sim típicas, nas quais a cláusula geral restaria violada. Não se sustenta o argumento, pois "não é possível uma lei sancionadora delegar em sua totalidade, a função tipificatória à autoridade administrativa, pois isso equivaleria uma insuportável deterioração da normalidade legal sancionadora, violentando-se a garantia de legalidade" (Osório, 2000, p. 218).

Heraldo Garcia Vitta (2003, p. 91), com inteira razão, afirma que:

pouco valeria o princípio da legalidade se o administrador pudesse impor penalidades administrativas sem que houvessem sido definidos, com antecedência e de maneira exaustiva, os comportamentos que são pressupostos de sanções. Do mesmo modo, o referido princípio seria ineficaz se, acaso, o administrador pudesse determinar as infrações por atos subalternos da lei, ficando ao Legislativo, apenas a enumeração das respectivas penalidades.

O modelo federal de criação de tipos administrativos a partir de preceitos legais genéricos tem sido rejeitado por várias ordens jurídicas estaduais, *e.g*, os seguintes estados: (1) Alagoas (Lei 6.787/2006); (2) Amapá (Lei Complementar 5/1994); (3) Espírito Santo (Lei 7.058/2002); (4) Maranhão (Lei 5.405/1992); (5) Pará (Lei 5.887/1995; (6) Pernambuco (Lei 14.249/2010); (7) Piauí (Lei 4854/1996); (8) Rio de Janeiro (Lei 5.427/2009) e (9) Tocantins (Lei 261/1991). Da mesma forma, outras leis federais, também trazem tipos administrativos definidos, *e.g.*, (1) Lei 9.433/1997 e (2) Lei 9966/2000.

1.1.2.1 *Crime e ilícito administrativo*

As relações entre direito penal e proteção ambiental são controversas, havendo muita divergência entre a doutrina especializada. O fato é que o direito penal representa o grau máximo de reprovabilidade social de uma conduta. Dessa forma, o crime significa a ação humana mais reprovável. No Brasil, a tutela penal ambiental tem sua origem na própria Constituição Federal (artigo 225, § 3º) e se estende às pessoas jurídicas (artigo 173, § 5º). A Lei 9605/1998 tem sido objeto de críticas por ser "dura demais". De fato, a crítica à "dureza" da lei não corresponde à realidade.

Em uma época na qual os desastres, acidentes e incidentes ambientais têm causado enormes danos à sociedade e aos indivíduos, para não falar da destruição do próprio ambiente, as penas imputadas aos agentes responsáveis refletem a opção política adotada. Registre-se que a punição aos crimes contra o patrimônio, em regra, é mais severa do que as penas correspondentes aos crimes ambientais.

O crime de poluição previsto no artigo 54 da Lei 9.605 1998 implica na imposição da pena de reclusão de 1 a 4 anos. Caso o crime seja praticado na modalidade culposa, a pena correspondente é de detenção de 6 meses a 1 ano. Nos casos mais graves, a pena de reclusão varia de 1 a 5 anos, e.g., se a poluição tonar uma área, urbana ou rural, imprópria para ocupação humana, ou no caso de poluição hídrica que torne necessária a interrupção do abastecimento público de água de uma comunidade.

A Lei 9605/1998 admite a imputação de crime ambiental aos diferentes dirigentes de uma empresa, que, tomando conhecimento de conduta criminosa, podendo, deixa de tomar as providências necessárias para interromper a prática do ilícito. No caso do gravíssimo acidente de Mariana (rompimento da barragem de Fundão em novembro de 2015), seis pessoas foram, inicialmente, indiciadas pelo crime de poluição hídrica (pena máxima de 5 anos de reclusão).

O código penal estabelece que o crime é punível com pena de reclusão de 1 a 4 anos; o furto qualificado é punível com pena de reclusão de 2 a 8 anos. A diferença entre furto e roubo se dá pelo emprego de violência no segundo. Logo, cria-se uma situação na qual um indivíduo que furta um pacote de margarina em um supermercado,[7] em tese, pode receber uma punição igual ou maior do que o autor do crime de poluição hídrica que afete o abastecimento de água de uma comunidade inteira.[8]

---

7. A empregada doméstica Angélica Aparecida Souza Teodoro, de 19 anos, foi condenada pela 23ª Vara Criminal de São Paulo a quatro anos de prisão em regime semiaberto pelo furto de um pote de manteiga, no valor de R$ 3,20, no dia 16 de novembro de 2005, em um mercado no Jardim Maia, na Zona Leste de São Paulo. Ângela responde ao processo em liberdade. A decisão é do dia 10 de novembro de 2006. Disponível em: https://g1.globo.com/Noticias/Brasil/0,,AA1377229-5598,00.html. Acesso em: 25 dez. 2024.
8. 1. A prescrição da pretensão punitiva pode operar-se entre a data da consumação do crime e a do recebimento da denúncia ou queixa, entre a data do recebimento da denúncia ou da queixa e a publicação da sentença recorrível e entre esta e o trânsito em julgado, sendo que, havendo trânsito em julgado para a acusação, regula-se pela pena aplicada, a teor do § 1º do art. 110 do Código Penal. 2. Considerando que o apelante foi condenado pela prática do crime ambiental de poluição hídrica (art. 54, § 2º, III, da Lei 9.605/98) à pena de definitiva de 02 (dois) anos de reclusão, com a denúncia tendo sido recebida em 16.05.2013 e sentença publicada em

Além da evidente desproporção é importante observar que é muito pequeno o número de pessoas que cumprem penas pela prática de crimes ambientais. Existem dados do Conselho Nacional de Justiça que indicam os seguintes números, apurados em 12 meses, até agosto de 2024:

- *Dano ambiental*: 7.724;
- *Crimes contra a flora*: 4.700;
- *Crimes contra a fauna*: 3.884;
- *Indenização por dano ambiental*: 3.238; e
- *Crimes contra o meio ambiente e o patrimônio genético*: 2.820.

O CNJ indica que, de cada 400 casos relacionados a crimes ambientais, somente 1 resulta em prisão efetiva do autor.[9] A imensa maioria dos chamados crimes ambientais é formada por crimes de pequeno potencial ofensivo, acarretando, em caso de condenação, a imputação de penas alternativas, em especial sendo os réus primários. A baixa eficácia do direito penal ambiental nos indica que medidas tais como o aumento de penas para os crimes, estão longe de solucionar os problemas. O que se pode esperar do aumento e penas, infelizmente, é o reforço do caráter simbólico do direito penal ambiental, pois se não houver uma mudança social em relação ao reconhecimento dos crimes ambientais, pouco se avançará na punição dos criminosos.

1.2 PODER DE POLÍCIA AMBIENTAL E INFRAÇÃO ADMINISTRATIVA

1.2.1 Poder de polícia ambiental

O conceito de poder de polícia é fornecido pelo CTN, art. 78, e se caracteriza como atividade indelegável do Estado. Sob a denominação poder de polícia se abrigam várias situações bastante díspares entre si, o que a torna "bastante imperfeita" (Verzola, 2011). Lúcia Valle Figueiredo (2008) indaga da validade de se continuar usando a expressão,

---

26.08.2020 e que já ocorreu o trânsito em julgado para a acusação, face não ter havido recurso ministerial da dita condenação, portanto, eventual prescrição da pretensão punitiva opera-se em 04 (quatro) anos, fazendo jus à benesse de redução à metade do prazo prescricional, quantum superior ao estatuído nos arts. 109, V do CP. 3. Pedido provido para declarar extinta a punibilidade de Ronaldo Bastos de Oliveira, relativo ao crime ambiental de poluição hídrica (art. 54, § 2º, III, da Lei 9.605/98) pela ocorrência da prescrição da pretensão punitiva do Estado, em sua modalidade retroativa/superveniente, nos termos dos artigos arts. 109, inciso V e 110, § 1º todos do CP. Decisão unânime. Decisão: Acordam os componentes da Egrégia 2ª Câmara Especializada Criminal, à unanimidade, em consonância com o parecer da Procuradoria Geral de Justiça, pelo conhecimento e provimento do pedido de incidência da prescrição da pretensão punitiva, acolhendo a prejudicial de mérito ora arguida pela defesa, para declarar extinta a punibilidade de Ronaldo Bastos de Oliveira, relativo ao crime ambiental de poluição hídrica (art. 54, § 2º, III, da Lei 9.605/98) pela ocorrência da prescrição da pretensão punitiva do Estado, em sua modalidade retroativa/superveniente, nos termos dos artigos arts. 109, inciso V e 110, § 1º todos do CP. Outrossim, deixar de analisar o recurso de Embargos de Declaração aviado pelo acusado (fls. 511/513, id. 5644561), por incompatibilidade lógica. (TJ-PI – Apelação Criminal: 0755330-31.2021.8.18.0000, Relator: Joaquim Dias De Santana Filho, Julgamento: 04.03.2022, 2ª Câmara Especializada Criminal).

9. Disponível em: https://g1.globo.com/politica/noticia/2024/11/02/crimes-ambientais-a-cada-400-casos-no--brasil-so-um-termina-em-prisao-apontam-cnj-e-governo.ghtml. Acesso em: 25 dez. 2024.

tendo em vista as suas "ambiguidades". Acrescenta que cabe à Administração "agir sob a lei". No regime constitucional brasileiro, conforme decorre do artigo 5º, II da CF, "o emprego do poder estatal para restringir e condicionar liberdades e direitos é uma exceção" (Moreira Neto, 2009, p. 442). Em antiga lição, Ruy Cirne Lima caracterizou a polícia (administrativa) como a contrapartida da justiça, na medida em que,

> [a] justiça opera, no campo das realizações sociais, a realização concreta da regra jurídica, aplicando-a, cogente e terminativamente, a cada caso sujeito. A polícia, ao revés, incumbe criar as condições gerais indispensáveis, para que os indivíduos, em ordem e harmonia, logrem conduzir, através do convívio quotidiano o desenvolvimento de suas relações sociais, independentemente da coação em cada caso concreto (Lima, 1982, p. 106).

Por fim, José Cretella Jr sustenta que, assim como os direitos individuais são relativos, o mesmo se dá com o poder de polícia que, "longe de ser onipotente", deve estar limitado às situações que, efetivamente, demandem o seu acionamento. A sua utilização não pode ser "excessiva ou desnecessária" (Cretella Jr., 1999, p. 16).

O termo poder de polícia está consagrado e, portanto, será utilizado nestes comentários, inobstante mantermos a visão crítica sobre o seu significado em um moderno Estado de Direito Democrático, conforme tem sido amplamente explanado ao longo do presente trabalho.

A infração "ambiental" é, na verdade, uma infração administrativa praticada em contravenção à legislação ambiental. Neste ponto, não se pode deixar de observar que a ementa do Decreto 6.514/2008 é equivocada, pois não cabe falar em "infrações e sanções administrativas ao meio ambiente", mas em violação às normas jurídicas que protegem o meio ambiente. Em outras palavras: a infração administrativa ambiental ocorre quando há violação de uma norma administrativa dedicada à proteção do meio ambiente, direta ou indiretamente, ou mesmo que resguarde a autoridade dos órgãos ambientais.

O principal instrumento de atuação dos órgãos de controle ambiental é o licenciamento ambiental que é definido pelo artigo 2º, I da LC 140/2011 como: "o procedimento administrativo destinado a licenciar atividades ou empreendimentos utilizadores de recursos ambientais, efetiva ou potencialmente poluidores ou capazes, sob qualquer forma, de causar degradação ambiental."

É importante observar que, devido à estrutura federal do Estado brasileiro e, em especial ao disposto no artigo 23 da Constituição Federal, em tese, a fiscalização e o controle ambiental podem ser exercidos por quaisquer dos entes federativos, inclusive com a cobrança de taxas específicas, conforme decidido pelo STF.[10] A LC 140/2011 deu regulamentação ao artigo 23 da CF, trazendo elementos importantes para a caracterização do poder de polícia ambiental que é exercido pelas autoridades do Sisnama.

---

10. Anotação Vinculada – art. 23, inc. VI da Constituição Federal – "A competência político-administrativa comum para a proteção do meio ambiente legitima a criação de tributo na modalidade taxa para remunerar a atividade de fiscalização dos Estados. [ADI 5.374, rel. min. Roberto Barroso, j. 24.02.2021, P, DJE de 12.03.2021]".

A LC 140/2011 estabeleceu que o licenciamento ambiental se dá em um único nível federativo (artigo 13). A medida é razoável, na medida em que busque impedir que o federalismo cooperativo se transforme em federalismo competitivo. Em comentário ao dispositivo da LC, Maria Luiza Machado Granziera observa que a medida é louvável, pois até a sua edição, um único empreendimento, em tese, era passível de licenciamento em mais de um ente político (Granziera, 2024). No mesmo sentido é o entendimento de Talden Farias que acrescenta:

> [e]m princípio, o licenciamento ambiental deve ser feito em apenas um único nível de competência, já que dessa forma o administrado perderia menos tempo e o Poder Público menos tempo e dinheiro. Parece não haver trabalho em conjunto se dois entres administrativos se propõem a licenciar um mesmo tipo de atividade ao passo que uma série de outros tipos de atividades não estão sendo licenciadas por falta de estrutura desses mesmos órgãos ambientais (Farias, 2017, p. 133).

Em obra posterior, Talden Farias volta ao tema do licenciamento em um único nível, afirmando que a LC 140/2011 teve o intuito de fazer com que um ente não intervenha no licenciamento de outro, tendo em vista a autonomia federativa" (Farias, 2020, p. 77).

A fiscalização é a verificação, por parte da autoridade ambiental, se um determinado empreendimento ou atividade está observando as normas legais. A LC 140/2011 estabelece em seu artigo 17 que a fiscalização é, em princípio, da competência do órgão licenciador, admitindo-se a fiscalização por mais de um ente federativo em caso de iminência ou ocorrência de degradação da qualidade ambiental, devendo o fato ser comunicado ao órgão competente mediatamente. A lei determina que no caso de lavratura de dois autos de infração deverá prevalecer o do ente federativo dotado de competência.

O STF, ao decidir a ADI 4757, entendeu que:

> 1. A Lei Complementar 140/2011 disciplina a cooperação entre a União, os Estados, o Distrito Federal e os Municípios nas ações administrativas decorrentes do exercício da competência comum relativas à proteção das paisagens naturais notáveis, do meio ambiente, ao combate à poluição em qualquer de suas formas e à preservação das florestas, da fauna e da flora, em resposta ao dever de legislar prescrito no art. 23, III, VI e VI, da Constituição Federal. No marco da Política Nacional do Meio Ambiente, instituída pela Lei 6.938/1981, e da forma federalista de organização do Estado constitucional e ecológico, a Lei Complementar 140/2011 foi a responsável pelo desenho institucional cooperativo de atribuição das competências executivas ambientais aos entes federados. (...)
>
> 3. O Supremo Tribunal Federal, acerca do alcance normativo do parágrafo único do art. 65 do texto constitucional, definiu interpretação jurídica no sentido de que o retorno à Casa iniciadora apenas deve ocorrer quando a Casa revisora, em seu processo deliberativo, aprovar modificação substancial do conteúdo do projeto de lei. Afastado, no caso, o vício de inconstitucionalidade formal do § 3º do art. 17.
>
> 4. Da interpretação do art. 225 da Constituição Federal, fundamento normativo do Estado de Direito e governança ambiental, infere-se estrutura jurídica complexa decomposta em duas direções normativas. A primeira voltada ao reconhecimento do direito fundamental ao meio ambiente ecologicamente equilibrado, em uma perspectiva intergeracional. A segunda relacionada aos deveres de proteção e responsabilidades atribuídos aos poderes constituídos, aos atores públicos e à sociedade civil em conjunto. A preservação da ordem constitucional vigente de proteção do meio ambiente, densificada nos seus deveres fundamentais de proteção, impõe-se, pois, como limite substantivo ao agir legislativo e administrativo. O que significa dizer que tanto a Política Nacional do Meio Ambiente, em todas as suas dimensões, quanto o sistema organizacional e administrativo responsável pela sua implementação, a exemplo do Sistema

Nacional do Meio Ambiente, dos Conselhos Nacionais, Estaduais e Municipais, devem traduzir os vetores normativos do constitucionalismo ecológico e do federalismo cooperativo. (...)

6. O modelo federativo ecológico em matéria de competência comum material delineado pela Lei Complementar 140/2011 revela quadro normativo altamente especializado e complexo, na medida em que se relaciona com teia institucional multipolar, como o Sistema Nacional do Meio Ambiente (SISNAMA), e com outras legislações ambientais, como a Política Nacional do Meio Ambiente (Lei 6.938/1981) e a Lei de Infrações penais e administrativas derivadas de condutas e atividades lesivas ao meio ambiente (Lei 9.605/1998). O diálogo das fontes revela-se nesse quadro como principal método interpretativo.

7. Na repartição da competência comum (23, III, VI e VII CF), não cabe ao legislador formular disciplina normativa que exclua o exercício administrativo de qualquer dos entes federados, mas sim que organize a cooperação federativa, assegurando a racionalidade e a efetividade nos encargos constitucionais de proteção dos valores e direitos fundamentais. Ademais, os arranjos institucionais derivados do federalismo cooperativo facilitam a realização dos valores caros ao projeto constitucional brasileiro, como a democracia participativa, a proteção dos direitos fundamentais e a desconcentração vertical de poderes, como fórmula responsiva aos controles social e institucional. Precedentes.

8. O nível de ação do agir político-administrativo nos domínios das competências partilhadas, próprio do modelo do federalismo cooperativo, deve ser medido pelo princípio da subsidiariedade. Ou seja, na conformação dos arranjos cooperativos, a ação do ente social ou político maior no menor, justifica-se quando comprovada a incapacidade institucional desse e demonstrada a eficácia protetiva daquele. Todavia, a subsidiariedade apenas apresentará resultados satisfatórios caso haja forte coesão entre as ações dos entes federados. Coesão que é exigida tanto na dimensão da alocação das competências quanto na dimensão do controle e fiscalização das capacidades institucionais dos órgãos responsáveis pela política pública.

9. A Lei Complementar 140/2011 tal como desenhada estabelece fórmulas capazes de assegurar a permanente cooperação entre os órgãos administrativos ambientais, a partir da articulação entre as dimensões estáticas e dinâmicas das competências comuns atribuídas aos entes federados. Desse modo, respeitada a moldura constitucional quanto às bases do pacto federativo em competência comum administrativa e quanto aos deveres de proteção adequada e suficiente do meio ambiente, salvo as prescrições dos arts. 14, § 4º, e 17, § 3º, que não passam no teste de validade constitucional.

10. No § 4º do art. 14, o legislador foi insuficiente em sua regulamentação frente aos deveres de tutela, uma vez que não disciplinou qualquer consequência para a hipótese da omissão ou mora imotivada e desproporcional do órgão ambiental diante de pedido de renovação de licença ambiental. Até mesmo porque para a hipótese de omissão do agir administrativo no processo de licenciamento, o legislador ofereceu, como afirmado acima, resposta adequada consistente na atuação supletiva de outro ente federado, prevista no art. 15. Desse modo, mesmo resultado normativo deve incidir para a omissão ou mora imotivada e desproporcional do órgão ambiental diante de pedido de renovação de licença ambiental, disciplinado no referido § 4º do art. 14.

11. Um dos princípios fundamentais do funcionamento do sistema legal de tutela do meio ambiente é o da atuação supletiva do órgão federal, seja em matéria de licenciamento seja em matéria de controle e fiscalização das atividades ou empreendimentos potencialmente poluidores ou degradantes do meio ambiente. No exercício da cooperação administrativa, portanto, cabe atuação suplementar – ainda que não conflitiva – da União com a dos órgãos estadual e municipal. As potenciais omissões e falhas no exercício da atividade fiscalizatória do poder de polícia ambiental por parte dos órgãos que integram o Sistema Nacional do Meio Ambiente (SISNAMA) não são irrelevantes e devem ser levadas em consideração para constituição da regra de competência fiscalizatória. *Diante das características concretas que qualificam a maioria dos danos e ilícitos ambientais de impactos significativos, mostra-se irrazoável e insuficiente regra que estabeleça competência estática do órgão licenciador para a lavratura final do auto de infração. O critério da prevalência de auto de infração do órgão licenciador prescrito no § 3º do art. 17 não oferece resposta aos deveres fundamentais de proteção, nas situações de omissão ou falha da atuação daquele órgão na atividade fiscalizatória e sancionatória, por insuficiência ou inadequação da medida adotada para prevenir ou reparar situação de ilícito ou dano ambiental.*

12. O juízo de constitucionalidade não autoriza afirmação no sentido de que a escolha legislativa é a melhor, por apresentar os melhores resultados em termos de gestão, eficiência e efetividade ambiental, mas que está nos limites da moldura constitucional da conformação decisória. Daí porque se exige dos poderes com funções precípuas legislativas e normativas o permanente ajuste da legislação às particularidades e aos conflitos sociais.

13. A título de obter dictum faço apelo ao legislador para a implementação de estudo regulatório retrospectivo acerca da Lei Complementar 140/2011, em diálogo com todos os órgãos ambientais integrantes do Sistema Nacional do Meio Ambiente, como método de vigilância legislativa e posterior avaliação para possíveis rearranjos institucionais. Sempre direcionado ao compromisso com a normatividade constitucional ambiental e federativa. Ademais, faço também o apelo ao legislador para o adimplemento constitucional de legislar sobre a proteção e uso da Floresta Amazônia (art. 225, § 4º), região que carece de efetiva e especial regulamentação, em particular das atividades fiscalizadoras, frente às características dos crimes e ilícitos ambientais na região da Amazônia Legal. (...)

15. Procedência parcial da ação direta para conferir interpretação conforme à Constituição Federal: (i) ao § 4º do art. 14 da Lei Complementar 140/2011 para estabelecer que a omissão ou mora administrativa imotivada e desproporcional na manifestação definitiva sobre os pedidos de renovação de licenças ambientais instaura a competência supletiva dos demais entes federados nas ações administrativas de licenciamento e na autorização ambiental, como previsto no art. 15 e (ii) ao § 3º do art. 17 da Lei Complementar 140/2011, esclarecendo que a prevalência do auto de infração lavrado pelo órgão originariamente competente para o licenciamento ou autorização ambiental não exclui a atuação supletiva de outro ente federado, desde que comprovada omissão ou insuficiência na tutela fiscalizatória. (ADI 4757, Relatora Min. Rosa Weber, Julgamento: 13.12.2022; publicação: 17.03.2023).

Na prática, o STF admite a dupla punição por um mesmo fato, desde que os entes autuantes sejam diversos. Entretanto, como se pode ver do número 13, o foco da decisão está voltado para a fiscalização florestal na Amazônia. Apesar disso, vários Tribunais de Justiça têm reconhecido legalidade na dupla autuação por um mesmo fato, embora neguem que seja aplicação de *bis in idem*.[11]

1.2.2 Non bis in idem

A proteção jurídica do meio ambiente se espalha por todo o sistema jurídico nacional, dividindo-se em tutela administrativa, civil e penal; a tutela administrativa é

---

11. Apelação – Meio ambiente – Ação anulatória de multa ambiental – emissão de gases poluentes com risco à saúde pública – Competência concorrente da municipalidade para autuar e executar multas ambientais – Atuação da Cetesb que independe do poder de polícia do município e da união – *Bis in idem* não configurado – Autuações que, ademais, foram realizadas com praticamente um mês de diferença – Recurso improvido, com observação (TJ-SP – AC: 10051712420178260066 SP 1005171-24.2017.8.26.0066, Relator: Luis Fernando Nishi, Julgamento: 13.08.2020, 2ª Câmara Reservada ao Meio Ambiente, Publicação: 14.08.2020).
***
Anulatória de auto de infração e multa – Não atendimento das exigências técnicas de remediação de área contaminada – A CETESB é competente para aplicar a infração – A LC 140/2011 permite a imposição de multa por qualquer dos colegitimados, desde que o órgão ambiental licenciador permaneça inerte – A responsabilidade é objetiva – Ainda que se adote a responsabilidade subjetiva, configurou-se a infração – Ausentes vícios a macular a multa ou – O valor imposto pela infração atendeu ao disposto na lei – Princípio da proporcionalidade observado – Não comprovada ilegalidade na classificação da multa – Recurso desprovido (TJ-SP – AC: 00024977920158260157 SP 0002497-79.2015.8.26.0157, Relator: Moreira Viegas, Julgamento: 07.04.2016, 1ª Câmara Reservada ao Meio Ambiente, Publicação: 18.04.2016).

de alta relevância, na medida em que o Sisnama é uma realidade em todos os estados da federação, com órgãos de controle ambiental e licenciamento; assim como está em todas as capitais estaduais e em centenas de municípios. Entretanto, não se desconhece as dificuldades que ele enfrenta. Não se deve perder de vista o fato de que o Decreto 6.514/2008, ao definir os ilícitos administrativos, fê-lo em boa parte dos casos com cópias idênticas aos crimes previstos na Lei 9.605/1998. Luiz Régis Prado observa que, em princípio, não há impedimento para a existência simultânea de infrações penais e administrativas ambientais; isto diante do fato de que a intervenção penal somente deve ocorrer quando se tratar de situações mais graves, acarretando sanções mais duras aos infratores (Prado, 2024). O autor adverte, no entanto, que o "problema nodal surge quando os ilícitos administrativos incidem sobre o mesmo fato, praticado pelo agente, e cujas consequências jurídicas têm idêntico fundamento" (Prado, 2024, p. 77). Esta é uma situação muito presente no Decreto 6.514/2008.

A concepção de absoluta separação entre as esferas administrativa e penal vem sendo questionada fortemente, sobretudo em razão de um processo de despenalização de várias condutas e a sua transformação em infrações administrativas.[12] O princípio do *nom bis in idem* (proibição de dupla punição pelo mesmo fato) está consagrado na jurisprudência brasileira.[13] Contudo, quando se trata de matéria ambiental, a proibição

---

12. STF Relator(a): Min. Gilmar Mendes. Leading Case: RE 635659.
Descrição: Recurso extraordinário, em que se discute, à luz do art. 5º, X, da Constituição Federal, a compatibilidade, ou não, do art. 28 da Lei 11.343/2006, que tipifica o porte de drogas para consumo pessoal, com os princípios constitucionais da intimidade e da vida privada.
Tese:
1. Não comete infração penal quem adquirir, guardar, tiver em depósito, transportar ou trouxer consigo, para consumo pessoal, a substância cannabis sativa, sem prejuízo do reconhecimento da ilicitude extrapenal da conduta, com apreensão da droga e aplicação de sanções de advertência sobre os efeitos dela (art. 28, I) e medida educativa de comparecimento à programa ou curso educativo (art. 28, III); 2. As sanções estabelecidas nos incisos I e III do art. 28 da Lei 11.343/06 serão aplicadas pelo juiz em procedimento de natureza não penal, sem nenhuma repercussão criminal para a conduta; 3. Em se tratando da posse de cannabis para consumo pessoal, a autoridade policial apreenderá a substância e notificará o autor do fato para comparecer em Juízo, na forma do regulamento a ser aprovado pelo CNJ. Até que o CNJ delibere a respeito, a competência para julgar as condutas do art. 28 da Lei 11.343/06 será dos Juizados Especiais Criminais, segundo a sistemática atual, vedada a atribuição de quaisquer efeitos penais para a sentença; 4. Nos termos do § 2º do artigo 28 da Lei 11.343/2006, será presumido usuário quem, para consumo próprio, adquirir, guardar, tiver em depósito, transportar ou trouxer consigo, até 40 gramas de cannabis sativa ou seis plantas-fêmeas, até que o Congresso Nacional venha a legislar a respeito; 5. A presunção do item anterior é relativa, não estando a autoridade policial e seus agentes impedidos de realizar a prisão em flagrante por tráfico de drogas, mesmo para quantidades inferiores ao limite acima estabelecido, quando presentes elementos que indiquem intuito de mercancia, como a forma de acondicionamento da droga, as circunstâncias da apreensão, a variedade de substâncias apreendidas, a apreensão simultânea de instrumentos como balança, registros de operações comerciais e aparelho celular contendo contatos de usuários ou traficantes; 6. Nesses casos, caberá ao Delegado de Polícia consignar, no auto de prisão em flagrante, justificativa minudente para afastamento da presunção do porte para uso pessoal, sendo vedada a alusão a critérios subjetivos arbitrários; 7. Na hipótese de prisão por quantidades inferiores à fixada no item 4, deverá o juiz, na audiência de custódia, avaliar as razões invocadas para o afastamento da presunção de porte para uso próprio; 8. A apreensão de quantidades superiores aos limites ora fixados não impede o juiz de concluir que a conduta é atípica, apontando nos autos prova suficiente da condição de usuário.
13. STF HC 171118/SP – Relator: Min. Gilmar Mendes Julgamento: 12.11.2019. Publicação: 17.08.2020. 2ª Turma. Publicação: DJe-204. Pub. 17.08.2020.

perde vigor e há uma ampla aceitação para a dupla punição, como se ela, por si própria, fosse capaz de melhorar as condições ambientais do país.

O princípio tem dois aspectos: (1) processual, isto é, um indivíduo não pode ser processado duas vezes pelo mesmo fato e (2) outro material, decorrendo daí que não pode haver dupla condenação pelo mesmo fato. Cabe a pergunta: quando se caracteriza o bis in idem?

> Como postulado garantista, decorrente dos princípios da legalidade (formal/material), segurança jurídica e proporcionalidade – inerentes ao Estado Democrático de Direito –, sufraga direito fundamental a não ser submetido ao duplo sancionamento (= ser punido duas vezes pelo mesmo fato) na hipótese de concorrência de sanções penais e administrativas sobre um único fato, com mesmo fundamento e autor. Em resumo: no caso de identidade entre fato, sujeito e fundamento jurídico a imposição de sanção penal e administrativa implica vilipêndio ao princípio ne *bis in idem*, sendo inconstitucional (Prado, 2024, p. 77).

Os exemplos abaixo demonstram algumas das coincidências entre tipos penais e administrativos contidas na Lei 9.605/1998 e o Decreto 6.514/2008. Há outras.

Ementa. Penal e Processual Penal. 2. Proibição de dupla persecução penal e *ne bis in idem*. 3. Parâmetro para controle de convencionalidade. Art. 14.7 do Pacto Internacional sobre Direitos Civis e Políticos. Art. 8.4 da Convenção Americana de Direitos Humanos. Precedentes da Corte Interamericana de Direitos Humanos no sentido de "proteger os direitos dos cidadãos que tenham sido processados por determinados fatos para que não voltem a ser julgados pelos mesmos fatos" (Casos Loayza Tamayo vs. Peru de 1997; Mohamed vs. Argentina de 2012; J. vs. Peru de 2013). 4. Limitação ao art. 8º do Código Penal e interpretação conjunta com o art. 5º do CP. 5. Proibição de o Estado brasileiro instaurar persecução penal fundada nos mesmos fatos de ação penal já transitada em julgado sob a jurisdição de outro Estado. Precedente: Ext 1.223/DF, Rel. Min. Celso de Mello, Segunda Turma, DJe 28.2.2014. 6. Ordem de habeas corpus concedida para trancar o processo penal. STJ – RMS: 61317 MG 2019/0200411-4, Relator: Min. Sérgio Kukina, Julgamento: 11.02.2020, 1ª Turma, DJe 20.02.2020).

***

1. Cuida-se, na origem, de mandado de segurança impetrado pela ora recorrente, titular do Cartório de Registro de Imóveis da Comarca de Sabinópolis/MG, contra apontado ato ilegal do Juízo de Direito da Comarca de Sabinópolis e do Presidente do Conselho da Magistratura do Tribunal de Justiça do Estado de Minas Gerais, consubstanciado na indevida acumulação de sanções administrativas, em face dos fatos apurados no PAD 10.528/83/568/2015. 2. Revela-se possível, em um mesmo processo administrativo disciplinar, a cumulação de sanções administrativas em face da prática de condutas diversas, desde que se refiram a fatos distintos. Inteligência da Lei 8.935/1995 c/c o art. 1.041, § 2º, do Provimento 260/CGJ/2013 e com a Súmula 19/STF, aplicada por analogia. 3. Conquanto o princípio de vedação ao bis in idem não possua previsão constitucional expressa, é ele reconhecido como decorrência direta dos princípios da legalidade, da tipicidade e do devido processo legal. 4. O princípio do ne bis in idem consubstancia direito fundamental do implicado, assim reconhecido no art. 8.4 da Convenção Interamericana de Direitos Humanos, quando estabelece: "8. Toda pessoa tem direito a ser ouvida, com as devidas garantias e dentro de um prazo razoável, por um juiz ou tribunal competente, independente e imparcial, estabelecido anteriormente por lei, na apuração de qualquer acusação penal formulada contra ela, ou para que se determinem seus direitos ou obrigações de natureza civil, trabalhista, fiscal ou de qualquer outra natureza. [...] 4. O acusado absolvido por sentença passada em julgado não poderá ser submetido a novo processo pelos mesmos fatos." 5. Segundo tal regramento, um mesmo fato não poderá ensejar duas punições de mesma natureza. É dizer, dentre as esferas penal, civil e administrativa, o sujeito ativo de um ato ilícito somente poderá sofrer as sanções na respectiva esfera por uma única vez, respeitada a sanção correspondente, já prevista no ordenamento. 6. Caso concreto em que restou configurada a dupla punição da delegatária impetrante em relação a algumas das infrações que lhe foram imputadas. 7. Recurso ordinário parcialmente provido para reformar o acórdão recorrido e, nessa extensão, conceder em parte a segurança, determinando-se às autoridades impetradas que promovam novo julgamento da impetrante, aplicando as sanções que entendam cabíveis, ressalvando-se a impossibilidade de dupla penalização por um mesmo fato.

Lei 9.605/1998	Decreto 6.514/2008
Art. 54. Causar poluição de qualquer natureza em níveis tais que resultem ou possam resultar em danos à saúde humana, ou que provoquem a mortandade de animais ou a destruição significativa da flora:	Art. 61. Causar poluição de qualquer natureza em níveis tais que resultem ou possam resultar em danos à saúde humana, ou que provoquem a mortandade de animais ou a destruição significativa da biodiversidade:
Art. 60. Construir, reformar, ampliar, instalar ou fazer funcionar, em qualquer parte do território nacional, estabelecimentos, obras ou serviços potencialmente poluidores, sem licença ou autorização dos órgãos ambientais competentes, ou contrariando as normas legais e regulamentares pertinentes:	Art. 66. Construir, reformar, ampliar, instalar ou fazer funcionar estabelecimentos, atividades, obras ou serviços utilizadores de recursos ambientais, considerados efetiva ou potencialmente poluidores, sem licença ou autorização dos órgãos ambientais competentes, em desacordo com a licença obtida ou contrariando as normas legais e regulamentos pertinentes:

O observador isento perceberá que os tipos administrativos e penais são substancialmente iguais, com pequenas diferenças de redação que não alteram essencialmente os conteúdos materiais. Neste ponto, convém retornar ao artigo 70 da Lei 9.605/1998. A fórmula genérica contida no artigo é uma base jurídica tão robusta que permite ao administrador transformar crimes em infrações administrativas? Nesse ponto, convém recorrer à observação de André Ferreira (Ferreira, 2022) no sentido de que é comum que uma mesma conduta de um único agente – cita o exemplo de falha operacional causadora de dano ambiente – seja autuada pelo órgão de controle ambiental com a imposição de multa, esta mesma situação dá margem, e. g., para a imposição de ação civil pública e inquérito policial com vistas à apuração de crime ambiental. Ora, nos exemplos acima, a única distinção concreta e material entre os tipos administrativos e penais se dá nos órgãos de aplicação. Há, portanto, *abuso do poder regulamentar* quando o Executivo transforma ilícitos penais em ilícitos administrativos.

O STF, ao julgar a ACO 1048 QO/RS, Relator o Sr. Ministro Celso de Mello, assentou que:

> [o] princípio da reserva de lei atua como expressiva limitação constitucional ao poder do Estado, cuja competência regulamentar, por tal razão, não se reveste de suficiente idoneidade jurídica que lhe permita restringir direitos ou criar obrigações. Nenhum ato regulamentar pode criar obrigações ou restringir direitos, sob pena de incidir em domínio constitucionalmente reservado ao âmbito de atuação material da lei em sentido formal. – O abuso de poder regulamentar, especialmente nos casos em que o Estado atua "contra legem" ou "praeter legem", não só expõe o ato transgressor ao controle jurisdicional, mas viabiliza, até mesmo, tal a gravidade desse comportamento governamental, o exercício, pelo Congresso Nacional, da competência extraordinária que lhe confere o art. 49, inciso V, da Constituição da República e que lhe permite "sustar os atos normativos do Poder Executivo que exorbitem do poder regulamentar (...)". Doutrina. Precedentes (RE 318.873-AgR/SC, Rel. Min. Celso de Mello, v.g.). (STF, ACO 1048 QO/RS, Rel. Min. Celso de Mello. Julgamento: 30.08.2007. Publicação: 31.10.2007. Tribunal Pleno).

A duplicidade é evidente e não demanda maiores comentários.

A jurisprudência consolidada do STJ tem admitido o bis in idem, muito embora o rejeite, em tese.

2) A Lei 9.605/1998 dispõe sobre tipos de infrações e sanções de natureza criminal e administrativa, a imposição concomitante das duas modalidades de pena não configura *bis in idem*.

3) A multa aplicada pela Capitania dos Portos, em decorrência de derramamento de óleo, não exclui a possibilidade de aplicação de multa pelos órgãos de proteção ao meio ambiente, não incorrendo em *bis in idem*, por possuírem fundamentos jurídicos diversos.

Arts. 22 e 25, § 3º, da Lei 9.966/2000.

4) A aplicação de multa relativa a danos ambientais pela União não impossibilita a cobrança de sanção pecuniária por Município ou Estado decorrente do mesmo fato.

A jurisprudência desconsidera norma escrita, como é o caso do artigo 76 da Lei 9.605/1998 e do artigo 12 do Decreto 6.514/2008 que será comentado mais à frente.

1.3 AS SANÇÕES ADMINISTRATIVAS

O artigo 3º do Decreto 6514/2008 estabelece uma série de medidas administrativas que podem ter a natureza de (1) repressão ou de (2) prevenção de ilícitos contra a ordem jurídica do meio ambiente. O rol das sanções previstas no decreto corresponde às sanções contempladas no artigo 72 da Lei 9.605/1998: (1) advertência; (2) multa simples; (3) multa diária; (4) apreensão dos animais, produtos e subprodutos da fauna e flora e demais produtos e subprodutos objeto da infração, instrumentos, petrechos, equipamentos ou veículos de qualquer natureza utilizados na infração; (5) destruição ou inutilização do produto; (6) suspensão de venda e fabricação do produto; (7) embargo de obra ou atividade e suas respectivas áreas; (8) demolição de obra; (9) suspensão parcial ou total das atividades; e (10) restritiva de direitos. Muito embora não haja uma ordem de preferência em relação à aplicação das sanções administrativas, a palheta de opções postas à disposição da administração objetiva refletir a natureza e a gravidade das infrações às normas de proteção administrativa do ambiente.

A sanção administrativa consiste na imposição, pela administração, de um mal em decorrência da prática de um ato ilícito praticado pelo administrado. A sanção corresponderá à privação de um bem ou de um direito, na imposição de pagamento de uma multa (prestação pecuniária) (Enterria e Fernandez, 1990). Ela é "a providência gravosa prevista em caso de incursão de alguém em uma infração administrativa cuja imposição é da alçada da própria Administração" (Mello, 2023, p. 761). A IN IBAMA 19/2023 em seu artigo 6º, II define sanção administrativa como:

Art. 6º Para os fins desta Instrução Normativa, entende-se por:

(...)

II – sanção administrativa: *penalidade prevista em lei*, aplicada pelo Ibama, para punir toda ação ou omissão definida como infração ambiental;

No caso das sanções do Decreto 6.514/2008 vale observar que não há previsão em lei.

As sanções administrativas-ambientais podem ser aplicadas às pessoas naturais e/ou jurídicas, conforme previsão expressa no § 3º do artigo 225 da CF e nos artigos 2º e 3º da Lei 9.605/1998. Elas, para serem eficientes, em muitos casos, necessitam de elementos de suporte capazes de assegurar que sejam cumpridas. Há várias classificações para as sanções administrativas, sendo mais relevantes as que se dividem em: (1) principais e (2) acessórias e/ou (3) pessoais e (4) reais.

O Decreto 6.514/2008 indica que a multa é a principal sanção administrativa em nosso modelo jurídico, haja vista que é aplicável a todos os tipos administrativos. Acessórias são as sanções que acompanham uma sanção principal. A principalidade ou acessoriedade de uma sanção se revela no caso concreto. Em uma situação na qual seja embargada uma atividade industrial e imposta uma multa, o embargo será a sanção principal e a multa a acessória, por exemplo. As sanções reais são, e.g., a interdição de um estabelecimento, a aplicação de perdimento de objetos; as pessoais são tipicamente as multas e a advertência. (Marques, 2015). Por fim, há que se considerar que as sanções a serem aplicadas devem ser compatíveis com a natureza do ato infracional.

1.3.1 Advertência

A advertência é a penalidade administrativa mais branda, sendo inerente à ação administrativa do Estado no exercício de seu poder de polícia. As ações fiscalizatórias sempre têm uma natureza educativa e de admoestação.

A CF, no artigo 170, VI, dispõe que a defesa do meio ambiente é parte integrante da ordem econômica constitucional, "inclusive mediante tratamento diferenciado conforme o impacto ambiental dos produtos e serviços e de seus processos de elaboração e prestação". Dessa forma, o IBAMA baixou a Instrução Normativa 211, de 27 de novembro de 2008 que adotou o princípio da fiscalização orientadora, constante da LC 123/2006 e a aplicação do critério da "dupla visita" para a lavratura de auto de infração. A IN 211/2008 foi revogada pela IN 6, de 4 de julho de 2011, sob o argumento de que "o disposto no art. 55 da Lei Complementar 123, publicada no Diário Oficial da União em 15 de dezembro de 2006, tem aplicação restrita às fiscalizações das condições sanitárias, de segurança e ambiental do trabalho".

Todavia, há que se observar que a LC 155/2016 deu nova redação ao artigo 55 da LC 123/2006:

> Art. 55. A fiscalização, no que se refere aos aspectos trabalhista, metrológico, sanitário, *ambiental*, de segurança, de relações de consumo e de uso e ocupação do solo das microempresas e das empresas de pequeno porte, deverá ser prioritariamente orientadora quando a atividade ou situação, por sua natureza, comportar grau de risco compatível com esse procedimento.

Observe-se que o § 1º do artigo 55 estabelece que o critério de dupla visita deve ser observado para a lavratura do auto de infração, "salvo quando for constatada infração por falta de registro de empregado ou anotação da Carteira de Trabalho e Previdência Social – CTPS, ou, ainda, na ocorrência de reincidência, fraude, resistência ou embaraço à fiscalização." A fiscalização ambiental, quando se tratar de microempresa e/ou de empresa de pequeno porte, deve ser feita com base na "dupla visita". Cabe, ainda, destacar que o 3º determina um prazo de 12 meses para que os órgãos e entidades encarregados da fiscalização definam "as atividades e situações cujo grau de risco seja considerado alto, as quais não se sujeitarão ao disposto" no artigo. Há exceção expressa para o processo administrativo fiscal (§ 4º). A dupla visita se aplica à "lavratura de multa pelo descumprimento de obrigações acessórias relativas às matérias do *caput*, inclusive quando previsto seu cumprimento de forma unificada com matéria de outra natureza, exceto a trabalhista".

A consequência da não observância do critério da dupla visita é a nulidade do auto de infração lavrado sem cumprimento ao disposto neste artigo, independentemente da natureza principal ou acessória da obrigação" (§ 6º). Em cumprimento do disposto no artigo 70, VI da CF, a LC 123, conforme redação dada ao artigo 55, § 7º, pela LC 147/2014 determina que os "órgãos e entidades da administração pública federal, estadual, distrital e municipal deverão observar o princípio do tratamento diferenciado, simplificado e favorecido por ocasião da fixação de valores decorrentes de multas e demais sanções administrativas".

O § 8º estabelece que o descumprimento do disposto no *caput* do artigo 55 implica em "atentado aos direitos e garantias legais assegurados ao exercício profissional da atividade empresarial". E, por fim, as únicas exceções estabelecidas no artigo 55 para as questões ambientais são as contempladas no § 8º que assegura a não aplicação dos dispositivos às " infrações relativas à ocupação irregular da reserva de faixa não edificável, de área destinada a equipamentos urbanos, de áreas de preservação permanente e nas faixas de domínio público das rodovias, ferrovias e dutovias ou de vias e logradouros públicos".

1.3.2 Multas (simples e diária)

Multa é a sanção pecuniária imposta ao particular pela administração devido à inobservância de normas administrativas que regem determinadas atividades submetidas ao poder de polícia. As multas incidem diretamente no patrimônio do particular e, portanto, estão submetidas ao princípio da legalidade e, igualmente, ao princípio da reserva legal. A Lei 9.605/98 dispôs amplamente sobre multas e elevou-as a valores extremamente significativos, podendo atingir sem os diferentes agravantes a soma de R$ 50 milhões.

Uma questão relevante e que tem sido cada vez mais debatida é a imposição de multas sobre entidades da administração pública direta ou indireta. No caso da proteção ambiental, as entidades encarregadas da aplicação de sanções pecuniárias em âmbito federal são basicamente o IBAMA e o ICMBio. Em relação à imposição de multas ambientais às entidades da administração indireta organizadas sob a forma de (1) empresas públicas e (2) sociedades de economia mista não há grande dificuldade em admitir tal situação, pois o artigo 173, § 1º, II da CF determina que a lei, ao estabelecer o estatuto jurídico da empresa pública, da sociedade de economia mista e de suas subsidiárias que explorem atividade econômica de produção ou comercialização de bens ou de prestação de serviços, deverá dispor sobre "a sujeição ao regime jurídico próprio das empresas privadas, inclusive quanto aos direitos e obrigações civis, comerciais, trabalhistas e tributários". Muito embora o artigo 173 não faça referência às obrigações ambientais, parece ser evidente que o artigo 170, VI c/c o artigo 225 caput indica um dever de proteção ao meio ambiente por parte de tais entidades, sem nenhum privilégio relação à imposição de sanções de qualquer natureza em razão da violação de normas de tutela ambiental.

Em relação à administração direta, em seus três níveis a situação é mais complexa, na medida em que, "[n]em União, nem Estados, nem Municípios podem reciprocamente se multar." (Mello, 2021, p. 375). A matéria, em meu entendimento, se resolve pela natureza do ato que, eventualmente, tenha dado margem à violação de uma norma de proteção ambiental.

A Administração, em matéria de proteção ambiental tem os mesmos deveres dos particulares, devendo ser responsabilizada pelos danos que venha a causar ao meio ambiente (CF, art. 37, § 6º). Um incêndio em parque nacional que tenha sido provocado por agentes públicos, certamente, dá margem à imposição de sanções (inclusive multa) e à obrigação de reparar o dano. Isto porque o ente público é destinatário da obrigação de proteger o meio ambiente – assim como toda pessoa natural ou jurídica – e exonerá-lo de tal obrigação seria um inominável privilégio em relação ao particular. Por outro lado, o incêndio *não pode ser caracterizado como ato de império ou ato de gestão, mas como uma situação de fato*. Tal situação, quando gravosa ao meio ambiente, deve merecer a punição correspondente.

Em âmbito federal, a Advocacia Geral da União emitiu o Parecer AGU/GV – 01/2004 processo 46010.001869/2002-23[14] (vinculante), do qual merecem destaque os seguintes trechos:

> O poder de polícia seria inane e ineficiente se não fosse coercitivo e não estivesse aparelhado de sanções para os casos de desobediência à ordem legal da autoridade competente. As sanções do poder de polícia, como elemento de coação e intimidação, principiam, geralmente, com a multa e se escalonam em penalidades mais graves como a interdição de atividades, o fechamento de estabelecimento, a demolição de construção, o embargo administrativo de obras, a destruição de objetos, a inutilização de gêneros, a proibição de fabricação ou comércio de certos produtos, a vedação de localização de indústrias ou de comércio em determinadas zonas e tudo mais que houver de ser impedido em defesa da moral, da saúde e da segurança pública, bem como da segurança nacional, desde que estabelecido em lei ou regulamento.
>
> Como já vimos, não se pode estabelecer o descontrole em favor de pessoas jurídicas de direito público, quer pela interpretação que conduza ao absurdo, quer como política administrativa.
>
> XXV. Finalmente, lembrando que a multa não é a única forma de apenação, cabe assinalar as muitas e sérias sanções que decorrem, por exemplo, da inobservância da Lei de Responsabilidade Fiscal, para as pessoas jurídicas de Direito Público, administradores e até administrados, pela repercussão sobre eles das restrições aplicadas aos primeiros. É o que estabelece também a legislação previdenciária. O arcabouço jurídico vigente corrobora assim os ensinamentos da doutrina acerca do caráter indispensável da penalidade.

---

14. Disponível em: https://www.gov.br/agu/pt-br/composicao/cgu/cgu/pareceresvinculantes. Acesso em: 05 nov. 2024.

XXVI. Isto posto e considerando a jurisprudência do Supremo Tribunal Federal; o disposto no art. 4º, inciso XII, da Lei Complementar 73, de 10 de fevereiro de 1993; a evolução de posicionamento ocorrida desde o Parecer H-313 até o Parecer GQ-170, passando pelo de L-038; a tendência revelada pelo Tribunal de Contas da União nas decisões citadas, a par das demais razões até aqui expostas, concluo que já está presente na consciência jurídica nacional a convicção que cabe aqui declarar de que nada há na Constituição da República que impeça a Lei de estabelecer multas aplicáveis a pessoas jurídicas de direito público, que não podem ser excepcionadas através de Decreto. A própria Lei dificilmente poderá estabelecer exceção, sem quebrar os princípios constitucionais da isonomia e da moralidade administrativa. O favorecimento caracteriza desvio de poder, vedado pela Carta e declarado ilícito pela Lei de Ação Popular.

A *multa simples* deve ser aplicada na hipótese das infrações que se esgotam em si mesmas, nas *infrações instantâneas,* como por exemplo, o corte sem autorização de uma árvore. Já a multa diária tem cabimento quando a infração cometida é de natureza continuada, como por exemplo, a operação de uma atividade em desacordo com os padrões legalmente aplicáveis. Normalmente, quando a infração contínua ou permanente é praticada, a fiscalização determina, acessoriamente, a paralisação da atividade até que ela esteja apta a operar conforme os padrões aplicáveis. Na hipótese de não obediência da ordem de embargo, a cada novo dia de operação corresponderá uma nova multa.

1.3.3 Apreensão dos animais, produtos e subprodutos da fauna e flora e demais produtos e subprodutos objeto da infração, instrumentos, petrechos, equipamentos ou veículos de qualquer natureza utilizados na infração

A apreensão é o ato pelo qual a administração pública retira do comércio o produto que esteja sendo comercializado fora dos devidos parâmetros legais e administrativos. Madeira cortada ilegalmente, instrumentos para a prática de infração etc. Também pode haver apreensão de animais. Pense-se no exemplo da posse ilegal de animal silvestre. Quantas pessoas não têm um papagaio em casa, por exemplo? Tecnicamente, trata-se de uma infração às normas de posse e guarda de animais silvestres que, para efeitos legais, são de propriedade do Estado brasileiro, conforme consta do artigo 1º da Lei de Proteção à Fauna, também conhecida, equivocadamente, como Código de Caça (Lei 5.197/1967). Ao julgar caso em que foram apreendidos dois papagaios que viviam em uma residência por 25 anos, o STJ entendeu que

> Após 25 anos de convivência, sem indício de terem sido maltratados e afastada a caracterização de espécie em extinção, é desarrazoado determinar a apreensão de dois papagaios para duvidosa reintegração ao seu hábitat. 4. Registre-se que, no âmbito criminal, o art. 29, § 2º, da Lei 9.065/1998 expressamente prevê que, 'no caso de guarda doméstica de espécie silvestre não considerada ameaçada de extinção, pode o juiz, considerando as circunstâncias, deixar de aplicar a pena (STJ, REsp 200801836879/REsp 1084347, Ministro Herman Benjamim, 2ª Turma, *DJe* 30.09.2010).

O Conama baixou a Resolução 457/2013 que dispõe sobre "o depósito e a guarda provisórios de animais silvestres apreendidos ou resgatados pelos órgãos ambientais integrantes do Sistema Nacional do Meio Ambiente, como também oriundos de entrega espontânea, quando houver justificada impossibilidade das destinações previstas no §1º do art. 25, da Lei 9.605, de 12 de fevereiro de 1998, e dá outras providências". A Resolução, em seu artigo 4º dispõe que:

> Art. 4º Serão objeto de concessão do TDAS e TGAS[15] apenas os espécimes de espécies integrantes da lista das espécies silvestres autorizadas para criação e comercialização como animal de estimação em conformidade com a Resolução CONAMA no 394, de 6 de novembro de 2007.
>
> Parágrafo único. A eficácia da hipótese prevista no caput fica suspensa até que seja publicada a lista a que se refere à Resolução CONAMA no 394, de 2007.

Na esfera administrativa, a Orientação Jurídica Normativa 03/2009/PFE/IBAMA voltada para o tema guarda doméstica de animais silvestres que, em conclusão afirma que:

> 46. Em face do exposto, entende-se que é possível a concessão da guarda provisória do animal, ao interessado, enquanto tramitar o processo administrativo respectivo, nos termos do Decreto nº 6.514, de 2008, e da Resolução Conama nº 457, de 2013, condicionado aos requisitos previstos na normativa aplicável, dentre os quais se destaca a impossibilidade da destinação imediata do animal, nos termos da norma constante do artigo 25 da Lei nº 9.605, de 1988.
>
> 47. Registre-se, por fim, que a guarda de animal silvestre, admitida pela legislação aplicável, terá necessariamente caráter provisório, mesmo quando voltada ao atendimento de "questões humanitárias". Portanto, ainda que comprovado que a permanência do animal no convívio familiar tornou-se imprescindível para garantir melhora ou estabilidade na saúde e na qualidade de vida de pessoas com dificuldades especiais, não se admite, em âmbito administrativo, concedê-la de forma definitiva, ante a ausência de amparo técnico e legal para tanto.

A apreensão administrativa se estende aos aparelhos, instrumentos ou veículos que tenham sido utilizados para a prática da infração.

1.3.4 Destruição ou inutilização de produto

É o ato administrativo material mediante o qual a administração destrói ou torna inútil para a atividade a qual se destina o produto produzido em infração às normas administrativas. É medida extrema e somente deve ser tomada pela administração mediante a possibilidade de ampla defesa para o possível infrator que deverá ter a oportunidade de provar a origem legal de seu produto. A medida somente poderá ser adotada após uma avaliação prévia do produto apreendido, sua quantificação e identificação e com a ciência do possível infrator das normas administrativas. A medida tem como um de seus

---

15. Termo de Depósito de Animal Silvestre-TDAS: termo de caráter provisório pelo qual o autuado assume voluntariamente o dever de prestar a devida manutenção e manejo do animal apreendido, objeto da infração, enquanto não houver a destinação nos termos da lei.
    Termo de Guarda de Animal Silvestre-TGAS: termo de caráter provisório pelo qual o interessado, que não detinha o espécime, devidamente cadastrado no órgão ambiental competente, assume voluntariamente o dever de guarda do animal resgatado, entregue espontaneamente ou apreendido, enquanto não houver destinação nos termos da lei.

principais objetivos desincentivar a prática da atividade. Quando se tratar de produto perecível, uma vez que este tenha sido destruído e, a final, não comprovada a infração que deu origem à destruição ou inutilização, o proprietário deverá ser indenizado.

A nova redação do Decreto 6.514/2008 pelo Decreto 11.080/2022 estabelece (artigo 102, § 1º) que a apreensão de produtos, subprodutos, instrumentos, petrechos e veículos de qualquer natureza de que trata o *caput* independe de sua fabricação ou utilização exclusiva para a prática de atividades ilícitas.

1.3.5 Suspensão de venda ou fabricação do produto

A penalidade está prevista no artigo 72 da Lei 9.605/98. É penalidade grave, pois impõe severas restrições à atividade econômica do autuado, tendo sido regulamentada pelo artigo 109 do Decreto 6.514/2008.[16] Não há previsão de prazo para a duração de tão drástica medida, pelo que se depreende que ela deve perdurar enquanto persistirem as condições de desobediência aos preceitos legais que regem a venda e a fabricação do produto retirado do mercado. É importante que a fiscalização produza laudo técnico demonstrando as razões necessárias para que a sanção seja aplicada, sob pena de agir com excesso de poder. É medida a ser adotada para produtos considerados perigosos ou potencialmente lesivos à saúde da coletividade.

A IN IBAMA 19/2023, em seu artigo 52, estabelece que o descumprimento total ou parcial de embargo, sem prejuízo do disposto no art. 79 do Decreto 6.514, de 2008, ensejará a aplicação cumulativa das sanções de (1) suspensão da atividade que originou a infração e da venda de produtos e subprodutos criados ou produzidos na área local objeto do embargo infringido; e (2) cancelamento de registro, licenças ou autorizações de funcionamento da atividade econômica junto aos órgãos ambientais e de fiscalização.

De acordo com o artigo 55 da IN, a medida cautelar de suspensão de venda ou fabricação de produto visa evitar a distribuição de produtos e subprodutos oriundos de infração ambiental ou interromper o uso de matéria-prima e subprodutos de origem ilegal.

1.3.6 Embargo de obra ou atividade e de suas respectivas áreas

É medida que tem por finalidade paralisar obra ou atividade que estejam sendo realizadas em desacordo com as normas legais. É importante que se observe que o embargo de obra ou atividade só é legítimo se procedido pelo órgão que detém o poder de polícia sobre a obra ou atividade em questão.

A LC 140/2011, em seu artigo 17, estabelece que "[c]ompete ao órgão responsável pelo licenciamento ou autorização, conforme o caso, de um empreendimento ou

---

16. Art. 109. A suspensão de venda ou fabricação de produto constitui medida que visa a evitar a colocação no mercado de produtos e subprodutos oriundos de infração administrativa ao meio ambiente ou que tenha como objetivo interromper o uso contínuo de matéria-prima e subprodutos de origem ilegal.

atividade, lavrar auto de infração ambiental e instaurar processo administrativo para a apuração de infrações à legislação ambiental cometidas pelo empreendimento ou atividade licenciada ou autorizada". Nesta hipótese, naturalmente, se incluem os embargos. O § 2º do artigo admite que "[n]os casos de iminência ou ocorrência de degradação da qualidade ambiental, o ente federativo que tiver conhecimento do fato deverá determinar medidas para evitá-la, fazer cessá-la ou mitigá-la, comunicando imediatamente ao órgão competente para as providências cabíveis".

Todavia, o § 3º traz uma fórmula que mantém, em certa medida, a competição entre os entes federativos, haja vista que o disposto no caput do artigo não impede o exercício pelos entes federativos da atribuição comum de fiscalização da conformidade de empreendimentos e atividades efetiva ou potencialmente poluidores ou utilizadores de recursos naturais com a legislação ambiental em vigor, prevalecendo o auto de infração ambiental lavrado por órgão que detenha a atribuição de licenciamento ou autorização a que se refere o *caput*. Há a consagração de uma dupla fiscalização por órgãos diversos que integram o SISNAMA, em evidente *bis in idem*.[17]

Parece-me ilegal que, sob o pretexto de exercício de competência supletiva, por exemplo, admita-se que o órgão federal de controle ambiental embargue obra ou atividade devidamente licenciada por órgão estadual ou municipal que esteja atuando regularmente e, portanto, exercendo o seu natural poder de polícia.

---

17. I – Hipótese de autuação e consequente embargo imposto à atividade da empresa, em razão de alegada ausência de licença de operação por órgão ambiental competente. II – Comprovada nos autos a Licença de Operação – LO, concedida pelo órgão competente – SEMA/MA, com expresso assentimento acerca de estar a atividade específica – Secagem de grãos – Abrangida no objeto da LO concedida – Projeto Agrícola. III – Ausência de razões recursais hábeis a infirmar a conclusão da sentença de que, "uma vez licenciada a atividade desenvolvida pela impetrante – com expressa manifestação da autoridade responsável no sentido de que nessa atividade se compreende a "secagem de grãos"–, a autuação não poderia ter sido efetuada pela autoridade federal impetrada sem que tivesse (01) apontado vícios no estudo que precedeu o licenciamento, (02) demonstrado que a atividade estava em desacordo com a licença aprovada, (03) que ela mesma (licença) havia sido expedida em desacordo com a legislação ou (04) que existe outro interesse legítimo que justifique a interdição da atividade desenvolvida, com a consequente revogação da licença." IV – O Ministério Público Federal considerou injustificado o embargo imposto pelo IBAMA, uma vez que a requerida obteve a respectiva Licença de Operação, tendo, por isso, o direito líquido e certo de exercer sua atividade: "Nesse contexto, se a própria autoridade ambiental estadual (responsável pelo licenciamento) expressamente considerou a atividade de "secagem de grãos"- pela qual fora a impetrante autuada – como licenciada, é fora de dúvida que esta mesma atividade não pode ser havida como atividade exercida sem licença válida; prevalece, aqui, a presunção de que a impetrante cumpriu os requisitos necessários ao licenciamento da atividade econômica a que se dedica e, por isso, a exerce de maneira regular." V – Considerando o argumento da autarquia – de que, ainda que a decisão da lavra do Secretário Adjunto da Secretaria Estadual do Meio Ambiental – SEMA afirme que a licença engloba as atividades meio (silos, sistema de secagem de grãos, armazéns, rampas de lavagem, oficina mecânica, armazéns de defensivos e usina de beneficiamento), somente a análise do processo de licenciamento permitiria aferir tal abrangência e a adequação do procedimento, mormente do Estudo de Impacto Ambiental produzido –, revela-se despropositada a autuação, diante do contexto em que se evidencia, em vez de infração da parte impetrante, divergência no âmbito dos órgãos ambientais. VI – Se a própria autoridade ambiental estadual (responsável pelo licenciamento) expressamente considerou a atividade de "secagem de grãos" – pela qual fora a impetrante autuada – como licenciada, indene de dúvida a insustentabilidade do auto de infração e do termo de embargo cujo objeto é a ausência de licença válida para a prática dessa mesma atividade de empresa. VII – Apelação do IBAMA e remessa oficial a que se nega provimento. (TRF-1 – AC: 0006389-08.2011.4.01.3700, Relator: Desembargador Federal Jirair Aram Meguerian, Julgamento: 09.04.2018, 6ª Turma, Publicação: e-DJF1 16.04.2018).

No que diz respeito ao embargo, há que se observar que a Lei 12.651/2012, artigo 51, estabelece que o órgão ambiental competente, ao tomar conhecimento do desmatamento irregular deverá embargar a obra ou atividade que deu causa ao uso alternativo do solo, como medida administrativa voltada a impedir a continuidade do dano ambiental, propiciar a regeneração do meio ambiente e dar viabilidade à recuperação da área degradada. Todavia, o embargo deverá restringir-se aos locais onde efetivamente ocorreu o desmatamento ilegal, não alcançando as atividades de subsistência ou as demais atividades realizadas no imóvel não relacionadas com a infração.

O artigo 108 do Decreto 6514/2008[18] estabelece as linhas gerais aplicáveis à imposição de embargos, cujos objetivos são "impedir a continuidade do dano ambiental,

---

18. Art. 108. O embargo de obra ou atividade e suas respectivas áreas tem por objetivo impedir a continuidade do dano ambiental, propiciar a regeneração do meio ambiente e dar viabilidade à recuperação da área degradada, devendo restringir-se exclusivamente ao local onde verificou-se a prática do ilícito. § 1º No caso de descumprimento ou violação do embargo, a autoridade competente, além de adotar as medidas previstas nos arts. 18 e 79, deverá comunicar ao Ministério Público, no prazo máximo de setenta e duas horas, para que seja apurado o cometimento de infração penal. § 2º Nos casos em que o responsável pela infração administrativa ou o detentor do imóvel onde foi praticada a infração for indeterminado, desconhecido ou de domicílio indefinido, será realizada notificação da lavratura do termo de embargo mediante a publicação de seu extrato no Diário Oficial da União.
Jurisprudência
1. Da análise superficial do caderno processual de piso extrai-se que os demandantes/agravados não apresentaram provas contundentes aptas a afastar a presunção de legalidade e veracidade de que gozam os atos administrativos. 2. Ainda que a licença estivesse válida, não constitui imunidade à posterior fiscalização e eventuais embargos pelos órgãos administrativos ambientais, porquanto, de acordo com o entendimento jurisprudencial firmado pelo Superior Tribunal de Justiça, não há direito adquirido a poluir ou degradar o meio ambiente, não existindo permissão ao proprietário ou possuidor para a continuidade de práticas vedadas pelo legislador. Precedentes: REsp 1.706.625/RN, Rel. Ministro Og Fernandes, Segunda Turma, julgado em 11.09.2018, DJe 18.09.2018; AgInt nos EDcl no REsp 1.734.350/SP, Rel. Ministra Regina Helena Costa, Primeira Turma, julgado em 16.08.2018, DJe 22.08.2018; e REsp 1.381.191/SP, Rel. Ministra Diva Malerbi (Desembargadora convocada da TRF 3ª Região), Segunda Turma, julgado em 16.06.2016, DJe 30.06.2016. Grifei. 3. O embargo nas atividades é autorizado pelos arts. 101 a 108, do Decreto 6.514/2008, de forma a resguardar a natureza no momento da autuação, já que o desmatamento e a terraplanagem estavam ocorrendo de forma generalizada, conforme verificado pelo órgão de fiscalização, em completo desacordo com a licença e declaração de inexigibilidade. 4. No que pertine aos autos de infração que infligiram as multas, o papel do Judiciário restringe-se ao exercício do controle da legitimidade, não lhe sendo permitido adentrar no mérito administrativo. Destarte, suspender os atos administrativos sem prova inequívoca de vícios no exercício do poder de polícia, é temerário, ante a necessidade de maior dilação probatória, sob o crivo dos princípios integrantes do devido processo legal. 5. Recurso conhecido e provido (TJ-AM – AI: 40069469720218040000 Manaus, Relator: Maria do Perpétuo Socorro Guedes Moura, 2ª Câmara Cível, Publicação: 11.10.2022).
***
1. No âmbito de procedimento administrativo (ambiental) visando à ratificação de auto de infração comprobatório da prática de suposto ilícito ambiental, os marcos interruptivos prescricionais são regidos pelo art. 2º da Lei 9.873/99 e pelo art. 22 do Decreto 6.514/08. 2. Hipótese em que, transcorrido no processo administrativo o triênio prescricional desde o oferecimento de defesa prévia, sem a prática de ato tendente à apuração do ilícito ambiental, resulta consumada a prescrição intercorrente, em relação à pretensão sancionadora da Administração. 3. Constatação que não contamina a pretensão de proteção do ambiente e de reparação dos danos ambientais supostamente causados, e que é contemplada pela cláusula de imprescritibilidade verbalizada pelo STF no Tema 999 da Repercussão Geral, no sentido de que "[É] imprescritível a pretensão de reparação civil de dano ambiental." 4. "A hermenêutica jurídico-ambiental rege-se pelo princípio in dubio pro natura". (REsp 1.198.727/MG, relator Ministro Herman Benjamin, Segunda Turma, julgado em 14.08.2012, DJe de 09.05.2013), que tem como uma de suas nuances a aplicação da interpretação mais favorável à proteção do

propiciar a regeneração do meio ambiente e dar viabilidade à recuperação da área degradada".

O embargo de obra ou atividade é uma medida forte que deve se limitar às obras ou atividades que, efetivamente, estiverem sendo desenvolvidas em contravenção às normas legais aplicáveis; contudo, admite-se que havendo "impossibilidade de dissociação de eventuais atividades regulares ou risco de continuidade infracional", ele possa se estender à toda a atividade ou obra. (IN 19/2023, artigo 51, § 2º).

A IN IBAMA 19/2023, em seu artigo 51 determina que as obras ou atividades e suas respectivas áreas serão objeto de medida administrativa cautelar de embargo quando forem (1) realizadas sem licença ou autorização ambiental ou em desacordo com a concedida; (2) realizadas em locais proibidos; ou (3) houver risco de dano ou de seu agravamento. Logo, há o embargo repressivo (1) e (2) e o embargo cautelar ou preventivo (3).

A IN 19/2023 deu especial atenção aos desmatamentos e queimadas ilegais, conforme os §§ 3º, 4º e 5º do artigo 51. Em caso de constatação de desmatamento ou queimada ilegais, o embargo recai "sobre as áreas onde efetivamente ocorreu o ilícito, não alcançando as atividades de subsistência ou as demais realizadas no imóvel não relacionadas com a infração." Contudo, em se tratando de desmatamento ou a queimada ocorreu em áreas de preservação permanente e reserva legal", a sua aplicação é obrigatória em toda a área desnatada ou queimada; o mesmo se dá em relação à "área onde ocorreu o desmatamento não autorizado de mata nativa".

1.3.7 Demolição de obra

A demolição de obra é aplicada às construções ou outras intervenções físicas sobre o meio ambiente são realizadas em contravenção às normas jurídicas ambientais e/ou urbanísticas. Nas palavras de Hely Lopes Meirelles, a demolição compulsória de obra é a mais "drástica das sanções de polícia administrativa, e, por isso mesmo, exige

---

ambiente na hipótese em que determinada norma ou conjunto de normas permita a utilização de mais de um viés interpretativo. 5. Com essas perspectivas, o auto de infração ambiental e o termo de embargo de obra ou atividade nem sempre possuem relação de equivalência ou de subordinação absolutas. O auto de infração é o registro formal que inaugura o procedimento administrativo voltado à apuração e eventual punição pelo dano ambiental, enquanto o embargo de atividade ou obra, além de sanção administrativa, "tem por objetivo impedir a continuidade do dano ambiental, propiciar a regeneração do meio ambiente e dar viabilidade à recuperação da área degradada" (art. 108 do Decreto 6.514/2008). 6. Considerando-se a imprescritibilidade da pretensão de reparação de danos ambientais, bem assim a necessidade de cessação da atividade tida como ambientalmente ilícita, não se há de falar em incidência da prescrição sobre os termos de embargo em causa, ante as finalidades precaucional e reparatória que expressamente justificaram sua lavratura. 7. A reconvenção submete-se a condições de procedibilidade próprias, não sendo adequada a sua utilização em se tratando de lides que não tenham relação de conexão e que venham a retardar a solução da ação originária. 8. Apelação e remessa necessária parcialmente providas para se afastar os efeitos da prescrição sobre o termo de embargo lavrado pelo IBAMA, devendo o processo administrativo prosseguir em seus ulteriores termos, em relação ao referido documento (TRF-1 – AC: 10036423320184013600, Relatora: Desembargadora Federal Kátia Balbino de Carvalho Ferreira, Julgamento: 05.10.2023, 6ª Turma, Publicação: PJe 05.10.2023).

prudência na sua aplicação" (Meirelles, 1987, p. 171). O autor faz uma divisão entre (1) demolição de obra licenciada e (2) demolição de obra clandestina. Em relação às obras licenciadas, ele afirma que a sua demolição "não pode ser ordenada sumariamente", pois a licença, mesmo podendo ser invalidada, traz em si a presunção de legalidade e legitimidade, presentes em todo os atos administrativos. Em tal hipótese, a demolição só pode ocorrer após regular processo administrativo com o direito ao contraditório e a ampla defesa do autuado. A medida só é legítima após o suposto infrator ter exercido o direito de defesa no âmbito administrativo, não restando mais qualquer etapa a ser vencida. Superadas as preliminares da ampla defesa, a Administração pode agir de ofício, sendo desnecessário o recurso ao Poder Judiciário, haja vista que os atos administrativos são dotados de autoexecutoriedade (Furtado, 2007, p. 274).

A demolição de obra clandestina pode ser executada imediatamente pela autoridade de identifique a ilegalidade.[19] Contudo, há que se distinguir entre as obras clandestinas (1) regularizáveis e as (2) não regularizáveis.[20] As obras regularizáveis são

---

19. Apelação cível. Ação civil pública que visa a demolição de edificação construída sobre a faixa de areia da praia de cachoeira de bom jesus, situada no município de Florianópolis. Sentença de procedência que determinou a demolição da obra. (1) recurso de apelação interposto pelo demandado. (a) alegada competência da justiça federal para o julgamento do feito, pois a causa envolve terreno da marinha, portanto é patrimônio imobiliário da união. Tese rejeitada. O simples fato do suposto dano ambiental ter ocorrido em propriedade da união não justifica a competência da justiça federal, porquanto a proteção ao meio ambiente é competência comum da união, estados e municípios (art. 23, vi, da constituição federal de 1988). Tanto o estado quanto o município podem ingressar com as ações cabíveis a fim de tutelar o meio ambiente, mesmo no caso do bem no qual ocorra o dano não estar sob o domínio de qualquer um deles. Ausência de discussão de domínio que afasta a competência da justiça federal, pois a lide trata da regularização do imóvel de acordo com as normas ambientais do município de Florianópolis, conforme a competência suplementar prevista no art. 30, II, da CF/1988. Competência da justiça estadual confirmada. Precedentes. (b) sustentada falta de interesse de agir, porquanto existente procedimento administrativo em âmbito municipal que concluiu pela demolição da obra. Tese afastada. Apesar de existir procedimento administrativo, no qual se tenha determinado a demolição de construção, inafastável a necessidade e utilidade do presente processo, a fim de proteger o meio ambiente e suprir a inércia da municipalidade, porquanto nenhuma medida foi tomada até então. (c) afirmada possibilidade de regularização da obra, sem que seja necessária sua demolição, pois a simples ausência de alvará de construção não pode ser motivo suficiente para ensejar a demolição, mormente porque esta é medida extrema, e porque não existe prova, produzida sob o crivo do contraditório, demonstrando eventual irregularidade técnica na obra; aduzida necessidade de se observar os princípios da razoabilidade e da proporcionalidade, observado que a demolição trará prejuízo ao demandado, enquanto que a obra não representa nenhum perigo à saúde, à segurança ou outro interesse público dessa natureza. Teses insubsistentes. Construção edificada sem qualquer respeito à legislação ambiental, pois invadiu faixa de areia, sem observar normas de zoneamento urbano e não possui licenciamento. Vistorias realizadas que concluíram pela impossibilidade de regularização da edificação. Ademais a proteção ao meio ambiente configura interesse que se sobrepõe ao particular, pois diz respeito a toda a coletividade, de modo que se mostra irrelevante eventual prejuízo que a demolição da construção possa causar ao particular. Inteligência do art. 225 da CF/1988. Adequada determinação de demolição da edificação. Recurso de apelação interposto pelo demandado conhecido e desprovido. (TJ-SC – AC: 00578626520108240023 Capital 0057862-65.2010.8.24.0023, Relator: Denise de Souza Luiz Francoski, Data de Julgamento: 14.03.2019, 5ª Câmara de Direito Público).
20. Tendo sido comprovado que o réu construiu obra de forma irregular em imóvel inserido em área de proteção de mananciais, eis que desprovido do prévio licenciamento ambiental, de rigor sua condenação à obrigação de fazer consistente na demolição da obra irregular erigida no imóvel, bem como a remoção do entulho do local. Portanto, é de rigor a manutenção integral da sentença de procedência, cujos fundamentos se adotam como razão de decidir na forma do art. 252 do Regimento Interno deste Tribunal. (TJ-SP – Apelação Cível: 1007772-27.2018.8.26.0564 São Bernardo do Campo, Relator: Paulo Ayrosa, Julgamento: 06.02.2023, 2ª Câmara Reservada ao Meio Ambiente, publicação: 06.02.2023).

aquelas que, embora tenham sido construídas sem a as necessária licenças e alterações atendem aos padrões legais aplicáveis. A Lei 13.465/2017 estabeleceu as condições gerais a serem preenchidas para a regularização fundiária urbana (REURB) que se compõe por "medidas jurídicas, urbanísticas, ambientais e sociais destinadas à incorporação dos núcleos urbanos informais ao ordenamento territorial urbano e à titulação de seus ocupantes." A Lei procura formalizar e integrar às cidades os (1) núcleos urbanos que são assentamentos humanos, com uso e características urbanas, constituído por unidades imobiliárias de área inferior à fração mínima de parcelamento prevista na Lei 5.868/1972, independentemente da propriedade do solo, ainda que situado em área qualificada ou inscrita como rural; os (2) núcleos urbanos informais que sã aqueles clandestinos, irregulares ou nos quais não foi possível realizar, por qualquer modo, a titulação de seus ocupantes, ainda que atendida a legislação vigente à época de sua implantação ou regularização e os (3) núcleos urbanos informais consolidados que são aqueles de difícil reversão, considerados o tempo da ocupação, a natureza das edificações, a localização das vias de circulação e a presença de equipamentos públicos, entre outras circunstâncias a serem avaliadas pelo Município.

A Lei 12.651/2012 também prevê possibilidades de regularização fundiária (art. 8º, § 2º. Art. 13, I).

Assim como toda sanção administrativa a imposição da demolição de obra deve observar os parâmetros estabelecidos pela Lei 9784/1997 dentre os quais merecem destaque; a (1) competência do agente; a (2) necessidade; a (3) proporcionalidade e a (4) eficácia. A competência do agente se materializa pela ação promovida por servidor público dotada de atribuição legal para a providência; necessidade se concretiza pelo entendimento de que a demolição é a única medida capaz de atender ao interesse público no caso concreto; proporcionalidade é a relação entre o agravo praticado contra o interesse público e a medida de polícia administrativa adotada; por fim, a eficácia se concretiza na medida em que a ação administrativa tenha capacidade para impedir o dano ao interesse público tutelado.

O Decreto 6514/2008, no artigo 112[21] dispõe sobre as condições nas quais a administração pode demolir obra ou edificação construída em contravenção à legislação ambiental.

---

21. Art. 112. A demolição de obra, edificação ou construção não habitada e utilizada diretamente para a infração ambiental dar-se-á excepcionalmente no ato da fiscalização nos casos em que se constatar que a ausência da demolição importa em iminente risco de agravamento do dano ambiental ou de graves riscos à saúde. § 1º A demolição poderá ser feita pelo agente autuante, por quem este autorizar ou pelo próprio infrator e deverá ser devidamente descrita e documentada, inclusive com fotografias. § 2º As despesas para a realização da demolição correrão às custas do infrator. § 3º A demolição de que trata o caput não será realizada em edificações residenciais.
Jurisprudência
STJ Tema 1010
Na vigência do novo Código Florestal (Lei 12.651/2012), a extensão não edificável nas Áreas de Preservação Permanente de qualquer curso d'água, perene ou intermitente, em trechos caracterizados como área urbana consolidada, deve respeitar o que disciplinado pelo seu art. 4º, *caput*, inciso I, alíneas a, b, c, d e e, a fim de asse-

Incialmente, há que se constatar que o artigo menciona construção ou obra não habitada e "utilizada diretamente para a infração ambiental (...) nos casos em que se constatar que a ausência de demolição importa em iminente risco de agravamento do dano ambiental ou de graves riscos à saúde". Como se vê, são três as condicionantes prévias à aplicação da demolição "no ato da fiscalização". A (1) construção ou obra não pode ser habitada; (2) esteja sendo utilizada diretamente para o cometimento da infração ambiental; (3) haja iminente e grave risco para o meio ambiente e/ou a saúde humana e/ou a saúde humana. A norma veda a aplicação do artigo às construções residenciais que "sejam a única morada de seus habitantes." (IN IBAMA 19/2023, artigo 61, § 2º). Note-se que a IN introduziu uma condição que não está presente no Decreto 6.514/2008, haja vista que o Decreto proíbe a demolição de residências, não estabelecendo que sejam "a única morada de seus habitantes". O § 3º do artigo 112, a "demolição de que trata o caput não será realizada em edificações residenciais", parece indicar uma proibição geral de demolição de residências, durante o exercício da ação fiscalizatória, relativamente às residências.

É razoável entender que o objetivo do artigo se limita à demolição de construções ou edificações com finalidade comercial e/ou recreativas, não se aplicando a residências. A aplicação do artigo é, sem dúvida, uma resposta drástica que a fiscalização ambiental dá à prática de ilícitos graves. Em tais casos, o infrator não tem a oportunidade de exercer o direito à ampla defesa, pois a demolição é implementada no próprio ato fiscalizatório.

A IN IBAMA 19/2023, em seu artigo 61, estabeleceu as formalidades necessárias para a demolição de obra ou edificação.

1.3.8 Suspensão parcial de obra ou atividade

A suspensão parcial de obra ou atividade é a que atinge apenas uma parcela do empreendimento e não implica paralisação do complexo de atividades desenvolvidas.

---

gurar a mais ampla garantia ambiental a esses espaços territoriais especialmente protegidos e, por conseguinte, à coletividade.

***

STJ Processo

REsp 1.877.192-PR, Rel. Ministro Francisco Falcão, 2ª Turma, por unanimidade, julgado em 09.11.2023, DJe 20.11.2023.

Tema

Antropização consolidada de área degradada. Construção irregular. Posto de gasolina. Localizado em Área de Preservação Permanente – APP. Antropização. Irrelevância. Direito adquirido de degradar o meio ambiente. Inexistência.

***

1. A anulação do auto de infração não se deu porque o magistrado a quo entendeu que houve irregularidade na notificação da Autora, mas porque esta teve seu direito de defesa cerceado, uma vez que quando da notificação já havia se dado a demolição 2. A sanção de demolição foi aplicada em flagrante violação ao disposto nos arts. 19 e 112 do Decreto 6.514/2008, bem como ao art. 5º LX, da CF. 3. Mantida a sentença que não apenas anulou o Auto de infração e, consequentemente a multa aplicada, bem como condenou o ICMBio à indenização por danos materiais e morais à Autora (TRF-4 – APL: 50147296120194047200 SC, Relator: Rogério Favreto, Julgamento: 28.03.2023, 3ª Turma).

É medida que se adéqua à proporcionalidade do dano que esteja sendo causado pelo empreendimento. É a hipótese de paralisação de uma chaminé que esteja emitindo material particulado em desacordo com os padrões legais, sem que as demais de uma mesma indústria sejam paralisadas, desde que se encontrem operando conforme as determinações legais e regulamentares.

Evidentemente somente pode ser aplicada para atividades que estejam acontecendo de forma irregular.

1.3.9 Valores das multas e caracterização de negligência ou dolo

Os valores estipulados para as multas são eferentes às multas simples, o que significa que, em caso de prática de infrações continuadas, eles poderão ser majorados em relação ao teto de R$ 50.000.000,00. As imposições pecuniárias não impedem a aplicação de sanções de outras naturezas, conforme a necessidade concreta do caso indique.

A negligência e o dolo são manifestações da subjetividade do agente autor da infração sujeita a punição. São, portanto, manifestações de *culpa*. Sabemos que a culpa não se presume, logo, no caso dos cometimentos das infrações previstas nos incisos I e II do § 3º do art. 72 da Lei 9.605/1998, caberá à Administração demonstrar que o ato praticado pelo autuado teve por base uma conduta discrepante das regras elementares de cuidado. A negligência é a falta de zelo, de interesse e a desatenção às medidas necessárias para evitar danos ao meio ambiente. Já o dolo é a conduta cuja finalidade é o resultado negativo para o meio ambiente. Paulo Affonso Leme Machado sustenta que entre as dez sanções tipificadas no artigo 72 da Lei 9.605/1998, apenas a multa simples se submete ao critério da responsabilidade com culpa, ficando as demais sujeitas ao regime de responsabilidade objetiva (Machado, 2023).

É fato que nem todos os tipos administrativos se enquadram em um sistema de responsabilidade subjetiva, na medida em que muitos deles não comportam a apuração de subjetividade por serem puramente formais. Marcelo Kokke e Élcio Nacur Rezende afirmam que:

> [a] culpabilidade no direito sancionador pode ser decorrência da simples inobservância quando as infrações se manifestem a partir de atos formais que tenham sido renegados de forma voluntária e imputável ao agente. É o caso, por exemplo, de desenvolvimento de uma atividade sem adoção da autorização ou da licença necessária. Não se questiona de uma abordagem de imperícia, imprudência ou negligência em seu teor de profundidade, pois a simples não obtenção da licença ou autorização já legitima a imputação punitiva. É o que ocorre, por exemplo, no disposto no artigo 24 do Decreto 6514/2008, que prevê penalidade de multa para quem possuir, sem licença, espécime da fauna silvestre brasileira. A infração é em si formal, independendo inclusive de resultados lesivos ao bem ambiental (Kokke e Rezende, 2023, p. 436).

Deve ser sublinhado que a Lei 6038/1981 cuida de responsabilidade civil e não admirativa, de forma que os seus preceitos e princípios são inaplicáveis à responsabilidade administrativa. A observação de Marcelo Kokke e Élcio Nacur Rezende é importante, vez que a natureza fática da infração cometia deve ser levada em consideração de forma casuística, como ocorre no direito ambiental como um todo.

O STJ tem entendimento firmado no sentido de que a responsabilidade administrativa ambiental tem natureza subjetiva:

> [i]sso porque a aplicação de penalidades administrativas não obedece à lógica da responsabilidade objetiva da esfera cível (para reparação dos danos causados), mas deve obedecer à sistemática da teoria da culpabilidade, ou seja, a conduta deve ser cometida pelo alegado transgressor, com demonstração de seu elemento subjetivo, e com demonstração do nexo causal entre a conduta e o dano" (REsp 1.251.697/PR, Rel. Ministro Mauro Campbell Marques, 2ª Turma, *DJe* 17.04.2012). (REsp 1401500/PR, Relator Ministro Herman Benjamin, 2ª Turma, *DJe* 13.09.2016).

Capítulo 2
A IMPOSIÇÃO DAS SANÇÕES

O agente autuante é o agente da administração pública legalmente na função pública e com designação específica para o exercício da atividade fiscalizatória. No caso da fiscalização efetivada pelo IBAMA. A jurisprudência tem admitido que servidores da administração indireta, notadamente de empresas públicas, possam emitir autos de infração e sancionar particulares, mediante delegação legislativa.[1]

A Portaria 24/2016 do IBAMA aprovou o Regulamento Interno de Fiscalização que, em seu artigo 8º dispõe que para o exercício da fiscalização ambiental, o servidor será designado pelo Presidente do Ibama, por meio de portaria, em consonância com o disposto no § 1º do artigo 70 da Lei 9.605, de 12 de fevereiro de 1998, e com o parágrafo único do art. 6º da Lei 10.410, de 11 de janeiro de 2002, com a redação atribuída pela Lei 11.516, de 28 de agosto de 2007.

A atuação do agente autuante deve ser ostensiva, salvo em situações excepcionais nas quais a discrição seja essencial para o bom êxito da fiscalização, com a utilização de uniforme e caracterização. Em um contexto de legalidade, como é o do direito administrativo sancionador, faz-se necessário que haja prévia previsão das sanções a serem aplicadas aos infratores, assim como se faz necessário que os motivos e fundamentos que importem em agravamento das sanções a serem aplicadas ela autoridade administrativa estejam, igualmente, previstos na norma. Contudo, também neste ponto, a Lei 9.605/1998 é insuficiente, pois o capítulo VI, que cuida da infração administrativa, simplesmente não é dotado de tal previsão. A lei, no particular é coerente, haja vista que se não traz em seu bojo as infrações, não teria sentido trazer a previsão de seu agravamento. Tudo indica que o capítulo II da Lei 9.605/1998 trata de aplicação da lei penal.

---

1. (...) 3. Na espécie, tem-se que a empresa-autora foi multada por infringir a norma contida nos artigos 112 e 113 da Lei 3.273/01 do Município do Rio de Janeiro, em razão de não ter contratado empresa credenciada junto à apelada para remoção dos resíduos extraordinários, conforme autos de infração encartados nos autos. 4. Primaz asseverar que os artigos 3º, III e 4º, do Decreto 21.305/02 que regulamentou a Lei Municipal 3.273/01, atribuíram à Comlurb a competência para inspecionar e fiscalizar as atividades relativas ao sistema de limpeza urbana, competindo à apelada e aos seus agentes as atividades de fiscalização e a aplicação de multas, tendo poderes para emitir auto de infração pelo descumprimento das obrigações plasmadas na legislação de regência. 5. É competência da recorrida, por conseguinte, a gestão do Sistema de Limpeza Urbana do Município, exercendo neste sentido o poder de polícia na modalidade fiscalizatória mediante aplicação de autuações e penalidades. 6. Ademais, por ter sido constituída sob a forma de sociedade de economia mista, vinculada à Administração indireta do Município do Rio de Janeiro, os atos administrativos por ela executados ostentam presunção de legitimidade, ou seja, de que foram emitidos em conformidade com a lei. Contudo, tal presunção é relativa, juris tantum, podendo ser elidida mediante a apresentação de elementos de convicção em contrário. Doutrina (...) (TJ-RJ – APL: 03350106320198190001, Relator: Des(a). José Carlos Paes, Julgamento: 17.02.2022, 14ª Câmara Cível, Publicação: 18.02.2022).

O que a Lei 9.605/998 contempla são as condições de aplicação e agravamento das sanções penais, em espacial da multa penal que não se confunde com a multa administrativa, pelo menos em princípio; e, portanto, não sendo passível de regulamentação pela autoridade administrativa. Não se desconhece que o artigo 6º da Lei 9.605/1998 utiliza o vocábulo "autoridade" que, em tese, poderia ser tanto a autoridade judiciária como a administrativa. Todavia, leitura atenta do capítulo II, dedicado à aplicação da pena, demonstra que, de fato, é de pena criminal que se cuida. Uma interpretação sistemática do capítulo, por mais que se queira aproveitá-lo para aplicação em sede administrativa, leva-nos à conclusão de ser inútil o esforço.

O artigo 6º não fala em criminoso, mas em infrator, o que, em tese, é favorável a legalidade do artigo comentado. Entretanto, em sua sequência, são utilizadas expressões tais como: crime, crime culposo, código penal, "a multa será calculada segundo critérios do código penal", "sentença penal condenatória", "prática de crime" e tantas outras que, em meu ponto de vista não se pode aplicar o capítulo às infrações administrativas. Admite-se, por amor à argumentação, a aplicação analógica da Lei 9.784/1999 que disciplina o processo administrativo; entretanto, a lei mencionada é lacônica ao tratar da matéria e, expressamente, determina prevalecer a lei que rege o processo específico.

Reforça o argumento acima, o fato de que, e.g., a Lei 3.467/2000 do Estado do Rio de Janeiro, em seu artigo 2º estabelece as infrações administrativas e as suas agravantes.

Os incisos I, II e III objetivam orientar o aplicador da norma no sentido de estabelecer critérios objetivos e harmônicos a serem utilizados pelo agente da fiscalização quando da lavratura do AI., com isso, o poder regulamentar buscar dar um mínimo de previsibilidade e uniformidade à atuação da fiscalização. Por isso, o § 1º é expresso em determinar que o órgão ou entidade de controle ambiental indique de "forma objetiva critérios complementares para o agravamento e atenuação das sanções administrativas".

O § 2º ao estabelecer que as "sanções aplicadas pelo agente autuante estarão sujeitas à confirmação pela autoridade julgadora" é redundante e dispensável. A autoridade julgadora do AI, naturalmente, tem liberdade para rever ou não a decisão do agente autuante, conforme as provas produzidas na instrução da defesa apresentada pelo autuado.

A IN IBAMA 19/2023 estabeleceu os seguintes critérios para a aplicação das penalidades:

QUADRO 1

Níveis de gravidade: tabela de referência para aplicação dos Quadros 2 a 4

Situação	Indicador	Nível de gravidade*
1. Voluntariedade conduta	1.1 Culposa = 5 pontos	Nível A = até 20 pontos
	1.2 Dolosa = 15 pontos	Nível B = de 21 a 40 pontos
2. Consequências para o meio ambiente	2.1 Potencial = 5 pontos	Nível C = de 41 a 60 pontos
	2.2 Reduzida = 15 pontos	Nível D = de 61 a 80 pontos
	2.3 Fraca = 30 pontos	Nível E = de 81 a 100 pontos
	2.4 Moderada = 50 pontos	
	2.5 Grave = 70 pontos	
3. Consequências para a saúde pública	3.1 Não houve = 0	
	3.2 Fraca = 5 pontos	
	3.3 Moderada = 10 pontos	
	3.4 Significativa = 15 pontos	

* O nível de gravidade é o somatório dos valores dos indicadores de cada uma das três situações.

QUADRO 2

Autuação Ambiental: multa aberta prevista no decreto nº 6.514, de 2008

Tipo infracional com pena máxima em abstrato inferior ou igual a 2 milhões de reais

Nível de gravidade	Pessoa física de baixa renda	Pessoa física ou jurídica com patrimônio ou receita anual de até 360 mil reais	Pessoa física ou jurídica com patrimônio ou receita anual entre 360 mil e um centavo e 4 milhões e 800 mil reais	Pessoa física ou jurídica com patrimônio ou receita anual entre 4 milhões 800 mil reais e um centavo e 12 milhões de reais	Pessoa física ou jurídica com patrimônio ou receita anual acima 12 milhões de reais e um centavo
Nível A	Mínimo	Mínimo	Mínimo + 0,1% a 10% do teto	Mínimo + 0,2% a 12% do teto	Mínimo + 0,3% a 20% do teto
Nível B	Mínimo + 0,1% a 1% do teto	Mínimo + 1% a 5% do teto	Mínimo + 4% a 15% do teto	Mínimo + 7% a 20% do teto	Mínimo + 10% a 30% do teto
Nível C	Mínimo + 1% a 5,1% do teto	Mínimo + 5,1% a 10% do teto	Mínimo + 16% a 30% do teto	Mínimo + 21% a 35% do teto	Mínimo + 31% a 50% do teto
Nível D	Mínimo + 5% a 11% do teto	Mínimo + 11% a 20% teto	Mínimo + 31% a 40% do teto	Mínimo + 36% a 50% do teto	Mínimo + 51% a 75% do teto
Nível E	Mínimo + 11,1% a 21% do teto	Mínimo + 21% a 40% do teto	Mínimo + 41% a 50% do teto	Mínimo + 51% a 65% do teto	Mínimo + 76% a 100% do teto, limitado ao máximo da pena cominada

QUADRO 4

Autuação Ambiental: multa aberta prevista no decreto nº 6.514, de 2008

Tipo infracional com pena máxima em abstrato entre 10 milhões de reais e um centavo e 50 milhões de reais

Nível de gravidade	Pessoa física de baixa renda	Pessoa física ou jurídica com patrimônio ou receita anual de até 360 mil reais	Pessoa física ou jurídica com patrimônio ou receita anual entre 360 mil e um centavo e 4 milhões e 800 mil reais	Pessoa física ou jurídica com patrimônio ou receita anual entre 4 milhões 800 mil reais e um centavo e 12 milhões de reais	Pessoa física ou jurídica com patrimônio ou receita anual acima 12 milhões de reais e um centavo
Nível A	Mínimo	Mínimo + 0,001% do teto	Mínimo + 0,01% a 2% do teto	Mínimo + 0,02% a 6% do teto	Mínimo + 0,05% a 11% do teto
Nível B	Mínimo + 0,002% a 0,11% do teto	Mínimo + 0,11% a 0,20% do teto	Mínimo + 1% a 5% do teto	Mínimo + 2% a 11% do teto	Mínimo + 5% a 25% do teto
Nível C	Mínimo + 0,001% a 0,21% do teto	Mínimo + 0,21% a 0,30% do teto	Mínimo + 5,1% a 8% do teto	Mínimo + 11,1% a 15% do teto	Mínimo + 25,1% a 45% do teto
Nível D	Mínimo + 0,03% a 0,31% do teto	Mínimo + 0,31% a 0,50% teto	Mínimo + 8,1% a 11% do teto	Mínimo + 15,1% a 21% do teto	Mínimo + 45,1% a 70% do teto
Nível E	Mínimo + 0,1% a 0,51% do teto	Mínimo + 0,51% a 0,80% do teto	Mínimo + 11,1% a 12% do teto	Mínimo + 21,1% a 30% do teto	Mínimo + 70,1% a 100% do teto, limitado ao máximo da pena cominada

QUADRO 3

Autuação Ambiental: multa aberta prevista no decreto n° 6.514, de 2008

Tipo infracional com pena máxima em abstrato entre 2 milhões de reais e um centavo e 10 milhões de reais

Nível de gravidade	Pessoa física de baixa renda	Pessoa física ou jurídica com patrimônio ou receita anual de até 360 mil reais	Pessoa física ou jurídica com patrimônio ou receita anual entre 360 mil e um centavo e 4 milhões e 800 mil reais	Pessoa física ou jurídica com patrimônio ou receita anual entre 4 milhões 800 mil reais e um centavo e 12 milhões de reais	Pessoa física ou jurídica com patrimônio ou receita anual acima 12 milhões de reais e um centavo
Nível A	Mínimo	Mínimo	Mínimo + 0,1% a 7% do teto	Mínimo + 0,2% a 10% do teto	Mínimo + 0,5% a 15% do teto
Nível B	Mínimo + 0,002% a 0,5% do teto	Mínimo + 0,5% a 1% do teto	Mínimo + 1% a 10% do teto	Mínimo + 2% a 15% do teto	Mínimo + 5% a 25% do teto
Nível C	Mínimo + 0,005% a 1,1% do teto	Mínimo + 1,1% a 2% do teto	Mínimo + 10,1% a 20% do teto	Mínimo + 15,1% a 30% do teto	Mínimo + 25,1% a 50% do teto
Nível D	Mínimo + 0,005% a 2,1% do teto	Mínimo + 2,1% a 3% teto	Mínimo + 20,1% a 30% do teto	Mínimo + 30,1% a 45% do teto	Mínimo + 51% a 75% do teto
Nível E	Mínimo + 0,2% a 3,1% do teto	Mínimo + 3,1% a 5,5% do teto	Mínimo + 30,1% a 40% do teto	Mínimo + 45,1% a 60% do teto	Mínimo + 75,1% a 100% do teto, limitado ao máximo da pena cominada

2.1 ADVERTÊNCIA

Determina a norma[2] que a advertência *poderá* ser aplicada mediante a lavratura de auto de infração, no caso de infrações administrativas de "menor lesividade ao meio

---

2. Art. 5º A sanção de advertência poderá ser aplicada, mediante a lavratura de auto de infração, para as infrações administrativas de menor lesividade ao meio ambiente, garantidos a ampla defesa e o contraditório. § 1º Consi-

ambiente". Na realidade a advertência *deverá* ser aplicada mediante a lavratura de auto de infração, haja vista que a advertência meramente verbal – sem registro escrito – não gera nenhum efeito jurídico concreto. A mera reprimenda não se confunde com advertência. Menor lesividade é conceito normativo, firmado pelo valor da multa, conforme definido no § 1º do artigo 5º. Nas hipóteses de cabimento da advertência, o agente da fiscalização não poderá aplicar a multa antes de advertir o autuado e assinar-lhe prazo para a correção da irregularidade.³

No caso da advertência, o objetivo da Administração é que o infrator sane o erro de sua conduta. Na medida em que a advertência é uma sanção administrativa, são aplicáveis todos os recursos inerentes à ampla defesa e o contraditório. A advertência tem natureza pedagógica, decorrendo daí a possibilidade de que o infrator repare a irregularidade constatada. A advertência, conforme Vladimir Passos de Freitas, é uma pema branda cujo objetivo é, primeiramente, levar o infrator a corrigir o ilícito (Freitas, 1993).

O agente autuante ao lavrar o AI deverá assinar o prazo para que o ilícito seja sanado. O § 3º do artigo 5º é contraditório com o texto e o espírito do artigo, pois se a ilicitude foi sanada pelo infrator, não faz o menor sentido que o "agente autuante" certifique o ocorrido nos autos para dar prosseguimento ao processo administrativo de apuração de infração ambiental. Ora, se com a aplicação de uma mera advertência houve o atendimento ao mandamento legal e a irregularidade foi superada, parece ser despropositado que se dê prosseguimento ao processo administrativo, haja vista que dele não resultará nenhum benefício para a Administração ou para o meio ambiente. Logo, há uma ofensa aos princípios administrativos da (1) finalidade e da (2) eficiência

---

deram-se infrações administrativas de menor lesividade ao meio ambiente aquelas em que a multa consolidada não ultrapasse o valor de R$ 1.000,00 (mil reais) ou, na hipótese de multa por unidade de medida, não exceda o valor referido. § 2º Sem prejuízo do disposto no *caput*, caso o agente autuante constate a existência de irregularidades a serem sanadas, lavrará o auto de infração com a indicação da respectiva sanção de advertência, ocasião em que estabelecerá prazo para que o infrator sane tais irregularidades. § 3º Sanadas as irregularidades no prazo concedido, o agente autuante certificará o ocorrido nos autos e dará seguimento ao processo estabelecido no Capítulo II. § 4º Caso o autuado, por negligência ou dolo, deixe de sanar as irregularidades, o agente autuante certificará o ocorrido e aplicará a sanção de multa relativa à infração praticada, independentemente da advertência. Art. 6º A sanção de advertência não excluirá a aplicação de outras sanções. Art. 7º Fica vedada a aplicação de nova sanção de advertência no período de três anos contados do julgamento da defesa da última advertência ou de outra penalidade aplicada.

3. 1. A autorização para criação de pássaros é deferida com vinculação aos termos e animais relacionados, devendo o criador informar mortes e nascimentos de espécimes sob pena de violação aos termos da autorização administrativa. 2. A violação aos termos da autorização configurada pelo flagrante de posse de animal não relacionado e sem anilhamento permite a imposição de multa por violação ao artigo 72 da Lei 9.605/98 c/c o artigo 24 do Decreto 6.514/2008. 3. A possibilidade de imposição de multa, contudo, não afasta a obrigação do administrador examinar as circunstâncias apuradas na autuação e no processo administrativo, para impor a sanção mais adequada, que no caso, é a de advertência, pois não foi indicada qualquer conduta irregular pregressa por parte do autuado que justifique a negativa de aplicação de advertência antes da imposição de multa. 4. A Lei 9.605/98 prevê a gradação para viabilizar à fiscalização a devida ordenação de sua atuação com o objetivo do efetivo respeito à legislação dentro do sistema de proporcionalidade entre as condutas e a busca pelo meio ambiente equilibrado e protegido. 5. Apelação do IBAMA parcialmente provida para determinar a conversão da multa pecuniária em advertência por escrito. (TRF-1 – AC: 00082274720104013400, Relator: Desembargador Federal Carlos Augusto Pires Brandão, Julgamento: 28.08.2019, 5ª Turma, Publicação: 17.09.2019).

que são expressamente contemplados no artigo 94, parágrafo único, fazendo com que o particular e a própria Administração incorram em custos financeiros e de tempo desnecessários e inúteis.

A Administração Pública não deve praticar atos inúteis e dos quais os únicos resultados previsíveis sejam danos à esfera jurídica de terceiros administrados. Para Alexandre de Moraes o princípio da eficiência é aquele que

> impõe a Administração direta e indireta e a seus agentes a persecução do bem comum, por meio do exercício de sua competência de forma imparcial, neutra, transparente, participativa, eficaz, sem burocracia e sempre em busca da qualidade, primando pela adoção dos critérios legais e morais necessários para a melhor utilização possível dos recursos públicos, de maneira a evitar-se desperdícios e garantir-se uma maior rentabilidade social (Moraes, 2020, p. 374).

O § 4º do artigo 5º, em relação sofrível, demonstra mais uma vez que a penalidade de multa só pode ser aplicada após a apuração da conduta subjetiva do agente. No caso deverá ser apurada a culpa, em sentido amplo, do autuado no descumprimento de sua obrigação de sanar a irregularidade apontada pelo agente de fiscalização. É desnecessário dizer que a apuração deverá ser feita observando os parâmetros aplicáveis aos processos administrativos.

A advertência é sanção aplicável aos ilícitos de baixa lesividade e cujas multas não ultrapassem o valor de R$ 1.000,00. Entretanto, é possível, em tese, que, simultaneamente, outros ilícitos mais graves tenham sido praticados. A advertência aplicada ao ilícito menos gravoso não impede que outras sanções sejam aplicadas aos demais ilícitos, conforme a gravidade específica de cada um deles. Do ponto de vista concreto, contudo, "não há qualquer sentido em impor uma advertência simultaneamente a outras sanções, na medida em que estas já cumprem os objetivos mencionados" (Costa Neto, Bello F. e Costa, 2000, p. 346).

A advertência não é uma precondição para a aplicação de outras sanções administrativas, dado que é autônoma. A propósito veja-se o decidido pelo STJ no REsp 1984746:

> Recurso especial repetitivo. Código de processo civil de 2015. Aplicabilidade. Direito ambiental. Infrações administrativas. Aplicação da pena de multa sem prévia imposição da penalidade de advertência. Validade.
>
> I– Consoante o decidido pelo Plenário desta Corte na sessão realizada em 09.03.2016, o regime recursal será determinado pela data da publicação do provimento jurisdicional impugnado. Aplica-se, no caso, o Estatuto Processual Civil de 2015.
>
> II – Não há hierarquia entre as penalidades administrativas por descumprimento da legislação e de regulamentos ambientais previstas no art. 72 da Lei 9.605/1998.
>
> III– O aspecto decisivo eleito pela lei para balizar a cominação das sanções administrativas por infrações ambientais foi, aprioristicamente, a gravidade do fato.
>
> IV – Acórdão submetido ao rito do art. 1.036 e seguintes do CPC/2015, fixando-se, nos termos do art. 256-Q, do RISTJ, a seguinte tese repetitiva: A validade das multas administrativas por infração ambiental, previstas na Lei 9.605/1998, independe da prévia aplicação da penalidade de advertência.
>
> V – Recurso especial do particular conhecido em parte e desprovido.

A decisão fixou a seguinte tese:

Tema 1159: A validade das multas administrativas por infração ambiental, previstas na Lei 9.605/1998, independe da prévia aplicação da penalidade de advertência.

A norma (artigo 7º) estabelece a vedação de nova imposição da sanção de advertência durante o período de três anos após a lavratura de auto de infração qual conste a penalidade de advertência para autuado que já tenha sido advertido antes de transcorrido um triênio da decisão administrativa relativa à última advertência. Como visto no comentário ao artigo 5º, uma vez sanada a irregularidade, não há motivo que justifique o prosseguimento do processo administrativo, devendo o AI ser arquivado. Dessa forma, a advertência se torna inexistente. É discutível a sua legalidade, haja vista que, na hipótese de prática de uma nova infração de baixa lesividade, pelo particular, não se lhe poderá aplicar a penalidade correspondente – advertência – mas se deverá agravá-la independentemente da situação de fato. Não há previsão de tal hipótese na Lei 9.605/1998, não podendo o poder regulamentar criá-la *sponte sua*. Registre-se que a reabilitação criminal ocorre no prazo de dois anos;[4] a reabilitação administrativa em licitações se dá no prazo mínimo de um ano da aplicação da penalidade, no caso de impedimento de licitar e contratar, ou de três anos da aplicação da penalidade, no caso de declaração de inidoneidade.[5]

2.2 MULTAS

O artigo 8º[6] estabelece critérios objetivos para a fixação do valor da multa a ser aplicada, segundo a natureza da infração. A utilização de diferentes critérios tem por finalidade atender as diversas situações fáticas nas quais a infração possa ser cometida, bem como a sua natureza específica. A norma busca atender às particularidades locais e regionais, assim como as características da atividade.

Cabe ao órgão ambiental definir as medidas a serem aplicadas a cada tipo de atividade. O CONAMA baixou a Resolução 411/2009 sobre os procedimentos para *inspeção* de indústrias consumidoras ou transformadoras de produtos e subprodutos florestais madeireiros de origem nativa, bem como os respectivos padrões de nomenclatura e coeficientes de rendimento volumétricos, inclusive carvão vegetal e resíduos de serraria, com vistas a definir uma metodologia para a quantificação de possíveis ilícitos.[7]

---

4. CP artigo 94.
5. Lei 14.133/2021.
6. Art. 8º A multa terá por base a unidade, hectare, metro cúbico, quilograma, metro de carvão-mdc, estéreo, metro quadrado, dúzia, estipe, cento, milheiros ou outra medida pertinente, de acordo com o objeto jurídico lesado. Parágrafo único. O órgão ou entidade ambiental poderá especificar a unidade de medida aplicável para cada espécie de recurso ambiental objeto da infração.
7. 4. O Decreto 6.514/08 prevê sistemática segundo a qual o fator de multiplicação da multa ambiental é o hectare ou a fração de hectare de florestas ou vegetações danificadas, ou seja, o valor da multa é aplicado de forma integral a cada hectare, mas também a cada fração de hectare remanescente (TRF-4 – AC: 50168998820194047205, Relator: Maria de Fátima Freitas Labarrère, Julgamento: 22.02.2022, 2ª Turma).

A verificação da cubagem de lenha, carvão e de toda a madeira em toras do pátio da indústria por espécie deve ser feita segundo fórmula definida na resolução

3.2 Fórmulas de cubagem de madeira em tora

Fórmula:

$V = [(db^2 \cdot p/4) + (dt^2 \cdot p/4)]/2 \cdot L$ ou $V = 0{,}7854 \cdot [(Db + Dt)/2]^2 \cdot L$

Onde:

V = volume em m³

L = Comprimento da tora em metro

db = Diâmetro da base da tora em metro (obtido a partir da média do maior e menor diâmetro na seção – em cruz).

dt = Diâmetro do topo da tora em metro (obtido a partir da média do maior e menor diâmetro na seção – em cruz).

Observação: o volume será calculado com ou sem casca de acordo com o controle estabelecido pelo órgão ambiental competente.

dt = Diâmetro do topo da tora em metro (obtido a partir da média do maior e menor diâmetro na seção – em cruz)

Coeficiente de Rendimento Volumétrico (CRV)				
Matéria-prima	Unid.	Produto	Unid.	CRV (%)
Lenha	st	Carvão Vegetal	MDC	33,33
Resíduo de Serraria	M³	Carvão Vegetal de resíduo	MDC	50
Tora/Torete	M³	Madeira Serrada	M³	45
Tora/Torete	M³	Lâmina Faqueada	M³	45
Tora/Torete	M³	Lâmina Torneada	M³	55
Madeira em geral	M³	Carvão Vegetal	MDC	50

Glossário de produtos de madeira

1 – Carvão vegetal

Substância combustível, sólida, negra, resultante da carbonização da madeira (troncos, galhos, nós e raízes), podendo apresentar diversas formas e densidades.

2 – Carvão vegetal de resíduo

Substância combustível, sólida, negra, resultante da carbonização de resíduo da industrialização da madeira, podendo apresentar diversas formas e densidades.

3 – Escoramento

Peça de madeira, normalmente uma seção de tronco, fino e alongado, manuseável, também denominado espeque, esteio, estronca, ou vara, geralmente utilizados em obras e construções para escorar ou suster temporariamente andaimes, partes superiores, inclinadas, revestidas, obras de arrimo e apoio emergencial de edificações.

Dimensões usuais:

Diâmetro da menor seção maior que 6 cm

Comprimento maior que 260 cm

4 – Estaca

Peça alongada de diferentes tamanhos, geralmente uma seção de tronco que se crava no solo com finalidade estrutural para transmitir-lhe carga de uma construção, como parte de fundação, como marco referencial, como peça de sustentação e outros.

5 – Lâmina Torneada

Denominação referente à lâmina de madeira ou fragmento chato e delgado obtido pelo método de processamento rotativo ou torneamento, resultante do giro contínuo da tora sobre mecanismo de corte.

6 – Lâmina Faqueada

Denominação referente à lâmina de madeira ou fragmento chato e delgado, obtido pelo processamento da tora no sentido longitudinal ou rotacional por método de laminação contínua e repetitiva.

7 – Lasca

Denominação referente à peça de madeira ou parte de tronco, obtida por rompimento no sentido longitudinal, forçado a partir de rachaduras e fendas na madeira, geralmente de dimensões que possibilitam manuseio e com dois lados formando um vértice e geralmente destinadas à utilização como estaca e mourão de cerca de arame.

Dimensões usuais:

Comprimento acima de 220 cm

Espessuras variáveis

8 – Lenha

Porção de galhos, raízes e troncos de árvores e nós de madeira, normalmente utilizados na queima direta ou produção de carvão vegetal.

9 – Madeira serrada

É a que resulta diretamente do desdobro de toras ou toretes, constituída de peças cortadas longitudinalmente por meio de serra, independentemente de suas dimensões, de seção retangular ou quadrada. A madeira serrada será classificada de acordo com as seguintes dimensões:

Nome	Espessura (cm)	Largura (cm)
Bloco, quadrado ou filé	> 12	> 12
Pranchões	> 7,0	> 20,0
Prancha	4,0 - 7,0	> 20,0
Viga	> 4,0	11,0 - 20,0
Vigota	4,0 - 8,0	8,0 - 11,0
Caibro	4,0 - 8,0	5,0 - 8,0
Tábua	1,0 - 4,0	> 10,0
Sarrafo	2,0 - 4,0	2,0 - 10,0
Ripa	< 2,0	< 10,0

10 – Mourão

Peça de madeira, geralmente parte de tronco, manuseável, normalmente resistente à degradação e forças mecânicas, utilizado como estaca tutorial agrícola, como esteio fincado firme para imobilização de animais de grande porte, como estrutura de sustentação de cerca de tábuas, de arames, de alambrados ou à beira de rios onde se prendem embarcações leves.

Dimensões usuais:

Comprimentos acima de 220 cm

Diâmetros variáveis

11 – Poste

Haste de madeira, ou parte de tronco, de uso cravado verticalmente no solo para servir de suporte a estruturas, transformadores e isoladores sobre os quais se apoiam cabos de eletricidade, telefônicos, telegráficos e outros, ou como suporte para lâmpadas.

12 – Produto Acabado

Produto obtido após o processamento industrial da madeira que se encontra pronto para o uso final e não comporta qualquer transformação adicional.

13 – Resíduo de serraria

Conjunto de peças residuais, em diversos formatos e tamanhos, resultante do processamento industrial da madeira.

14 – Rolo Resto ou Rolete

Peça de madeira roliça, longa, cilíndrica e manuseável, resultante de laminação por torneamento de toras.

Dimensões usuais:

Comprimento de 150 a 330 cm

15 – Tora

Parte de uma árvore, seções do seu tronco ou sua principal parte, em formato roliço destinada ao processamento industrial.

16 – Torete

Seções aproveitáveis da árvore originadas a partir da galhada, ou de seções da tora, destinadas à cadeia produtiva da madeira serrada.

Como se pode perceber há uma metodologia para identificar os volumes a serem considerados para o cálculo das sanções aplicáveis. Entretanto, apesar dos critérios objetivos, não são raras as situações em que a sanção é aplicada com base em amostragens.

> (...) Não há descrição no auto de infração clara e objetiva do dano ambiental, tendo sido feito por amostragem conforme informação da agravada. No relatório de fiscalização consta apenas que a equipe estava desfalcada pela ausência de dois fiscais, que a operação fiscalizadora foi realizada simultaneamente em três grandes supermercados de Belém para evitar o risco de "vazamento" de informações, e que as empresas foram autuadas e tiveram seu produto apreendido, não descrevendo os parâmetros utilizados pela fiscalização para medir a mercadoria irregular. Por ser caso de apreensão de produtos advindo de processo natural, seria fundamental verificar produto por produto, uma vez que cada unidade possui características diversas em função de sua natureza. Não se trata de concessão irreversível, tendo demonstrado a empresa nos autos, por meio de balancetes e relatórios da diretoria da empresa, que possui patrimônio suficiente para arcar com as multas ambientais caso condenada posteriormente. (decisão monocrática. 10032572120184010000, Rel. Desembargadora Federal Danielle Maranhão Costa. TRF 1ª Região. Publicação 16.02.218).

Em relação à correção do valor das multas, duas questões se colocam: a (1) correção do valor estipulado no texto do Decreto e a (2) atualização monetária do valor da multa efetivamente imposta ao infrator. A leitura do *caput* do artigo 9º nos leva a crer que, dentro dos limites fixados na Lei 9.605/1998, a Administração deveria fixar os novos valores periodicamente; entretanto, isto não foi feito. A alteração dos valores das multas constantes da Lei 9.605/1998, naturalmente, só pode ser feita pela via legislativa. É de discutível legalidade a possibilidade de alteração dos valores contidos no decreto, entretanto, como isto nunca foi feito, a matéria tem importância secundária, no momento.

A correção monetária é uma memória inflacionária do Brasil que tem o hábito de indexar todos os valores. O tema será aprofundado nos comentários ao artigo 113.

A multa-diária tem cabe quando a infração se prolonga no tempo, renovando-se diariamente. Há que se fazer uma distinção entre (1) infração permanente, ou de efeitos permanentes, e (2) infração que se renova diariamente. O atear fogo a uma floresta, o corte ilegal de vegetação se constitui em infrações permanentes ou de efeitos permanentes, na medida em que, cessado o fogo ou o corte ilegal de vegetação, os efeitos permanecem até que se regenerem naturalmente ou sejam objeto de recuperação forçada pelo infrator. Em tais casos, a pena administrativa a ser imposta é a multa simples, acompanhada ou não por penalidades acessórias.

A imposição de multa-diária é matéria complicada, pois, em tese, demandaria que a fiscalização fosse diariamente ao empreendimento ou atividade multada e constatasse a continuidade dos trabalhos e/ou serviços irregulares.

O AI deve incluir o valor da multa diária, que não poderá ser inferior a R$ 50,00 nem ultrapassar os 10% do valor da multa simples máxima cominada para a infração praticada. Tão logo seja lavrado o AI, abre-se o prazo de 20 dias para a apresentação da defesa (art. 96, § 5º).

Os §§ 4º e 5º do artigo 9º são mal redigidos e confusos. A multa diária deverá cessar tão logo a fiscalização confirme a informação do autuado de que a conduta infratora foi encerrada. Isto se faz por vários métodos, inclusive diligência ao local. Caso a cessação não seja comprovada, a multa diária continua correndo.

Caso seja celebrado termo de compromisso, cessa a imposição da multa diária.

O artigo 11[8] trata da reincidência. Curt, Natasha e Terence Trennepohl comparam a redação dada ao artigo pelo Decreto 11.080/2022 com as redações truncadas constantes do Decreto 3.179/99 e com a redação original do próprio Decreto 6514/2008:

---

8. Art. 11. O cometimento de nova infração ambiental pelo mesmo infrator, no período de cinco anos, contado da data em que a decisão administrativa que o tenha condenado por infração anterior tenha se tornado definitiva, implicará: I - aplicação da multa em triplo, no caso de cometimento da mesma infração; ou II - aplicação da multa em dobro, no caso de cometimento de infração distinta. § 1º O agravamento será apurado no procedimento da nova infração, do qual se fará constar certidão com as informações sobre o auto de infração anterior e o julgamento definitivo que o confirmou. § 2º Constatada a existência de decisão condenatória irrecorrível por infração anterior, o autuado será notificado para se manifestar, no prazo de dez dias, sobre a possibilidade de agravamento da penalidade. § 3º Caracterizada a reincidência, a autoridade competente agravará a penalidade, na forma do disposto nos incisos I e II do caput. § 4º O agravamento da penalidade por reincidência não poderá ser aplicado após o julgamento de que trata o art. 124. § 5º A adesão a uma das soluções legais previstas na alínea "b" do inciso II do § 1º do art. 98-A não eximirá a contabilização da infração cometida para fins de aplicação do disposto neste artigo.

[a]penas para ilustrar a confusão decorrente da redação imprecisa do artigo 10 do Decreto 3179/1999, no caso acima descrito, o acolhimento da defesa administrativa pela supressão de vegetação e consequente anulação do auto de infração obrigava a correção do valor majorado pela reincidência, numa complexa intervenção no sistema informatizado do IBAMA (Trennepohl, Trennepohl e Trenneohl, 2023, p. 114).

O artigo 11, ora em comento, não encontra amparo na Lei 9.605/1998 que, ao tratar das infrações administrativas limitou-se ao que consta nos artigos 70 e seguintes, nada dispondo sobre reincidência. Os artigos 6º/24 estabelecem medidas para a aplicação de penas judiciais e não administrativas e, como é óbvio, não é possível interpretação analógica para restrições de direitos e imposição de penalidades. A atual redação do *caput* do artigo é uma evolução em relação à redação anterior que considerava o prazo de cinco anos para a reincidência "contados da lavratura do auto de infração anterior devidamente confirmado no julgamento de que trata o art. 124". Como se sabe, não é jurídico que se considere para fins de reincidência a data da emissão do auto de infração, haja vista que somente após a decisão administrativa definitiva é que se poderá considerar alguém como infrator da legislação ambiental, tal como corre com a aplicação da norma penal. A reincidência, quando for o caso, deve ser demonstrada de forma cabal, no próprio AI.[9]

A reincidência, conforme o caput só ocorre após o decurso do período de cinco anos, contado da data em que a decisão administrativa condenatória tenha se tornado definitiva, acarretando as consequências próprias. É o que se chama de coisa julgada administrativa, ou seja, o esgotamento recursal no âmbito da administração pública. Entretanto, cabe revisão judicial.

A reincidência específica implica em majoração tripla da penalidade; a reincidência genérica importa em duplicação da penalidade. O agravamento da pena não é aplicado imediatamente pela autoridade administrativa que lavrou o AI, pois deve ser apurado no processo de apuração da nova infração. Há que se consignar que, aparentemente, há uma contradição entre o *caput* do artigo 11 e o artigo 21 que estabelece o prazo prescricional de cinco anos após a lavratura do auto de infração. Parece-me existir uma grande incoerência entre o reconhecimento da prescrição de uma infração no prazo de cinco anos e a imposição de penalidade pela prática de nova infração no mesmo período. Além do mais, e como já foi dito, persiste a questão referente à reabilitação que é tranquilamente admitida no campo penal e não há justificativa para não reconhecê-la no âmbito administrativo.

---

9. 10. Fato, porém, que tanto em um quanto noutro caso, a autoridade ambiental não especificou o fato gerador das mencionadas reincidências. É dizer, não fundamentou a autuação com a demonstração (ou ao menos a indicação) das outras infrações que legitimariam a incidência do artigo 10 do Decreto 3.179/99, somente buscando demonstrar as outras infrações nestes autos por ocasião da apresentação de contestação, fato que, evidentemente, não tem o condão de afastar a nulidade do procedimento administrativo. 11. A teor das disposições da Lei 9.784/99, os atos administrativos que imponham sanções devem ser motivados, com a indicação dos fatos e dos fundamentos jurídicos, devendo ainda, a motivação ser explícita, clara e congruente (artigo 50, inciso II e § 1º), de modo que a simples menção ao fundamento legal na imposição da reincidência, tal como procedido pelo instituto demandado na espécie, não se mostra suficiente à legitimar a aplicação da reincidência (TRF-3 – APELREEX: 00010681820084036003 MS, Relator: Juiz Federal Convocado Marcelo Guerra, Julgamento: 1º.02.2017, 4ª Turma, Publicação: e-DJF3 Judicial 1 data: 16.02.2017).

Superior Tribunal de Justiça	
Tema Repetitivo 146	É de cinco anos o prazo para a cobrança da multa aplicada ante infração administrativa ao meio ambiente, nos termos do Decreto 20.910/32, o qual que deve ser aplicado por isonomia, à falta de regra específica para regular esse prazo prescricional

A reincidência deve ser caracterizada por certidão nos autos que demonstre a (1) natureza da infração anterior e a (2) condenação. Ao autuado será dado vista ao processo para que se manifeste sobre a reincidência. Uma vez confirmada a reincidência a pena será agravada.

O § 4º é despiciendo, pois obviamente que após o julgamento administrativo não se poderá agravar a penalidade por reincidência, pelo simples fato de que a instância se encerrou.

Em relação ao pagamento da multa, artigo 12, a norma corresponde ao artigo 76 da Lei 9.605/1998. O artigo reconhece de forma cabal e indiscutível que os integrantes de nossa federação ainda estão muito distantes de praticarem o federalismo cooperativo que, em tese, decorre da nossa Constituição Federal. De fato, há baixo nível de integração entre os diferentes órgãos de fiscalização ambiental que, não raras vezes, competem entre si, sendo bastante comum a aplicação simultânea de multas federais, estaduais e municipais. Houve, inclusive, o curioso caso de uma tentativa de sequestro de multa imposta por órgão estadual, em favor do IBAMA, sob o argumento de que o valor da multa fora irrisório.

Certamente, entre os casos ambientais de maior repercussão encontra-se o derramamento de óleo ocorrido no dia 16 de julho de 2000 nos rios Birigui e Iguaçu no estado do Paraná. O episódio aconteceu devido ao rompimento de um oleoduto que originou um grande vazamento de óleo para os rios em questão. Tal fato se registrou no mesmo ano de outro significativo vazamento de óleo na Baía de Guanabara, logo no dia 18 de janeiro. Ambos os vazamentos ocorreram em instalações de propriedade da Petrobrás que, então, era presidida pelo Sr. Henri Phillipe Reichstul. Ambos os vazamentos foram levados ao Poder Judiciário pelos órgãos competentes.

O vazamento de óleo no Paraná deu margem ao ajuizamento de uma (i) ação civil pública com vistas à reparação dos danos ao meio ambiente, que foi precedida de uma medida cautelar de busca e apreensão com vistas a "sequestrar" em favor do Ibama, a multa aplicada à Petrobrás pelo Instituto Ambiental do Paraná (IAP) e de (ii) uma ação penal movida em desfavor da Petrobrás e de Henri Phillipe Reichstul e outro, com base no artigo 54 da Lei 9.605/98.

A medida cautelar em questão chegou a obter liminar que determinava o sequestro dos valores pagos pela empresa ao órgão ambiental paranaense. Contudo, ante o seu evidente caráter *vanguardeiro*, a liminar foi cassada, pois julgada juridicamente impossível pelo Tribunal Regional Federal da 4ª Região (TRF4) (2). Fundava-se a demanda no fato de que a multa aplicada pelo IAP, 50 milhões de reais, era valor insignificante, tendo em vista que a empresa era reincidente em danos ambientais.

O Tribunal assim decidiu a questão:

TRF – 4ª Região/ AG – 116170 – PR. 4ª Turma. DJU 1º.10.2003 P: 569. Relator: Juiz Amaury Chaves de Athayde. "Administrativo e processual civil. Ação civil pública. Liminar. Dano ambiental decorrente de vazamento de óleo. Questões reflexas ao desenvolvimento do trabalho. Competência. Sequestro de multa administrativa paga a órgão estadual – impossibilidade jurídica. 1. Configura-se a competência da justiça federal comum (e não da justiça do trabalho) quando o pedido a ser conhecido e julgado abrange providências com repercussão laboral meramente reflexas (ausente a identificação com o meio ambiente do trabalho). 2. Em sendo pretérita a tradição do numerário que interessa, a par de já ter sido julgado, por sentença, juridicamente impossível o pedido de sequestro de multa administrativa paga a órgão estadual, descabe o deferimento de liminar"(Antunes, 2006).

A Lei 9.605/1998 e o Decreto 6.514/2008 buscaram fazer prevalecer o princípio da subsidiariedade e, de certa forma, privilegiar a autoridade mais próxima do fato gravoso. Outro elemento inescusável da norma é o reconhecimento por parte do Executivo do conflito de atribuições entre as diversas esferas do Poder Público que, com grande frequência, atuam sem coordenação e buscam, concomitantemente, exercer a competência contemplada no artigo 23 da Lei Fundamental da República.

A LC 140/2011, apesar de suas ambiguidades, tentou organizar a cooperação entre os entes federativos atendendo às exigências do artigo 23 da CF. Talden Farias aponta que a "norma procurou apontar as atribuições de casa ente federativo, assim como os instrumentos de cooperação" (Farias, 2020, p. 54).

O princípio da cooperação, inerente ao federalismo cooperativo, impõe aos entes federativos o estabelecimento de mecanismos de cooperação mútua, a fim de evitar interferências negativas e dispersão de recursos humanos, institucionais e materiais capazes de prejudicar as suas obrigações de proteção (Antunes, 2015). O critério da multa paga em primeiro lugar, certamente, não indica uma cooperação genuína entre os entes federativos, sendo antes uma fórmula obscura que pouco, ou nada, contribui para o aperfeiçoamento do sistema.

O modelo de repartição de competências comum adotado pelo artigo 23 da CF, conforme anotado por Fernanda Dias Menezes de Almeida, "atende aos desígnios de se chegar a maior descentralização, sem prejuízo da direção uniforme que se deva imprimir a certas matérias" (Almeida, 2005, p 77). Entretanto, a autora adverte para o fato de que:

[é] óbvio, porém, que esta primeira apreciação do modelo não pode corresponder a um juízo definitivo sobre a repartição de competências na Constituição de 1988. É preciso analisar como se formalizam no papel as ideias mestras subjacentes ao arranjo concebido. É preciso verificar o conteúdo das competências privativas e compartilhadas. Só depois se poderá chegar a conclusões mais seguras sobre a eficiência do sistema em relação aos fins a que se preordena (Almeida, 2005, p. 77).

O julgamento da ADI 4757 pelo STF decidiu que:

1. A Lei Complementar 140/2011 disciplina a cooperação entre a União, os Estados, o Distrito Federal e os Municípios nas ações administrativas decorrentes do exercício da competência comum relativas à proteção das paisagens naturais notáveis, do meio ambiente, ao combate à poluição em qualquer de suas formas e à preservação das florestas, da fauna e da flora, em resposta ao dever de legislar prescrito no art. 23, III, VI e VI, da Constituição Federal. No marco da Política Nacional do Meio Ambiente, instituída pela Lei 6.938/1981, e da forma federalista de organização do Estado constitucional e ecológico, a Lei Complementar 140/2011 foi a responsável pelo desenho institucional cooperativo de atribuição das competências executivas ambientais aos entes federados. (...)

4. Da interpretação do art. 225 da Constituição Federal, fundamento normativo do Estado de Direito e governança ambiental, infere-se estrutura jurídica complexa decomposta em duas direções normativas. A primeira voltada ao reconhecimento do direito fundamental ao meio ambiente ecologicamente equilibrado, em uma perspectiva intergeracional. A segunda relacionada aos deveres de proteção e responsabilidades atribuídos aos poderes constituídos, aos atores públicos e à sociedade civil em conjunto. A preservação da ordem constitucional vigente de proteção do meio ambiente, densificada nos seus deveres fundamentais de proteção, impõe-se, pois, como limite substantivo ao agir legislativo e administrativo. O que significa dizer que tanto a Política Nacional do Meio Ambiente, em todas as suas dimensões, quanto o sistema organizacional e administrativo responsável pela sua implementação, a exemplo do Sistema Nacional do Meio Ambiente, dos Conselhos Nacionais, Estaduais e Municipais, devem traduzir os vetores normativos do constitucionalismo ecológico e do federalismo cooperativo.

5. A Lei Complementar 140/2011, em face da intricada teia normativa ambiental, aí incluídos os correlatos deveres fundamentais de tutela, logrou equacionar o sistema descentralizado de competências administrativas em matéria ambiental com os vetores da uniformidade decisória e da racionalidade, valendo-se para tanto da cooperação como superestrutura do diálogo interfederativo. Cumpre assinalar que referida legislação não trata sobre os deveres de tutela ambiental de forma genérica e ampla, como disciplina o art. 225, § 1º, IV, tampouco regulamenta o agir legislativo, marcado pela repartição concorrente de competências, inclusive no tocante à normatização do licenciamento em si.

6. O modelo federativo ecológico em matéria de competência comum material delineado pela Lei Complementar 140/2011 revela quadro normativo altamente especializado e complexo, na medida em que se relaciona com teia institucional multipolar, como o Sistema Nacional do Meio Ambiente (SISNAMA), e com outras legislações ambientais, como a Política Nacional do Meio Ambiente (Lei 6.938/1981) e a Lei de Infrações penais e administrativas derivadas de condutas e atividades lesivas ao meio ambiente (Lei 9.605/1998). O diálogo das fontes revela-se nesse quadro como principal método interpretativo.

7. Na repartição da competência comum (23, III, VI e VII CF), não cabe ao legislador formular disciplina normativa que exclua o exercício administrativo de qualquer dos entes federados, mas sim que organize a cooperação federativa, assegurando a racionalidade e a efetividade nos encargos constitucionais de proteção dos valores e direitos fundamentais. Ademais, os arranjos institucionais derivados do federalismo cooperativo facilitam a realização dos valores caros ao projeto constitucional brasileiro, como a democracia participativa, a proteção dos direitos fundamentais e a desconcentração vertical de poderes, como fórmula responsiva aos controles social e institucional. Precedentes.

8. O nível de ação do agir político-administrativo nos domínios das competências partilhadas, próprio do modelo do federalismo cooperativo, deve ser medido pelo princípio da subsidiariedade. Ou seja, na conformação dos arranjos cooperativos, a ação do ente social ou político maior no menor, justifica-se quando comprovada a incapacidade institucional desse e demonstrada a eficácia protetiva daquele. Todavia, a subsidiariedade apenas apresentará resultados satisfatórios caso haja forte coesão entre as ações dos entes federados. Coesão que é exigida tanto na dimensão da alocação das competências quanto na dimensão do controle e fiscalização das capacidades institucionais dos órgãos responsáveis pela política pública.

9. A Lei Complementar 140/2011 tal como desenhada estabelece fórmulas capazes de assegurar a permanente cooperação entre os órgãos administrativos ambientais, a partir da articulação entre as dimensões estáticas e dinâmicas das competências comuns atribuídas aos entes federados. Desse modo, respeitada a moldura constitucional quanto às bases do pacto federativo em competência comum administrativa e quanto aos deveres de proteção adequada e suficiente do meio ambiente, salvo as prescrições dos arts. 14, § 4º, e 17, § 3º, que não passam no teste de validade (...).

11. Um dos princípios fundamentais do funcionamento do sistema legal de tutela do meio ambiente é o da atuação supletiva do órgão federal, seja em matéria de licenciamento seja em matéria de controle e fiscalização das atividades ou empreendimentos potencialmente poluidores ou degradantes do meio ambiente. No exercício da cooperação administrativa, portanto, cabe atuação suplementar – ainda que não conflitiva – da União com a dos órgãos estadual e municipal. As potenciais omissões e falhas no exercício da atividade fiscalizatória do poder de polícia ambiental por parte dos órgãos que integram o Sistema

Nacional do Meio Ambiente (SISNAMA) não são irrelevantes e devem ser levadas em consideração para constituição da regra de competência fiscalizatória. Diante das características concretas que qualificam a maioria dos danos e ilícitos ambientais de impactos significativos, mostra-se irrazoável e insuficiente regra que estabeleça competência estática do órgão licenciador para a lavratura final do auto de infração. O critério da prevalência de auto de infração do órgão licenciador prescrito no § 3º do art. 17 não oferece resposta aos deveres fundamentais de proteção, nas situações de omissão ou falha da atuação daquele órgão na atividade fiscalizatória e sancionatória, por insuficiência ou inadequação da medida adotada para prevenir ou reparar situação de ilícito ou dano ambiental.

12. O juízo de constitucionalidade não autoriza afirmação no sentido de que a escolha legislativa é a melhor, por apresentar os melhores resultados em termos de gestão, eficiência e efetividade ambiental, mas que está nos limites da moldura constitucional da conformação decisória. Daí porque se exige dos poderes com funções precípuas legislativas e normativas o permanente ajuste da legislação às particularidades e aos conflitos sociais. (...) (ADI 4757, Relatora: Rosa Weber, Tribunal Pleno, julgado em 13.12.2022, DJe-s/n 17.03.2023)

A decisão parece reconhecer e prestigiar o atual modelo de repartição das competências comuns que, na prática, gera insegurança jurídica e competição entre os entes federativos.

O artigo 13[10] passou por diversas alterações desde a edição do Decreto 6.514/2008, sendo que, ao longo do tempo, perdeu coerência. A primeira redação atribuía o percentual de cinquenta por cento do valor arrecadado com as multas ao Fundo Nacional do Meio Ambiente; posteriormente, o Decreto 6.686/2008 reduziu o percentual para vinte por cento, o qual retornou aos cinquenta por cento, pela edição do Decreto 11.373/2023. As alterações foram tantas e tão mal concebidas que o parágrafo único do artigo não guarda qualquer relação com o *caput*. De fato, o parágrafo único fala em "destinação dos valores excedentes ao percentual estabelecido no *caput*", só que o *caput* não estabelece qualquer percentual.

O artigo 72 da Lei 9.605/1998 estabelece que:

Art. 73. Os valores arrecadados em pagamento de multas por infração ambiental serão revertidos ao Fundo Nacional do Meio Ambiente, criado pela Lei 7.797, de 10 de julho de 1989, ao Fundo Naval, criado pelo Decreto 20.923, de 8 de janeiro de 1932, ao Fundo Nacional para Calamidades Públicas, Proteção e Defesa Civil (Funcap), criado pela Lei 12.340, de 1º de dezembro de 2010, e aos fundos estaduais ou municipais de meio ambiente, ou correlatos, conforme dispuser o órgão arrecadador.

§ 1º Reverterão ao Fundo Nacional do Meio Ambiente 50% (cinquenta por cento) dos valores arrecadados em pagamento de multas aplicadas pela União, percentual que poderá ser alterado a critério dos órgãos arrecadadores.

Há que se investigar se, do ponto de vista constitucional, o § 1º se sustenta, tendo em vista que estabelece uma delegação para órgãos administrativos alterarem percentual de distribuição de receita definido em lei.

---

10. Art. 13. Reverterão ao Fundo Nacional do Meio Ambiente – FNMA cinquenta por cento dos valores arrecadados em pagamento de multas aplicadas pela União, podendo o referido percentual ser alterado, a critério dos órgãos arrecadadores. Parágrafo único. A destinação dos valores excedentes ao percentual estabelecido no caput a fundos administrados por outros entes federativos dependerá da celebração de instrumento específico entre o órgão arrecadador e o gestor do fundo, observado o disposto no art. 73 da Lei 9.605, de 1998.

2021	• R$ 28.359.172 de taxas e multas utilizados como reserva de contingência financeira. Todo valor foi bloqueado. • R$ 241.982 de taxas e multas utilizados para fomento da Política Nacional do Meio Ambiente. Valor foi empenhado, mas não foi pago no ano. • R$ 21.711 de taxas e multas voltados à administração do MMA. Valor foi utilizado. • R$ 460.305 voltado ao fomento da Política Nacional do Meio Ambiente, mas tendo como fonte 'recursos primários de livre aplicação'. O valor foi empenhado, mas não foi pago no ano. • *Total aplicado no fundo*: R$ 29.083.170 – sendo R$ 28.622.865 referentes à arrecadação por multas ambientais / *Total utilizado*: R$ 21.710 – de multas.
2022	• R$ 30.369.551 de taxas e multas utilizados como reserva de contingência. Todo valor foi bloqueado. • R$ 2.434.020 de taxas e multas utilizados para fomento da Política Nacional do Meio Ambiente. Todo valor foi bloqueado. • R$ 8.379 de taxas e multas para administração da unidade. Valor foi utilizado. *Total aplicado no fundo*: R$ 38.811.950 – sendo tudo referente a arrecadação por multas ambientais / *Total utilizado*: R$ 8.379.
2023	• R$ 3.470.000 de taxas e multas voltadas ao fomento da Política Nacional do Meio Ambiente. Todo valor foi bloqueado. • R$ 33.020.580 de taxas e multas voltados a reserva de contingência. Todo valor foi bloqueado. • R$ 30 mil de taxas e multas voltados à administração da unidade. R$ 27.599 foram utilizados. • R$ 9 mil de taxas e multas voltados à administração da unidade. R$ 8.429 foram utilizados. *Total aplicado no fundo*: R$ 36.529.580 – sendo tudo referente a arrecadação por multas ambientais / *Total utilizado*: R$ 36.029.
2024	*Para 2024*, tendo como base recursos arrecadados em pagamentos de multas por infração ambiental, estão previstos, por projeto de Lei: • R$ 4.893.393 para o fomento da Política Nacional do Meio Ambiente • R$ 59.520.254 para reserva de contingência • R$ 150.000 para administração da unidade • R$ 14.633 também para reserva de contingência, mas tendo como fonte 'recursos próprios livres da UO'

Fonte: https://www.terra.com.br/planeta/mais-de-r-3-bi-em-multas-infracoes-aplicadas-na-amazonia-aumentaram-40-neste-ano,be-b88736bf76900e75d1b0bdf1d3c95f1ocdfoin.html#.

2.3 DEMAIS SANÇÕES ADMINISTRATIVAS

Pelo teor do artigo 15,[11] todo recolhimento ou retirada de circulação de quaisquer produtos ou subprodutos da flora e da fauna, bem como de animais deverão observar as disposições contidas nas seções que se seguem. O artigo 16 indica que as sanções administrativas serão aplicadas "quando o produto, a obra, a atividade ou o estabelecimento não estiverem obedecendo às determinações legais ou regulamentares".

Ambos os artigos são dispensáveis e redundantes.

O artigo 15-A,[12] acertadamente, aplica o critério da proporcionalidade entre a infração e a pena. Com efeito, muitas vezes, o agente autuante em evidente excesso de poder interdita ou paralisa toda uma empresa ou atividade por fatos relacionados apenas com um setor – aquele causador do dano.

---

11. Art. 15. As sanções indicadas nos incisos V a IX do art. 3º serão aplicadas quando o produto, a obra, a atividade ou o estabelecimento não estiverem obedecendo às determinações legais ou regulamentares.
12. Art. 15-A. O embargo de obra ou atividade restringe-se aos locais onde efetivamente caracterizou-se a infração ambiental, não alcançando as demais atividades realizadas em áreas não embargadas da propriedade ou posse ou não correlacionadas com a infração.

O embargo é uma determinação administrativa que interrompe uma atividade ou obra que esteja sendo exercida em contradição com a legislação de proteção ao meio ambiente. Hely Lopes Meirelles (1987, p. 173) entendia que o embrago de obra ou atividade deve ser "precedido de vistoria e notificação administrativa para a cessação dos trabalhos, ou da utilização da obra, e, se não atendida, no prazo e condições estabelecidas, justifica-se a sua efetivação por meios diretos e coercitivos". Dependendo do grau de desenvolvimento da atividade ou obra que esteja sendo realizada, o embargo pode ser (1) cautelar ou preventivo e (2) repressivo. Ele será cautelar quando a atividade ou obra esteja em seus estágios iniciais ou, até mesmo, em fases preliminares de planejamento e/ou comercialização. Vladimir Passos de Freitas considera o embargo como uma medida preventiva adotada pela autoridade administrativa, com vistas a evitar a implantação ou construção em desacordo com a legislação aplicável (Freitas, 1993). O embargo repressivo ocorre quando a atividade ou obra esteja em pleno desenvolvimento.

O embargo, como toda medida administrativa, deve ser proporcional ao ilícito, motivo pelo qual a norma determina que ele somente pode ser imposto sobre os locais nos quais, efetivamente, a construção, obra ou atividade esteja sendo exercida sem a observância da norma legal aplicável ao caso concreto. A Lei 12.651/2012, artigo 51, dispõe sobre o embargo em áreas objeto de desmatamento em desacordo com as regras por ela estabelecidas. Dessa forma, a atividade que deu causa ao uso alternativo do solo, deverá ser embargada como medida administrativa voltada a impedir a continuidade do dano ambiental, propiciar a regeneração do meio ambiente e dar viabilidade à recuperação da área degradada. O embargo, no entanto, restringe-se aos locais onde efetivamente ocorreu o desmatamento ilegal, não alcançando as atividades de subsistência ou as demais atividades realizadas no imóvel não relacionadas com a infração.

O § 2º do artigo 51 da Lei 12.651/2012 determina que o órgão ambiental responsável deverá disponibilizar publicamente as informações sobre o imóvel embargado, inclusive por meio da rede mundial de computadores, resguardados os dados protegidos por legislação específica, caracterizando o exato local da área embargada e informando em que estágio se encontra o respectivo procedimento administrativo. O IBAMA disponibiliza um amplo cadastro de áreas embargadas, de maneira que é possível saber, por exemplo, se um determinado produto tem origem em área embargada.[13]

A IN IBAMA 19/2023 dispõe sobre o procedimento a ser adotado pela fiscalização quando da imposição de embargo administrativo. O artigo 5 da IN define as hipóteses administrativas para a imposição do embargo, a saber: (1) quando realizadas sem licença ou autorização ambiental ou em desacordo com a concedida; (2) quando realizadas em locais proibidos; ou (3) quando houver risco de dano ou de seu agravamento. O embargo é ato administrativo formal e, portanto, deve ser reduzido a termo que conterá a (1) delimitação da área ou local embargado mediante a indicação de suas coordenadas

---

13. Disponível em: https://servicos.ibama.gov.br/ctf/publico/areasembargadas/. Acesso em: 08 nov. 2024.

geográficas e a descrição das atividades a serem paralisadas; e indicar (2) a poligonal georreferenciada da extensão embargada.

O § 2º do artigo 51 da Lei 12651/2012 é claro ao determinar que o embargo está limitado às atividades irregulares realizadas na área, salvo impossibilidade de dissociação de eventuais atividades regulares ou risco de continuidade infracional; ou seja, se do embargo decorrer a paralisação de uma atividade lícita que dependia da área embargada para acontecer, não há problema. A queimada ou desmatamento, caraterizados como infração ambiental, determina que o embargo recaía sobre as áreas onde efetivamente ocorreu o ilícito, não alcançando as atividades de subsistência ou as demais realizadas no imóvel não relacionadas com a infração.

O artigo 15-B[14] é autoexplicativo, muito embora possa redundar em situações complexas. A LC 140/2011, em seu artigo 17 e parágrafos determina que:

> Art. 17. Compete ao órgão responsável pelo licenciamento ou autorização, conforme o caso, de um empreendimento ou atividade, lavrar auto de infração ambiental e instaurar processo administrativo para a apuração de infrações à legislação ambiental cometidas pelo empreendimento ou atividade licenciada ou autorizada.
>
> § 1º Qualquer pessoa legalmente identificada, ao constatar infração ambiental decorrente de empreendimento ou atividade utilizadores de recursos ambientais, efetiva ou potencialmente poluidores, pode dirigir representação ao órgão a que se refere o *caput*, para efeito do exercício de seu poder de polícia.
>
> § 2º Nos casos de iminência ou ocorrência de degradação da qualidade ambiental, o ente federativo que tiver conhecimento do fato deverá determinar medidas para evitá-la, fazer cessá-la ou mitigá-la, comunicando imediatamente ao órgão competente para as providências cabíveis.
>
> § 3º O disposto no *caput* deste artigo não impede o exercício pelos entes federativos da atribuição comum de fiscalização da conformidade de empreendimentos e atividades efetiva ou potencialmente poluidores ou utilizadores de recursos naturais com a legislação ambiental em vigor, prevalecendo o auto de infração ambiental lavrado por órgão que detenha a atribuição de licenciamento ou autorização a que se refere o *caput*.

O *caput* adota um critério tradicional no direito administrativo no sentido de que o ente responsável pela fiscalização é o detentor de competência legislativa, o que é reforçado pelo § 3º, quando mais de um órgão fiscaliza a atividades e impõe sanções, "prevalecendo auto de infração ambiental lavrado por órgão que detenha a atribuição de licenciamento ou autorização" para a atividade em questão. O § 2º do artigo determina que o órgão ambiental que tome conhecimento de uma infração à legislação de proteção ao meio ambiente determine as medidas necessárias para "evitá-la, fazer cessá-la ou mitigá-la". São medidas de natureza excepcional e que não podem ser tomadas sem que haja um motivo, claramente, relevante e de grande gravidade, pois trata-se de uma intervenção sobre a atividade de ente federativo dotado de autonomia constitucional.

---

14. Art. 15-B. A cessação das penalidades de suspensão e embargo dependerá de decisão da autoridade ambiental após a apresentação, por parte do autuado, de documentação que regularize a obra ou atividade.

É razoável, portanto, que, na hipótese de embargo imposto por autoridade que não seja a detentora do licenciamento ou autorização da atividade embargada, que os autos sejam imediatamente remetidos para a autoridade ambiental competente.

> 6. Para regulamentar o art. 23 da Constituição, adveio a Lei Complementar 140, que, dispondo sobre a cooperação entre os entes da Federação, cuidou de organizar a distribuição das competências em matéria ambiental. Estabeleceu os limites da competência para licenciamento e fiscalização. 7. O ente da Federação por seus órgãos ou entidades –, deparando-se com atividade poluidora, deve fazer cessá-la imediatamente, inclusive, valendo-se de medidas cautelares para estancamento do dano ambiental, independentemente da competência para licenciamento. Isso se aplica a empreendimentos licenciados (com licença vigente ou não) e a empreendimentos sem licenciamento. Efetivada a autuação e tomadas as medidas cautelares, deve esse processo administrativo ser encaminhado ao órgão/entidade competente para o licenciamento, salvo, evidentemente, se órgão ou a entidade tiver decidido o licenciamento ou, ainda que o processo não tenha sido instaurado, seja competente para promovê-lo. O órgão ou entidade competente para o licenciamento decidirá sobre a autuação (medidas cautelares, penas). 8. No caso concreto, é extreme de dúvida a competência do órgão estadual para o licenciamento do empreendimento. Em nenhum momento o IBAMA suscita dúvida acerca dessa competência. De acordo, pois, com a lei, é legítima a atuação do IBAMA para fazer cessar dano, especialmente porque, na espécie, o funcionamento da atividade fazia-se sem licenciamento. Não obstante isso, ainda de acordo com a lei, uma vez autuado o empreendimento e aplicadas medidas cabíveis, o processo administrativo deveria ter sido encaminhado à Secretaria Estadual de Meio Ambiente de Mato Grosso. O encaminhamento, no entanto, ainda não foi feito. Poder-se-ia dizer que a medida de embargo e a pena de multa devem prevalecer até que a Secretaria Estadual decida sobre a manutenção ou não da autuação. O caso, então, seria de deferir parcialmente a tutela provisória, a fim, apenas, de que o IBAMA procedesse à remessa do processo administrativo àquele órgão. Ocorre que, de acordo com o conjunto probatório, a Secretaria já havia fiscalizado e autuado o empreendimento, anteriormente à fiscalização e autuação do IBAMA. Dessa autuação, resultou o Termo de Compromisso Ambiental 4381/2016, assinado posteriormente à autuação pelo IBAMA, em que ficou liberada a área mediante compromisso de cumprimento de medidas. 9. Não há como a autuação do IBAMA prevalecer, se ela impede o autuado de cumprir o quanto ajustado, supervenientemente, com o órgão responsável pelo licenciamento (e, de consequência, pela decisão acerca de toda e qualquer autuação que esse empreendimento sofrera). Como o normal é o que prevalece, a premissa é de que a autuação do IBAMA foi absorvida pelo juízo de composição que resultou no termo de ajustamento de conduta. É necessário estar atento aos princípios consagrados na Lei Complementar 140: Art. 2º Para os fins desta Lei Complementar, consideram-se: I – licenciamento ambiental: o procedimento administrativo destinado a licenciar atividades ou empreendimentos utilizadores de recursos ambientais, efetiva ou potencialmente poluidores ou capazes, sob qualquer forma, de causar degradação ambiental; II – atuação supletiva: ação do ente da Federação que se substitui ao ente federativo originariamente detentor das atribuições, nas hipóteses definidas nesta Lei Complementar; III – atuação subsidiária: ação do ente da Federação que visa a auxiliar no desempenho das atribuições decorrentes das competências comuns, quando solicitado pelo ente federativo originariamente detentor das atribuições definidas nesta Lei Complementar. 10. Justificar-se-ia o afastamento dessas normas se a autuação do órgão estadual fosse flagrantemente ilegal, mas não há elementos que permitam fazer tal avaliação. A liberação do empreendimento sob compromisso de ajustamento de conduta é prática válida, reconhecida pelo ordenamento. Frise-se que a motivação do auto de infração pelo IBAMA coincide, ainda que faticamente, com a autuação já havida pelo órgão competente para o licenciamento. Não há elementos que permitam, a priori e sem o devido contraditório, tomar como inválidos os atos e a atuação da Secretaria Estadual de Meio Ambiente de Mato Grosso. 11. Alternativa a esse exercício de subsunção seria a declaração de inconstitucionalidade da Lei Complementar 140. Não se vislumbra, no entanto, qualquer desvio da moldura constitucional, na espécie. 12. Agravo de instrumento provido, em parte, a fim de suspender os efeitos do Auto de Infração 9099373-E, do Termo de Embargo 1756-E, e do Auto de Infração 9099374-E (TRF-1 – AG: 00158417420174010000, Relator: Desembargador Federal João Batista Moreira, Julgamento: 24.08.2020, 6ª Turma, PJe 25.08.2020).

A admissão de que o embargo imposto por autoridade sem competência licenciadora só possa ser levantado por ela, é admitir o poder de polícia de um órgão sobre o outro, como se fora uma autoridade hierarquicamente superior, o que não é o caso.

> (...) 4) a Lei Complementar 140/2011, regulamentou os incisos III, VI e VII do caput e do parágrafo único do artigo 23 da Constituição Federal e estabeleceu, de forma definitiva, a competência da União (no caso o IBAMA) e dos demais entes da federação (Estados e Municípios) no que concerne ao licenciamento ambiental. Embora "tenha mantido a competência administrativa ambiental segundo o princípio da preponderância do interesse no âmbito dos entes da Federação, trouxe importantes inovações, especialmente no tocante à atuação supletiva e subsidiária da União Federal (IBAMA) para o licenciamento ambiental de atividades ou empreendimentos com significativo impacto ambiental". 5) as ações judiciais que objetivavam suprimir a competência estadual para o licenciamento da atividade de queima controlada da palha da cana-de-açúcar, para atribuir supletivamente à autarquia federal, fundamentavam-se na suposta omissão dos Estados no controle desta atividade, pela não exigência do prévio licenciamento ambiental precedido de EIA/RIMA. Com base na antiga redação do artigo 10 da Lei 6.938/1981, era comumente pleiteado o cancelamento das autorizações expedidas pelo órgão estadual e a determinação para que o IBAMA assumisse essa tarefa. Entretanto, com o advento da Lei Complementar 140/2011, tal fundamento não mais encontra respaldo jurídico, porquanto o artigo 2º da norma, vigente desde dezembro de 2011, trouxe a definição, hipóteses e condições da atuação supletiva e subsidiária do ente da federação para o licenciamento ambiental; 6) a atividade de queima para despalhe da cana-de-açúcar tem impactos ambientais restritos ao território do Estado de Mato Grosso do Sul, o que, antes mesmo da vigência da LC 140/2011, o tornava competente para a promoção do licenciamento ambiental, o que foi reforçado pela mencionada norma; 7) não há omissão estadual que justifique a atuação supletiva ou subsidiária do IBAMA no licenciamento ambiental da atividade da queima da palha da cana. Nos termos do artigo 15 da LC 140/2011, a atuação supletiva da União somente é permitida no caso de inexistência de órgão ambiental ou conselho de meio ambiente no Estado ou no Distrito Federal, o que não ocorre com Mato Grosso do Sul; 8) a atuação subsidiária tem como escopo auxiliar, com apoio técnico, administrativo e financeiro, o ente do SISNAMA competente para o licenciamento ambiental, quando o auxílio for solicitado por este órgão e não se aplica nos casos de omissão do órgão licenciador; 9) nos termos da Constituição e lei complementar, não há relação de hierarquia entre os entes da federação no exercício da competência ambiental, ou seja, não cabe ao IBAMA fiscalizar a atuação do órgão estadual, e nem ao Estado do órgão municipal, mas uma competência comum que deve ser exercida cooperativamente; 10) a escolha dos estudos ambientais necessários, o seu conteúdo, procedimento e etapas de acordo com a atividade a ser licenciada, está inserida no campo da discricionariedade do órgão licenciador, que detêm conhecimento técnico para as complexas questões que envolvem o meio ambiente; 11) para a atividade em discussão, o estudo de impacto ambiental e respectivo relatório – EIA/RIMA são instrumentos inadequados para a análise dos impactos decorrentes desta atividade (...) (TRF 3ª Região. Acórdão 5009242-43.2018.4.03.0000. Processo antigo: processo antigo formatado: 50092424320184030000. Relator: Desembargador Federal Sílvio Luís Ferreira da Rocha, 4ª Turma, Julgamento 18.02.2021, publicação: 24.02.2021).

Naturalmente que, em caso de embargo decretado por autoridade competente, caberá a ela mesma o ato de suspender a interdição mediante a comprovação, por parte do autuado, de que a irregularidade não subsiste mais.

Nas hipóteses de áreas irregularmente desmatadas ou queimadas,[15] a matéria deve ser examinada à luz, da Lei 14.944/2024 que instituiu a Política Nacional de Manejo

---

15. Art. 16. No caso de áreas irregularmente desmatadas ou queimadas, o agente autuante embargará quaisquer obras ou atividades nelas localizadas ou desenvolvidas, excetuando as atividades de subsistência. § 1º O agente autuante deverá colher todas as provas possíveis de autoria e materialidade, bem como da extensão do dano,

Integrado do Fogo que tem como objetivo "disciplinar e promover a articulação interinstitucional" relativa: ao (1) manejo integrado do fogo; (2) à redução da incidência e dos danos dos incêndios florestais no território nacional; e (3) ao reconhecimento do papel ecológico do fogo nos ecossistemas e ao respeito aos saberes e às práticas de uso tradicional do fogo. A utilização de fogo como instrumento de manejo é técnica milenar e útil, conforme atestado por inúmeros estudos técnicos.

> As queimadas controladas são utilizadas há milhares de anos por povos indígenas e comunidades tradicionais para limpeza de área, estímulo de rebrote e frutificação de espécies utilizadas no seu dia a dia. Porém, como o fogo sempre foi visto como um vilão, a política brasileira dentro e fora das unidades de conservação do Cerrado tinha como norma a política do fogo zero: qualquer incêndio era apagado e evitado, e o uso do fogo era proibido. Esta política pode parecer correta. Contudo, em unidades de conservação do Cerrado a política do fogo zero levou a grandes incêndios que são difíceis de combater e que demandam muito dinheiro, principalmente do meio para o final da estação seca.
>
> Alguns desses incêndios queimavam, em poucos dias, áreas com mais de 50 mil hectares, o equivalente a mais de 60 mil campos de futebol. Por exemplo: em 2017, o período de seca no Cerrado no Brasil Central foi mais prolongado. Por causa de incêndios criminosos, o Parque Nacional da Chapada dos Veadeiros queimou em outubro, atingindo uma área de mais de 60 mil hectares. Tais incêndios chamaram muito a atenção da mídia, por se tratar de um parque muito visitado. Estes incêndios levaram à queima de áreas de vegetação sensível ao fogo, como matas de galeria dentro do parque, que atualmente necessitam de restauração. Em algumas áreas destas matas de galeria que foram queimadas, parte da camada de matéria orgânica do solo foi destruída, houve grande mortalidade de árvores de mata (que não possuem adaptações ao fogo e, portanto, são sensíveis a ele), e invasão biológica após os incêndios por espécies como o capim-gordura, o que levou então à degradação das matas (Fidelis, 2022).

A lei 14.944/2024 (artigo 30) define as permissões para utilização de fogo na vegetação, ou seja, fora delas a prática é proibida, a saber: (1) nos locais ou nas regiões cujas peculiaridades justifiquem o uso do fogo em práticas agrossilvipastoris, mediante prévia autorização de queima controlada do órgão ambiental competente para cada imóvel rural ou de forma regionalizada; (2) nas queimas prescritas, com o procedimento regulado pelo órgão ambiental competente e de acordo com o plano de manejo integrado do fogo, observadas as diretrizes estabelecidas pelo Comitê Nacional de Manejo Integrado do Fogo; (3) nas atividades de pesquisa científica devidamente aprovadas pelos órgãos competentes e realizadas por instituições de pesquisa reconhecidas, mediante prévia autorização de queima prescrita pelo órgão ambiental competente; (4) nas práticas de prevenção e de combate aos incêndios florestais e nas capacitações associadas; (5) nas práticas culturais e de agricultura de subsistência exercidas por povos indígenas, comunidades quilombolas, outras comunidades tradicionais e agricultores familiares, conforme seus usos e costumes; (6) na capacitação e na formação de brigadistas florestais; (7) no corte de cana-de-açúcar, como método despalhador e facilitador, em áreas

---

apoiando-se em documentos, fotos e dados de localização, incluindo as coordenadas geográficas da área embargada, que deverão constar do respectivo auto de infração para posterior georreferenciamento. § 2º Não se aplicará a medida administrativa cautelar de embargo de obra, de atividade, ou de área, nos casos em que a infração de que trata o caput se der fora da área de preservação permanente ou reserva legal, salvo quando se tratar de desmatamento ou queima não autorizada de vegetação nativa.

que não sejam passíveis de mecanização, conforme regulamento do órgão estadual competente.[16]

Tema	145 – a) Competência do Município para legislar sobre meio ambiente; b) Competência dos Tribunais de Justiça para exercer controle de constitucionalidade de norma municipal em face da Constituição Federal.
Tese	O município é competente para legislar sobre o meio ambiente com a União e Estado, no limite do seu interesse local e desde que tal regramento seja harmônico com a disciplina estabelecida pelos demais entes federados (art. 24, inciso VI, c/c 30, incisos I e II, da Constituição Federal).

O § 1º do artigo 30 da Lei 14.944/2024 não se justifica ao isentar as queimas prescritas realizadas por órgãos da administração pública responsáveis pela gestão de áreas com vegetação, nativa ou plantada, da aprovação dos órgãos de controle ambiental competente. A lei admite que nas faixas de domínio de rodovias e de ferrovias, é facultado o uso do fogo como ferramenta para a redução de material combustível vegetal e para a prevenção de incêndios florestais, desde que medidas adequadas de contenção sejam aplicadas, de acordo com as resoluções editadas pelo Comitê Nacional de Manejo Integrado do Fogo. O § 4º do artigo 30 reafirmou a proibição do uso do fogo como método de supressão de vegetação nativa para uso alternativo do solo, nos moldes do

---

16. STF – RE 586224 / SP . Relator(a): Min. Luiz Fux. Julgamento: 05.03.2015 Publicação: 08.05.2015. Tribunal Pleno. 1. O Município é competente para legislar sobre meio ambiente com União e Estado, no limite de seu interesse local e desde que tal regramento seja e harmônico com a disciplina estabelecida pelos demais entes federados (art. 24, VI c/c 30, I e II da CRFB). 2. O Judiciário está inserido na sociedade e, por este motivo, deve estar atento também aos seus anseios, no sentido de ter em mente o objetivo de saciar as necessidades, visto que também é um serviço público. 3. *In casu*, porquanto inegável conteúdo multidisciplinar da matéria de fundo, envolvendo questões sociais, econômicas e políticas, não é permitido a esta Corte se furtar de sua análise para o estabelecimento do alcance de sua decisão. São elas: (i) a relevante diminuição – progressiva e planejada – da utilização da queima de cana-de-açúcar; (ii) a impossibilidade do manejo de máquinas diante da existência de áreas cultiváveis acidentadas; (iii) cultivo de cana em minifúndios; (iv) trabalhadores com baixa escolaridade; (v) e a poluição existente independentemente da opção escolhida. 4. Em que pese a inevitável mecanização total no cultivo da cana, é preciso reduzir ao máximo o seu aspecto negativo. Assim, diante dos valores sopesados, editou-se uma lei estadual que cuida da forma que entende ser devida a execução da necessidade de sua respectiva população. Tal diploma reflete, sem dúvida alguma, uma forma de compatibilização desejável pela sociedade, que, acrescida ao poder concedido diretamente pela Constituição, consolida de sobremaneira seu posicionamento no mundo jurídico estadual como um standard a ser observado e respeitado pelas demais unidades da federação adstritas ao Estado de São Paulo. 5. Sob a perspectiva estritamente jurídica, é interessante observar o ensinamento do eminente doutrinador Hely Lopes Meireles, segundo o qual "se caracteriza pela predominância e não pela exclusividade do interesse para o município, em relação ao do Estado e da União. Isso porque não há assunto municipal que não seja reflexamente de interesse estadual e nacional. A diferença é apenas de grau, e não de substância" (*Direito Administrativo Brasileiro*. São Paulo: Malheiros Editores, 1996. p. 121.) 6. Função precípua do município, que é atender diretamente o cidadão. Destarte, não é permitida uma interpretação pelo Supremo Tribunal Federal, na qual não se reconheça o interesse do município em fazer com que sua população goze de um meio ambiente equilibrado. 7. Entretanto, impossível identificar interesse local que fundamente a permanência da vigência da lei municipal, pois ambos os diplomas legislativos têm o fito de resolver a mesma necessidade social, que é a manutenção de um meio ambiente equilibrado no que tange especificamente a queima da cana-de-açúcar. 8. Distinção entre a proibição contida na norma questionada e a eliminação progressiva disciplina na legislação estadual, que gera efeitos totalmente diversos e, caso se opte pela sua constitucionalidade, acarretará esvaziamento do comando normativo de quem é competente para regular o assunto, levando ao completo descumprimento do dever deste Supremo Tribunal Federal de guardar a imperatividade da Constituição. 9. Recurso extraordinário conhecido e provido para declarar a inconstitucionalidade da Lei Municipal 1.952, de 20 de dezembro de 1995, do Município de Paulínia.

inciso VI do *caput* do art. 3º da Lei 12.651/2012, ressalvada a queima controlada dos resíduos de vegetação.

***

O artigo 16 do Decreto 6154/2008, em seu caput, determina que nas áreas objetos de desmatamento ou de queimadas irregulares (rectius: sem a devida autorização administrativa), cabe ao agente da fiscalização que lavrar o AI determinar o embargo de "quaisquer obras ou atividades" que estejam sendo realizadas na área irregularmente submetida ao fogo ou tenha sido desflorestada para uso alternativo do solo. A exceção regulamentar é, apenas, para as atividades de subsistência.

A utilização de fogo sem a devida licença é, *ipso iure*, contemplada como crime pela Lei 9.605/1998.[17] Por sua vez, o próprio Decreto 6.514/2008 em quatro artigos estipula sanções administrativas para incêndios florestais, isto é, a utilização de fogo sem a devida licença ou autorização (artigos 58, 58-A, 58-B e 58-C). Acresce que a Lei 12.651/2021, em seu artigo 38 estabelece uma proibição geral de utilização de fogo na vegetação, com algumas exceções.

Os incêndios florestais e o desmatamento são dois dos principais problemas ambientais nacionais, om enorme repercussão na emissão de GEE.

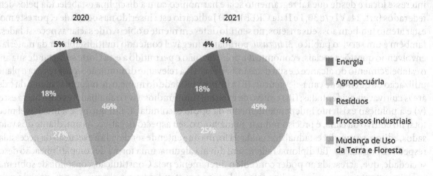

Figura 2 - Participação dos setores no perfil das emissões brasileiras em 2020 e 2021

Tal como em anos anteriores, as mudanças do uso da terra responderam pela maior parte das emissões brutas brasileiras: 49% em 2021, contra 46% em 2020. Somando as emissões por desmatamento e outras mudanças de uso da terra com as do setor agropecuário, conclui-se que a atividade agropecuária em sentido amplo responde por 74% de toda a poluição climática brasileira. Segundo um estudo recente[2], entre 90% e 99% do desmatamento tropical é impulsionado pela agropecuária.

Fonte: https://energiaeambiente.org.br/wp-content/uploads/2023/04/SEEG-10-anos-v5.pdf.

A ressalva feita pelo *caput* do artigo em relação "às atividades de subsistência", não tem amparo na lei. Que se promovam medidas educativas, explicativas e outras

---

17. Art. 41. Provocar incêndio em floresta ou em demais formas de vegetação: Pena – reclusão, de dois a quatro anos, e multa.

assemelhadas para impedir que os pequenos agricultores pratiquem atos irregulares, porém, "passar a mão na cabeça", como tem sido a tradição, não me parece a medida mais adequada.

O § 1º, do artigo 16, ora comentado, traz uma determinação lógica, no sentido de que o agente da fiscalização responsável pela lavratura do AI deve recolher e documentar todas as provas necessárias para caracterizar a gravidade da infração que justifique o embargo. O § 2º determina que a medida cautelar de embargo, *não* se aplicará nos casos em que a infração ocorrer "fora da área de preservação permanente ou reserva legal, salvo quando se tratar de desmatamento ou queima não autorizada de vegetação nativa." Não há qualquer base legal para a norma contida no parágrafo, pois a utilização de fogo, em princípio, é proibida, salvo nas exceções legais que não são poucas. A ilegalidade do § 2º recomenda a sua revogação.

O artigo 16-A[18] é fruto das alterações promovidas pelo Decreto 12.189/2024 que foi editado em "resposta" aos incêndios florestais e queimadas que castigaram o Brasil em 2024. Em primeiro lugar, há que se observar que o caput admite o embargo de um conjunto de polígonos, aparentemente sem que haja uma individualização da propriedade. Há uma aparente contradição com o artigo 15-A que determina que o "embargo de obra ou atividade restringe-se aos locais onde *efetivamente* caracterizou-se a infração", respeitando os termos do § 1º do artigo 51 da Lei 12.651/2012. Os objetivos do embargo de "área que corresponda a conjunto de polígonos relativos ao mesmo tipo de infração ambiental", estão descritos nos incisos I e II. O inciso II é consequência do inciso I, sendo dispensável.

O inciso III é polêmico, na medida em que não reprime infrações cometidas, mas busca "prevenir a ocorrência de novas infrações". A norma não encontra qualquer resquício de base legal. Os embargos são impostos para determinar a paralisação de obras ou atividades que tenham causado ou estejam causando danos ao meio ambiente. Não há previsão legal para a suposição de que, em futuro incerto e não sabido, uma atividade ainda não executada dará causa a dano ambiental, sendo, portanto, embargada *antes* de acontecer. O embargo cautelar tem lugar quando há perigo ou risco iminente de dano.

Os incisos IV, V e VI, assim como os antecedentes não têm previsão legal que lhes dê suporte. A recuperação ambiental se faz segundo o PRAD, regulamentado pelo IN 14/2024 do IBAMA. O PRAD é aprovado pelo órgão ambiental, sendo firmado um

---

18. Art. 16-A. O órgão competente poderá embargar área que corresponda a conjunto de polígonos relativos ao mesmo tipo de infração ambiental, com o objetivo de: I – cessar a infração e a degradação ambiental; II – impedir que qualquer pessoa aufira lucro ou obtenha vantagem econômica com o cometimento de infração ambiental; III – prevenir a ocorrência de novas infrações; IV – resguardar a recuperação ambiental; V – promover a reparação dos danos ambientais; VI – garantir o resultado prático de processos de responsabilização administrativa. § 1º A aplicação do embargo de área que corresponda a conjunto de polígonos poderá ser formalizada em um único termo próprio. § 2º A critério do órgão competente, os polígonos relativos ao mesmo tipo de infração ambiental poderão ser agrupados por bioma, unidade federativa, gleba, unidade de conservação, terra indígena, imóvel, região ou delimitação geográfica sob fiscalização.

Termo de compromisso entre a administração e o administrado. O § 3º do artigo 71 da IN IBAMA 14/2024 dispõe que:

> Art. 71. Caso as metas e os objetivos, norteados pelos respectivos indicadores, sejam alcançados no PRAD Completo e no PRAD Simplificado, a área técnica competente comunicará o administrado da conclusão do projeto. (...)
>
> § 3º Após homologação da conclusão do PRAD, o processo será encaminhado à área competente para análise da revogação da medida de embargo, salvo motivo outro para sua permanência.

O artigo, certamente, é pleno de boas intensões, todavia, não tem qualquer aderência à legislação vigente.

Quando da edição do Decreto 6.514/2008, o PMFS[19] era um instrumento com previsão legal na Lei 11.284/2006, sendo o manejo florestal a administração da floresta para a obtenção de benefícios econômicos, sociais e ambientais, respeitando-se os mecanismos de sustentação do ecossistema objeto do manejo e considerando-se, cumulativa ou alternativamente, a utilização de múltiplas espécies madeireiras, de múltiplos produtos e subprodutos não madeireiros, bem como a utilização de outros bens e serviços de natureza florestal. O PMFS é o instrumento que servirá de orientação e definição para a exploração florestal de qualquer natureza e não apenas das florestas públicas concedidas à exploração por particulares (artigo 3º, VI).

A Lei 12651/2012 em seu artigo 31 determina que a "exploração de florestas nativas e formações sucessoras, de domínio público ou privado, ressalvados os casos previstos nos arts. 21, 23 e 24, dependerá de licenciamento pelo órgão competente do Sisnama, mediante aprovação prévia de Plano de Manejo Florestal Sustentável – PMFS que contemple técnicas de condução, exploração, reposição florestal e manejo compatíveis com os variados ecossistemas que a cobertura arbórea forme".

A sucessão natural, na definição do IBGE, pode ser assim descrita:

> [u]ma área agrícola após ser abandonada, pelo mau uso da terra ou por exaustão de fertilidade, apresenta inicialmente um processo pioneiro de ocupação do solo por plantas bem primitivas e pouco exigentes em fertilidade. É o caso do Pteridium arachnoideum (Kaulf.) Maxon (Pteridófita – Dennstaedtiaceae), que povoa os solos degradados das áreas serranas altas (Submontanas e Montanas) das serras costeiras (do Mar, da Bocaina, dos Órgãos e da Mantiqueira), e da Imperata brasiliensis Trin., que coloniza os solos degradados das áreas baixas costeiras, desde os Latossolos, de origem arqueana, nos estados do centro-sul, até os Argissolos, de origem pliopleis-tocênica, nos Estados do Espírito Santo e do Rio de Janeiro (IBGE, 2012).

Alguns estágios de sucessão de vegetação, segundo o IBGE são os seguintes:

Fase primeira da sucessão natural

A fase inicial sugere uma "regressão ecológica", em face de ser colonizada por hemicriptófitos pioneiros de famílias bastante primitivas, como é o caso da pteridófita Pteridium arachnoideum (Kaulf.) Maxon, de distribuição mundial, e da Poaceae Imperata brasiliensis Trin., de distribuição neotropical, que praticamente

---

19. Art. 17. O embargo de área irregularmente explorada e objeto do Plano de Manejo Florestal Sustentável – PMFS não exonera seu detentor da execução de atividades de manutenção ou recuperação da floresta, na forma e prazos fixados no PMFS e no termo de responsabilidade de manutenção da floresta.

reiniciam o processo de formação do horizonte orgânico do solo. Não se conhece o tempo que leva tal colonização, contudo, é durante esta fase que se inicia o aparecimento dos primeiros terófitos e caméfitos, como, por exemplo: Fabaceae reptantes, Verbenaceae e Lamiaceae anuais, Portulacaceae e muitas outras plantas de pequeno porte e exigências rudimentares

Fase segunda da sucessão natural

Esta fase, que não precisa passar pela primeira, pois depende do estado em que foi abandonado o terreno após o cultivo agrícola, é denominada popularmente "capoeirinha". Este estado sucessional secundário já apresenta hemicriptófitos graminoides, caméfitos rosulados e nanofanerófitos de baixo porte, como, por exemplo: Poaceae do gênero Paspalum; Solanaceae do gênero Solanum; e Asteraceae dos gêneros Mikania e Vernonia; além de muitas outras. Aí já aparecem plantas lenhosas dominadas por Asteraceae do gênero Baccharis e Melastomataceae dos gêneros Leandra, Miconia e Tibouchina, sendo que este último domina na maioria das comunidades Submontanas das serras costeiras.

Fase terceira da sucessão natural

Esta fase, com vegetação mais desenvolvida, ainda dominada pelo gênero Baccharis, também apresenta poucas caméfitas herbáceas e muitas plantas lenhosas de baixo porte, sendo denominada "capoeira rala" (Veloso, 1945). Apresenta esse estágio um sombreamento do terreno por plantas de médio porte, os nanofanerófitos que excepcionalmente atingem alturas de até 3 m, mas bastante espaçadas entre si, com algumas espécies do gênero Vernonia, que começam a substituir as do gênero Baccharis. Observa-se que esta fase sucessional da vegetação natural só pode ser detectada em mapeamentos detalhados nas escalas maiores que 1:25 000 por meio de fotografias aéreas pancromáticas ou infravermelhas (IBGE, 2012).

No bioma Mata Atlântica, conforme o disposto no artigo 8º da Lei 11428/2006, o "corte, a supressão e a exploração da vegetação (...) far-se-ão de maneira diferenciada, conforme se trate de vegetação primária ou secundária, nesta última levando-se em conta o estágio de regeneração".

A determinação do artigo é no sentido de que o embargo sobre área regularmente explorada não estenda os seus efeitos às áreas contempladas na PMFS, assim como não isenta o seu proprietário e/ou posseiro das obrigações decorrentes do PMFS que permanecem válidas.

O artigo 18[20] do Decreto 6.514/2008 prevê sanções específicas para a desobediência da ordem de embargo. A primeira sanção é a contemplada no inciso I que determina a suspensão da atividade que deu origem à infração. Há algo de redundante no texto do inciso, pois se a atividade já estava embargada e o embargo não foi cumprido, a suspensão da atividade é um *bis in idem* e nada assegura que a nova determinação será observada.

---

20. Art. 18. O descumprimento total ou parcial de embargo, sem prejuízo do disposto no art. 79, ensejará a aplicação cumulativa das seguintes sanções: I - suspensão da atividade que originou a infração e da venda de produtos ou subprodutos criados ou produzidos na área ou local objeto do embargo infringido; e II - cancelamento de registros, licenças ou autorizações de funcionamento da atividade econômica junto aos órgãos ambientais e de fiscalização. § 1º O órgão ou entidade ambiental promoverá a divulgação dos dados do imóvel rural, da área ou local embargado e do respectivo titular em lista oficial, resguardados os dados protegidos por legislação específica para efeitos do disposto no inciso III do art. 4º da Lei 10.650, de 16 de abril de 2003, especificando o exato local da área embargada e informando que o auto de infração encontra-se julgado ou pendente de julgamento. § 2º A pedido do interessado, o órgão ambiental autuante emitirá certidão em que conste a atividade, a obra e a parte da área do imóvel que são objetos do embargo, conforme o caso.

O inciso II trata de medida efetiva, pois o cancelamento do registro, licenças e/ou autorizações relativas ao empreendimento e/ou atividade é sanção capaz de garantir o cumprimento da medida descumprida. É solução drástica e deve ser aplicada com moderação. Não é necessário dizer que somente o órgão que tenha emitido aos registros, licenças e/ou autorizações é o competente para suspendê-las ou cassá-las.

O órgão ambiental deverá divulgar os dados relativos às áreas ou atividades embargadas, informando do estágio em que se encontra o processo específico. O § 2º é dispensável, pois o direito de certidão e assegurado constitucionalmente.

A demolição administrativa[21] de obras irregularmente construídas é uma prerrogativa do Estado, no caso representado pela autoridade ambiental. A sanção deve ser aplicada após procedimento administrativo próprio. Não é pouco comum que a administração pública busque socorro no Judiciário para a aplicação da sanção (ver comentário ao artigo 3º). O STJ, ao decidir o RE 1.217.234 – PB, Relator Ministro Ari Pargendler, julgamento em 14.08.2013, firmou entendimento no sentido de que:

Os atos de polícia são executados pela própria autoridade administrativa, independentemente de autorização judicial. Se, todavia, o ato de polícia tiver como objeto a demolição de uma casa habitada, a respectiva execução deve ser autorizada judicialmente e acompanhada por oficiais de justiça.

A jurisprudência tem admitido que, em certos casos, a demolição não é possível em razão de fatos supervenientes que, se efetivada a medida, os prejuízos sociais seriam maiores do que a manutenção da construção irregular; em tal hipótese, cabe indenização pelos danos ambientais.

6. A qualificação jurídica como área de preservação permanente tem como principal característica a vedação a qualquer intervenção antrópica, a não ser nas exceções expressamente previstas em lei. 7. Nesse diapasão, o art. 3º, inc. IX, "a" da Resolução CONAMA 303/2002 prevê, como área de preservação permanente, as restingas (depósito arenoso paralelo à linha da costa, como praias e dunas), em faixa mínima de trezentos metros, medidos a partir da linha de preamar máxima. 8. Da análise do empreendimento impugnado nesta ação civil pública, está incontroverso que efetivamente invadiu área de restinga na orla de São Sebastião/SP. 9. Não se olvida que o art. 4º do antigo Código Florestal admite supressão de vegetação em área de preservação permanente somente em casos de utilidade pública ou de interesse social, devidamente caracterizados e motivados em procedimento administrativo próprio, quando inexistir alternativa técnica e locacional ao empreendimento proposto. 10. Embora a construção em tela esteja dotada de nítido caráter social, pois destina-se ao lazer dos munícipes, em espaço público, a definição acerca do que se pode entender por utilidade pública ou interesse social

---

21. Art. 19. A sanção de demolição de obra poderá ser aplicada pela autoridade ambiental, após o contraditório e ampla defesa, quando: I – verificada a construção de obra em área ambientalmente protegida em desacordo com a legislação ambiental; ou II – quando a obra ou construção realizada não atenda às condicionantes da legislação ambiental e não seja passível de regularização. § 1º A demolição poderá ser feita pela administração ou pelo infrator, em prazo assinalado, após o julgamento do auto de infração, sem prejuízo do disposto no art. 112. § 2º As despesas para a realização da demolição correrão às custas do infrator, que será notificado para realizá-la ou para reembolsar aos cofres públicos os gastos que tenham sido efetuados pela administração. § 3º Não será aplicada a penalidade de demolição quando, mediante laudo técnico, for comprovado que o desfazimento poderá trazer piores impactos ambientais que sua manutenção, caso em que a autoridade ambiental, mediante decisão fundamentada, deverá, sem prejuízo das demais sanções cabíveis, impor as medidas necessárias à cessação e mitigação do dano ambiental, observada a legislação em vigor.

está no art. 1º, incisos IV e V da Lei 4.771/65, que não encontra enquadramento ao caso ora sob análise. 11. De rigor, portanto, a constatação de que o parecer exarado pela CETESB, no sentido de que o empreendimento atende as normas ambientais, está equivocado, bem como de que houve indevida sobreposição antrópica em área de preservação permanente, o que legitimaria, em primeira análise, a imposição judicial de medidas de obrigação de fazer concernentes à plena recuperação ambiental da área (inclusive com *demolições*). 12. Ocorre que também foi amplamente admitido pelas partes que a *obra* ora impugnada, Centro de Lazer e Esportes Radicais da Praia Grande, assumiu grande relevância social, trazendo benefícios relacionados ao lazer da comunidade envolvida. 13. A prova pericial realizada na fase instrutória consignou que "O local foi objeto de melhorias realizadas pela Prefeitura Municipal e atualmente a área encontra-se totalmente antropizada e edificada com estruturas como quiosques, quadras, pista de skate, sanitários, além de divisões da Prefeitura Municipal de São Sebastião tudo dentro dos 300m da preamar máxima". 14. Logo, ainda que não se admita a alegação de direito adquirido em matéria ambiental (Súmula 613/STJ), há que se buscar devida compatibilização, no caso concreto, entre a situação consolidada e as consequências que surgiriam de uma eventual ordem de restabelecimento integral da área ocupada. 15. Forçoso considerar, assim, que, não obstante o registro da infração ambiental, a área de preservação permanente não se mostra mais passível de recuperação ao estado anterior à ocupação, devendo incidir o entendimento jurisprudencial segundo o qual, nessas hipóteses, cabível tão somente a indenização. Precedentes do C. STJ e desta E. Corte Regional. 16. Impõe-se, portanto, o provimento parcial da remessa necessária, acolhido o parecer do MPF, para que o Município de São Sebastião seja condenado a indenizar pelos danos ambientais irrecuperáveis, nos termos do item "f" da petição inicial, o que será apurado em liquidação e cumprimento de sentença e revertido ao Fundo Especial de Despesa de Reparação dos Interesses Difusos Lesados (Lei Estadual 6.536/1989). 17. Dá-se parcial provimento à remessa necessária (TRF 3ª Região. Acórdão 0000248-78.2014.4.03.6135. Relatora Desembargadora Federal Diva Prestes Marcondes Malerbi, 6ª Turma, publicação 28.10.2020).

A medida tem por base a autoexecutoriedade do ato administrativo, o que significa que a administração não está obrigada a se dirigir ao Poder Judiciário em busca de uma autorização prévia para o legítimo exercício dos poderes que lhes são inerentes. Evidentemente que a autoexecutoriedade dos atos administrativos é regulada nos limites do Estado Democrático de Direito, ou seja, a ação administrativa deve ser precedida de regular processo administrativo no qual seja conferida às partes privadas os direitos de ampla defesa, contraditório e as demais garantias inerentes à defesa dos cidadãos. Uma vez encerrado o processo administrativo, a administração tem o poder-dever de dar execução à decisão. O único óbice que pode paralisar a ação administrativa é a interposição de alguma medida judicial e que, nela, tenha sido concedida uma cautelar que determine a interrupção da ação administrativa. Diante do regime constitucional de separação de poderes albergado por nossa Constituição, a só existência de processo judicial não tem o condão de inibir à ação administrativa. E, portanto, não deve impressionar ao administrador. Logicamente que a demolição administrativa é medida resultante da resistência do infrator em promover, por seus próprios meios, a demolição do irregularmente construído. Somente após a intimação do particular para que promova os atos às suas próprias expensas é que a administração se legitima para, por seus próprios meios, exercer os atos materiais de demolição do irregularmente edificado. Contudo, relevante notar que a administração deverá buscar do próprio infrator o ressarcimento dos custos incorridos na demolição que, como todo custo administrativo, deve ser comprovado e registrado.

A demolição, contudo, não deve ser aplicada quando dela decorrerem danos ambientais superiores aos que se pretende coibir. Mesmo parecendo surpreendente, o parágrafo retrata uma realidade bastante rotineira em matéria ambiental. Não poucas vezes são realizadas construções ou implantados equipamentos e empreendimentos que, ainda que iniciados irregularmente, com o passar dos anos – em decorrência muitas vezes da própria inércia da administração – dão base ao surgimento de ecossistemas novos e próprios que, se forem desfeitos para a reconstituição, acarretarão um novo dano ao ambiente, o que é inteiramente contraditório e sem qualquer sentido lógico ou prático.[22]

O repasse dos custos da ação administrativa para o particular é medida de justiça, pois não se admite que a sociedade seja onerada com as despesas causadas por ato ilícito de terceiro. Caso a despesa não seja reembolsada espontaneamente pelo infrator, ela deverá ser inscrita como dívida ativa do ente público e cobrada mediante o processo de execução fiscal, também aplicável às dívidas de natureza não tributária.[23]

O artigo 20[24] foi profundamente alterado pelo Decreto 12.189/2024 que foi editado como "resposta" aos grandes incêndios que ocorreram no ano de 2024 na Amazônia e no Pantanal Mato-grossense. Com repercussões em países vizinhos e em grandes cidades brasileiras distantes dos biomas.

As sanções restritivas de direito estão previstas na Lei 9.605/1998, artigo 72, XI e discriminadas no § 8º do mesmo artigo.

---

22. Decisão que deferiu liminar no interdito proibitório ajuizado pela autora-agravada, para impedir a demolição de seu imóvel. Desnecessidade de intervenção da União Federal ou do IBAMA. Interesse indireto e mediato das referidas pessoas jurídicas. Área supostamente localizada em zona administrada por órgão ambiental estadual. Necessidade de observância do devido processo legal antes de determinar a demolição das construções irregulares, bem como de laudo pericial, que demonstre que a demolição não trará piores impactos que a sua manutenção. Inteligência do artigo 19, *caput* e § 3º, do Decreto 6.514/08. Ofício emitido pela própria agravante-ré, em que afirmou não constar em seu banco de dados processo administrativo contra a autora-agravada. Ausência de demonstrativos de que a área na qual está localizado o imóvel da autora-agravada é de propriedade do Poder Público ou do impacto ambiental gerado pela construção. Manutenção da decisão que se impõe. Aplicação da Súmula 59, deste Tribunal de Justiça. Precedente. Desprovimento do recurso (TJ-RJ – AI: 00653625120178190000 Rio de Janeiro Mangaratiba Vara Única, Relator: Alcides da Fonseca Neto, publicação: 16.04.2018).
23. Lei 6.830/1980. Artigo 2º Constitui Dívida Ativa da Fazenda Pública aquela definida como tributária ou não tributária na Lei 4.320, de 17 de março de 1964, com as alterações posteriores, que estatui normas gerais de direito financeiro para elaboração e controle dos orçamentos e balanços da União, dos Estados, dos Municípios e do Distrito Federal
24. Art. 20. As sanções restritivas de direito aplicáveis às pessoas físicas ou jurídicas são: I – suspensão de registro, licença ou autorização; II – cancelamento de registro, licença ou autorização; III – perda ou restrição de incentivos e benefícios fiscais; IV – perda ou suspensão da participação em linhas de financiamento em estabelecimentos oficiais de crédito; e V - proibição de contratar com a administração pública; § 1º A autoridade competente, quando do julgamento de que trata o art. 124, deverá se pronunciar sobre a aplicação das sanções previstas neste artigo. I – até três anos para a sanção prevista no inciso V; II – até um ano para as demais sanções. § 2º Caso a autoridade competente decida pela aplicação de sanção restritiva de direito, a autoridade julgadora fixará o período de vigência da medida, observados os seguintes prazos: I – até cinco anos para a sanção prevista no inciso V do *caput*; e II – até dez anos para as demais sanções previstas no *caput*. § 3º A autoridade julgadora poderá revisar o período de aplicação da sanção restritiva de direito aplicada a pedido do infrator nos casos de regularização da conduta, observado o devido processo administrativo.

O artigo 20, com as alterações produzidas em 2024, como é comum no Decreto 6.514/2008, em alguns casos reproduz e, em outros, inova em relação à Lei 9.605/98, pois nela o artigo 10,[25] admite a proibição de contratação com a administração por período máximo de 5 (cinco) anos no caso de crime culposo, O Decreto 6.514/2008 inovou ilegalmente ao estabelecer proibições de contratação com a administração pública por períodos de cinco a dez anos.

A nova redação do § 2º é contraditória com os incisos do *caput* do artigo, sendo confusa. Aparentemente, cuida-se de um comando dirigido à autoridade competente para examinar a defesa, haja vista que a penalidade é imposta pelo agente de fiscalização. Todavia, a gradação das penalidades estipuladas nos incisos I e II não encontra base legal na Lei 9.605/1998. O poder regulamentar somente poderia definir penas dentro dos limites temporais previstos no artigo 72 da Lei 9.695/998.

Nos termos do artigo 8, V, da Lei 6.938/81, cabe ao Conama a aplicação da pena de "perda ou restrição de benefícios fiscais concedidos pelo Poder Público, em caráter geral ou condicional, e a perda ou suspensão de participação em linhas de financiamento em estabelecimentos oficiais de crédito".

---

25. Art. 10. As penas de interdição temporária de direito são a proibição de o condenado contratar com o Poder Público, de receber incentivos fiscais ou quaisquer outros benefícios, bem como de participar de licitações, pelo prazo de cinco anos, no caso de crimes dolosos, e de três anos, no de crimes culposos.

Capítulo 3
PRESCRIÇÃO E DANO

A prescrição e o dano são temas de enorme relevância no contexto das normas de proteção ao meio ambiente que, com frequência, são examinados de forma pouco jurídica e voluntarista. A prescrição dos danos ambientais é vista de forma preconceituosa, como se ela fosse a responsável pelas condutas omissivas e negligentes do Poder Público que, escorado nela, deixa de dotar os órgãos de controle ambiental com as necessárias verbas e equipes para que possa desempenhar adequadamente as suas funções.

3.1 ASPECTOS GERAIS

Antes de iniciar, permito-me relembrar as reflexões de François Ost:

[s]o há memória sobre um fundo de esquecimento, escreve Pierre Vidal-Nequet, "este esquecimento ameaçador e, contudo, necessário". Se o esquecimento, ao contrário da memória, apresenta uma natureza ambígua, é que a memória, também ela, é necessária (já dissemos a que ponto ela era constitutiva do social) e perigosa. No capítulo VII de O Processo, Kafka tem esta frase terrível: "o Tribunal nunca esquece nada"; "que sinal mais revelador de uma sociedade virtualmente totalitária que um tribunal que nunca esquece nada? Mas uma memória infalível não é apenas ameaçadora, é também ineficaz: um personagem de Borges, denominado Funes Memorioso, é dotado de uma tal memória universal ("Eu sozinho tenho mais recordações do que podem ter tido todos os homens desde que o mundo é mundo"): insone e febril, ele é capaz de reconstruir, uma a uma todas as lembranças e todas sensações de cada dia (operação que, de resto, lhe toma um dia inteiro); ela é, em contrapartida, incapaz de formular uma ideia geral – e fato ele não pensa, ou muito porque "pensar é esquecer diferenças, é generalizar, abstrair. No mundo sobrecarregado de Funes não havia senão detalhes, quase imediatos (OST, 2005, p. 153).

Em boa hora a administração pública reconheceu uma obviedade que é a incidência da prescrição em qualquer relação jurídica, salvo nas hipóteses expressamente excluídas do regime geral de prescrição, por lei.[1] A prescrição é instituto jurídico que tem

---

1. Art. 21. Prescreve em cinco anos a ação da administração objetivando apurar a prática de infrações contra o meio ambiente, contada da data da prática do ato, ou, no caso de infração permanente ou continuada, do dia em que esta tiver cessado. § 1º Considera-se iniciada a ação de apuração de infração ambiental pela administração com a lavratura do auto de infração. § 2º Incide a prescrição no procedimento de apuração do auto de infração paralisado por mais de três anos, pendente de julgamento ou despacho, cujos autos serão arquivados de ofício ou mediante requerimento da parte interessada, sem prejuízo da apuração da responsabilidade funcional decorrente da paralisação. § 3º Quando o fato objeto da infração também constituir crime, a prescrição de que trata o caput reger-se-á pelo prazo previsto na lei penal. § 4º A prescrição da pretensão punitiva da administração não elide a obrigação de reparar o dano ambiental. Art. 22. Interrompe-se a prescrição: I – pelo recebimento do auto de infração ou pela cientificação do infrator por qualquer outro meio, inclusive por edital; II – por qualquer ato inequívoco da administração que importe apuração do fato; e III – pela decisão condenatória recorrível. Parágrafo único. Considera-se ato inequívoco da administração, para o efeito do que dispõe o

por finalidade resguardar a segurança jurídica e, e nenhuma forma, a sua aplicação nas questões ambientais tem a consequência de deixar o bem jurídico meio ambiente sem a devida tutela. O fato objetivo é que os interessados e, notadamente, a administração devem diligenciar tempestivamente para que a punição ou recuperação dos danos causados ao meio ambiente seja providenciada por quem de direito. O que é inadmissível, em meu ponto de vista, é a perpetuação de situações abertas e sem a devida solução, como é o caco da tese da imprescritibilidade dos danos ao meio ambiente, como foi consagrado pelo STF.

Tema 999	Imprescritibilidade da pretensão de reparação civil de dano *ambiental*. Tese – É imprescritível a pretensão de reparação civil de dano *ambiental*.
Tema 1268	Prescritibilidade da pretensão ressarcitória referente à exploração ilegal do patrimônio mineral da União, tendo em conta a degradação ambiental e os princípios constitucionais de proteção, preservação e reparação do meio ambiente Tese – É imprescritível a pretensão de ressarcimento ao erário decorrente da exploração irregular do patrimônio mineral da União, porquanto indissociável do dano ambiental causado.

É importante observar que não há qualquer norma legal que afaste os efeitos do tempo sobre matéria ambiental. Argumenta-se que a prescrição é voltada para as matérias patrimoniais, sendo a ação civil pública imprescritível. A prescrição não é, necessariamente, voltada para matéria patrimonial. O objetivo da prescrição é garantir a segurança jurídica. O direito de o Estado punir o homicida é sujeito à prescrição e não se está a falar de direitos patrimoniais, por suposto. Os casos de imprescritibilidade são expressos nas leis e na própria Constituição, por serem excepcionais. Na mesma linha da imprescritibilidade, e, afastando a normatividade própria do direito, Hugo Nigro Mazzilli afirma que "a luta pelo meio ambiente hígido é um metadireito, suposto que antecede a própria ordem constitucional. O direito ao meio ambiente hígido é indisponível, embora seja patrimonialmente aferível" (Mazzilli, 2007, p. 574). Compreende-se, e se louva, a justa preocupação do ilustre publicista, todavia, o direito não se coaduna com argumentos abstratos,[2] genéricos e que não encontram sustentação em normas jurídicas e/ou em princípios gerais do direito bem estabelecidos, sob pena de dar guarida à arbitrariedade.

O Estado dispõe de todos os meios para exercer a sua autoridade e deve fazê-lo; caso não o faça, que seja responsabilizado. Finalmente, há que se contestar o argumento de que a indisponibilidade do direito ao meio ambiente ecologicamente equilibrado implicaria, *tout court*, imprescritibilidade. Fábio Ulhoa Coelho (2003, p. 371) tratou do assunto com as habituais clareza e competência:

---

inciso II, aqueles que impliquem instrução do processo. Art. 23. O disposto neste Capítulo não se aplica aos procedimentos relativos a Taxa de Controle e Fiscalização Ambiental de que trata o art. 17-B da Lei 6.938, de 31 de agosto de 1981.

2. Decreto-Lei 4.657/1941 Art. 20. Nas esferas administrativa, controladora e judicial, não se decidirá com base em valores jurídicos abstratos sem que sejam consideradas as consequências práticas da decisão. Parágrafo único. A motivação demonstrará necessidade e a adequação da medida imposta ou da invalidação de ato, contrato, ajuste, processo ou norma administrativa, inclusive em face das possíveis alternativas.

a indisponibilidade do direito implica a irrenunciabilidade e não a imprescritibilidade. A independência dos dois atributos pode notar-se pelas inúmeras combinações que entre eles se estabelecem, e também, pela dificuldade de encontrar exemplo de direito simultaneamente irrenunciável e imprescritível.

A prescrição é um instituto geral de direito, incidindo em todas as suas diferentes áreas, mediante normas próprias. Não havendo, no setor jurídico específico, normas particulares é aplicável o determinado pelo CCB, o que decorre da interpretação do direito como sistema e não como mero amontoado inorgânico de normas, princípios e conceitos. Quanto ao tema, permito-me relembrar a lição de Arnaldo Rizzardo,

[o] Código Civil, no Título IV do Livro III da Parte Geral, disciplina a prescrição e a decadência, dispondo no art. 189 que a violação do direito traz para o titular a pretensão, a qual se extingue, pela prescrição, nos prazos a que aludem os arts. 205 e 206 (Rizzardo, 2007, p. 65).

O marco para o início da contagem do prazo prescricional é o momento da transgressão ou violação, ou do conhecimento delas. Tão logo verificado o fato que atingiu e feriu o direito, oportuniza-se o exercício da demanda cabível, que perdura por certo tempo, não sendo indefinido ou eterno. Se não vier a ação cabível em lapso de tempo que a própria lei assinale, consolida-se a transgressão, e reverte-se em direito a favor do transgressor. Fica o direito desprovido da ação que o protegia, e que era a garantia para a sua restauração. Arnaldo Rizzardo prossegue:

[a] principal finalidade está em imprimir certeza às relações jurídicas, o que se consegue pelo longo decurso de tempo. Com efeito, se passados vários anos de inércia, não é possível suportar uma perpétua situação de incerteza e insegurança. Todas as pessoas buscam estabilidade e certeza. Depois de um certo tempo, há que preponderar uma situação de fato sobre uma situação de direito. O fato se sobrepõe ao direito. Mostra-se inconcebível que, passados numerosos anos, ainda vá uma pessoa atrás de pretensos direitos ou bens. Se perpétuo ou reservado indefinidamente o direito de reclamar, desapareceria a estabilidade de toda espécie de relações. Ficariam enfraquecidos os direitos, e ver-se-ia o devedor em constante ameaça de cobrança de uma dívida, mesmo que passadas décadas de anos (Rizzardo, 2007, p. 65).

Em linhas gerais, a concepção é perfeitamente aplicável aos ilícitos praticados contra o meio ambiente. Há, contudo, que se estabelecer algumas particularidades. A prescrição, como resultado da incidência do tempo sobre as relações jurídicas, assemelha-se à coisa julgada que, igualmente, desempenha o papel de jogar uma pá de cal sobre o passado. Tanto uma quanto outra desempenham o papel social e legal de estabilizar relações consolidadas. Pois bem, a *res iudicata*, como se sabe incide sobre as relações jurídicas ambientais, como expressamente resulta das leis da ação civil pública e da ação popular. Nem se argumente que não haverá coisa julgada caso a demanda seja julgada improcedente por falta de prova. O elemento crucial que deve ser examinado pelo magistrado, não se confirmou. Abre-se, portanto, nova possibilidade para a perseguição da reparação perante o Judiciário. Cuida-se, portanto, de uma situação legal altamente favorável à defesa ambiental. Contudo, a conjugação da hipótese com a ausência da prescrição colocaria a administração em tal vantagem processual que é patente a violação do princípio da isonomia e paridade de armas.

Ademais, a tese da imprescritibilidade, antes favorece à administração e não ao meio ambiente. Com efeito, a gestão dos bens ambientais é pública, logo, a não incidência da prescrição é, *ipso facto*, um comportamento leniente com a inércia administrativa, com a indolência do administrador em cumprir suas funções. Acrescente-se que existem situações e ilícitos ambientais que, infelizmente, se prolongaram no tempo e o seu desfazimento implicaria em enormes transtornos para a coletividade.

A prescrição não fulmina o direito ao meio ambiente ecologicamente equilibrado que continuará existindo, independentemente de ser acionado judicialmente ou administrativamente em casos concretos. Aliás, a doutrina tem se unificado em considerar que o meio ambiente é um conceito unitário e, portanto, o fato de que determinado dano específico não ostente mais a capacidade de ter a sua recuperação buscada judicialmente, não implica em que o *conjunto* meio ambiente tenha perdido a tutela. Isto, se ocorrer, será apenas em relação a um aspecto parcial do meio ambiente. Por outro lado, há que se observar que o princípio da *actio nata* determina que o direito, para o exercício da ação reparatória, nasce com o conhecimento da lesão do direito; e, esta, em questões ambientais nem sempre é imediata, fato que por si só, amplia em muito a possibilidade de que o causador do dano seja acionado. A propósito, vale a observação de Carlos Roberto Gonçalves:

> [à] primeira vista tem-se a impressão e que não há ações imprescritíveis, na sistemática do Código Civil, pois a prescrição ocorre em prazos especiais, discriminados no art. 206, ou no prazo gera de dez anos, previsto no artigo 205. Entretanto, a doutrina aponta várias prescrições imprescritíveis, afirmando que a prescritibilidade é a regra e a imprescritibilidade a exceção. Como percucientemente afirma Caio Mário, a prescrição fulmina todos os direitos patrimoniais e, normalmente, estende-se aos efeitos patrimoniais de direitos imprescritíveis, porque estes não se podem exigir, o que não ocorre com as vantagens econômicas. Se é imprescritível a ação de estado, como, por exemplo, o direito de reclamar uma herança, em consequência da ação da ação de investigação de paternidade (Gonçalves, 2006, p. 470-471).

Observe-se que o CCB se refere à necessidade de conservação do meio ambiente e, portanto, o tema não lhe é estranho. Evidente que matéria de tão ampla relevância não teria passado alheia ao legislador que, se assim entende-se, teria estabelecido a regra da imprescritibilidade. O nosso pensamento teve acolhida em voto divergente do Ministro Gilmar Mendes, no RE 654.833 – Acre que deu origem ao Tema 999, *verbis*:

> [c]om todas as vênias, não se pode admitir imprescritibilidade implícita, que mitigue outros valores estruturantes do Estado Democrático de Direito. Em que pese o direito ao meio ambiente sadio não ter caráter patrimonial, a condenação ao pagamento de quantia em dinheiro tem indubitável caráter patrimonial, assim como as multas impostas por danos causados ao meio ambiente, que são prescritíveis.
>
> O fato de haver prescrição não significa o reconhecimento do direito de causar danos ambientais, assim como não autoriza que os devedores parem de pagar suas dívidas, ou que o direito permita que se possa causar dano a outrem.
>
> Na ocorrência de ofensa a direitos fundamentais, como no caso dos direitos da personalidade (que não cessam pelo não uso), a indenização por dano moral, por maior que seja a dor do indivíduo, é prescritível porque de caráter patrimonial.
>
> Corroborando esse raciocínio, cito as lições do especialista em direito ambiental Paulo de Bessa Antunes:

Há casos, todavia, em que Constituição, e as leis estabelecem expressamente a imprescritibilidade como por exemplo para o crime de tortura ou de racismo. Note-se que são exceções constitucionais expressas pois, como qualquer acadêmico de direito sabe, as exceções não se presumem. Se não fosse assim, a ordem jurídica seria arbitrária, o que se constitui em uma contradição em seus próprios termos.

Alega-se que danos ambientais devido a sua gravidade, a sua perpetuação no tempo etc. não prescrevem. A própria Procuradora Geral da República, em seu parecer enviado ao

STF reconheceu que 'não há lei criando a exceção para os danos ambientais, entretanto, insistiu na tese da imprescritibilidade com base em argumentos meta jurídicos.' O direito ao pedido de reparação de danos ambientais está protegido pelo manto da imprescritibilidade, por se tratar de direito inerente à vida, fundamental e essencial à afirmação dos povos, independentemente de não estar expresso em texto legal'. Em sentido contrário, veja-se que há prescrição para o crime de homicídio (20 anos).

Em primeiro lugar, há que se dividir o dano ambiental em duas grandes categorias: (1) o dano direto ou próprio, isto é, o dano ao meio ambiente em si e o (2) indireto ou impróprio, isto é o dano causado às pessoas e seus bens. A discussão se dá em torno de (1) e parte de (2), pois não há dúvida de que danos materiais prescrevem. Aliás, não devemos esquecer que a lei sobre responsabilidade nuclear (Lei 6453/1977) reconhece a aplicação do regime de prescrição para o dano nuclear (...).

Muitos se mostram preocupados com danos que só venham a se manifestar muitos anos após os fatos que lhes tenham dado causa, ou cujo conhecimento não seja contemporâneo à sua ocorrência. O direito tem solução para tais problemas sem a necessidade de uma 'jurisprudência criativa'. Com efeito, imaginemos que 10 anos após um grave derramamento de óleo no mar, chega-se a conclusão que os peixes consumidos pela comunidade local sofreram mutações decorrentes do acidente e não se prestam para consumo, o artigo 189 do Código Civil fixará como *dies a quo* aquele em que a situação foi identificada. Não há, portanto, qualquer prejuízo para a proteção ambiental. Isto é importante nos casos em que os danos não decorrem imediatamente de um fato determinado.

O princípio da *actio* nata também é de grande utilidade para entender como se deve manejar o tema da prescrição em matéria ambiental, enquanto não existir uma lei que expressamente declare imprescritíveis os danos ao meio ambiente. Assim, o conhecimento da lesão do direito pela vítima é que, efetivamente, dará início à contagem do prazo prescricional (AgRg nos EDcl no REsp 1.074.446/GO, 2ª Turma, Rel. Min. Humberto Martins, DJe 13.10.2010; AgRg no Ag 1.098.461/SP, 4ª Turma, Rel. Min. Raul Araújo Filho, DJe 02.08.2010; AgRg no Ag 1.290.669/RS, 1ª Turma, Rel. Min. Hamilton Carvalhido, DJe 29.06.2010; REsp 1.176.344/MG, 2ª Turma, Rel. Min. Eliana Calmon, DJe 14.04.2010.)

Como se viu, não existem motivos jurídicos, muito menos ambientais, para que se pratique uma verdadeira barbaridade contra a ordem jurídica reconhecendo-se um regime de imprescritibilidade sem qualquer previsão legal (Antunes, 2019).

O estabelecimento de prazos prescricionais para as infrações administrativas contra o meio ambiente foi medida extremamente acertada, muito embora ela decorresse naturalmente do Decreto 4597/1942, sendo, portanto, juridicamente desnecessária. Contudo, dado que boa parte da doutrina, equivocadamente, sustentava a imprescritibilidade dos danos ambientais, a fixação da norma é da maior relevância. A prescrição dos crimes ambientais tem sido aceita tranquilamente em nossos tribunais e não espanta.[3]

---

3. 1. A jurisprudência desta Corte é orientada no sentido de que os prazos prescricionais das reprimendas de multa e restritivas de direitos impostas cumulativamente à pessoa jurídica pela prática dos delitos da Lei 9.605/1998 devem obedecer às mesmas regras do Código Penal previstas para as penas privativas de liberdade. 2. Considerando que, além da pena de multa, foi imposta, cumulativamente, pena restritiva de direitos (em substituição à pena de 8 meses de detenção), a regra a incidir na espécie é aquela prevista no inciso II do art. 114 do Código Penal, segundo a qual o prazo prescricional a ser observado é o mesmo da pena privativa de liberdade. 3. Agravo

Os motivos comumente apontados como justificadores da imprescritibilidade dos danos ao meio ambiente são, quase sempre, de natureza metajurídica e, em minha opinião, revelam desconhecimento do que seja prescrição e como ela opera. Em primeiro lugar há que se observar que, por força do princípio da *actio nata*, o prazo prescricional somente começa a fluir quando o lesado tem conhecimento do dano que lhe foi causado. O mesmo CCB estabelece um prazo prescricional geral de 10 anos, na hipótese em que a lei não fixe prazo menor. O prazo é bastante largo e, até mesmo, poderia ser maior. O receio infundado no sentido de que eventuais danos futuros não seriam indenizados ou reparados, dado que a sua gestação poderia ter sido em um período maior do que dez anos, não se sustenta. A preocupação é legítima, porém juridicamente infundada. Lesões cujas origens sejam complexas como, *e.g.*, doenças causadas por exposição ou ingestão de produtos químicos, radioativos ou outros produtos perigosos somente terão o seu prazo prescricional iniciado quando elas forem de conhecimento da vítima. Isso é, quando a vítima tiver elementos que demonstrem, ainda que de forma indiciária, um nexo de causalidade entre o evento ocorrido e o surgimento da lesão. Assim, se alguém for exposto a produto perigoso durante 20 anos e a lesão só começou a se manifestar no 21º ano, será a partir dele que o prazo prescricional começa a fluir. Aliás, a matéria é pacífica em nossas Cortes Superiores.[4]

O Decreto 6.514/2008, obviamente, só cuida da prescrição do direito da fazenda em apurar e exigir responsabilidade administrativa, não cuidando da responsabilidade civil do causador do dano ambiental e nem poderia fazê-lo, pois essa é matéria reservada à lei. É importante observar que o *caput* do artigo se refere à administração que deve ser tomada em sentido amplo. É o Estado por qualquer um de seus órgãos.

O *dies a quo* pode se dar em três hipóteses: o (1) dia da prática do ato violador das normas ambientais, no caso de infrações instantâneas; (2) em caso de infrações permanentes ou continuadas, será considerado o último dia antes da cessação do ilícito. (3) A última hipótese é a contagem desde o dia da lavratura do AI, a norma me parece equivocada, pois se o infrator não tiver ciência do AI, o prazo não começa a fluir.

3.2 BASE LEGAL

A prescrição em matéria de ilícito administrativo ambiental está contemplada na Lei 9.873/1999 que estabelece o prazo de prescrição para o exercício da ação punitiva pela Administração Pública Federal, direta e indireta. De acordo com o art. 1º da norma

---

regimental desprovido (STJ – AgInt no RHC: 117584 RS 2019/0264971-8, Relator: Ministro Ribeiro Dantas, Julgamento: 26.11.2019, 5ª Turma, DJe 05.12.2019).

4. 1. O termo a quo para aferir o lapso prescricional para ajuizamento de ação de indenização contra o Estado não é a data do acidente, mas aquela em que a vítima teve ciência inequívoca de sua invalidez e da extensão da incapacidade de que restou acometida. Precedentes da Primeira Seção. 2. É vedado o reexame de matéria fático-probatória em sede de recurso especial, a teor do que prescreve a Súmula 07 desta Corte. Agravo regimental improvido (STJ – AgRg no REsp: 931896 ES 2007/0046821-6, Relator: Ministro Humberto Martins, Julgamento: 20.09.2007, 2ª Turma, DJ 03.10.2007 p. 194).

em questão: prescreve em cinco anos a ação punitiva da Administração Pública Federal, direta e indireta, no exercício do poder de polícia, objetivando apurar infração à legislação em vigor, contados da data da prática do ato ou, no caso de infração permanente ou continuada, do dia em que tiver cessado" Acrescenta o § 1º o artigo que: "Incide a prescrição no procedimento administrativo paralisado por mais de três anos, pendente de julgamento ou despacho, cujos5 autos serão arquivados de ofício ou mediante requerimento da parte interessada, sem prejuízo da apuração da responsabilidade funcional decorrente da paralisação, se for o caso"."Na hipótese em que o ilícito administrativo também ostente a condição de ilícito penal, conforme o § 2º, "a prescrição reger-se-á pelo prazo previsto na lei penal".

A prescrição intercorrente nos ilícitos administrativos ambientais é uma medida que se impõe como necessária, sobretudo para que a administração se estruture para realizar os julgamentos administrativos e dar prosseguimento aos autos de infração. Entretanto, não é isso que se vê no quotidiano da atividade administrativa que, em grade parte dos casos, limita-se a produzir despachos e mero expediente, os chamados despachos "ao ao", que encaminham o processo administrativo para setores diferentes da administração, com se isso fosse apuração dos fatos. O Judiciário vem condenando tal proceder administrativo.

(...) 3 Na hipótese em exame, o auto de infração foi lavrado em 28.04.2006, porém o executado impugnou o débito em 07.06.2006. Após apuração dos fatos, foi apresentada a contradita em 27.04.2009. Somente em 05.10.2012 foi proferida a decisão que rejeitou a defesa apresentada e homologou o auto de infração. A simples movimentação do processo entre os setores da repartição não constitui causa de interrupção do prazo prescricional intercorrente. 4 Os autos permaneceram paralisados por mais de três anos, sem nenhuma movimentação apta a interromper o prazo prescricional, o que implica a prescrição no curso do processo administrativo. Configurada a inércia da administração com o reconhecimento da prescrição intercorrente do procedimento administrativo, deve ser mantida a sentença que determinou a extinção do feito. 5. A Lei 9.873/99, que estabelece o prazo de prescrição para o exercício da ação punitiva pela Administração Pública Federal direta e indireta, prevê em seu art. 1º, § 1º, que incide a prescrição no procedimento administrativo paralisado por mais de três anos, pendente de julgamento ou despacho. 6. Honorários: Mantém-se a verba no patamar fixado, condenando-se a parte apelante, todavia, em mais 1% de tal referencial a teor do § 11 do art. 85 do CPC/2015, a título de honorários recursais, resultando o "plus" em valor mínimo/máximo de R$1.000,00 ou R$2.000,00. 7. Apelação não provida. (TRF-1 – AC: 00010822120174013908, Relatora: Desembargadora Federal Gilda Sigmaringa Seixas Julgamento: 26.04.2023, 7ª Turma, Publicação: PJe 26.04.2023).

1. Pode-se concluir, acerca dos prazos decadenciais e prescricionais aplicados às infrações ao meio ambiente no âmbito administrativo, que incide a prescrição no procedimento de apuração do auto de infração paralisado por mais de três anos, pendente de julgamento ou despacho. 3. O Decreto 6.514/08, ao determinar como causa interruptiva da prescrição "qualquer ato inequívoco da administração que importe apuração do fato", interpretado como "aquele que implique instrução do processo", não tencionou incluir entre tais atos aqueles de mero encaminhamento, essencialmente burocráticos e sem qualquer valor para a "instrução do processo" ou "apuração do fato". 4. Descabe considerar como marcos interruptivos da prescrição atos que, em verdadeira distorção da norma, ofereceriam a possibilidade de evitar a ocorrência da prescrição, por parte da Administração, através de atos protelatórios. 5. Considerando que o processo administrativo ficou paralisado por mais de três anos, operou-se a prescrição intercorrente (TRF-4 – AC: 50063213220154047100 RS 5006321-32.2015.4.04.7100, Relator: Rogério Favreto, Julgamento: 23.10.2018, 3ª Turma).

3.3 REPARAÇÃO DO DANO

A reparação do dano ambiental pode ser dar de diversas formas, sendo que, do ponto de vista administrativo, ela tem um tratamento genérico na lei 9985/2000, em seu artigo 2º define duas modalidades de reparação de danos ao meio ambiente: (1) recuperação: restituição de um ecossistema ou de uma população silvestre degradada a uma condição não degradada, que pode ser diferente de sua condição original e (2) restauração: restituição de um ecossistema ou de uma população silvestre degradada o mais próximo possível da sua condição original;

A IN IBAMA 20/2024 estabeleceu os critérios administrativos para a reparação dos danos ao ambiente, começando com a caracterização de várias modalidades de dano ambiental.

Dano ambiental	Toda lesão causada ao meio ambiente, decorrente da degradação de atributos ambientais por meio de omissões, ações e atividades não autorizadas ou em desacordo com as autorizações vigentes, que atente contra o direito ao meio ambiente ecologicamente equilibrado;
Dano ambiental de baixo custo, baixa complexidade ou pequena magnitude	Qualquer dano ambiental cujo custo estimado através de sua valoração econômica ou financeira é insuficiente para suscitar esforço institucional para a cobrança de sua reparação; e/ou dano que afeta recurso natural ou ambiente com alta resiliência e grande capacidade de suporte, e que não compromete a saúde, a segurança e o bem-estar humano.
Dano ambiental de alto custo, alta complexidade ou grande magnitude	Qualquer dano ambiental cujo esforço institucional de cobrança na esfera administrativa se revele inadequado ou insuficiente ante o custo estimado para sua reparação; dano que afeta recurso natural, atributo ambiental ou ambiente de forma complexa, podendo envolver o patrimônio histórico-cultural, a saúde, a segurança e/ou o bem-estar humano, ou outro aspecto antrópico, não possível de ser avaliado na esfera administrativa.
Dano ambiental material	Parcela do dano ambiental que envolve a dimensão concreta e material dos atributos ambientais degradados e para a qual há previsão administrativa de reparação direta ou indireta.
Dano ambiental imaterial	Parcela do dano ambiental que envolve a dimensão abstrata (i.e., simbólica, histórica, cultural, moral) do atributo ambiental degradado e para a qual não há previsão administrativa de reparação direta ou indireta.
Dano ambiental intercorrente, intermediário ou interino	Parcela do dano ambiental decorrente do tempo em que o atributo ambiental permaneceu danificado ou interrompido, sem a prestação dos serviços ecossistêmicos de origem.

Em relação à reparação propriamente dita foram estabelecidas as seguintes caracterizações:

Recuperação ambiental	Conjunto de ações e medidas adotadas por meio de projetos ou programas que visam à restituição de atributos ambientais a uma condição sustentável, não degradada;
Reparação por dano ambiental	Conjunto de ações e providências adotadas que contribuem para o meio ambiente ecologicamente equilibrado, implementadas por meio de soluções e estratégias que consistem na recuperação ambiental e/ou ainda compensação ecológica ou compensação econômica ou financeira.
Reparação direta por dano ambiental	Solução de reparação pelo dano ambiental caracterizada pela restituição plena ou parcial do atributo ambiental lesado no próprio local de ocorrência do dano (in situ),
Reparação indireta por dano ambiental	Solução de reparação pelo dano ambiental caracterizada pela restituição plena ou parcial do atributo ambiental em outro local ou de forma equivalente via compensação ecológica (ex situ) ou ainda por compensação econômica ou financeira.

3.4 TAXA DE CONTROLE A FISCALIZAÇÃO AMBIENTAL (TCFA)

A TCFA é tributo e, em tal condição, a sua prescrição é regida pelos critérios próprios da matéria tributária.

Capítulo 4
INFRAÇÕES ADMINISTRATIVAS CONTRA A FAUNA

O Decreto 6.514/2008 nos artigos 24/42 dispõe largamente sobre os ilícitos praticados contra a fauna. Por sua vez, a Lei 9605/1998 tipificou 8 ilícitos penais praticados contra a fauna. Há semelhança – ou mesmo cópia – entre vários ilícitos penais e administrativos.

Lei 9.605/1998	Decreto 6.514/2008
Art. 29. Matar, perseguir, caçar, apanhar, utilizar espécimes da fauna silvestre, nativos ou em rota migratória, sem a devida permissão, licença ou autorização da autoridade competente, ou em desacordo com a obtida:	Art. 24. Matar, perseguir, caçar, apanhar, coletar, utilizar espécimes da fauna silvestre, nativos ou em rota migratória, sem a devida permissão, licença ou autorização da autoridade competente, ou em desacordo com a obtida:
Art. 30. Exportar para o exterior peles e couros de anfíbios e répteis em bruto, sem a autorização da autoridade ambiental competente:	Art. 26. Exportar peles e couros de anfíbios e répteis em bruto, sem autorização da autoridade competente:
Art. 31. Introduzir espécime animal no País, sem parecer técnico oficial favorável e licença expedida por autoridade competente:	Art. 25. Introduzir espécime animal silvestre, nativo ou exótico, no País ou fora de sua área de distribuição natural, sem parecer técnico oficial favorável e licença expedida pela autoridade ambiental competente, quando exigível:
Art. 32. Praticar ato de abuso, maus-tratos, ferir ou mutilar animais silvestres, domésticos ou domesticados, nativos ou exóticos:	Art. 29. Praticar ato de abuso, maus-tratos, ferir ou mutilar animais silvestres, domésticos ou domesticados, nativos ou exóticos:
Art. 34. Pescar em período no qual a pesca seja proibida ou em lugares interditados por órgão competente:	Art. 35. Pescar em período ou local no qual a pesca seja proibida:
Art. 35. Pescar mediante a utilização de: I – explosivos ou substâncias que, em contato com a água, produzam efeito semelhante; II – substâncias tóxicas, ou outro meio proibido pela autoridade competente:	Art. 36. Pescar mediante a utilização de explosivos ou substâncias que, em contato com a água, produzam efeitos semelhantes, ou substâncias tóxicas, ou ainda, por outro meio proibido pela autoridade competente:

A reprodução dos tipos penais no Decreto 6514/2008 é um desvirtuamento da tradicional separação da matéria administrativa da penal e, igualmente, uma banalização da matéria penal. Luiz Régis Prado (2024) nos lembra que o direito penal tem por função proteger os valores fundamentais da sociedade, ou defender os "bens jurídicos imprescindíveis". O que se vê da mistura de tipos penais com tipos administrativos é que se perdeu a calibração de quais são os valores fundamentais em matéria de proteção ambiental e, portanto, dignos de tutela penal. De acordo com o mencionado autor, "o bem jurídico é defendido penalmente só diante de certas formas de agressão ou ataque, consideradas socialmente intoleráveis. Isto explica que apenas as ações mais graves dirigidas contra bens fundamentais podem ser criminalizadas" (Prado, 2024, p. 81).

No caso, tanto o legislador quanto o Executivo partiram do pressuposto de que o simples "empilhar" de tipos penais e/ou administrativos teria o condão de impedir agressões ao meio ambiente e, portanto, de melhorar as condições ambientais do país. Em lugar de ampliar a eficácia da legislação vigente, dobrou-se a aposta com a criação de tipos administrativos que são ampliados a cada nova situação ambientalmente gravosa e relevante.

O artigo 24[1] é um dos tantos que reproduz o texto e norma comtemplada na Lei 9.605/1998. A prática dos atos mencionados no *caput*, em princípio não é proibida, nem

---

1. Art. 24. Matar, perseguir, caçar, apanhar, coletar, utilizar espécimes da fauna silvestre, nativos ou em rota migratória, sem a devida permissão, licença ou autorização da autoridade competente, ou em desacordo com a obtida: Multa de: I – R$ 500,00 (quinhentos reais) por indivíduo de espécie não constante de listas oficiais de risco ou ameaça de extinção; II – R$ 5.000,00 (cinco mil reais), por indivíduo de espécie constante de listas oficiais de fauna brasileira ameaçada de extinção, inclusive da Convenção de Comércio Internacional das Espécies da Flora e Fauna Selvagens em Perigo de Extinção – CITES. § 1º As multas serão aplicadas em dobro se a infração for praticada com finalidade de obter vantagem pecuniária. § 2º Na impossibilidade de aplicação do critério de unidade por espécime para a fixação da multa, aplicar-se-á o valor de R$ 500,00 (quinhentos reais) por quilograma ou fração. § 3º Incorre nas mesmas multas: I – quem impede a procriação da fauna, sem licença, autorização ou em desacordo com a obtida; II – quem modifica, danifica ou destrói ninho, abrigo ou criadouro natural; ou III – quem vende, expõe à venda, exporta ou adquire, guarda, tem em cativeiro ou depósito, utiliza ou transporta ovos, larvas ou espécimes da fauna silvestre, nativa ou em rota migratória, bem como produtos e objetos dela oriundos, provenientes de criadouros não autorizados, sem a devida permissão, licença ou autorização da autoridade ambiental competente ou em desacordo com a obtida. § 4º No caso de guarda doméstica de espécime silvestre não considerada ameaçada de extinção, pode a autoridade competente, considerando as circunstâncias, deixar de aplicar a multa, em analogia ao disposto no § 2º do art. 29 da Lei 9.605, de 1998. § 5º No caso de guarda de espécime silvestre, deve a autoridade competente deixar de aplicar as sanções previstas neste Decreto, quando o agente espontaneamente entregar os animais ao órgão ambiental competente. § 6º Caso a quantidade ou espécie constatada no ato fiscalizatório esteja em desacordo com o autorizado pela autoridade ambiental competente, o agente autuante promoverá a autuação considerando a totalidade do objeto da fiscalização. § 7º São espécimes da fauna silvestre, para os efeitos deste Decreto, todos os organismos incluídos no reino animal, pertencentes às espécies nativas, migratórias e quaisquer outras não exóticas, aquáticas ou terrestres, que tenham todo ou parte de seu ciclo original de vida ocorrendo dentro dos limites do território brasileiro ou em águas jurisdicionais brasileiras. § 8º A coleta de material destinado a fins científicos somente é considerada infração, nos termos deste artigo, quando se caracterizar, pelo seu resultado, como danosa ao meio ambiente. § 9º A autoridade julgadora poderá, considerando a natureza dos animais, em razão de seu pequeno porte, aplicar multa de R$ 500,00 (quinhentos reais) a R$ 100.000,00 (cem mil reais) quando a contagem individual for de difícil execução ou quando, nesta situação, ocorrendo a contagem individual, a multa final restar desproporcional em relação à gravidade da infração e a capacidade econômica do infrator.

Jurisprudência

I. Agravo interno aviado contra decisão publicada em 28.06.2016, que, por sua vez, julgara recurso interposto contra decisum publicado na vigência do CPC/73. II. Segundo consta dos autos, a parte ora agravada ajuizou ação ordinária, em desfavor do Instituto Brasileiro do Meio Ambiente e dos Recursos Naturais Renováveis – IBAMA, objetivando a anulação do auto de infração 659206-D, que lhe impôs multa de R$ 219.500,00, por infração ambiental, consistente em ter, em cativeiro, espécimes da fauna silvestre nativa, em desacordo com a licença obtida. III. O Tribunal de origem, mantendo a sentença de parcial procedência da ação, concluiu, à luz das provas dos autos, que os 29 animais adquiridos irregularmente, pelo autor, não estão inseridos em listas oficiais de risco ou ameaça de extinção, razão pela qual reduziu a multa ao valor de R$ 14.500,00, com fundamento no disposto no art. 24, I, do Decreto 6.514/2008, que estabelece o montante de R$ 500,00 (quinhentos

punível, desde que o agente seja dotado da devida licença ou autorização administrativa. A IN 5/2021 do IBAMA estabeleceu a seguinte classificação para os animais:

> Art. 2º Para os fins desta IN, entende-se por:
>
> I – animal doméstico: espécies cujas características biológicas, comportamentais e fenotípicas foram alteradas por meio de processos tradicionais e sistematizados de manejo e melhoramento zootécnico, tornando-as em estreita dependência do homem, podendo apresentar fenótipo variável e diferente da espécie que os originou;
>
> II – animal exótico: espécies cuja distribuição geográfica original não inclui o território brasileiro e suas águas jurisdicionais, ainda que introduzidas, pelo homem ou espontaneamente, em ambiente natural, inclusive as espécies asselvajadas e excetuadas as migratórias;
>
> III – animal híbrido: animal resultante do cruzamento de duas espécies diferentes;
>
> IV – animal silvestre: espécime da fauna nativa ou exótica cujas características genotípicas e fenotípicas não foram alteradas pelo manejo humano, mantendo correlação com os indivíduos atual ou historicamente presentes em ambiente natural, independentemente da ocorrência e fixação de eventual mutação ou características fenotípicas artificialmente selecionadas, mas que não se fixe por gerações de forma a incorrer em isolamento reprodutivo com a espécie original;
>
> V – animal silvestre da fauna nativa: espécies nativas, migratórias e quaisquer outras, aquáticas ou terrestres, que tenham todo ou parte de seu ciclo de vida ocorrendo dentro dos limites do território brasileiro, ou águas jurisdicionais brasileiras.

Observe-se que os animais da fauna silvestre ou nativa são de propriedade do Estado (*rectius:* União), a autorização deve ser concedida por órgão federal, ou pelos dos estados e municípios, desde que exista convênio com a entidade federal responsável pela proteção da fauna. Contudo, a simples existência da autorização não é suficiente para impedir a prática da infração, pois a atuação em desacordo com o documento autorizativo também é infração administrativa. É fundamental que as autorizações administrativas sejam observadas integralmente pelos seus detentores. Daí resulta muito importante que elas sejam claras e bastante específicas, de forma que o autorizado, bem como a fiscalização, possa ter clareza do que foi autorizado.

Chama-se a atenção para o fato de que a norma protege todo e qualquer animal silvestre, nativo ou em rota de migração, pouco importando o seu grau de vulnerabilidade, muito embora, seja outorgada proteção especial para os animais relacionados nas chamadas listas de espécies ameaçadas de extinção, ou listas vermelhas. Observe-se que não há uma gradação, nem definição da categoria na qual o animal deva estar incluído.

---

reais), por indivíduo de espécie não constante de listas oficiais de risco ou ameaça de extinção. Nesse contexto, a aferição das penalidades atribuídas ao autor, no sentido de "validar o valor fixado originariamente a título de multa através do auto de infração ambiental lavrado pela autarquia" – como pretende o IBAMA –, ensejaria a incursão nos aspectos fático-probatórios dos autos, procedimento vedado, em sede de Recurso Especial, ante a incidência da Súmula 7 do STJ. Nesse sentido: STJ, AgRg no REsp 1.375.993/PR, Rel. Ministro Humberto Martins, Segunda Turma, DJe de 14.09.2015; STJ, REsp 1.446.236/RN, Rel. Ministro Herman Benjamin, Segunda Turma, DJe de 28.11.2014; STJ, AgRg no AREsp 72.327/PA, Rel. Ministro Benedito Gonçalves, Primeira Turma, DJe de 08.09.2014. IV. Agravo interno improvido. (STJ – AgInt no AREsp: 926508 RS 2016/0124979-0, Relator: Ministra Assusete Magalhães, Julgamento: 21.03.2017, 2ª Turma, Publicação: DJe 06.04.2017).

A menção específica à Convenção Cites é desnecessária, pois a norma foi incorporada ao direito interno brasileiro mediante a expedição do Decreto 76.623/75.

Espécies ameaçadas de extinção

Em 2014, após um extenso trabalho de avaliação do estado de conservação das espécies da fauna conduzido pelo ICMBio, o MMA atualizou as Listas Nacionais Oficiais de Espécies Ameaçadas de Extinção. Atualmente, são 1.173 espécies da fauna consideradas ameaçadas em diferentes categorias: Extinta na Natureza - EW; Criticamente em Perigo - CR; Em Perigo - EN; e Vulnerável – VU (Tabela 2). As principais ameaças identificadas são: perda de habitat devido à expansão agrícola e grandes obras de infraestrutura; sobre-explotação e tráfico, e espécies exóticas invasoras.

Tabela 2. Número de espécies ameaçadas por categoria de ameaça

Categoria de risco de extinção	Fauna
Extinta na natureza (EW)	1
Criticamente em perigo (CR)	318
Em perigo (EN)	406
Vulnerável (VU)	448
Total de espécies	1.173

Fonte: Portarias MMA nº 444 e 445, de 18 de dezembro de 2014.

O texto do § 1º, do artigo 24 reforça a necessidade da caracterização da subjetividade para a aplicação da pena de multa, haja vista que na hipótese em exame, é imperiosa a apuração do objetivo e obtenção "vantagem pecuniária" por parte do agente.

O § 2º admite que na impossibilidade de se identificar o número de unidades de espécimes, o cálculo da multa poderá ser efetuado levando-se em conta os quilos ou fração. Nesse caso a impossibilidade para a contagem das unidades de espécimes deve ser real e documentada.

O § 3º amplia o rol de infratores, ao estendê-lo a "quem impede "a procriação da fauna, sem licença, autorização ou em desacordo com a obtida". Fauna, para o inciso I do § 3º deve ser entendida como a fauna silvestre. Impedir a procriação da fauna, desde que autorizado, é o exercício de manejo que é atividade dependente de autorização administrativa. Também estão sujeitos às penas os que modificam, danificam ou destroem ninhos, abrigos ou criadouros naturais.

A norma contida no inciso III do § 3º tem redação pouco clara e pretende proibir a circulação, com finalidades comerciais, de ovos, larvas, espécimes e quaisquer produtos deles derivados cuja origem não possa ser rastreada até um criadouro oficialmente registrado perante as autoridades competentes. Não há, portanto, obrigatoriedade para que o comerciante tenha uma autorização própria e específica, mas que ele adquira os produtos em fontes legitimadas legalmente.

O § 4º trata da guarda de animais silvestres não ameaçados de extinção. A norma tem o mesmo objetivo contido na lei penal. Assim, diante das circunstâncias concretas, a autoridade administrativa pode deixar de aplicar a pena. A matéria é altamente controversa e, de fato, deve ser decidida em bases casuísticas, não sendo possível uma regra geral que abarque todos os casos. O § 5º é mais um dos dispositivos mal redigidos do decreto. É possível que diga respeito à guarda de animal silvestre ameaçado de extinção, haja vista que o parágrafo anterior é voltado para espécies não ameaçadas. A norma não é clara.

O § 6º merece atenção, pois logicamente quando o agente da fiscalização constatar que a quantidade ou espécie constada na fiscalização estiver em desacordo com o autorizado, a autuação só poderá se dar com o sobejante, sendo ilegal a inclusão da espécie ou quantidade autorizada no AI.

O § 7º define critérios gerais para a identificação das espécies da fauna silvestre para fins de aplicação do Decreto 6.514/2008. O § 8º, na prática, extingue a necessidade de autorização para coleta de material para fins científicos, pois desde que não haja dano ambiental a coleta poderá ser feita sem licença.

Por fim, o § 9º admite que, nos casos em que, em razão da natureza dos animais, de seu pequeno porte a autoridade ambiental poderá aplicar a multa em valores de R$ 550,00 até R$ 100.000,00, quando a contagem individual for de difícil execução, ou quando a contagem individual for desproporcional considerada a gravidade da infração e a situação econômica do infratos. Cabe observar que, se a contagem individual não for possível é porque a quantidade é muito grande e, portanto, a infração é grave.

O artigo 25[2] objetiva coibir duas condutas distintas (I) a mera introdução no país de animal silvestre, nativo ou exótico e (2) a introdução de animal fora de seu *hábitat* natural, ambas sem a devida análise técnica fornecida por parecer, quando exigível. Pelo conteúdo da norma, um animal nativo que se encontre no exterior somente pode retornar ao Brasil, após parecer técnico que demonstre que ele não acarreta perigo para as espécies

---

2. Art. 25. Introduzir espécime animal silvestre, nativo ou exótico, no País ou fora de sua área de distribuição natural, sem parecer técnico oficial favorável e licença expedida pela autoridade ambiental competente, quando exigível: Multa de R$ 2.000,00 (dois mil reais), com acréscimo por exemplar excedente de: I – R$ 200,00 (duzentos reais), por indivíduo de espécie não constante em listas oficiais de espécies em risco ou ameaçadas de extinção; II – R$ 5.000,00 (cinco mil reais), por indivíduo de espécie constante de listas oficiais de fauna brasileira ameaçada de extinção, inclusive da CITES. § 1º Entende-se por introdução de espécime animal no País, além do ato de ingresso nas fronteiras nacionais, a guarda e manutenção continuada a qualquer tempo. § 2º Incorre nas mesmas penas quem reintroduz na natureza espécime da fauna silvestre sem parecer técnico oficial favorável e licença expedida pela autoridade ambiental competente, quando exigível.

Jurisprudência

1. Os atos administrativos gozam de presunção de legalidade e legitimidade, incumbindo à parte autuada produzir contraprova à presunção, demonstrando, de forma inequívoca, a incoerência da infração capitulada ou a existência de vício capaz de caracterizar a nulidade do auto de infração. 2. A teor do art. 25 do Decreto 6.514/2008, "entende-se por introdução de espécime animal no País, além do ato de ingresso nas fronteiras nacionais, a guarda e manutenção continuada a qualquer tempo". 3. O reconhecimento da presença de circunstância atenuante consiste em direito do administrado, não existindo discricionariedade na sua aplicação: assim, presente qualquer circunstância atenuante deve ela ser reconhecida em prol do autuado, pois se traduz em direito subjetivo. 4. Apelos não providos (TRF-4 – AC: 50048510920144047000 PR 5004851-09.2014.4.04.7000, Relatora: Maria de Fátima Freitas Labarrère, Julgamento: 08.09.2021, 2ª Turma).

aqui existentes. É medida de segurança sanitária bastante importante, pois a estada de animais no exterior pode, em tese, implicar contágio de doenças para a fauna brasileira.

Quanto ao (2), o objetivo da norma é evitar a ocorrência das espécies invasoras que, de fato, se constituem em problema grave, pois uma espécie ao ser introduzida em hábitat no qual ela não tenha predador natural pode caracterizar uma alteração ecológica negativa, ou mesmo a transmissão de doenças desconhecidas para os demais animais. Não há uma proibição de introdução de espécies fora de seu *hábitat* natural; o que a norma determina é que isso somente ocorra após a elaboração de parecer técnico que garanta que a introdução não terá efeitos deletérios para as demais espécies que habitem o local, conforme regulamentado pela autoridade ambiental. O § 1º equipara a guarda e a manutenção continuada com a introdução de espécie no País, o que se justifica, pois o tipo previsto em (I), resume-se à mera introdução no território nacional, não exigindo a ocorrência de nenhum dano.

A reintrodução de animais na natureza é medida extremamente complexa, no entanto, necessária.

A reintrodução de animais na natureza desempenha um papel crucial na missão da conservação, visando restaurar populações selvagens que enfrentam ameaças crescentes. Este processo não apenas busca preservar a diversidade biológica, mas também promove a estabilidade dos ecossistemas. É importantíssimo para restabelecer populações ameaçadas ou extintas em seus habitats naturais. Contribui para a recuperação de ecossistemas, fortalecendo relações ecológicas e mantendo o equilíbrio ambiental. Além disso, a reintrodução ajuda a preservar a variabilidade genética, essencial para a adaptação e sobrevivência a longo prazo das espécies.

A reabilitação com o objetivo de reintroduzir o animal é um tipo de reintrodução e refere-se ao processo de reabilitação de animais feridos, órfãos ou debilitados, preparando-os para a vida selvagem antes da reintrodução. Já a reintrodução de animais nascidos em cativeiro envolve criar espécimes em ambientes controlados e, posteriormente, introduzi-los em seus habitats naturais. A principal diferença está na experiência prévia dos animais com o ambiente selvagem, afetando suas habilidades de sobrevivência.

Reabilitar animais envolve superar traumas físicos e comportamentais, enquanto a reintrodução de animais nascidos em cativeiro enfrenta desafios relacionados à adaptação a condições naturais, como busca por alimentos e interação com membros da mesma espécie. A primeira exige habilidades de caça e evasão de predadores, enquanto a segunda requer que os animais desenvolvam comportamentos naturais.

As taxas de sucesso variam, dependendo de vários fatores, como a qualidade do programa de reintrodução, características da espécie e do ambiente. Em alguns casos, como o do mico-leão dourado, programas bem-sucedidos de reprodução em cativeiro e reintrodução conseguiram aumentar significativamente a população selvagem, resgatando-a da iminência da extinção. O mico-leão dourado é um exemplo emblemático de sucesso na reintrodução. Com a reprodução em cativeiro, especialistas conseguiram aumentar a população dessa espécie, anteriormente em risco de extinção, fortalecendo sua presença na natureza.

Alguns animais reintroduzidos podem enfrentar dificuldades na adaptação ao ambiente selvagem, como a competição por recursos, predadores naturais e a falta de experiência de vida na natureza. Estes desafios destacam a importância de programas de monitoramento contínuo e ajustes nas estratégias de reintrodução.

Embora não justifiquemos o cativeiro, a reintrodução de animais nascidos em cativeiro pode contribuir para a redução da quantidade de animais em cativeiro ao longo do tempo. Ao permitir que esses animais retornem à natureza, contribuímos para a diminuição da dependência contínua de ambientes controlados, respeitando seu direito à liberdade e autonomia.

Em síntese, a reintrodução desempenha um papel vital na conservação, promovendo a sobrevivência e o bem-estar de espécies ameaçadas, ao mesmo tempo em que contribui para a saúde e estabilidade dos ecossistemas em que habitam.

A propósito, veja-se a seguinte decisão:

1. Constatada a prática de crime ambiental preceituado nos artigos 29, da Lei 9.605/98, 24 do Decreto 6.514/08 e Lei Estadual 18.102/13, referente a manutenção de animais silvestres em cativeiro, deve ser autuado o infrator e a ele aplicada a sanção de multa, de acordo com os limites previstos nas citadas normas. 2. O auto de infração, por ser um ato administrativo, goza dos atributos de presunção de legitimidade e veracidade, autoexecutoriedade e imperatividade, razão pela qual os fatos narrados pelo agente ambiental estão condizentes, em princípio com a realidade, devendo o administrado fazer prova em sentido contrário, o que não logrou êxito ele realizar nos autos, o que impede a desconsideração do fato no contexto em comento, nos moldes do artigo 373, da Lei Instrumental. 3. Uma vez aplicada a penalidade pela Administração Pública, ao Poder Judiciário compete averiguar tão somente a legalidade de sua condução e arbitramento, em respeito ao princípio da separação dos poderes. 4. A conversão da multa em prestação de serviço não é um direito subjetivo do autuado, vez que somente é aplicado mediante a demonstração do interesse e oportunidade da Administração e em benefício direto do meio ambiente, para fins de preservação, melhoria e recuperação da qualidade ambiental. Do mesmo modo, a aplicação da penalidade não está condicionada à prévia advertência ao infrator. 5. Havendo previsão legal expressa de valor fixo por espécie da fauna silvestre apreendida, não há que se falar em desproporcionalidade no valor final da multa, considerando que está de acordo com os parâmetros legais a serem seguidos pela Administração, bem ainda o fato de que foram apreendidos 42 (quarenta e dois) pássaros da fauna silvestre nativa mantidos em cativeiro pelo autor/apelante. Recurso de apelação conhecido e desprovido (TJ-GO – AC: 51279788920208090051 Goiânia, Relator: Des(a). Desembargador Jeova Sardinha de Moraes, Assessoria para Assunto de Recursos Constitucionais, Data de Publicação: (S/R) DJ).

O artigo 26[3] tipifica a exportação de peles e couros de anfíbios e repteis. Exportar é enviar para o exterior, no caso, com finalidades comerciais. A norma não coíbe diretamente a exportação das peles e couros dos animais que menciona. A proibição diz respeito ao produto "em bruto". A medida tem dois objetivos: (1) serve como desincentivo à caça de anfíbios e répteis, pois, em tese, proíbe a saída do país do couro não manufaturado e (2) incentiva a manufatura de tais produtos no Brasil. No caso, as autoridades competentes são o (1) IBAMA, que autoriza a captura dos animais e a (2) aduaneira.

Caça profissional.[4] A caça é uma das atividades humanas mais antigas. Inicialmente, ela era praticada com o objetivo de alimentação e sobrevivência. O homem, em sua natureza primitiva, é onívoro. Na medida em que os excedentes agrícolas e de caça foram se tornando mais relevantes, a caça perdeu o seu sentido de atividade

---

3. Art. 26. Exportar peles e couros de anfíbios e répteis em bruto, sem autorização da autoridade competente: Multa de R$ 2.000,00 (dois mil reais), com acréscimo de: I – R$ 200,00 (duzentos reais), por unidade não constante em listas oficiais de espécies em risco ou ameaçadas de extinção; ou II – R$ 5.000,00 (cinco mil reais), por unidade constante de listas oficiais de fauna brasileira ameaçada de extinção, inclusive da CITES. Parágrafo único. Caso a quantidade ou espécie constatada no ato fiscalizatório esteja em desacordo com o autorizado pela autoridade ambiental competente, o agente autuante promoverá a autuação considerando a totalidade do objeto da fiscalização.
4. Art. 27. Praticar caça profissional no País: Multa de R$ 5.000,00 (cinco mil reais), com acréscimo de: I – R$ 500,00 (quinhentos reais), por indivíduo capturado; ou II – R$ 10.000,00 (dez mil reais), por indivíduo de espécie constante de listas oficiais de fauna brasileira ameaçada de extinção, inclusive da CITES.

realizada para a sobrevivência humana e se tornou um "esporte" praticado pelos mais afortunados. Na verdade, a caça tem sido ao longo dos séculos uma das atividades humanas mais elitizadas e "exclusivas". É interessante observar que as primeiras áreas protegidas do ocidente foram florestas dedicadas exclusivamente ao exercício da caça pela aristocracia e pela nobreza.

Reporto-me a artigo anteriormente escrito:[5]

> Tally ho é uma expressão britânica utilizada durante a caça à raposa que, subitamente, ingressou no noticiário das principais agências internacionais, em função de uma invasão do parlamento britânico em protesto pela aprovação na Câmara dos Comuns da proibição da tradicional prática. O noticiário traz à lume uma das maiores polêmicas sobre proteção ao meio ambiente. Refiro-me à caça. A caça, como se sabe, foi uma das primeiras formas que os seres humanos se utilizaram para a alimentação e, com o passar dos séculos, se transformou em um privilégio para uns poucos abastados, sendo fonte de muitos conflitos entre a nobreza e o campesinato na Europa medieval e do antigo regime. Uma das bandeiras da Revolução Francesa foi a extensão do direito de caça ao terceiro estado, em especial à burguesia revolucionária. É digno de registro, também, o fato de que os grandes espaços preservados na Europa tiveram por origem, direta e imediata, as regiões senhoriais e de nobres destinadas à caça, por exemplo, Rambouillet, Marly, Senlis, Compiègne e outras na França (Antunes, 2004).

Os homens, ao longo de sua história, necessitaram da caça como um elemento vital para a sobrevivência, como fonte fornecedora de proteínas. Em termos biológicos, o ser humano é onívoro e, portanto, o animal integra é parte da sua alimentação.

Interesses de natureza econômica e mesmo o "puro lazer", aliados à maior letalidade e eficiência das armas, levaram a caça a atingir níveis extremamente elevados, com impacto direto nas populações animais, fazendo com que ela passasse a ser amplamente combatida até mesmo com o estabelecimento de uma convenção internacional contra o tráfico de espécies ameaçadas de extinção (Decreto 3.607/00 – Dispõe sobre a implementação da Convenção sobre o Comércio Internacional das Espécies da Flora e Fauna Selvagens em Perigo de Extinção – Cites) da qual o Brasil é signatário. Vários países adotaram a restrição, como é o caso do Brasil que não admite a caça profissional (Lei 5.197/67 – Art. 2º).

Estes fatos fizeram com que, em muitos países, as espécies protegidas por normas legais, passassem a desfrutar de um inequívoco aumento populacional, gerando problemas relacionados com os conflitos de uso do solo entre os animais protegidos e as populações rurais.

O prosaico Lobo Mau que aterroriza as crianças nas histórias de chapeuzinho vermelho, três porquinhos e outras, hoje é um animal protegido na Europa e a sua população vem crescendo de forma bastante importante, gerando problemas para agricultores "para o agrado dos naturalistas e para o horror dos agricultores, nos últimos 6 anos (há muito mais tempo para alguns ecologistas), os lobos têm regressado lentamente à França vindos dos Alpes Italianos. Várias alcateias estão agora estabelecidas no reduto selvagem

---

5. Tally Ho. Disponível em: https://oeco.org.br/colunas/16833-oeco-10299/. Acesso em: 14 nov. 2024.

do Parque do Mercantour, a Norte de Nice e do Mônaco. No entanto, é a primeira vez neste século que os lobos foram localizados tão a Norte: perto de autoestradas a apenas 20 milhas dos subúrbios de Grenoble".

Na Austrália, noticia-se um excesso de cangurus que, em tese, trariam grandes dificuldades para a agricultura. "A Austrália vai sacrificar cerca de 15 mil cangurus em uma base militar no sul do país para tentar controlar o ritmo de crescimento da população dos animais na região. O governo alega que a área da base de Puckapunkal não é suficiente para abrigar a população de marsupiais, que "explodiu" recentemente para um número estimado entre 80 mil e 100 mil. Os animais vêm fugindo para as fazendas e vilas vizinhas em busca de comida e água. Segundo o Departamento de Defesa australiano, a população está fora de controle e muitos animais estão morrendo de fome. O Departamento obteve licença para matar 15 mil exemplares do animal-símbolo do país".

Na África, o aumento da população de elefantes está se tornando uma questão complexa a ser administrada pelos governos, pois envolve interesses da indústria turística, de populações locais, observância de tratados internacionais e muitos outros. "Documentos do governo do Zimbábue revelaram que um santuário da fauna africana foi fechado pelo ministro da informação do país, Jonathan Moyo, e transformado em campo de caça. Reconhecido no passado como excelente local de ecoturismo, o Sikumi Tree Lodge pertence legalmente ao ecologista Thys de Vries, de 44 anos. Ele, sua mulher e três filhos fugiram do parque depois que homens armados invadiram a propriedade, há cerca de um ano, de acordo com o jornal The Daily Telegraph. Moyo nega ter assumido a propriedade, uma das mais valiosas em oferta, depois que o governo iniciou uma apropriação em massa que expulsou quatro mil fazendeiros brancos de suas fazendas. O presidente do Zimbábue, Robert Mugabe decidiu no começo deste ano que ninguém teria direito a possuir mais de uma fazenda, lei ignorada por muitos dos membros de sua família, inclusive sua mulher, Grace. No auge do boom de turismo do país, decadente nos últimos anos, o parque Sikumi arrecadava cerca de 3 mil libras esterlinas por mês. Aparentemente, os novos donos estariam compensando as perdas financeiras permitindo a entrada de caçadores".

A Namíbia projeta abater 723 animais selvagens, incluindo 83 elefantes, e distribuir a carne às pessoas que lutam para se alimentar devido a uma grave seca na África Austral, disse o Ministério do Ambiente.[6]

O artigo 28[7] não possui correspondente na Lei 9.605/1998, nem na Lei 5.197/1967 que também não trata do assunto. Trata-se de mais um dos inúmeros artigos mal redigidos, confusos e, claramente, fora dos objetivos do decreto que é a proteção administrativa do meio ambiente e exorbitante da lei. A infração, em tese, é aperfeiçoada pelo ato de

---

6. Disponível em: https://www.cnnbrasil.com.br/internacional/namibia-planeja-abater-723-animais-selvagens--para-alimentar-populacao/. Acesso em: 14 nov. 2024.
7. Art. 28. Comercializar produtos, instrumentos e objetos que impliquem a caça, perseguição, destruição ou apanha de espécimes da fauna silvestre: Multa de R$ 1.000,00 (mil reais), com acréscimo de R$ 200,00 (duzentos reais), por unidade excedente.

comércio de produtos, instrumentos e objetos que "impliquem" a caça, perseguição, destruição ou apanha de espécimes da fauna silvestre.

Implicar, como se sabe é:

v.t. e v.i. Embaraçar, envolver, enredar: implicar alguém numa acusação. Dar a entender: a amizade implica sinceridade. Tornar necessário, indispensável. Produzir como consequência; acarretar. Ser incompatível, não se harmonizar: implicar com alguém. Lógica. Envolver uma implicação formal, material. V.pr. Comprometer-se, enredar-se: não te impliques em negócios escusos.[8]

Como se vê, o artigo, sem qualquer base legal pretende punir o comerciante que comercialize produtos, instrumentos e objetos que possam ser utilizados para a caça, perseguição, destruição ou apenha de espécimes da fauna silvestre. Entretanto, toda uma série de produtos pode ser utilizada para tal; porretes, cola, caixas, cordas etc. e, tais coisas não demandam licença para serem comercializadas, especialmente licença da autoridade ambiental. Há que se observar que o artigo não traz, em sua redação, uma menção explícita à falta de licença ou autorização para a venda de tais produtos.

O comércio é atividade lícita e, em princípio, não demanda maiores regulamentações, salvo em casos específicos. O comércio de armas, de motosserras e outros equipamentos assemelhados é regulamentado, inclusive com a cominação de sanções para a inobservância dos dispositivos de restrição ao livre comércio. Por outro lado, dificilmente o artigo pode ser enquadrado na generalidade do artigo 70 da Lei 9.605/1998 pois, seguramente, não se constitui em "ação ou omissão que viole as regras jurídicas de uso, gozo, promoção, proteção e recuperação do meio ambiente", salvo com verdadeiro malabarismo exegético.

4.1 PROIBIÇÃO DE MAUS-TRATOS

A proibição de maus-tratos aos animais[9] tem *status* constitucional, conforme o teor do inciso VII do § 1º do art. 225 da CF. Em razão do dispositivo constitucional,

---

8. Disponível em: http://www.dicio.com.br/implicar/. Acesso em: 15 nov. 2024.
9. Art. 29. Praticar ato de abuso, maus-tratos, ferir ou mutilar animais silvestres, domésticos ou domesticados, nativos ou exóticos: Multa de R$ 500,00 (quinhentos reais) a R$ 3.000,00 (três mil reais) por indivíduo.
Jurisprudência
1. O Superior Tribunal de Justiça (STJ) já se pronunciou quanto à tese de que a imposição de multa constitui tipificação penal, fora, portanto, da competência do agente autuante, ao esclarecer que o disposto no art. 70 da Lei 9.605/1998 confere lastro à aplicação de sanção administrativa, quando combinado com normas regulamentares que detalhem os fatos constitutivos das infrações ambientais e descrevem condutas similares às mencionadas pela fiscalização, em que pese sejam normas definidoras de infração penal, que cominam pena de aplicação privativa pelo Poder Judiciário. Precedente: REsp 985.174/MT Relatora Ministra Denise Arruda, DJe de 12.03.2009. 2. Hipótese em que a atuação do Ibama se encontra devidamente respaldada pelos artigos 32 e 70 da Lei 9.605/1998, arts. 3º, inciso II, e 29 do Decreto 6.514/2008, com a imposição de multa, no valor de R$ 3.000,00 (três mil reais), diante da constatação de que o autor praticava atos de maus-tratos (rinha de galo) contra um animal doméstico. 3. O art. 32 da Lei 9.605/1998 tipifica uma das formas de crime contra a fauna, consubstanciado, no caso, em praticar atos de abusos ou maus-tratos, ferir ou mutilar animais domésticos ou domesticados, sendo que o art. 29 do Decreto 6.514/2008 apenas fixou um limite de multa que varia de

o Poder Judiciário, em especial o STF, declarou a inconstitucionalidade de várias leis estaduais que dispunham sobre práticas nocivas aos animais que as apresentavam como expressões de "manifestações culturais

A discussão sobre tema tão complexo e intrincado teve início perante o STF com o julgamento do RE 153531/SC no qual foi debatida a questão da chamada "farra do boi", praticada em Santa Catarina. A Corte entendeu que: [a] obrigação de o Estado garantir a todos o pleno exercício de direitos culturais, incentivando a valorização e a difusão das manifestações, não prescinde da observância da norma do inciso VII do artigo 225 da Constituição Federal, no que veda prática que acabe por submeter os animais à crueldade. Procedimento discrepante da norma constitucional denominado "farra do boi" (Relator Ministro Marco Aurélio, 2ª Turma, julgamento 03.06.1997, publicação 13/03/1998).

O STF somente voltou a examinar a matéria na ADI 3776/RN, relatada pelo Ministro César Peluso, publicada aos 29 de junho de 2007. "É inconstitucional a lei estadual que autorize e regulamente, sob título de práticas ou atividades esportivas com aves de raças ditas combatentes, as chamadas "rinhas" ou "brigas de galo"." A "vaquejada", motivo de regulamentação por lei cearense 15.299/2013, foi submetida ao questionamento de constitucionalidade pela ADI 4983/CE, relatada pelo Ministro Marco Aurélio: "[a] obrigação de o Estado garantir a todos o pleno exercício de direitos culturais, incentivando a valorização e a difusão das manifestações, não prescinde da observância do disposto no inciso VII do artigo 225 da Carta Federal, o qual veda prática que acabe por submeter os *animais* à crueldade. Discrepa da norma constitucional a denominada vaquejada".

Em relação às práticas religiosas com a utilização de animais, o STF, ao decidir o RE 494601, entendeu que, em tais casos, não há afronta ao disposto no art. 225, § 1º, VII da CF:

R$ 500,00 a R$ 2.000,00. 4. Comprovado que a autuação administrativa se encontra dentro da legalidade, é cabível a aplicação da penalidade por infração aos citados diplomas legais. 5. Apesar de constatada a infração à legislação ambiental, a atuação administrativa deve se ater aos princípios da legalidade, da razoabilidade e da proporcionalidade, observados, ainda, os critérios previstos no art. 6º da Lei 9.605/1998: I – a gravidade do fato, tendo em vista os motivos da infração e suas consequências para a saúde pública e para o meio ambiente; II – os antecedentes do infrator quanto ao cumprimento da legislação de interesse ambiental; III – a situação econômica do infrator, no caso de multa. 6. Por outro lado, o art. 24, § 9º, do Decreto 6.514/2008, permite à autoridade responsável avaliar, em determinadas situações, se a multa cominada é desproporcional, e aplicá-la, observado o limite entre R$ 500,00 e R$ 100.000,00 (mínimo de R$ 50,00 e máximo de R$ 50.000,00, na forma do art. 75 da Lei 9.605). 7. O art. 72, § 4º, da Lei 9.605/98, por sua vez, prevê a substituição da multa simples por serviços de preservação, melhoria e recuperação da qualidade do meio ambiente. 8. No caso, faz-se necessária a imposição da penalidade, pois tem caráter educativo, de forma a proteger o meio ambiente e evitar os maus--tratos a animais, sejam eles silvestres, domésticos ou domesticados, afastando, assim, da cultura de promover a denominada rinha, que é a briga de galo, ainda existente em algumas regiões do país, objetivo buscado pela legislação de regência. 9. Hipótese em que, considerando a situação de hipossuficiência econômica em que se encontra o autor, que é beneficiário da justiça gratuita, e, observados os princípios da razoabilidade e da proporcionalidade, a multa imposta, no valor de R$ 3.000,00 (três mil reais) deve ser reduzida, com base no art. 75 da Lei 9.605/1998, para R$ 500,00 (quinhentos reais). 10. Apelação do autor, provida, em parte (TRF-1 – AC: 00343893820134013800, Relator: Desembargador Federal Daniel Paes Ribeiro, Data Julgamento: 24.08.2020, 6ª Turma, Publicação: PJe 31.08.2020).

2. A prática e os rituais relacionados ao sacrifício *animal* são patrimônio cultural imaterial e constituem os modos de criar, fazer e viver de diversas comunidades religiosas, particularmente das que vivenciam a liberdade religiosa a partir de práticas não institucionais. 3. A dimensão comunitária da liberdade religiosa é digna de proteção constitucional e não atenta contra o princípio da laicidade. 4. O sentido de laicidade empregado no texto constitucional destina-se a afastar a invocação de motivos religiosos no espaço público como justificativa para a imposição de obrigações. A validade de justificações públicas não é compatível com dogmas religiosos. 5. A proteção específica dos cultos de religiões de matriz africana é compatível com o princípio da igualdade, uma vez que sua estigmatização, fruto de um preconceito estrutural, está a merecer especial atenção do Estado (Relator Ministro Marco Aurélio, Relator p/ Acórdão Ministro Edson Fachin, Pleno, publicação 19.11.2019).

Tese fixada	É constitucional a lei de proteção *animal* que, a fim de resguardar a liberdade religiosa, permite o sacrifício ritual de *animais* em cultos de religiões de matriz africana.

Em relação aos animais vítimas de maus-tratos que tenham sido apreendidos pela fiscalização, o STF entendeu inconstitucional a prática de abatê-los, conforme o resultado da ADPF 640-MC que assim dispôs:

1. No caso, demonstrou-se a existência de decisões judiciais autorizando o abate de *animais* apreendidos em situação de *maus-tratos*, em interpretação da legislação federal que viola a norma fundamental de proteção à fauna, prevista no art. 225, § 1º, VII, da CF/88. A resistência dos órgãos administrativos à pretensão contida à inicial também demonstra a relevância constitucional da questão, o que justifica o conhecimento da ação. 2. A completa instrução do feito possibilita a conversão da ratificação de liminar em julgamento de mérito, nos termos do art. 12 da Lei 9.868/99. 3. A rigidez da Constituição de 1988 e o princípio da interpretação conforme a Constituição impedem o acolhimento de interpretações contrárias ao sentido hermenêutico do texto constitucional. 4. O art. 225, § 1º, VII, da CF/88, impõe a proteção à fauna e proíbe qualquer espécie de *maus-tratos* aos *animais*, de modo a reconhecer o valor inerente a outras formas de vida não humanas, protegendo-as contra abusos. Doutrina e precedentes desta Corte. 5. As normas infraconstitucionais sobre a matéria seguem a mesma linha de raciocínio, conforme se observa do art. 25 da Lei 9.605/98, do art. 107 do Decreto 6.514/2008 e art. 25 da Instrução Normativa 19/2014 do IBAMA. 6. Ação julgada procedente para declarar a ilegitimidade da interpretação dos arts. 25, §§1º e 2º da Lei 9.605/1998, bem como dos artigos 101, 102 e 103 do Decreto 6.514/2008 e demais normas infraconstitucionais, em sentido contrário à norma do art. 225, §1º, VII, da CF/88, com a proibição de abate de *animais* apreendidos em situação de *maus-tratos*. (Relator: Ministro Gilmar Mendes, Pleno, publicação: 17.12.2021).

Logo, há uma forte jurisprudência contra os maus-tratos aos animais. O Congresso Nacional, em reação à jurisprudência acima indicada, aprovou a Emenda Constitucional 96/2017 e fez incluir o § 7º do artigo 225:

§ 7º Para fins do disposto na parte final do inciso VII do § 1º deste artigo, não se consideram cruéis as práticas desportivas que utilizem animais, desde que sejam manifestações culturais, conforme o § 1º do art. 215 desta Constituição Federal, registradas como bem de natureza imaterial integrante do patrimônio cultural brasileiro, devendo ser regulamentadas por lei específica que assegure o bem-estar dos animais envolvidos.

Em razão da nova redação do artigo 225, diversas leis estaduais vêm sendo aprovadas com o objetivo de "regulamentar" as "práticas culturais". Há questionamento, perante o STF, da constitucionalidade do § 7º do artigo 225.

No Brasil, vige a proibição de pesca ou qualquer forma de molestamento intencional de cetáceos em águas jurisdicionais brasileiras,[10] de acordo com o disposto na Lei 7.643/1987. A lei trata também, de matéria penal.

A Baleia Franca é o cetáceo legalmente mais protegido no Brasil, tendo sido criada a APA da Baleia Franca com a finalidade específica de sua defesa.

O IBAMA "regulamentou" o artigo 1º da Lei 7.643/1987, conforme a Portaria 117, de 26 de dezembro de 1996, posteriormente alterada pela Portaria 24, de 8 de fevereiro de 2002, como forma de coibir o molestamento de cetáceos. O artigo 2º da norma determina o seguinte:

> Art. 2º É vedado a embarcações que operem em águas jurisdicionais brasileiras: (a) aproximar-se de qualquer espécie de baleia (cetáceos de Ordem *Mysticeti;* cachalote, *Physeter macrocephalus,* e orca, *Orcinus orca*) com motor engrenado a menos de 100m (cem metros) de distância do animal mais próximo, devendo o motor ser obrigatoriamente mantido em neutro, quando se tratar de baleia jubarte *Megaptera novaeangliae*, e desligado ou mantido em neutro, para as demais espécies; (b) reengrenar ou religar o motor para afastar-se do grupo antes de avistar claramente a(s) baleia(s) na superfície a uma distância de, no mínimo, de 50 m (cinquenta metros) da embarcação; (c) perseguir, com motor ligado, qualquer baleia por mais de 30 (trinta) minutos, ainda que respeitadas as distâncias supraestipuladas; (d) interromper o curso de deslocamento de cetáceo(s) de qualquer espécie ou tentar alterar ou dirigir esse curso; (e) penetrar intencionalmente em grupos de cetáceos de qualquer espécie, dividindo-o ou dispersando-o; (f) produzir ruídos excessivos, tais como música, percussão de qualquer tipo, ou outros, além daqueles gerados pela operação normal da embarcação, a menos de 300m (trezentos metros) de qualquer cetáceo; g) despejar qualquer tipo de detrito, substância ou material a menos de 500m (quinhentos metros) de qualquer cetáceo, observadas as demais proibições de despejos de poluentes previstas em Lei; h) aproximar-se de indivíduo ou grupo de baleias que já esteja submetido à aproximação de, no mesmo momento, de pelo menos, duas outras embarcações.

---

10. Art. 30. Molestar de forma intencional qualquer espécie de cetáceo, pinípede ou sirênio em águas jurisdicionais brasileiras: Multa de R$ 2.500,00 (dois mil e quinhentos reais).

Jurisprudência:

1. Objetiva o apelante a anulação do auto de infração, evitando-se a aplicação da multa aplicada por ocasião da lavratura do auto de infração 6.54334/D, motivada pela pesca em área proibida, conduta tipificada nos artigos 30, inciso II, e 35 do Decreto 6.514/2008 c/c artigos 70 e 72 da Lei 9.605/98. 2. O rito mandamental requer a presença de prova pré-constituída do direito alegado, pois não comporta de dilação probatória. Nessa linha, resta evidente que, sendo necessária dilação probatória, o direito não é líquido e certo, o que se afigura incompatível com a via mandamental. 3. As provas acostadas aos autos pelo impetrante não permitem reconhecer, de plano, a alegada ilegalidade ou quaisquer irregularidades no ato administrativo que culminou na multa pela infração noticiada nos autos. 4. Os atos administrativos gozam de fé-pública e neste diapasão a invalidade do auto de infração e a verificação de eventuais vícios procedimentais dependem de dilação probatória que não é possível na via estreita do mandado de segurança. 5. O valor da multa foi fixado consoante as diretrizes do Decreto 6.514/08, portanto, em cumprimento à norma rege a espécie e em observância à capacidade econômica do autuado, que foi verificada, a princípio, de forma regular pelo órgão fiscalizador. 6. No presente caso, correta a sentença que concedeu a segurança "para determinar que o IBAMA proceda ao julgamento da defesa administrativa do autor, no processo administrativo 2 02567.000159/2013 – 77, 110 prazo máximo de 30 (trinta) dias". Isso porque, a jurisprudência desta Corte se firmou no sentido de que afronta a razoável duração do processo a injustificada demora da Administração no atendimento de providência requerida pelo administrado 7. Apelação e remessa oficial desprovidas (TRF-1 – AMS: 00001593620144013605, Relator: Desembargador Federal Carlos Augusto Pires Brandão, Julgamento: 07.04.2021, 5ª Turma, Publicação: PJe 07.04.2021).

Há, portanto, uma legislação bastante abrangente para a defesa dos Cetáceos em águas jurisdicionais brasileira. Tal legislação vem sendo observada e cumprida e implementada de forma consistente. Os encalhes de baleia nas praias são fatos que se repetem em razão de diversos fatores que, ainda, não foram adequadamente identificados e que demandam estudos mais profundos. É evidente que eles podem ter motivações naturais ou antrópicas que somente poderão ser identificadas na base do caso a caso. Há que considerar que, em função da crescente proteção aos Cetáceos, o número de espécimes da espécie tende a aumentar o que, logicamente, implicará – em tese – um número maior de indivíduos sujeitos a atingirem as praias.

A importância dos valores envolvidos na questão (1) respeito à vida animal, (2) mobilização do sentimento público de solidariedade; (3) cumprimento da legislação brasileira; (4) manutenção da atividade econômica da indústria do petróleo e muitos outros, não permite que, oportunisticamente, se passe a apontar culpados por um evento trágico, sem a menor base factual, técnica ou científica.

Há casos em que os cetáceos são envolvidos em redes de pesca (enredamento), havendo necessidade de retirá-los de tais situações. Nesse sentido foi baixada a Portaria Conjunta MMA/IBAMA/ICMBIO 3/2024 que trata do desenredamento de grandes cetáceos nas águas jurisdicionais brasileiras. A Portaria definiu desenredamento e grandes cetáceos conforme consta de seu artigo 2º:

> Art. 2º Para os efeitos desta Portaria, considera-se:
>
> I - atividade de desenredamento: atividade de desemalhe destinada à extração do equipamento de pesca, ativo ou inativo, enredado ou preso em grandes cetáceos, e que venha a trazer sofrimento físico ou limitação das atividades fisiológicas;
>
> II - grandes cetáceos: mamíferos marinhos da Infraordem Cetacea pertencentes às Famílias Balaenopteridae, Balaenidae, Physeteridae, Kogiidae, Ziphiidae, além dos gêneros de Delphinidae Feresa, Globicephala, Orcinus e Pseudorca;

***

Os jardins zoológicos são objeto de disciplina pelo artigo 31.[11] A norma tem como destinatário as chamadas unidades de conservação atípicas, pois não previstas na Lei 9.985/2000. O ilícito administrativo é de natureza formal, pois relacionado única e exclusivamente com a manutenção de livros adequados para o registro do acervo faunístico da instituição.

No sistema jurídico brasileiro, os animais silvestres são propriedade do Estado. Contudo, é importante observar que, nos termos da LC 140/2011, os criadouros de fauna silvestre, conforme o estipulado nos incisos XVIII e XIX do artigo 8º, estão submetidos à aprovação dos órgãos estaduais de controle ambiental, caso haja necessidade de apanha de animais silvestres, a regulamentação permanece com a União. A LC, assim,

---

11. Art. 31. Deixar, o jardim zoológico e os criadouros autorizados, de ter o livro de registro do acervo faunístico ou mantê-lo de forma irregular: Multa de R$ 500,00 a R$ 5.000,00 (mil reais).

transferiu o controle dos criadouros para os órgãos estaduais que deverão estabelecer normas próprias sobre a matéria, admitindo-se transitoriamente a utilização das normas que haviam sido baixadas pelo Ibama.

Jardim Zoológico, conforme o disposto na Lei 7.173/1983 é "qualquer coleção de animais silvestres mantidos vivos em cativeiro ou em semiliberdade e expostos à visitação pública". O Jardim Zoológico é atividade exercida mediante autorização do Poder Público Federal. Ele é mero depositário de animais da fauna silvestre que integrem o seu plantel, devendo possuir registro junto ao IBAMA que concederá licença para a atividade, observados critérios técnicos.

Os livros de registro, cuja ausência ou irregularidade dá azo à imposição de sanções administrativas, são uma exigência legal capitulada no artigo 14 da Lei 7.173/8, estando regulamentados pela IN IBAMA 4/2002.

Por sua vez, a IN IBAMA 2/2001, dispôs sobre as categorias de Jardim Zoológico, Criadouro Comercial de Fauna Silvestre e Exótica, Criadouro Conservacionista, Criadouro Científico e Mantenedouro de Fauna Exótica, nos quais manutenção de animais silvestres e exóticos em cativeiro é permitida na forma da lei e cuja relação de animais sob a responsabilidade das pessoas físicas e jurídicas que respondem pelas categorias é parte integrante dos processos de registro junto ao Ibama, determinando a necessidade de que tais atividades possuam ficha de controle e identificação de plantel, a qual deve conter: (1) a categoria de registro, o (2) número do registro Ibama, o (3) nome do proprietário, (iv) responsável técnico, (v) localização, (vi) nome científico, (vii) nome popular, (viii) identificação individual, (ix) origem de cada espécime, (x) tipo, (xi) identificação individual, (xii) número, (xiii) sexo, (xiv) assinatura do responsável ou proprietário e (xv) local e data.

A IN IBAMA 07/2015, baixada para instituir e normatizar "as categorias de uso e manejo da fauna silvestre em cativeiro, define, no âmbito do Ibama, os procedimentos autorizativos para as categorias estabelecidas", *d*ispôs sobre (art. 3º): (1) centro de triagem de fauna silvestre; (2) centro de reabilitação da fauna silvestre nativa; (3) comerciante de animais vivos da fauna silvestre: estabelecimento comercial, de pessoa jurídica, com finalidade de alienar animais da fauna silvestre vivos, sendo vedada a reprodução; (4) comerciante de partes produtos e subprodutos da fauna silvestre: estabelecimento comercial varejista, de pessoa jurídica, com finalidade de alienar partes, produtos e subprodutos da fauna silvestre; (5) criadouro científico para fins de conservação; (6) criadouro científico para fins de pesquisa; (7) criadouro comercial; (8) mantenedouro de fauna silvestre; (9) matadouro, abatedouro, e frigorífico; (10) jardim zoológico.

A IN 07/2015, art. 5º, estabeleceu os critérios para a autorização das atividades mencionadas. Critérios não aplicáveis aos: (1) empreendimentos que utilizam, exclusivamente, espécimes da fauna doméstica; (2) empreendimentos que utilizem, exclusivamente, peixes, invertebrados aquáticos, exceto os classificados como jardins zoológicos; (3) criações de insetos para fins de pesquisa ou de alimentação animal, desde que já existentes na área do empreendimento, exceto quando se tratar de espécies da fauna silvestre brasileira pertencentes à lista nacional de espécies ameaçadas de extinção, ou de espécie pertencente à lista estadual da Unidade da Federação em que se localiza o empreendimento; (4) criações de invertebrados terrestres considerados pragas agrícolas, vetores de doenças ou agentes de controle biológico; (5) meliponicultores que mantenham menos de cinquenta colmeias de abelhas nativas, conforme resolução Conama 346/2004; (6) restaurantes, bares, hotéis e demais estabelecimentos que revendam carne ou produtos alimentares de origem na fauna silvestre, desde que mantidas as notas fiscais que comprovem a sua aquisição legal; (7) estabelecimentos que produzam, vendam ou revendam artigos de vestuário, calçados e acessórios cujas peças contenham no todo ou em parte couro ou penas de animais silvestres criados ou manejados para fins de abate, desde que mantidas as notas fiscais que comprovem a sua aquisição legal, ou ainda, a partir de importações devidamente registradas nos sistemas de controle do comércio exterior; (viii) atividade que atue exclusivamente na importação e exportação de fauna silvestre nativa e exótica, ou ainda de suas partes, produtos e subprodutos.

Todavia a inexigibilidade das autorizações não dispensa a atividade ou empreendimento da inscrição no Cadastro Técnico Federal de Atividades Potencialmente Poluidoras ou Utilizadoras de Recursos Ambientais e do licenciamento ambiental, quando exigível pelo órgão competente, nem de outros atos administrativos necessários para a sua implantação e funcionamento.

Foram estabelecidas as seguintes definições para fins de aplicação da norma (art. 2º da IN IBAMA 07/2015):

(i) animal de estimação ou companhia: animal proveniente de espécie da fauna silvestre nativa, nascido em criadouro comercial autorizado para tal finalidade, mantido em cativeiro domiciliar, sem finalidade de abate, de reprodução, uso científico, uso laboratorial, uso comercial ou de exposição;

(ii) espécie: conjunto de indivíduos semelhantes e com potencial reprodutivo entre si, capazes de originar descendentes férteis, incluindo aqueles que se reproduzem por meios assexuados;

(iii) espécime: indivíduo vivo ou morto, de uma espécie, em qualquer fase de seu desenvolvimento, unidade de uma espécie;

(iv) fauna doméstica: conjunto de espécies da fauna cujas características biológicas, comportamentais e fenotípicas foram alteradas por meio de processos tradicionais e sistematizados de manejo e melhoramento zootécnico tornando-as em estreita dependência do homem, podendo apresentar fenótipo variável, mas diferente da espécie silvestre que os originou;

(v) fauna silvestre exótica: conjunto de espécies cuja distribuição geográfica original não inclui o território brasileiro e suas águas jurisdicionais, ainda que introduzidas, pelo homem ou espontaneamente, em ambiente natural, inclusive as espécies asselvajadas e excetuadas as migratórias;

(vi) fauna silvestre nativa: todo animal pertencente a espécie nativa, migratória e qualquer outra não exótica, que tenha todo ou parte do seu ciclo de vida ocorrendo dentro dos limites do território brasileiro ou águas jurisdicionais brasileiras;

(vii) parte ou produto da fauna silvestre: pedaço ou fração originário de um espécime da fauna silvestre que não tenha sido beneficiado a ponto de alterar sua característica, forma ou propriedade primária, por exemplo: carcaça, carne, víscera, gordura, ovo, asa, pele, pelo, pena, pluma, osso, chifre, corno, sangue, glândula, veneno, entre outros;

(viii) subproduto da fauna silvestre: pedaço ou fração originário de um espécime da fauna silvestre beneficiado a ponto de alterar sua característica, forma ou propriedades primárias."

A norma contida no artigo 32[12] se destina àquele que exerce o comércio de animais silvestres, não devendo se confundir com comerciantes de produtos manufaturados derivados de animais silvestres, tais como sapatos, bolsas e outros. A declaração de estoque tem por objetivo dificultar a comercialização clandestina de animais silvestres que é uma das grandes fontes internacionais de dinheiro ilícito. A declaração dos valores deve ser entendida como as notas fiscais referentes à comercialização dos animais.

O artigo 33[13] tutela a imagem dos animais, impedindo que ela seja explorada comercialmente. Observe-se que a norma diz respeito à imagem de animal "mantido irregularmente em cativeiro ou em situação de abuso ou maus-tratos". Não há tutela no que se refere à exploração comercial de imagens de animais silvestres em liberdade, ou regularmente mantidos em cativeiro. O parágrafo único excepciona o uso de imagens para fins jornalísticos, acadêmicos, educacionais ou científicos etc. Há que se considerar, contudo, que os direitos de imagem são de natureza civil, tutelados por normas próprias e que escapam ao poder regulamentar. Aqui, foi criada uma forma anômala de propriedade intelectual.

É interessante observar que o decreto ao tutelar o direito à imagem dos animais, estabelece uma situação interessante, pois os animais, ainda, são considerados coisas em nosso direito. O anteprojeto de Código Civil dá novo tratamento aos animais, afastando-os da condição jurídica de coisa:

Art. 19. A afetividade humana também se manifesta por expressões de cuidado e de proteção aos animais que compõem o entorno sociofamiliar da pessoa."

---

12. Art. 32. Deixar, o comerciante, de apresentar declaração de estoque e valores oriundos de comércio de animais silvestres: Multa de R$ 200,00 (duzentos reais) a R$ 10.000,00 (dez mil reais).
13. Art. 33. Explorar ou fazer uso comercial de imagem de animal silvestre mantido irregularmente em cativeiro ou em situação de abuso ou maus-tratos: Multa de R$ 5.000,00 (cinco mil reais) a R$ 500.000,00 (quinhentos mil reais). Parágrafo único. O disposto no caput não se aplica ao uso de imagem para fins jornalísticos, informativos, acadêmicos, de pesquisas científicas e educacionais.

Art. 91-A. Os animais são seres vivos sencientes e passíveis de proteção jurídica própria, em virtude da sua natureza especial.

§ 1º A proteção jurídica prevista no caput será regulada por lei especial, a qual disporá sobre o tratamento físico e ético adequado aos animais.

§ 2º Até que sobrevenha lei especial, são aplicáveis, subsidiariamente, aos animais as disposições relativas aos bens, desde que não sejam incompatíveis com a sua natureza, considerando a sua sensibilidade.

Art. 1.566. São deveres de ambos os cônjuges ou conviventes:

(...)

§ 3º Os ex-cônjuges e ex-conviventes têm o direito de compartilhar a companhia e arcar com as despesas destinadas à manutenção dos animais de estimação, enquanto a ele pertencentes.

O artigo 34 tipifica como ilícito administrativo causar degradação de viveiros, açudes ou estação de aquicultura de domínio público. Degradação é conceito normativo previsto na Lei 6.938/1981 (art. 3º, II) que é a promoção de alterações adversas no meio ambiente. A norma, inexplicavelmente, tutela apenas os açudes, viveiros ou estações de aquicultura de domínio público; a degradação e os seus efeitos nocivos independem do regime de propriedade do bem jurídico degradado.

4.2 ILÍCITOS ADMINISTRATIVOS RELATIVOS À PESCA

Os artigos 35/42 dizem respeito às atividades de pesca, em suas diferentes modalidades, e outras que estão relacionadas aos meios hídricos.

A pesca é atividade econômica, científica ou esportiva inicialmente regulada pelo Estado por meio do Decreto-Lei 221/1967 que foi profundamente alterado pela Lei 11.959/2009 que o transformou em uma norma totalmente descaracterizada. Dessa forma, a regulamentação mais relevante se encontra na Lei 11.959/2009 que dispôs sobre a Política Nacional de Desenvolvimento Sustentável da Aquicultura e da Pesca.

O tipo administrativo do artigo 35[14] corresponde ao artigo 34 da Lei 9.605/1998. A pesca, como regra geral, é permitida, submetendo-se às regras administrativas, com vistas a proteger os recursos pesqueiros, a segurança da navegação e o exercício

---

14. Art. 35. Pescar em período ou local no qual a pesca seja proibida: Multa de R$ 700,00 (setecentos reais) a R$ 100.000,00 (cem mil reais), com acréscimo de R$ 20,00 (vinte reais), por quilo ou fração do produto da pescaria, ou por espécime quando se tratar de produto de pesca para uso ornamental. Parágrafo único. Incorre nas mesmas multas quem: I – pesca espécies que devam ser preservadas ou espécimes com tamanhos inferiores aos permitidos; II – pesca quantidades superiores às permitidas ou mediante a utilização de aparelhos, petrechos, técnicas e métodos não permitidos; III – transporta, comercializa, beneficia ou industrializa espécimes provenientes da coleta, apanha e pesca proibida; IV – transporta, conserva, beneficia, descaracteriza, industrializa ou comercializa pescados ou produtos originados da pesca, sem comprovante de origem ou autorização do órgão competente; V – captura, extrai, coleta, transporta, comercializa ou exporta espécimes de espécies ornamentais oriundos da pesca, sem autorização do órgão competente ou em desacordo com a obtida; e VI – deixa de apresentar declaração de estoque.

Jurisprudência:

de outras atividades. Pesca é "toda operação, ação ou ato tendente a extrair, colher, apanhar, apreender ou capturar recursos pesqueiros". Ela pode ser exercida nas águas continentais, interiores, o mar territorial, a plataforma continental, a zona econômica exclusiva brasileira, o alto-mar e outras áreas de pesca, conforme acordos e tratados internacionais firmados pelo Brasil, excetuando-se as áreas demarcadas como unidades de conservação da natureza do grupo de proteção integral ou como patrimônio histórico e aquelas definidas como áreas de exclusão para a segurança nacional e para o tráfego aquaviário. Assim, como se vê, podem ser definidas áreas de exclusão para a pesca; do mesmo modo, a Administração pode estabelecer exclusão temporária para o exercício da atividade pesqueira, mediante o estabelecimento do chamado período de defeso que é a paralisação temporária da pesca para a preservação de uma ou mais espécies, tendo como motivação a reprodução e/ou recrutamento, bem como paralisações causadas por fenômenos naturais ou acidentes.

As hipóteses legais de proibição da pesca estão tipificadas no artigo 6º da Lei 11.959/2009. Logo, o exercício da atividade pesqueira poderá ser proibido transitória, periódica ou permanentemente, nos termos das normas específicas, para proteção: (1) de espécies, áreas ou ecossistemas ameaçados; (2) do processo reprodutivo das espécies e de outros processos vitais para a manutenção e a recuperação dos estoques pesqueiros; (3) da saúde pública; (4) do trabalhador.

Há, ainda, proibição do exercício da atividade pesqueira (1) em épocas e nos locais definidos pelo órgão competente; (2) em relação às espécies que devam ser preservadas ou espécimes com tamanhos não permitidos pelo órgão competente; (3) quando sem licença, permissão, concessão, autorização ou registro expedido pelo órgão competente; (4) em quantidade superior à permitida pelo órgão competente; (5) em locais próximos às áreas de lançamento de esgoto nas águas, com distância estabelecida em norma específica; (6) em locais que causem embaraço à navegação; (7) mediante a utilização de: (a) explosivos; (b) processos, técnicas ou substâncias que, em contato com a água, produzam efeito semelhante ao de explosivos; (c) substâncias tóxicas ou químicas que alterem as condições naturais da água; (d) petrechos, técnicas e métodos não permitidos ou predatórios. Também estão proibidos o transporte, a comercialização, o processamento e a industrialização de espécimes provenientes da atividade pesqueira ilícita.

---

1. A parte autora foi autuada por praticar a pesca ilegal, resultando na aplicação de multas, na apreensão de todo pescado capturado, bem como das redes utilizadas. As condutas infracionais foram enquadradas no art. 35, II, do Decreto 6.514/08, em razão da prática de pesca em profundidade superior à permitida e pela pesca de peixe-sapo acima do permitido. 2. O Programa Nacional de Rastreamento de Embarcações Pesqueiras, regulamentado pela Instrução Normativa Interministerial 02, de 04.09.2006, foi instituído para fins de monitoramento, gestão pesqueira e controle das operações da frota pesqueira permissionada pela Secretaria Especial de Aquicultura e Pesca da Presidência da República. 3. Não houve prova capaz de afastar a presunção de legalidade do ato administrativo, de forma que caracterizada a infração. Correta, portanto, a conclusão adotada na sentença, não havendo qualquer nulidade da autuação. 4. Não há reparos a serem feitos na sentença, a qual sopesou adequadamente as balizas legais para concluir pela razoabilidade e proporcionalidade na fixação das penalidades (TRF-4 – AC: 50070513920174047208 SC 5007051-39.2017.4.04.7208, Relatora: Marga Inge Barth Tessler, Julgamento: 20.07.2021, 3ª Turma).

A proibição de pesca não se presume, devendo ser claramente estabelecida e devidamente divulgada para conhecimento de todos, indicando períodos, locais e espécies cuja pesca é proibida.

O inciso II do art. 34 da Lei 9.605/98 estabelece punição para quem pesca quantidades superiores às permitidas ou mediante a utilização de aparelhos, petrechos, técnicas e métodos não permitidos; assim como no inciso precedente, há que existir norma estabelecendo a quantidade de pesca admitida em cada época ou região, bem como os utensílios cuja utilização não é admitida para a atividade de pesca.

Os incisos III e IV do art. 35 do Decreto 6.514/2008 são semelhantes e dizem respeito ao exercício de atividades comerciais e industriais com a pesca sem a devida autorização legal. Assim quem transporta, comercializa, beneficia ou industrializa espécimes provenientes da coleta, apanha e pesca proibida, bem como quem "transporta, conserva, beneficia, descaracteriza, industrializa ou comercializa pescados ou produtos originados da pesca, sem comprovante de origem ou autorização do órgão competente", está sujeito à imposição das sanções administrativas.

Em nível administrativo, a IN IBAMA 202, de 22/2008, dispôs sobre normas, critérios e padrões para a explotação com finalidade ornamental e de aquariofilia de peixes nativos ou exóticos de águas marinhas e estuarinas.

É permitida, nas águas jurisdicionais brasileiras, exceto nos bancos e ilhas oceânicas, a captura, o transporte e a comercialização de exemplares vivos das espécies nativas relacionadas no Anexo I da IN, com a utilização dos seguintes petrechos: (1) tarrafas: (a) tamanho pequeno (até dois metros de diâmetro e malha de um centímetro); (b) tamanho grande (até três metros de diâmetro e malha de três centímetros), (2) puçás ou jererês, (3) hastes não perfurantes para desalojar os peixes de suas tocas ou abrigos. Os exemplares vivos de espécies nativas que não tenham sido não listadas no Anexo I da IN não podem ser explotados para fins ornamentais e de aquariofilia, salvo quando as suas espécies tenham regulamentação federal própria permitindo a sua utilização para tal finalidade. Já os espécimes vivos de peixes de espécies não listadas no Anexo I da IN poderão ser explotados para fins ornamentais e de aquariofilia, desde que não ocorram naturalmente no território nacional ou que tenham origem em cultivo devidamente registrado no órgão competente, acompanhados de comprovante de origem. Admite-se que exemplares vivos de espécies nativas não listadas no Anexo I da IN sejam utilizados para fins didáticos, educacionais ou expositivos, desde que o uso seja autorizado pela Superintendência IBAMA do estado onde se realizará a exposição.

É permitida a exposição em restaurantes, para fins de consumo alimentar, de exemplares vivos de espécies não listadas no Anexo I da IN, respeitada a legislação que regulamenta o seu uso.

Na forma do § 6º do artigo 2º: "A captura e a comercialização de exemplares cuja espécie conste ou passe a constar em listas oficiais de espécies sobre-explotadas, ameaçadas de sobre-explotação, de extinção, ou no Apêndice I da Convenção Internacional sobre Comércio das Espécies da Flora e Fauna Selvagens em Perigo de Extinção – CITES, mesmo que permitidos por esta IN, devem obedecer às normas estabelecidas pelas legislações específicas".

As embarcações utilizadas na captura de peixes marinhos e estuarinos, para ornamentação e aquariofilia, deverão estar devidamente autorizadas pela Secretaria Especial de Aquicultura e Pesca da Presidência da República – SEAP/PR. Em tal caso, as tripulações das embarcações poderão capturar peixes marinhos e estuarinos na quantidade máxima de 5 kg (cinco quilogramas) de pescado mais 1 (um) exemplar por viagem e por pescador, se destinados exclusivamente ao consumo próprio. As embarcações, contudo, não poderão conduzir petrechos de pesca não relacionados nos incisos I, II e III do artigo 1º da IN, exceto linha e anzol.

Os utensílios que caracterizam a captura de peixes vivos marinhos, estuarinos e o acondicionamento a bordo, para fins de ornamentação e aquariofilia são: (a) reservatórios com renovação constante de água para manutenção dos exemplares capturados; (b) pequenos tanques redes, recipientes e sacos plásticos com furos, destinados ao acondicionamento dos peixes durante a coleta dos exemplares; (c) recipientes plásticos de tamanhos variados, com furos, utilizados para o confinamento dos exemplares de forma individual; (d) cinto de lastro; (e) nadadeiras; (f) máscaras de mergulho; (g) válvulas (estágios I e II) para respiração artificial; e (h) cilindros e compressores de ar para respiração artificial.

Durante o processo de captura de peixes nativos de águas marinhas e estuarinas para fins ornamentais e de aquariofilia é proibido: (1) uso de substâncias químicas, anestésicas, tóxicas ou que causem irritações; (2) perfuração do exemplar para descompressão; (iii) retirada e/ou ações que acarretem danos físicos aos corais, moluscos; (3) equinodermos, crustáceos, esponjas, algas e outros seres pertencentes ao substrato marinho; e (4) revolvimento de substrato.

Quanto à exportação e à importação de peixes para fins ornamentais e de aquariofilia somente poderão ser realizadas mediante Autorização de Exportação (Anexo II) ou de Importação (Anexo III) de que trata a IN, emitida pela Superintendência Estadual do Ibama e assinada pelo seu representante legal. As exportações de espécimes de peixes nativos não reproduzidos em cativeiro terão cotas anuais por espécie, por empresa ou cooperativa de pescadores, conforme especificação constante do Anexo I da IN.

Compete à Diretoria de Uso Sustentável da Biodiversidade e Florestas – DBFLO/Ibama controlar as exportações das espécies citadas no *caput* do artigo 5º, verificando se as cotas de exportação, estabelecidas no Anexo I da IN, foram atingidas, através das efetivações realizadas via Sistema de informações do BACEN – Sisbacen.

Às empresas detentoras de cotas cabe a responsabilidade de informar à DBFLO/Ibama o cancelamento de Registros de Exportação previamente efetivados pelo Ibama, para a atualização das cotas utilizadas. Observe-se que as autorizações são concedidas pelo prazo máximo de 1 ano, expirando compulsoriamente no dia 31 de dezembro do ano de sua emissão, sendo obrigatórios os seguintes procedimentos: (1) Cabe ao interessado, quando houver finalidade comercial protocolizar solicitação de exportação ou importação, acompanhada dos seguintes documentos: (a) Registro Geral de Pesca-RGP emitido pela SEAP/PR dentro do prazo de validade; (b) Cadastro Técnico Federal-CTF/Certificado de Regularidade do Ibama; (c) Licenciamento ambiental (quando necessário); (d) Relação das espécies, discriminadas pelo nome científico e, para as exportações, as quantidades de cada espécie. (2) Compete ao interessado, quando não houver finalidade comercial protocolizar solicitação de exportação ou importação, acompanhada da relação das espécies discriminadas pelo nome científico e, para as exportações, as quantidades de cada espécie. (3) Cabe às Superintendências do Ibama: (a) analisar a solicitação, levando em conta a finalidade, a documentação apresentada e as espécies e quantidades solicitadas; (b) elaborar parecer técnico, considerando as espécies solicitadas e a documentação apresentada, devendo, verificar o efetivo pagamento das taxas; e, (c) emitir a Autorização e enviar cópia à Coordenação Geral de Autorização de Uso e Gestão de Fauna e Recursos Pesqueiros – CGFAP, da Diretoria de Uso Sustentável da Biodiversidade e Florestas – DBFLO do Ibama.

É permitida, com fins de ornamentação e de aquariofilia, a importação das espécies de peixes de águas marinhas e estuarinas de acordo com as orientações contidas no Anexo IV dessa IN. No prazo de até 60 dias anteriores ao vencimento da autorização, poderá o interessado requerer nova autorização, caso o Ibama não se manifeste conclusivamente sobre o pedido até a expiração autorização anterior, fica a mesma automaticamente renovada por mais um ano ou até posterior deliberação do órgão ambiental.

Quando a autorização de exportação de espécies nativas for solicitada no segundo semestre do ano, observar-se-ão os limites de cotas proporcionais à quantidade de meses restantes para o encerramento do ano.

As Autorizações de Exportação ou Importação tratadas no artigo 5º da IN não se aplicam às espécies que constem ou passem a constar dos Apêndices da Convenção Internacional sobre Comércio das Espécies da Flora e Fauna Selvagens em Perigo de Extinção-CITES.

A exportação ou importação internacional de peixes cuja espécie conste ou passe a constar nos Apêndices da CITES deverão ser realizadas mediante autorização própria para cada transação, conforme instituído na IN IBAMA 140/2006.

Quanto ao transporte interestadual de espécies de peixes de águas marinhas e estuarinas para fins ornamentais e de aquariofilia, em todo o seu percurso, esse deve ser realizado juntamente com a Guia de trânsito de peixes com fins ornamentais e de aquariofilia – GTPON, constante no Anexo V da IN. O transporte internacional com fins comerciais prescinde da GTPON, todavia a carga deve se fazer acompanhar de cópia impressa do Registro de Exportação (RE) ou da Licença de Importação (LI) do BACEN, efetivados no Sisbacen, Siscomex ou outros sistemas que venham a substituí-los.

É dispensada a GTPON para o transporte interestadual de até 10 espécimes de peixes de águas marinhas e estuarinas com fins ornamentais ou de aquariofilia, por pessoa física, desde que não haja objetivo comercial; devendo o interessado acompanhar a carga em todo o trajeto do transporte. O transporte internacional deverá ser autorizado pelo Ibama, conforme o estabelecido no art. 5º da IN, não se dispensando os documentos obrigatórios do Ministério da Agricultura, Pecuária e Abastecimento – MAPA, bem como das autoridades estaduais ou municipais pertinentes.

O inciso VI estabelece como infração administrativa a prática daquele que "deixa de apresentar declaração de estoque". A declaração de estoque é documento.

A Portaria SAP/MAPA 17/2021 estabelece normas, critérios e padrões para o uso sustentável de peixes nativos de águas continentais, marinhas e estuarinas, com finalidade ornamental e de aquariofilia. Conforme o disposto em seu artigo 2º

Art. 2º Para efeito desta Portaria, considera-se:

I – finalidade Ornamental: uso de organismos aquáticos vivos ou não, para fins decorativos, ilustrativos ou estéticos;

II – finalidade de Aquariofilia: manutenção ou comercialização, para fins de lazer ou de entretenimento, dos indivíduos vivos em aquários, tanques, lagos ou reservatórios destinados para este fim; e

III – Explotação: ato de retirar, extrair ou obter um recurso natural, para fins de aproveitamento econômico.

A Portaria dispõe amplamente sobre a matéria, devendo as suas normas serem observadas.[15]

---

15. 1. Inexistindo irregularidade a inquinar a regularidade dos autos de infração lavrados contra a autora e dos processos administrativos que se seguiram, haja vista a competência dos servidores que realizaram sua autuação e a circunstância de o art. 71, inciso II, da Lei 9.605/98, prever prazo impróprio, é infundada sua pretensão anulatória. 2. A hipossuficiência financeira do autor e os parâmetros que, usualmente, são adotados pelo IBAMA em casos similares indicam a necessidade de redução do valor das multas administrativas. 3. A apreensão dos instrumentos da infração é medida que deve guardar proporção com o dano causado ao meio ambiente, não se mostrando razoável a imposição de perdimento da embarcação, equipamento de elevado custo, se a reparação do dano exige alocação de recursos reduzidos e o autuado é pessoa economicamente hipossuficiente, que depende dela para o exercício de sua atividade laboral. (TRF-4 – AC: 50001838020144047101 RS 5000183-80.2014.4.04.7101, Relatora: Vivian Josete Pantaleão Caminha, Julgamento: 27.09.2017, 4ª Turma).

***

1. Nos termos do art. 35, parágrafo único, II, do Decreto 6.514/08, a conduta de pescar em período ou local no qual a pesca seja proibida sujeita-se a incidência de multa de R$ 700,00 (setecentos reais) a R$ 100.000,00 (cem mil reais), com acréscimo de R$ 20,00 (vinte reais), por quilo ou fração do produto da pescaria, ou por espécime quando se tratar de produto de pesca para uso ornamental, incorrendo na mesma penalidade quem pesca quantidades superiores às permitidas ou mediante a utilização de aparelhos, petrechos, técnicas e métodos não permitidos. 2. O art. 9º da Instrução Normativa Interministerial 138/2006, editada pelo IBAMA, proibiu "captura de lagostas por meio de mergulho de qualquer natureza". Em seu parágrafo único, o mesmo artigo ainda estipulou que: "As embarcações que operam na pesca de lagostas não poderão portar qualquer tipo de aparelho de ar comprimido e instrumentos adaptados à captura de lagostas por meio de mergulho". 3. Hipótese em que a parte demandada foi autuada por pescar em quantidade superior à permitida, mediante utilização de aparelho, petrechos e técnicas não autorizadas. As apelantes foram responsabilizadas pela embarcação com compressor de ar de sua titularidade, utilizada para pesca sem licença do órgão competente. O auto de infração resultou na imposição de multa simples. 4. As circunstâncias de cometimento da infração (gravidade e extensão do dano) não permitem a conversão da pena de multa fixada em prestação de serviços de preservação, melhoria e recuperação da qualidade do meio ambiente. 5. Sopesando a gravidade da conduta,

A norma do artigo 36[16] corresponde ao artigo 35 da Lei 9.605/1998. Especial atenção foi dada à proibição da pesca mediante a utilização de explosivos, substâncias tóxicas ou proibidas pelas autoridades competentes.

Pescar com explosivos é fazer detonações no mar ou em águas continentais, com vistas a atordoar ou matar peixes e outros animais aquáticos, a fim de facilitar a captura. É método tipicamente predatório, pois não há qualquer seleção em relação ao animal "pescado", atingindo toda a vida aquática indistintamente. Ainda é prática comum. A norma proíbe e pune a utilização de qualquer substância que cause efeitos semelhantes ao da explosão. A outra modalidade interditada é a da utilização de substância tóxica. É comum a utilização de elementos químicos que causam anestesiamento do pescado, facilitando-lhe a captura. É método tradicional indígena de pesca. Além dos dois "sistemas" anteriormente vistos, a norma trata de qualquer outra metodologia que tenha sido proibida pela autoridade administrativa.

A pesca é atividade regulada, tendo como um dos principais agentes o Ministério da Pesca e Aquicultura; logo o seu exercício se faz mediante autorizações administrativa.[17]

---

os antecedentes e a situação econômica das apelantes, verifica-se a proporcionalidade da multa imposta em R$ 8.000,00, tendo havido a correta gradação prevista no art. 6º da Lei 9.605/98. 6. Apelação desprovida (TRF 5ª Região, Apelação Cível – 571558, Relator Desembargador Federal Paulo Roberto de Oliveira Lima, 3ª Turma, DJE: 27.01.2016, p. 13).

16. Art. 36. Pescar mediante a utilização de explosivos ou substâncias que, em contato com a água, produzam efeitos semelhantes, ou substâncias tóxicas, ou ainda, por outro meio proibido pela autoridade competente: Multa de R$ 700,00 (setecentos reais) a R$ 100.000,00 (cem mil reais), com acréscimo de R$ 20,00 (vinte reais), por quilo ou fração do produto da pescaria.

17. Art. 37. Exercer a pesca sem prévio cadastro, inscrição, autorização, licença, permissão ou registro do órgão competente, ou em desacordo com o obtido: Multa de R$ 300,00 (trezentos reais) a R$ 10.000,00 (dez mil reais), com acréscimo de R$ 20,00 (vinte reais) por quilo ou fração do produto da pesca, ou por espécime quando se tratar de produto de pesca para ornamentação. Parágrafo único. Caso a quantidade ou espécie constatada no ato fiscalizatório esteja em desacordo com o autorizado pela autoridade ambiental competente, o agente autuante promoverá a autuação considerando a totalidade do objeto da fiscalização.

Jurisprudência:

1. A insurgência relativa à anulação do ato administrativo sancionador já foi examinada no mandado de segurança interposto anteriormente pelo autor, já transitado em julgado, devendo, então ser observada a decisão lá proferida. 2. Quanto ao valor total da multa, R$ 90.000,00 referem-se ao acréscimo de R$20,00 por quilo ou fração do produto da pesca, no caso, 4.500kg (quatro mil e quinhentos), e R$10.000,00, referem-se ao valor da multa principal, consoante previsão contida no artigo 37 da Lei 9.605/98. 3. Na hipótese dos autos, não há motivo para que seja modificado o entendimento do IBAMA, que não se afastou do critério legal, observou os princípios da razoabilidade e da proporcionalidade, a gravidade do ato praticado, além do conjunto probatório constante nos autos relativamente à situação econômica do autor (TRF-4 – AC: 50096066320164047208 SC 5009606-63.2016.4.04.7208, Relator: Francisco Donizete Gomes, Julgamento: 10.06.2020, a Turma).

***

1. Reconhecimento pelo Supremo Tribunal Federal da legitimidade ativa das associações para a impetração de mandado de segurança coletivo em defesa dos interesses de seus associados, independentemente de autorização expressa dos associados e filiação anterior à propositura da ação (ARE 1.28.8313 AgR, Relator Ministro Edson Fachin, Segunda Turma, julgado em 08.04.2021, Processo Eletrônico DJe-089 Divulg 10.05.2021 Public 11.05.2021). Preliminar de ilegitimidade ativa da Colônia De Pescadores Z-46 de Limoeiro do Ajuru, rejeitada. 2. Apesar de as Portarias 2.546/2017, 318/2020 e 24/2019, terem previsto que os pedidos de inscrição no Registro Geral de Pesca passariam a ser aceitos como documentos de regularização para o exercício da atividade, o prazo de vigência desses atos normativos se limitava a 31.12.2018 e 31.12.2021, respectivamente. A presente demanda

Ao MPA compete dispor, dentre outros, sobre (1) formulação e normatização da política nacional da aquicultura e da pesca e a promoção do desenvolvimento sustentável da cadeia produtiva e da produção de alimentos; (2) – políticas, iniciativas e estratégias de gestão participativa do uso sustentável dos recursos pesqueiros; (3) organização e manutenção do Registro Geral da Atividade Pesqueira; (4) estabelecimento de normas, de critérios, de padrões e de medidas de ordenamento do uso sustentável dos recursos pesqueiros e da aquicultura, em articulação com o Ministério do Meio Ambiente e Mudança do Clima; (5) concessão de licenças, permissões e autorizações para o exercício da aquicultura e das seguintes modalidades de pesca no território nacional: a) pesca comercial, artesanal e industrial; b) pesca de espécimes ornamentais; c) pesca de subsistência; e d) pesca amadora ou desportiva; (6) autorização de arrendamento e nacionalização de embarcações de pesca e de sua operação, observados os limites de sustentabilidade; (7) implementação da política de concessão da subvenção econômica ao preço do óleo diesel instituída pela Lei 9.445, de 14 de março de 1997; (8) fornecimento ao Ministério do Meio Ambiente e Mudança do Clima dos dados do Registro Geral da Atividade Pesqueira relativos às licenças, às permissões e às autorizações concedidas para a pesca e a aquicultura, para fins de registro automático no Cadastro Técnico Federal de Atividades Potencialmente Poluidoras e Utilizadoras de Recursos Ambientais; (9) elaboração, execução, acompanhamento e avaliação dos planos, dos programas e das ações, no âmbito de suas competências; (10) promoção e articulação intrassetorial e intersetorial necessárias à execução de atividades aquícola e pesqueira; (11) elaboração e execução, diretamente ou na forma de parceria, de planos, de programas e de projetos de pesquisa aquícola e pesqueira e monitoramento de estoques de pesca; (12) realização da estatística pesqueira, diretamente ou por meio de parceria com instituições, com organizações ou com entidades; (13) promoção da modernização e da implantação de infraestrutura e de sistemas de apoio à produção pesqueira ou aquícola e ao beneficiamento e à comercialização do pescado, inclusive quanto à difusão

---

foi ajuizada em março de 2021 e os requerimentos administrativos dos substituídos processuais ainda não foram analisados, e a efetiva inscrição no Registro Geral de Pesca já passara a ser novamente exigida, visto que esgotado o prazo de vigência da última Portaria, subsistindo a utilidade e a necessidade do provimento jurisdicional vindicado. 3. Ademais, o direito ao RGP vai além dos direitos previdenciários e assistenciais dos pescadores, já que o art. 37 do Decreto 6.514/2008 penaliza com multa de até R$ 10.000,00 (dez mil reais) aquele que exerce a pesca sem prévio cadastro, inscrição, autorização, licença, permissão ou registro do órgão competente, ou em desacordo com o obtido. Preliminar de falta de interesse de agir, rejeitada. 4. Cabe à Administração apreciar, no prazo fixado pela legislação correlata, os pedidos que lhe forem dirigidos pelos interessados, não se podendo postergar, indefinidamente e sem justificativa plausível, a análise dos requerimentos, sob pena de se violar os princípios da eficiência, da moralidade e da razoável duração do processo, conforme preceitua os artigos 5º, inciso LXXVIII, e 37, *caput*, da Constituição Federal, pois, segundo dispõe o art. 48 da Lei 9.784/1999, a Administração tem o dever de explicitamente emitir decisão nos processos administrativos e sobre solicitações ou reclamações, em matéria de sua competência. 5. Hipótese em que a Colônia de pescadores autora formulou pedido de Registro Geral de Pesca em 2018, não havendo notícia de que tenha sido apreciado. 6. Sentença que julgou procedente o pedido, para determinar que a União conclua a análise definitiva dos requerimentos administrativos de RGP da parte autora, que se mantém. 7. Apelação da União não provida (TRF-1 – AC: 10033675220214013900, Relator: Desembargador Federal Daniel Paes Ribeiro, Julgamento: 1º.08.2022, 6ª Turma, Publicação: PJe 09.08.2022).

de tecnologia, à extensão aquícola e pesqueira e à capacitação; (14) administração de terminais pesqueiros públicos, de forma direta ou indireta; (15) instituição e auditoria do programa de controle sanitário das embarcações de pesca, exceto de barcos-fábrica; (16) subsídio, assessoramento e participação, em interação com o Ministério das Relações Exteriores, de negociações e eventos que envolvam o comprometimento de direitos e a interferência em interesses nacionais sobre a pesca e aquicultura.

Cabe ao MPA e ao MMA, em conjunto e sob a coordenação do primeiro, nos aspectos relacionados ao uso sustentável dos recursos pesqueiros: (1) fixar as normas, critérios, padrões e medidas de ordenamento do uso sustentável dos recursos pesqueiros, com base nos melhores dados científicos e existentes, na forma de regulamento; e (2) subsidiar, assessorar e participar, em interação com o Ministério das Relações Exteriores, de negociações e eventos que envolvam o comprometimento de direitos e a interferência em interesses nacionais sobre a pesca e aquicultura.

O exercício da pesca pode se dar de diversas maneiras, conforme estabelecido pela Lei 11.959/2009. A pesca pode ser: (1) comercial, subdividindo-se em: (a) artesanal: quando praticada diretamente por pescador profissional, de forma autônoma ou em regime de economia familiar, com meios de produção próprios ou mediante contrato de parceria, desembarcado, podendo utilizar embarcações de pequeno porte; (b) industrial: quando praticada por pessoa física ou jurídica e envolver pescadores profissionais, empregados ou em regime de parceria por cotas-partes, utilizando embarcações de pequeno, médio ou grande porte, com finalidade comercial; ou (2) não comercial: (a) científica: quando praticada por pessoa física ou jurídica, com a finalidade de pesquisa científica; (b) amadora: quando praticada por brasileiro ou estrangeiro, com equipamentos ou petrechos previstos em legislação específica, tendo por finalidade o lazer ou o desporto; (c) de subsistência: quando praticada com fins de consumo doméstico ou escambo sem fins de lucro e utilizando petrechos previstos em legislação específica.

O pescador pode ser amador ou profissional, sendo "amador: a pessoa física, brasileira ou estrangeira, que, licenciada pela autoridade competente, pratica a pesca sem fins econômicos" (art. 2º, inciso XXI, Lei 11.959/2009) e pescador profissional "a pessoa física, brasileira ou estrangeira residente no País que, licenciada pelo órgão público competente, exerce a pesca com fins comerciais, atendidos os critérios estabelecidos em legislação específica" (art. 2º, inciso XXII, Lei 11.959/2009). Ver Portaria MPA 127, de 29 de agosto de 2023.

A atividade pesqueira é constituída por todos os processos de pesca, explotação e exploração, cultivo, conservação, processamento, transporte, comercialização e pesquisa dos recursos pesqueiros e o seu exercício somente pode ser realizado mediante prévio ato autorizativo emitido pela autoridade competente, asseguradas: (i) a proteção dos ecossistemas e a manutenção do equilíbrio ecológico, observados os princípios de preservação da biodiversidade e o uso sustentável dos recursos naturais; (ii) a busca de mecanismos para a garantia da proteção e da seguridade do trabalhador e das populações com saberes tradicionais; (iii) a busca da segurança alimentar e a sanidade dos alimentos produzidos.

A administração, nos termos do artigo 25 da Lei 11.959/2009, exerce o poder de polícia sobre a atividade pesqueira mediante a expedição dos seguintes atos administrativos: (1) *concessão:* para exploração por particular de infraestrutura e de terrenos públicos destinados à exploração de recursos pesqueiros; (2) *permissão:* para transferência de permissão; para importação de espécies aquáticas para fins ornamentais e de aquicultura, em qualquer fase do ciclo vital; para construção, transformação e importação de embarcações de pesca; para arrendamento de embarcação estrangeira de pesca; para pesquisa; para o exercício de aquicultura em águas públicas; para instalação de armadilhas fixas em águas de domínio da União; (3) *autorização:* para operação de embarcação de pesca e para operação de embarcação de esporte e recreio, quando utilizada na pesca esportiva; e para a realização de torneios ou gincanas de pesca amadora; (4) *licença:* para o pescador profissional e amador ou esportivo; para o aquicultor; para o armador de pesca; para a instalação e operação de empresa pesqueira; (v) *cessão:* para uso de espaços físicos em corpos d'água sob jurisdição da União, dos Estados e do Distrito Federal, para fins de aquicultura.

Para a obtenção de concessão, permissão, autorização e licença em matéria relacionada ao exercício da atividade pesqueira, o interessado deve estar previamente cadastrado no Registro Geral da Atividade Pesqueira.

O poder de polícia sobre a atividade pesqueira e a consequente fiscalização abrange as fases de pesca, cultivo, desembarque, conservação, transporte, processamento, armazenamento e comercialização dos recursos pesqueiros, bem como o monitoramento ambiental dos ecossistemas aquáticos.

Aquicultura. O registro da atividade de aquicultura está regulado pela IN MPA 6/2011, alterada pela IN MPA 16/2013

Os conceitos normativos definidos pela IN são (artigo 2º): (1) aquicultura: a atividade de cultivo de organismos cujo ciclo de vida em condições naturais se dá total ou parcialmente em meio aquático, implicando a propriedade do estoque sob cultivo, sendo classificada como; a) – comercial: quando praticada com finalidade econômica, por pessoa física ou jurídica; b) – familiar: quando praticada por unidade unifamiliar, nos termos da Lei 11.326, de 24 de julho de 2006; c) – ornamental: quando praticada para fins de aquariofilia ou de exposição pública, com fins comerciais ou não. (2) aquicultor: a pessoa física ou jurídica que, registrada e licenciada pelas autoridades competentes, exerce a aquicultura com fins comerciais; (3) Registro de Aquicultor: documento emitido em caráter individual e preliminar, em modelo adotado pelo MPA, considerado como instrumento comprobatório da primeira fase de inscrição do interessado junto ao RGP; (4) Licença de Aquicultor: documento emitido em caráter individual, em modelo adotado pelo MPA, considerado como instrumento comprobatório da fase conclusiva de inscrição do interessado junto ao RGP, na categoria de Aquicultor, que o permite exercer a atividade de aquicultura; (5) unidade de aquicultura: conjunto de estruturas destinadas à aquicultura, caracterizando um empreendimento único, delimitado ou facilmente passível de delimitação, localizado em uma mesma propriedade, posse, cessão ou domínio. (6) formulário de requerimento do Registro de Aquicultor: formulário contendo informações necessárias para o cadastro do aquicultor e da atividade; (7) formulário de requerimento da Licença de Aquicultor: formulário contendo informações sobre a unidade de aquicultura, bem como dados técnicos do cultivo.

Deverão se inscrever no RGP, na categoria de Aquicultor, para o exercício da aquicultura, desde que atenda os demais requisitos estabelecidos na IN, os seguintes interessados: (1) a pessoa física em pleno exercício de sua capacidade civil, brasileira, nata ou naturalizada; (2) a pessoa estrangeira portadora de autorização para o exercício profissional no País; e (3) a pessoa jurídica regularmente registrada.

Conforme redação dada pela IN MPA 16/2013, o Registro de Aquicultor tem validade por tempo indeterminado, condicionado à posse pelo interessado do número do protocolo ou documento similar que comprove o requerimento de licença ambiental junto ao Órgão Ambiental competente. Após a obtenção da primeira licença de aquicultor não será necessária a manutenção do Registro de Aquicultor, devendo apenas atualizá-lo quando necessário.

Já a Licença de Aquicultor terá validade de um ano, contado a partir da data de expedição, devendo a renovação ser requerida até trinta dias antes da data do seu vencimento.

Não é exigível o Registro e Licença de Aquicultor para: (1) exposições com finalidades educativas; (2) aquicultura com fins de subsistência; (3) aquicultura praticada para fins de aquariofilia ou de exposição pública, quando sem fins comerciais; (iv) restaurantes, peixarias e similares, que mantenham organismos aquáticos vivos para o abate e consumo direto, excetuando o pesque-pague.

Permissionamento de embarcações. A IN Interministerial 10/2011, alterada pelas IN MMA/MPA 14/2014 e 01/2015, aprovou as normas gerais e a organização do sistema de permissionamento de embarcações de pesca para acesso e uso sustentável dos recursos pesqueiros, com definição das modalidades de pesca, espécies a capturar e áreas de operação permitidas.

A IN estabeleceu os seguintes conceitos: (1) *Embarcação de Pesca:* aquela que, permissionada e registrada junto à Autoridade Marítima e ao Registro Geral da Atividade Pesqueira – RGP, opera com exclusividade em uma ou mais das seguintes atividades: pesca, aquicultura, conservação, processamento e transporte de pescado, conforme disposto nos incisos I a VI, do art. 10, da Lei 11.959/2009; (2) *Pesca:* toda operação, ação ou ato tendente a extrair, colher, apanhar, apreender ou capturar recursos pesqueiros; (3) *Pesca Comercial:* aquela praticada com fins comerciais; (4) *Pesca Comercial Artesanal:* aquela praticada diretamente por pescador profissional, de forma autônoma ou em regime de economia familiar, com meios de produção próprios ou mediante contrato de parceria, desembarcado ou podendo utilizar embarcações com Arqueação Bruta – AB menor ou igual a 20; (5) *Pesca Comercial Industrial*: aquela praticada por pessoa física ou jurídica, envolvendo pescadores profissionais, empregados ou em regime de parceria por cotas-partes, utilizando embarcações com qualquer AB; (6) *Permissão Prévia de Pesca*: ato administrativo discricionário e precário, condicionado ao interesse público, pelo qual é permitido ao interessado adquirir, construir, substituir ou importar uma Embarcação de Pesca, transformar suas características estruturais ou mudar de Modalidade de Permissionamento, sem prejuízo da obrigatoriedade de obtenção das licenças de construção ou importação junto aos órgãos competentes, conforme o caso, e da autorização de pesca para fins de operação; (7) *Autorização de Pesca*: ato administrativo discricionário e precário, condicionado ao interesse público, pelo qual é permitido ao proprietário ou arrendatário, detentor de permissão prévia de pesca dentro do prazo de validade, operar com Embarcação de Pesca, devidamente identificada, na pesca de determinada(s) Espécie(s) Alvo, definida(s) em uma Modalidade de Permissionamento prevista nesta IN; (8) *Autorização de Pesca Complementar*: ato administrativo discricionário e precário, condicionado ao interesse público, concedido de forma concomitante e complementar à Autorização de Pesca, pelo qual é permitido ao proprietário ou arrendatário operar com embarcação na atividade de Pesca de Espécie(s) Alternativa(s), devidamente identificadas na Modalidade de Permissionamento; (9) *Registro de Embarcação de Pesca*: inscrição no RGP dos dados relativos à propriedade, posse, características estruturais e Modalidade de Permissionamento de uma Embarcação de Pesca, armazenados no Sistema Informatizado do RGP – SisRGP, módulo integrante do Sistema Nacional de Informações da Pesca e Aquicultura – SINPESQ; (10) *Modalidade de Permissionamento*: conjunto de informações relativas ao Método, a Modalidade de Pesca, com a(s) respectiva(s) espécie(s) a ser(em) capturada(s), incluindo a Fauna Acompanhante Previsível, a(s) Espécie(s) de Captura Incidental e a(s) Área(s) de Operação, componentes da Permissão Prévia de Pesca ou da Autorização de Pesca e da Autorização de Pesca Complementar; (11) Método de Pesca: conjunto de Modalidades de Pesca distintas, que utiliza Petrechos de Pesca com características físicas e operacionais semelhantes; (12) *Modalidade de Pesca*: processo ou forma de extração, coleta ou captura de recursos pesqueiros realizados em conformidade com as características estruturais e operacionais da Embarcação de Pesca e seus equipamentos, assim como dos Petrechos empregados nas operações de Pesca; (13) *Petrecho de Pesca*: instrumento, aparelho, utensílio, ferramenta ou objeto utilizado(s) nas operações de Pesca; (14) *Espécie(s) Alvo*: espécie(s) de interesse comercial, objeto principal da Permissão Prévia de Pesca e da Autorização de Pesca, sobre a qual é direcionado o esforço de Pesca; (15) *Espécie(s) Alternativa(s)*: espécie(s) de interesse comercial, distinta(s) da(s) Espécie(s) Alvo, cuja pesca é permitida pela Autorização de Pesca Complementar, podendo ocorrer durante a temporada de Pesca da Espécie(s) Alvo, assim como durante o defeso dessa(s) Espécie(s) Alvo, observado o ordenamento definido em norma específica; (16) *Área de Operação*: área correspondente à ocorrência natural da(s) Espécie(s) Alvo ou a definida em regulamentação, especificada nas Autorizações de Pesca, respeitadas as áreas de restrição de Pesca, previstas em legislação específica; (17) *Fauna Acompanhante Previsível:* conjunto de espécies passíveis de comercialização, capturadas naturalmente durante a pesca da(s) Espécie(s) Alvo, as quais coexistem na mesma área de ocorrência, substrato ou profundidade, cuja captura não pode ser evitada, observado o ordenamento definido em norma específica; (18) *Espécies de Captura Incidental:* conjunto de espécies não passíveis de comercialização, capturadas incidentalmente durante a pesca da(s) Espécie(s) Alvo, as quais coexistem na mesma área de ocorrência, substrato ou profundidade, cuja captura deve ser evitada por estarem protegidas por legislações específicas ou Acordos Internacionais, as quais, quando capturadas, devem ser liberadas vivas ou descartadas na área de pesca ou desembarcadas para fins de pesquisa quando autorizadas em norma específica e sua ocorrência registrada nos Mapas de Bordo; (19) *Defeso:* paralisação temporária da pesca para a preservação da espécie, tendo como motivação a reprodução ou recrutamento, assim como paralisações causadas por fenômenos naturais ou acidentais.

Haja vista que a pesca é atividade submetida ao poder de polícia do Estado, as modalidades listadas a seguir necessitam de prévia autorização para que possam ser praticadas legalmente: (1) *Linha:* o que se realiza com o emprego de linha simples, com ou sem o auxílio de caniços ou varas, ou múltipla com anzóis ou garateias encastoados, do tipo espinhel, cuja operação requeira o auxílio de Embarcação de Pesca; (2) *Emalhe:* o que se realiza com o emprego de rede de espera não tracionada, à deriva ou fundeada, cujas operações de lançamento e recolhimento requeiram o auxílio de Embarcação de Pesca; (3) *Arrasto:* o que se realiza com o emprego de rede de arrasto tracionada, com recolhimento manual ou mecânico, cuja operação de pesca requeira o auxílio de Embarcação de Pesca; (4) *Cerco:* o que se realiza com o emprego de rede de cerco, com recolhimento manual ou mecânico, cuja operação de pesca requeira o auxílio de Embarcação de Pesca; (5) *Armadilha:* o que se realiza com o emprego de Petrechos dos tipos covos ou potes, cujas operações de lançamento e recolhimento requeiram o auxílio de Embarcação de Pesca; (6) *Outros:* qualquer outra Modalidade de Pesca não mencionada nos incisos anteriores, cuja operação requeira o auxílio de Embarcação de Pesca.

As Modalidades de Pesca e os Petrechos a serem utilizados em cada Método descrito no parágrafo anterior deverão observar as restrições previstas nas normas de ordenamento, definidas no âmbito do sistema de gestão compartilhada do uso sustentável dos recursos pesqueiros, de que trata o Decreto 6.981/2009, e a Instrução Normativa MPA/MMA 05/2015.

A pesca de Espécie Alternativa durante o período de defeso da Espécie-Alvo, somente será permitida quando requerida pelo interessado e autorizada pelo MAPA ou quando prevista em norma de ordenamento específica, definida no âmbito do sistema de gestão compartilhada do uso sustentável dos recursos pesqueiros.

Para a concessão de Autorização de Pesca na Modalidade de Permissionamento qualificada como Diversificada Costeira, deverão ser observadas as seguintes condições: (1) Embarcação de Pesca não motorizada com AB inferior ou igual 2,0; (2) Na ausência da informação sobre a AB, a embarcação deverá possuir comprimento total inferior ou igual a 8,0 metros. Nas hipóteses em que a Embarcação de Pesca for motorizada, a potência do motor não poderá ultrapassar 18 HP; a Modalidade de Permissionamento Diversificada Costeira não poderá contemplar (1) prática de arrasto tracionado; e (2) captura de espécies sob controle de esforço de pesca.

A concessão de Permissões Prévias de Pesca e de Autorizações de Pesca, inclusive nos casos de substituição de embarcação já permissionada, fica condicionada aos critérios e condições previstas nas normas específicas de cada Modalidade de Permissionamento, definidas, para cada caso, no âmbito do sistema de gestão compartilhada do uso sustentável dos recursos pesqueiros, de que tratam o Decreto 6.981/2009, e a Portaria Interministerial MPA/MMA 05/2015. Em sendo o caso da Modalidade de Permissionamento que contemple frota que atue sobre espécies com controle de esforço, a nova embarcação somente receberá a Permissão Prévia de Pesca ou a Autorização de Pesca se, com vistas à recuperação dos estoques, apresentar as seguintes características: (1) compatibilidade, em termos de características físicas e operacionais, com a pescaria que irá realizar; (2) respeitar o poder de pesca da embarcação desativada e o limite de esforço de pesca para a modalidade, com base nos parâmetros definidos nas normas de ordenamento específicas de cada pescaria ou modalidade de permissionamento; (3) assegure maior eficiência no aproveitamento do pescado capturado, com vistas à redução das perdas.

O artigo 38[18] não possui correspondente na Lei 9.605/1998, sendo direito novo. Contudo, a modalidade de importar está compreendida no tipo previsto no artigo

---

18. Art. 38. Importar ou exportar quaisquer espécies aquáticas, em qualquer estágio de desenvolvimento, bem como introduzir espécies nativas, exóticas ou não autóctones em águas jurisdicionais brasileiras, sem autorização ou licença do órgão competente, ou em desacordo com a obtida Multa de R$ 3.000,00 (três mil reais) a R$ 50.000,00 (cinquenta mil reais), com acréscimo de R$ 20,00 (vinte reais) por quilo ou fração do produto da pescaria, ou por espécime quando se tratar de espécies aquáticas, oriundas de produto de pesca para ornamentação. § 1º Incorre na mesma multa quem introduzir espécies nativas ou exóticas em águas jurisdicionais brasileiras, sem autorização do órgão competente, ou em desacordo com a obtida. § 2º A multa de que trata o caput será aplicada em dobro se houver dano ou destruição de recife de coral.
Jurisprudência:
1. Comprovado que a autuação administrativa se encontra dentro da legalidade, nos termos artigos 70, § 1º, e 72, inciso II e IV, da Lei 9.605/1998, e artigos 3º, inciso II e IV, e 38 do Decreto 6.514/2008, é cabível a aplicação da penalidade por infração aos citados diplomas legais. 2. Hipótese em que o autor foi multado em R$ 5.000,00 (cinco mil reais), cujo valor foi reduzido, quando da homologação do auto de infração para R$ 4.500,00 (quatro mil e quinhentos reais), tendo como motivação, exportar 2.000 (dois mil) alevinos vivos da espécie Tambaqui (Colossomo-Macropomum) e 6 (seis) alevinos vivos da espécie Pirarucu (Arapaima Gigas). 3. Apesar de constatada a infração à legislação ambiental, a atuação administrativa deve se ater aos princípios da legalidade, da razoabilidade e da proporcionalidade, observados, ainda, os critérios previstos no art. 6º da Lei 9.605/1998: I – a gravidade do fato, tendo em vista os motivos da infração e suas consequências para a saúde pública e para o meio ambiente; II – os antecedentes do infrator quanto ao cumprimento da legislação de interesse ambiental; III – a situação econômica do infrator, no caso de multa. 4. No caso dos autos, o valor da multa imposta observou o limite previsto no art. 38 do Decreto 6.514/2008, observado, ademais, a gravidade da infração, já que o espécime Pirarucu consta na lista oficial de peixes ameaçados de extinção e o autor tentava passar "pela barreira (posto fiscal da Receita Federal) na aduaneira na fronteira do Brasil (Bonfim, município do Estado de Roraima) e Guyana Inglesa (Leter) sem permissão, licença ou autorização da autoridade ambiental competente" (fls. 26). 5. Apelação do autor não provida (TRF-1 – AC: 00021568320124014200, Relator: Desembargador Federal Daniel Paes Ribeiro, Julgamento: 11.05.2020, 6ª Turma).

31 da Lei 9.605/1998: Importar é trazer do exterior para o Brasil; já exportar é fazer o movimento inverso. A importação e a exportação são atividades que estão submetidas ao poder de polícia do Estado, no caso presente tal controle é multifacetado, nele intervindo a (1) autoridade ambiental, (2) a fazendária e (3) a sanitária. A norma protege as águas jurisdicionais brasileiras que são conceito normativo estabelecido pelo artigo 3º da Lei 9.966/2000.

A norma tutela a fauna aquática e não apenas marinha em dois aspectos relevantes (1) a introdução de espécies exóticas sem a competente autorização do órgão de controle ambiental e (2) a retirada de espécimes da fauna aquática do território nacional sem o conhecimento e a autorização das autoridades ambientais. Busca-se, assim, assegurar higidez do meio ambiente aquático, mantendo o equilíbrio das espécies autóctones. Além da importação e da exportação, a norma visa impedir que espécies exóticas sejam introduzidas no meio ambiente sem o efetivo controle da autoridade ambiental. Mesmo que o interessado possua a licença ambiental específica para a atividade, a norma equipara a não observância dos estritos termos da licença com a sua ausência pura e simples.

A introdução de espécies aquáticas nas águas jurisdicionais brasileiras foi regulamentada pela Portaria 145-N/1998 do IBAMA. Em realidade, as normas estabelecidas pela Portaria vão além de introdução de espécies, pois se destinam também à "reintrodução e transferência de peixes, crustáceos, moluscos e macrófitas aquáticas para fins de aquicultura, excluindo-se as espécies animais ornamentais" (artigo 1º).

Quanto ao tema, há ainda a Portaria IBAMA 5/2008, que cuida da chamada lagostim-vermelha. Por tal Portaria, o Ibama houve por bem "não autorizar, em todo território nacional, a introdução, reintrodução, importação, comercialização, cultivo e transporte de indivíduos vivos da espécie Procambarus clarkii".

A pena administrativa aplicada é a multa; todavia, parece-me que a multa, no caso, é inaplicável, pois hipótese de incidência, data vênia, não guarda qualquer relação com o *caput* do tipo administrativo. De fato, as condutas puníveis são: (1) importar; (2) exportar quaisquer espécies aquáticas, em qualquer estágio de desenvolvimento, bem como introduzir espécies nativas, exóticas ou não autóctones em águas jurisdicionais brasileiras, sem autorização ou licença do órgão competente, ou em desacordo com a obtida. Assim, inteiramente sem sentido a punição ao produto da pescaria, pois não é disso que se trata. Pesca não se confunde com importação ou exportação.

O § 1º, art. 38, do Decreto 6.514/2008 determina ser aplicada a mesma pena àquele que introduzir espécies nativas ou exóticas em águas jurisdicionais brasileiras, sem autorização do órgão competente, ou em desacordo com a obtida. A pena é, igualmente, inaplicável haja vista que introdução de espécies nativas ou exóticas não é pescaria. Já o § 2º estabelece critério para a majoração da pena administrativa que é a existência de dano ou destruição de recife e coral. Assim, caso a espécie introduzida cause dano ou destruição de recifes de coral, duplica-se a penalidade. Contudo, de meu ponto de vista, permanece inaplicável a pena, pois ela está condicionada ao produto da pesca que, como já foi assinalado, não é o caso. A matéria depende de prova a ser produzida por laudo técnico.

O artigo 39[19] não tem correspondente na Lei 9.605/1998. A subseção na qual ele está inserido é dedicada à proteção dos recursos pesqueiros, determinando uma série de condutas ilícitas e que, portanto, devem ser reprimidas pela autoridade administrativa. O artigo, na verdade, é uma agravante a ser aplicada aos demais casos de comercialização em desconformidade com as normas legais sempre que a espécie for (1) sobre-explotada ou (2) ameaçada de sobre-explotação, conforme definido pela autoridade competente. É importante que se ressalte que, no caso, a norma se aplica apenas à comercialização e não a qualquer outra etapa do ciclo econômico do pescado.

---

19. Art. 39. Explorar campos naturais de invertebrados aquáticos e algas, bem como recifes de coral sem autorização do órgão ambiental competente ou em desacordo com a obtida: Multa de R$ 500,00 (quinhentos reais) a R$ 50.000,00 (cinquenta mil reais), com acréscimo de R$ 20,00 (vinte reais) por quilo ou espécime do produto. Parágrafo único. Incorre nas mesmas multas quem: I – utiliza, comercializa ou armazena invertebrados aquáticos, algas, ou recifes de coral ou subprodutos destes sem autorização do órgão competente ou em desacordo com a obtida; e II – fundeia embarcações ou lança detritos de qualquer natureza sobre bancos de moluscos ou corais, devidamente demarcados em carta náutica.
Jurisprudência:
1. Trata-se de apelações interpostas por Assessa Indústria Comércio e Exportação LTDA (fls. 563/589) e pelo Instituto Brasileiro do Meio Ambiente e dos Recursos Naturais Renováveis – IBAMA (fls. 603/609), nos autos da Ação Anulatória de Autos de Infração e Termos Próprios c.c. Declaratória de Inexistência de Obrigação com pedido de tutela de urgência antecipada, ajuizada por Assessa Indústria Comércio e Exportação LTDA, na qual esta objetiva a revogação imediata de efeitos e o cancelamento de sanções administrativas impostas pelo Réu IBAMA em face da Autora. 2. A empresa Assessa Indústria Comércio e Exportação LTDA foi autuada e multada pela Instituto Brasileiro do Meio Ambiente e dos Recursos Naturais Renováveis – IBAMA pela conduta prevista na Instrução Normativa 89 de 2 de fevereiro de 2006 (IN 89/2006) e nos artigos 35 e 39, parágrafo único, do Decreto 6.514/2008, pela infração ambiental de industrializar produtos originados de algas marinhas sem comprovação de origem e comercializar subprodutos de algas sem autorização do órgão competente. 3. Conforme consta do Certificado de Regularidade de fls. 51, emitido em 09.07.2014, a empresa Autora estava em conformidade com a regulamentação ambiental exigida IBAMA, constando na categoria de "Indústria Química", com "uso de recursos naturais", para o exercício das seguintes atividades: "produção de substâncias e fabricação de produtos químicos", "importação ou exportação de flora nativa brasileira" e "utilização do patrimônio genético natural". Além do referido certificado, especificamente no que se refere à fabricação de insumos para cosméticos, constam dos autos a dispensa estadual e a licença municipal pertinente (fls. 52/55). Somando-se a isso, às fls. 92/93, encontra-se acostado o Cadastro da Cooperativa e Pesca Aquicultura e Agricultura da Baleia – COOPAMAB para o exercício da aquicultura, bem como nota fiscal da venda pela Cooperativa de 440 Kg de alga desidratada para a Assessa Indústria Comércio e Exportação LTDA (fls. 95/96). Dos referidos autos, também consta a Cooperativa e Pesca Aquicultura e Agricultura da Baleia – COOPAMAB como empresa fornecedora da matéria-prima (fls. 68/83). 1 4. Pelo que consta dos autos, a empresa Assessa Indústria Comércio e Exportação LTDA apresentou as licenças e autorizações exigíveis *in casu*, não havendo que se falar em infração pela ausência de Guia de Transporte. Isto porque, conforme se depreende da referida Guia de Transporte, que consta do Anexo III da Instrução Normativa, exigida pelo IBAMA como fundamento da imputação da infração; o documento refere-se ao transporte das algas in natura, vinculando a pessoa física/jurídica responsável pela extração da alga, ao receptor seguinte na cadeia de produção, de modo a possibilitara aferição da origem e controle ambiental da quantidade de matéria prima extraída. Neste eito, não sendo a empresa a responsável pelo transporte da alga arribada, não há que se falar em infração, diante de todos os documentos acostados aos autos referentes a legalidade da atuação empresarial. 5. Por derradeiro, não há que se dar provimento ao pleito declaratório, uma vez que, na prática, seu deferimento inviabilizaria os atos de fiscalização, atividade preponderante da Autarquia Ambiental. 6. Recursos e Remessa Necessária desprovidos (TRF-2 – Apelação / Reexame Necessário – Recursos – Processo Cível e do Trabalho: 0010736-20.2014.4.02.5101, Relator: Poul Erik Dyrlund, Julgamento: 21.11.2018, 6ª Turma Especializada, Publicação: 23.11.2018).

A autoridade competente para a definição das espécies sobre-explotadas ou em vias de sobre-explotação é bifronte; pois nos termos do Decreto 6.981/2009, há gestão compartilhada entre o MPA e o MMA sobre os recursos pesqueiros, cabendo a ambos ministérios conjuntamente fixar as normas, critérios, padrões e medidas de ordenamento, em conformidade com as peculiaridades de cada unidade de gestão, dispondo sobre: (1) os regimes de acesso; (2) a captura total permissível; (3) o esforço de pesca sustentável; (4) os períodos de defeso; (5) as temporadas de pesca; (6) os tamanhos de captura; (7) as áreas interditadas ou de reservas; (8) as artes, os aparelhos, os métodos e os sistemas de pesca e cultivo; e (9) a proteção de indivíduos em processo de reprodução ou recomposição de estoques.

O critério da norma é econômico, pois não foi usada a expressão *ameaçado de extinção* ou *em ameaça de extinção*. É lógico que a sobre-explotação tem como consequência o risco à própria espécie, contudo o poder regulamentar deu ênfase ao aspecto econômico.

O inciso I é daquelas modalidades muito comuns no Decreto 6514/2008 que pune o exercício de atividades sem licença (inclusive vencida) ou desacordo com a licença que o infrator eventualmente possua. O inciso II só se constitui em ato infracional se os bancos de corais ou de moluscos estiverem devidamente indicados em carta náutica. Não há necessidade de dano aos bancos de coral ou de moluscos, o simples fato de fundear embarcação ou de lançar os detritos configura o ilícito.

A Lei 5937/1997 define embarcação como qualquer construção, inclusive as plataformas flutuantes e, quando rebocadas, as fixas, sujeita a inscrição na autoridade marítima e suscetível de se locomover na água, por meios próprios ou não, transportando pessoas ou cargas (artigo 2°, V). O verbo fundear expressa o ato de ancorar uma embarcação em determinado ponto com a utilização de âncora ou outro instrumento capa de fixar a embarcação.

O artigo 40,[20] assim como o antecedente, na prática, é uma situação agravante a ser aplicada à comercialização da pesca ilegal. A comercialização de pescado é legalmente

---

20. Art. 40. A comercialização do produto da pesca de que trata esta Subseção agravará a penalidade da respectiva infração quando esta incidir sobre espécies sobre-explotadas ou ameaçadas de sobre-explotação, conforme regulamento do órgão ambiental competente, com o acréscimo de: I – R$ 40,00 (quarenta reais) por quilo ou fração do produto da pesca de espécie constante das listas oficiais brasileiras de espécies ameaçadas de sobre-explotação; ou II – R$ 60,00 (sessenta reais) por quilo ou fração do produto da pesca de espécie constante das listas oficiais brasileiras de espécies sobreexplotadas.
Jurisprudência:
1. As disposições presentes na Lei 9.605/98 e no Decreto 6.514/2008 devem ser interpretadas de modo a se assegurar máxima eficácia às medidas administrativas voltadas à prevenção e à recuperação ambiental, sem que isso implique em uma autorização expressa à vulneração de outros direitos constitucionalmente assegurados. Assim, essa compreensão não se converte em possibilidade de que o ato administrativo desborde da previsão legal, sob pena de malferir o princípio da legalidade estrita, a que está vinculada a Administração. 2. Não se mostra condizente com o princípio da legalidade a autuação que se respalda em previsão legal distinta daquela em que foi enquadrada a empresa autuada. 3. Não havendo nas infrações descritas pelos artigos 35, III, e 40, I, do Decreto 6.514/2008, nos quais enquadrada a conduta da empresa, previsão de que a autuação

atividade pesqueira, Lei 11.959/2009, artigo 4º, a classificação de ima espécie como sobre-explotada é da competência do MMA.

A IN 10/2020 do Ministério da Agricultura, Pecuária e Aabastecimento, artigo 2º, III define explotação como o ato de retirar, extrair ou obter um recurso natural, para fins de aproveitamento econômico.

A Portaria MMA 445/2014 reconhece como espécies de peixes e invertebrados aquáticos da fauna brasileira ameaçadas de extinção aquelas constantes da "Lista Nacional Oficial de Espécies da Fauna Ameaçadas de Extinção – Peixes e Invertebrados Aquáticos" – Lista, conforme o seu Anexo I. A Lista nacional de espécies ameaçadas de extinção foi atualizada pela Portaria MMA 148, de 07 de junho de 2022.

Os comandantes das embarcações[21] têm por obrigação legal fornecer informações aos diferentes órgãos de controle da pesca no que se refere aos locais nos quais as embarcações estão atuando, a quantidade e qualidade do pescado e tantas outras informações quantas sejam necessárias, o que se faz pelo preenchimento de mapas fornecidos pelas autoridades administrativas. Tais mapas são importantíssimos, pois é mediante o seu adequado preenchimento que boa parte das estatísticas pode ser produzida.

A Lei 9.605/1998 assim definiu, em seu artigo 36, a atividade de pesca para fins penais:

> Art. 36. Para os efeitos desta Lei, considera-se pesca todo ato tendente a retirar, extrair, coletar, apanhar, apreender ou capturar espécimes dos grupos dos peixes, crustáceos, moluscos e vegetais hidróbios, suscetíveis ou não de aproveitamento econômico, ressalvadas as espécies ameaçadas de extinção, constantes nas listas oficiais da fauna e da flora.

A definição de pesca é aquela contemplada pelo inciso III do artigo 2º da Lei 11.959/2009:

> Art. 2º Para os efeitos desta Lei, consideram-se: I – recursos pesqueiros: os animais e os vegetais hidróbios passíveis de exploração, estudo ou pesquisa pela pesca amadora, de subsistência, científica, comercial e pela aquicultura; ... III – pesca: toda operação, ação ou ato tendente a extrair, colher, apanhar, apreender ou capturar recursos pesqueiros. [...]

---

incidisse sobre todo o produto estocado, mesmo estando parte dele dentro dos padrões exigidos pela IN IBAMA 34/2004, não se pode utilizar, "por analogia", o que disciplina outros dispositivos, que definem outras infrações e nos quais há expressa menção à possibilidade que o ato fiscalizatório incida sobre todo o produto. 4. Não se evidencia aplicável, em interpretação ampliativa, a previsão expressa do parágrafo único do art. 37, também do Decreto 6.514/2008, para outros tipos infracionais nos quais não constem a ressalva. 5. Ofende o princípio da proporcionalidade e da razoabilidade a autuação de toda a mercadoria em estoque na empresa, em medição por amostragem, onde se apurou que o produto não atendia aos parâmetros normativos apenas em parte, estando outra parte dentro da regularidade, especialmente pela ausência de previsão legal. 6. O parecer emitido por área técnica do IBAMA não tem força normativa, razão pela qual a autuação nele sustentada não se mostra legítima e nem desconstitui a irregularidade do auto de infração, que se distanciou do princípio da legalidade. 7. Remessa necessária, tida por interposta, e apelação do IBAMA a que se nega provimento, mantendo integralmente a sentença de primeiro grau, que anulou o auto de infração (TRF-1 – REOMS: 10018920320174013900, Relatora: Desembargadora Federal Daniele Maranhão Costa, Julgamento: 10.06.2020, 5ª Turma).

21. Art. 41. Deixar, os comandantes de embarcações destinadas à pesca, de preencher e entregar, ao fim de cada viagem ou semanalmente, os mapas fornecidos pelo órgão competente: Multa: R$ 1.000,00 (mil reais).

Como se vê, a norma administrativa regulamentada foi a constante da Lei 11.959/2009, que em seu artigo 33 assim determina:

> Art. 33. As condutas e atividades lesivas aos recursos pesqueiros e ao meio ambiente serão punidas na forma da Lei 9.605, de 12 de fevereiro de 1998, e de seu regulamento.

Ora, analisando-se sistematicamente o conjunto de artigos acima, verifica-se que o parágrafo único do artigo 42[22] foi além do disposto, seja na Lei 9.605/1998, seja na Lei 11.959/2009. Ademais, o parágrafo pune os chamados atos preparatórios, o que me parece antijurídico. De fato, o parágrafo único, sem base legal, pois alterou completamente o sentido de "ato tendente", vez que considera a mera detenção de petrechos de pesca como infração administrativa desde que o "infrator" esteja na área de pesca ou dirigindo-se a ela. Em um ônibus, de táxi, de avião? Como se sabe, atos preparatórios não são puníveis, pois sequer podem ser tidos por tentativa de prática de ato ilícito (TRF1ª Região, RCCR 200132000132923, RCCR – Recurso criminal – 200132000132923, 3ª Turma, *DJU* 20.01.2006, p. 47).

---

22. Art. 42. Para os efeitos deste Decreto, considera-se pesca todo ato tendente a extrair, retirar, coletar, apanhar, apreender ou capturar espécimes dos grupos dos peixes, crustáceos, moluscos aquáticos e vegetais hidróbios suscetíveis ou não de aproveitamento econômico, ressalvadas as espécies ameaçadas de extinção, constantes nas listas oficiais da fauna e da flora. Parágrafo único. Entende-se por ato tendente à pesca aquele em que o infrator esteja munido, equipado ou armado com petrechos de pesca, na área de pesca ou dirigindo-se a ela.
Jurisprudência:
1. A Lei dos Crimes Ambientais, Lei 9.605/98, dispõe no seu art. 34 como crime contra a fauna o ato de pescar em período proibido ou em lugares interditados para tanto; e o art. 36 do mesmo diploma esclarece que pesca é toda ação tendente a retirar organismos como peixes, crustáceos, moluscos e vegetais hidróbios das águas. 2. O art. 35 do Decreto 6.514/2008 define critérios para o estabelecimento do valor da sanção de multa por pesca proibida; além disso, o § 1º do art. 42 deste decreto reafirma o comando do art. 36 da Lei 9.605/98, normatizando que estar munido, equipado ou armado com petrechos de pesca, na área de pesca ou dirigindo-se a ela, é ato de pesca. 3. O alegado insucesso na pescaria não afasta o cometimento da infração de pesca proibida, não sendo, portanto, excludente ou impedimento para a aplicação das sanções administrativas cominadas nas normas de proteção ambiental (TRF-4 – AC: 50083051620184047207 SC, Relator: Rogério Favreto, Julgamento: 17.05.2022, 3ª Turma).

Capítulo 5
INFRAÇÕES ADMINISTRATIVAS CONTRA A FLORA

A proteção da flora é um dos principais elementos para assegurar uma boa qualidade ambiental. Os grandes biomas florestais brasileiros possuem proteção constitucional e legal. O Decreto 6.514/2008 dispõe amplamente sobre o tema, como se verá a seguir.

5.1 PROTEÇÃO ÀS FLORESTAS E DEMAIS FORMAS DE VEGETAÇÃO

O artigo 43[1] não tem correspondência na Lei 9.605/1998, possuindo, no entanto, artigos que podem ser considerados "regulamentados" pelo decreto, quais sejam:

---

1. Art. 43. Destruir ou danificar florestas ou demais formas de vegetação natural ou utilizá-las com infringência das normas de proteção em área considerada de preservação permanente, sem autorização do órgão competente, quando exigível, ou em desacordo com a obtida: Multa de R$ 5.000,00 (cinco mil reais) a R$ 50.000,00 (cinquenta mil reais), por hectare ou fração.
   Jurisprudência
   1. O exaurimento da via administrativa não é pressuposto para a configuração do interesse de agir, que se tem como presente diante da resistência oferecida pela parte ré à pretensão do autor. 2. Embora, em tese, o erro no enquadramento legal da infração não invalide o ato, tratando-se de vício sanável, nos termos e condições descritos pelos artigos 99 e 100 do Decreto 6.514/2008, o caso concreto guarda particularidades que conduzem à sua nulidade, porquanto (1) a parte autora sofreu significativo prejuízo com o erro material, tendo chegado a acreditar que estava a responder pelo art. 43 do Decreto 6.514/08, e (2) a própria descrição dos fatos é capaz de ocasionar dúvidas (TRF-4 – AC: 50047036120204047202 SC, Relator: Murilo Brião da Silva, Julgamento: 09.08.2023, 4ª Turma).
   Art. 44. Cortar árvores em área considerada de preservação permanente ou cuja espécie seja especialmente protegida, sem permissão da autoridade competente: Multa de R$ 5.000,00 (cinco mil reais) a R$ 20.000,00 (vinte mil reais) por hectare ou fração, ou R$ 500,00 (quinhentos reais) por árvore, metro cúbico ou fração.
   Jurisprudência:
   Sentença de parcial procedência, com o reenquadramento legal da penalidade imposta – Irresignação da Municipalidade – Irregularidade no enquadramento das infrações – Possibilidade de reenquadramento de ofício, uma vez demonstrada a situação fática que ensejou a autuação – Enquadramento errôneo no artigo 72 do Decreto Federal 6.514/2008, destinado à proteção do ordenamento urbano e patrimônio cultural – Tutela, no caso, dirigida à proteção da vegetação urbana – Reenquadramento das infrações no artigo 44 do Decreto Federal 6.514/2008, com a consequente revisão do valor da multa – Sentença mantida – Recurso improvido, com observação. (TJ-SP – AC: 10126524820158260053 SP 1012652-48.2015.8.26.0053, Relator: Luís Fernando Nishi, Julgamento: 07/01/2022, 2ª Câmara Reservada ao Meio Ambiente, Publicação: 07.01.2022.
   ***
   Apelação. Meio Ambiente. Supressão de 8 espécies arbóreas. Infração não enquadrável no disposto no art. 72, I, do Decreto-Federal 6.514/08 e sim no art. 44 da referida norma. Precedentes. Sentença mantida. Majoração da verba nos termos do art. 85, § 11, do CPC. Recurso improvido (TJ-SP – AC: 10009200220178260053 SP 1000920-02.2017.8.26.0053, Relator: Mauro Conti Machado, Julgamento: 17.06.2021, 1ª Câmara Reservada ao Meio Ambiente, Publicação: 27.06.2021).

Art. 38. Destruir ou danificar floresta considerada de preservação permanente, mesmo que em formação, ou utilizá-la com infringência das normas de proteção: Pena – detenção, de um a três anos, ou multa, ou ambas as penas cumulativamente. Parágrafo único. Se o crime for culposo, a pena será reduzida à metade;

Art. 38-A. Destruir ou danificar vegetação primária ou secundária, em estágio avançado ou médio de regeneração, do Bioma Mata Atlântica, ou utilizá-la com infringência das normas de proteção: Pena – detenção, de 1 (um) a 3 (três) anos, ou multa, ou ambas as penas cumulativamente. Parágrafo único. Se o crime for culposo, a pena será reduzida à metade;

Art. 50. Destruir ou danificar florestas nativas ou plantadas ou vegetação fixadora de dunas, protetora de mangues, objeto de especial preservação: Pena – detenção, de três meses a um ano, e multa.

O artigo do 44 do Decreto 6.514/2008 mescla tipos penais, de molde a definir um tipo administrativo. Os três tipos penais, bem como o administrativo, têm como núcleo os verbos *destruir* ou *danificar*, que, para efeito da aplicação da sanção, foram considerados iguais pelo legislador.

A Lei 9.605/1998 assim dispõe:

Art. 39. Cortar árvores em floresta considerada de preservação permanente, sem permissão da autoridade competente: Pena – detenção, de um a três anos, ou multa, ou ambas as penas cumulativamente.

O ilícito administrativo é o corte de árvores em área considerada de preservação permanente ou cuja espécie seja especialmente protegida. A aplicação do tipo não é simples, demandando que previamente à aplicação de qualquer sanção seja examinado: (1) se a área é de preservação permanente e (2) se o espécime cortado é parte de espécie especialmente protegida e (3) se havia autorização válida. Uma outra questão complexa decorre da aplicação do Decreto por órgãos de controle ambiental dos estados e dos municípios. Muitas vezes ocorre a utilização do Decreto 6.514/2008 para punir infração à legislação local. Em não poucas oportunidades a legislação local estabelece áreas de preservação permanente que não encontram equivalente no antigo, nem no novo Código Florestal, como é o caso da Constituição do Estado do Rio de Janeiro (artigo 268), que estabelece como área de preservação permanente a Baía de Guanabara. Em tais hipóteses, o agente autuante somente poderá considerar de preservação permanente as áreas arroladas nas leis federais de regência. É importante observar que o ilícito é "cortar árvores".

Chamo a atenção para o fato, pois o decreto se utiliza muito de vocábulos como "floresta", "floresta nativa", "demais formas de vegetação" e outros semelhantes. Assim, o ilícito é bastante específico e a penalidade somente pode ser aplicada quando houver corte ilegal de *árvore* em área de preservação permanente e não uma genérica "supressão de vegetação". Equipara-se ao corte em área de preservação permanente aquele feito em árvore pertencente a "espécie especialmente protegida". Com relação à proteção especial de espécie, a matéria é complexa, pois como se sabe existem diversos níveis de proteção das espécies, estejam elas em extinção ou não. Há espécies que são protegidas localmente, porém não nacionalmente. Como proceder? Havendo divergência entre a lista local e a nacional, penso que o melhor critério é adotar a lista local, pois esta indica com mais precisão se a espécie está, ou não, localmente ameaçada.

O IBGE (2012) define árvore e floresta como:

Árvore; vegetal que na fase adulta é lenhoso, possui no mínimo 5 m de altura e tem tronco bem-definido com ramos situados apenas na parte superior, formando uma copa;

Floresta: termo semelhante à mata no sentido popular, tem conceituação bastante diversificada, mas firmada cientificamente como sendo um conjunto de sinúsias dominado por fanerófitos de alto porte, com quatro estratos bem-definidos (herbáceo, arbustivo, arvoreta/arbóreo baixo e arbóreo). Porém, além destes parâmetros, acrescenta-se o sentido de altura para diferenciá-la das outras formações lenhosas campestres. Assim, então, uma formação florestal apresenta dominância de duas subformas de vida de fanerófitos: macrofanerófitos, com alturas variando entre 30 e 50 m, e mesofanerófitos, cujo porte situa-se entre 20 e 30 m de altura. As florestas caracterizam-se pelo adensamento de árvores altas, com redução da quantidade de luz que chega ao solo, o que limita o desenvolvimento das sinúsias herbácea e arbustiva.

Em função da competência legislativa concorrente em matéria ambiental prevista no artigo 24, VI da CF, as APPs variam a partir de um parâmetro federal que está presente nos artigos 4º e 6º da Lei 12.651/2012, mas, não se limitam a ele. Por isso é necessário que se observa, *e.g.*, a legislação estadual para verificar se o dano ou a destruição de árvore ou de outras formas de vegetação natural ocorreu em APP. A Constituição do Estado da Paraíba, por exemplo, no artigo 227, parágrafo único, IX classifica falésias e praias como APP. O Estado de São Paulo, no artigo 197, V e VI de sua Constituição, designa as paisagens notáveis e as cavidades naturais subterrâneas como "áreas de proteção permanente".

Há municípios que, também, estabelecem APP, e.g., a Lei Orgânica do Município de Petrópolis, em seu artigo 167, § 3º, VI, define que os espelhos d'água dos lagos naturais e artificiais do Município são APP.

Os entes federativos também estabelecem espécies protegidas, de forma que é necessário observar a legislação de cada ente federativo.

***

O tipo administrativo do artigo 45 do Decreto 6.514/2008[2] corresponde ao artigo 44 da Lei 9.605/1998:

---

2. Art. 45. Extrair de florestas de domínio público ou áreas de preservação permanente, sem prévia autorização, pedra, areia, cal ou qualquer espécie de minerais: Multa simples de R$ 5.000,00 (cinco mil reais) a R$ 50.000,00 (cinquenta mil reais) por hectare ou fração.

Jurisprudência:

Conforme preleciona o art. 225 da CF/88, todos têm direito ao meio ambiente ecologicamente equilibrado, impondo-se ao Poder Público e à coletividade o dever de defendê-lo e preservá-lo para as presentes e futuras gerações – Constata a ocorrência de dano ambiental proveniente de intervenção em Área de Preservação Permanente, consubstanciada em extração de argila, deve o responsável ser condenado a reconstituir o patrimônio ambiental lesado, devendo elaborar previamente projeto técnico de reconstituição da flora, compreendendo todas as áreas objeto de destruição – O Colendo Superior Tribunal de Justiça tem entendimento consolidado de que é possível a cumulação de obrigações de fazer, de não fazer e de indenizar nos casos que envolvam lesão ao meio ambiente. Porém, deve se aferir no caso concreto a necessidade de cumprimento da obrigação de pagar quantia – Nesse sentido, não há que se falar na condenação em pagamento de indenização no caso de ausência de valoração dos referidos danos ambientais em pecúnia, além de restar comprovada a possibilidade de recuperação natural da área degradada (TJ-MG – AC: 10529140061183001 MG, Relator: Maurício Soares, Julgamento: 08.08.2019, Publicação: 21.08.2019).

Art. 44. Extrair de florestas de domínio público ou consideradas de preservação permanente, sem prévia autorização, pedra, areia, cal ou qualquer espécie de minerais: Pena – detenção, de seis meses a um ano, e multa.

O bem jurídico tutelado é a riqueza mineral do subsolo e do solo das florestas de domínio público. Note que a norma não protege unidade de conservação, mas floresta de domínio público, que é conceito mais amplo. É possível haver uma floresta de domínio público que não seja uma UC. A atividade proibida é a extração mineral que está submetida, no caso em tela, à dupla regulamentação: (1) da autoridade mineral e (2) da autoridade ambiental.

Os produtos minerais, oriundos do subsolo, são bens de propriedade da União, haja vista que, nos termos de nossa CF, a propriedade do solo é distinta da propriedade do subsolo. No caso mencionado no artigo, a norma se bifurca na proteção das (1) florestas de domínio público e das (2) áreas de preservação permanente, estas últimas de domínio público ou privado. A norma, contida no artigo ora comentado, deve ser vista como ênfase da necessidade de autorização para a extração mineral, uma vez que, independentemente da natureza do regime dominial aplicável ao solo, a exploração do subsolo somente poderá ocorrer licitamente com a necessária autorização do Agência Nacional de Mineração.

A equiparação para fins de aplicação de sanções administrativas entre florestas de domínio público e áreas de preservação permanente é descabida, pois o regime jurídico de ambas é diverso.

5.2 ILÍCITOS ADMINISTRATIVOS RELATIVOS AOS PRODUTOS MADEIREIROS

O tipo penal mais próximo do tipo administrativo do artigo 46 do Decreto 6.514/2008[3] é o previsto no artigo 45 da Lei 9.605/1998. O ilícito se resume em transformar madeira, de origem nativa, em carvão para qualquer utilização sem a necessária autorização ou sem a obediência ao autorizado. A utilização do carvão vegetal é matéria submetida a grande regulamentação, muito embora nem sempre haja o cumprimento

---

3. Art. 46. Transformar madeira oriunda de floresta ou demais formas de vegetação nativa em carvão, para fins industriais, energéticos ou para qualquer outra exploração, econômica ou não, sem licença ou em desacordo com as determinações legais: Multa de R$ 500,00 (quinhentos reais), por metro cúbico de carvão-mdc.
Jurisprudência:
Apelação Cível. Ação declaratória de inexistência de débito. Infração ambiental. Ato administrativo. Nulidade. Não comprovação. Presunção de legalidade. Assinatura de testemunhas. Desnecessidade. O ato administrativo goza de presunção de legitimidade e legalidade, que somente pode ser afastada mediante prova inequívoca em sentido contrário. A mera ausência de testemunhas na lavratura do auto de infração ? especialmente se considerada a atividade do órgão de fiscalização ambiental –, por si só, não tem o condão de invalidar o ato administrativo, especialmente pelo fato de que o referido documento foi claro ao descrever que a empresa recorrente foi autuada em razão do transporte de madeira em desacordo com a licença ambiental obtida, cuja conduta, a princípio, enquadra-se no artigo 46 da Lei 9.605/98 e art. 47, § 1º, do Dec. 6.514/2008. Apelação conhecida e desprovida (TJ-GO – AC: 02670739720168090137 Rio Verde, Relator: Des(a). Ana Cristina Ribeiro Peternella França, 7ª Câmara Cível, Publicação: (S/R) DJ).

das normas relativas. O agente do ilícito é todo aquele, pessoa física ou jurídica, que promove a transformação da madeira, qualquer que seja o meio utilizado, em contravenção às normas aplicáveis.

O ilícito só se configura se a transformação for derivada de floresta ou demais formas de vegetação nativa.

A IN IBAMA 21/2014 instituiu o Sistema Nacional de Controle da Origem dos Produtos Florestais – Sinaflor com a finalidade de controlar a origem da madeira, do carvão e de outros produtos e subprodutos florestais e integrar os respectivos dados dos diferentes entes federativos. O artigo 7º, VII da IN 21/2014 define o carvoejamento como a atividade de transformação de produtos e subprodutos florestais em carvão.

O DOF é a licença obrigatória para o transporte e armazenamento de produtos florestais de origem nativa, inclusive o carvão vegetal nativo, contendo as informações sobre a procedência desses produtos, nos termos do art. 36 da Lei 12.651/2012, devendo ser emitido conforme o modelo do Anexo I da IN 21/2014.

O carvão derivado de resíduos da indústria madeireira, assim como o carvão vegetal nativo, inclusive o empacotado na fase de saída do local da exploração florestal e/ou produção são classificados como produtos florestais processados.

O DOF é um documento emitido eletronicamente e impresso pelo usuário, com base no saldo de produtos florestais, via acesso ao Módulo de Utilização de Recursos Florestais do Sinaflor, disponível na rede mundial de computadores no endereço eletrônico: www.ibama.gov.br.

Não se exige DOF nos casos previstos no § 5º do art. 36 da Lei 12.651/2012, para transporte, salvo legislação mais restritiva no âmbito estadual ou municipal, os casos, dentre outros, de: carvão vegetal empacotado, exceto na fase de saída do local da exploração florestal e/ou produção.

A circulação dos diferentes produtos de origem vegetal é matéria amplamente regulada, conforme tem sido visto neste trabalho. Apesar disto, ainda há muita madeira circulando ilegalmente no país.[4]

---

4. Art. 47. Receber ou adquirir, para fins comerciais ou industriais, madeira serrada ou em tora, lenha, carvão ou outros produtos de origem vegetal, sem exigir a exibição de licença do vendedor, outorgada pela autoridade competente, e sem munir-se da via que deverá acompanhar o produto até final beneficiamento: Multa de R$ 300,00 (trezentos reais) por unidade, estéreo, quilo, mdc ou metro cúbico aferido pelo método geométrico. § 1º Incorre nas mesmas multas quem vende, expõe à venda, tem em depósito, transporta ou guarda madeira, lenha, carvão ou outros produtos de origem vegetal, sem licença válida para todo o tempo da viagem ou do armazenamento, outorgada pela autoridade competente ou em desacordo com a obtida. § 2º Considera-se licença válida para todo o tempo da viagem ou do armazenamento aquela cuja autenticidade seja confirmada pelos sistemas de controle eletrônico oficiais, inclusive no que diz respeito à quantidade e espécie autorizada para transporte e armazenamento. § 3º Nas infrações de transporte, caso a quantidade ou espécie constatada no ato fiscalizatório esteja em desacordo com o autorizado pela autoridade ambiental competente, o agente autuante promoverá a autuação considerando a totalidade do objeto da fiscalização. § 4º Para as demais infrações previstas neste artigo, o agente autuante promoverá a autuação considerando o volume integral de madeira,

A área com extração ilegal de madeira na Amazônia cresceu 19% em um ano, passando de 106 mil hectares entre agosto de 2021 e julho de 2022 para 126 mil hectares entre agosto de 2022 e julho de 2023. O total equivale à retirada de madeira em 350 campos de futebol por dia sem autorização dos órgãos ambientais. As informações lançadas nesta quarta-feira (9/10), em Brasília, durante o 8º Fórum de Soluções em Legalidade Florestal – O Futuro das Florestas na Amazônia, foram compiladas pelo Sistema de Monitoramento da Exploração Madeireira (Simex), a cargo de uma rede de organizações de pesquisa ambiental: ICV, Idesam, Imaflora e Imazon.[5]

---

lenha, carvão ou outros produtos de origem vegetal que não guarde correspondência com aquele autorizado pela autoridade ambiental competente, em razão da quantidade ou espécie.

Jurisprudência:

Direito ambiental. Mandado de segurança. Extração ilegal de madeira. Reserva indígena. Crime ambiental. Apreensão de veículo. Restituição. Impossibilidade. 1. A apreensão de instrumentos, equipamentos ou veículos de qualquer natureza que estejam sendo utilizados para a prática de infração ambiental tem assento nos arts. 3º, IV e 47, § 1º, do Decreto 6.514/2008 e nos arts. 25 e 72, IV, da Lei 9.605/1998. 2. Em que pese prever o Decreto 6.514/2008 a excepcional possibilidade de, sob compromisso de fiel depositário, restituição de bens apreendidos até que findo o processo administrativo, a análise da conveniência fica a critério da autoridade ambiental (art. 106), não cabendo, como de sabença, interferência judicial no mérito de ato administrativo discricionário. 3. Ordem denegada (TJ-RO – MS: 08009734020178220000 RO 0800973-40.2017.822.0000, julgamento: 19.08.2019).

***

1. Agravo regimental interposto pelo Instituto Brasileiro do Meio Ambiente e dos Recursos Naturais Renováveis (Ibama) da decisão pela qual o Relator negou seguimento ao reexame necessário da sentença pela qual o Juízo, no mandado de segurança impetrado por AMC Madeiras Ltda. – EPP impugnando ato do Gerente Regional do Ibama, Gerência de Ji-Paraná, RO, concedeu o mandamus para determinar a liberação da parte da carga de madeira considerada regular pelo próprio Ibama e à readequação da multa aplicada, a fim de incidir apenas sobre a madeira desacompanhada da regular documentação. Parecer da PRR1 pelo não provimento da remessa oficial. 2. Ibama sustenta, em suma, que "a parte impetrante possuía autorização para o transporte de algumas essências florestais"; que "a empresa foi flagrada transportando volume florestal maior do que aquele que havia sido autorizado"; que "[t]rata-se de fraude bastante comum, em que os madeireiros embutem certa quantidade de madeira ilegal no meio de uma carga legal, para tentar dar uma aparência de legalidade à infração cometida"; que, "[d]e acordo com a normatização ambiental – especificamente, o art. 47, § 3º do Decreto 6.514/08 – ainda que a carga esteja parcialmente regular, a apreensão deve ser total"; que "a razão para isso é muito simples: desestimular a prática da fraude acima descrita"; que essa norma não teria sido apreciada na decisão agravada. Requer o provimento do recurso para reformar a decisão pela qual foi negado seguimento à remessa oficial a fim de denegar a segurança. 3. Transporte de madeira em situação regular e de madeira em situação irregular no mesmo veículo. Apreensão de toda a carga. Ilegitimidade. Cabimento da apreensão e da incidência da multa apenas em relação à mercadoria em situação irregular. (A) Embora o Art. 47, § 3º, do Decreto 6.514, de 2008 (D-6.514) não tenha sido expressamente citado na decisão agravada, constou dela a conclusão, embasada na jurisprudência desta Corte, de que "é indevida a apreensão de toda a carga, quando divisível, se parte dela estava coberta por guia florestal." (TRF1, AC 0005490-92.2006.4.01.3600/MT.) (B) A "despeito de o parágrafo 3º do art. 47 do Decreto 6.514 determinar a autuação sobre a totalidade da mercadoria, a jurisprudência orienta-se no sentido de determinar a apreensão das madeiras transportadas sem autorização dos órgãos competentes, incidindo as consequências legais apenas sobre o excesso verificado na mercadoria autorizada. [...] Nos termos do § 1º do Art. 573 do CPP," [a] nulidade de um ato, uma vez declarada, causará a dos atos que dele diretamente dependam ou sejam consequência. "Assim sendo, a ilegalidade relacionada com a madeira [em situação irregular] não contamina de ilegalidade a madeira transportada com observância das prescrições legais e regulamentares" (TRF1, AMS 0001791-40.2009.4.01.4101/RO; AC 0010462-21.2010.4.01.4100/RO.) (C) Decisão confirmada. 4. Agravo regimental não provido. (TRF-1 – AGREO: 00124629120104014100, Relator: Juiz Federal Leão Aparecido Alves (Conv.), Julgamento: 30.01.2019, 5ª Turma, Publicação: 08.02.2019).

5. Disponível em: https://imazon.org.br/imprensa/extracao-ilegal-de-madeira-aumentou-19-na-amazonia/. Acesso em: 20 nov. 2024.

A vasta regulamentação, entretanto, não foi capaz de pôr fim aos fenômenos das queimadas e do desmatamento de nossas florestas, em especial a floresta amazônica. A norma determina que ao adquirir madeira serrada ou em tora, lenha, carvão ou outros produtos de origem vegetal, o comprador exija do vendedor ou do transportador o DOF do produto adquirido.

A consulta do DOF é simples e pode ser feita no sítio internet do IBAMA:

Consulta de Autenticidade de DOF/GF

Órgão Emissor: *   Selecione

Código de Controle: *

Sou humano   hCaptcha
Privacidade · Termos e Condições

LIMPAR   CONSULTAR

A informatização tornou bastante fácil a verificação, muito embora, nem todos os entes federados tenham aderido ao Sinaflor.[6]

O tipo do Decreto 6.614/2008 corresponde ao artigo 46 da Lei 9.605/1998. O ilícito administrativo bem como o penal transferem para o particular a obrigação de fiscalizar a comercialização de produtos madeireiros, haja vista que determinam competir ao adquirente ou possuidor "exigir" que o entregador da mercadoria apresente a licença outorgada pela "autoridade competente".

Pela leitura do *caput* do artigo 47 percebe-se que os destinatários da norma são (1) o comerciante, habitual ou eventual, ou (2) a indústria. A norma determina que o adquirente exija do vendedor ou do transportador o Documento de Origem Florestal (DOF) do produto adquirido e exigem, ainda, que o adquirente fique com uma das vias do documento, como forma de provar a origem legal do produto adquirido. É importante observar, contudo, que não cabe ao adquirente checar a legalidade do DOF que lhe é apresentado; evidentemente que certificar-se da legalidade do que se está adquirindo é relevante, contudo, não pode o Estado transferir ao particular as suas funções de controle e investigação e apená-lo caso ela não faça as vezes de fiscal, como parece ser o objetivo do artigo e seus parágrafos.

Na verdade, o procedimento de apenar o particular por falhas do poder público vem se tornando uma constante em nossa legislação ambiental. Observe-se que a norma acarreta, para o particular autuado, o dever de produzir uma "prova negativa", pois o tipo é lavrado nos seguintes termos: "sem exigir", logo, cabe ao autuado provar que "exigiu" e, se "exigiu" os documentos e estes não foram apresentados, a compra é

---

6. Disponível em: https://www.gov.br/ibama/pt-br/assuntos/biodiversidade/flora-e-madeira/sistema-nacional--de-controle-da-origem-dos-produtos-florestais-sinaflor. Acesso em: 20 nov. 2024.

ilegal. O que se observa é que criou uma presunção de ilegalidade para os produtos de origem florestal transportados e comercializados. Trata-se, efetivamente, de uma confissão de incapacidade do poder público em controlar a circulação comercial de produtos de origem florestal. O § 2º clarifica o fato de que cabe ao particular "confirmar" a legalidade da documentação apresentada pelo vendedor ou transportador dos produtos de origem florestal.

Os §§ 3º e 4º indicam que a sanção deve ser aplicada mediante a confirmação do volume do produto licenciado e aquele em poder do autuado. Claro está que a diferença entre um e outro é que servirá de base para a aplicação da sanção, quando for o caso. É preciso observar que tal quantificação deve ser feita mediante a elaboração de laudos, os mais detalhados possíveis, com especificações amplas, de forma a permitir uma rápida identificação do ilícito. Laudos pouco claros ou precisos, diante do rigor matemático da norma, implicam nulidade.

A informatização crescente, tende a tornar o artigo uma inutilidade.

5.3 IMPEDIMENTO DE REGENERAÇÃO DE VEGETAÇÃO E DANOS À VEGETAÇÃO

Não há uma correspondêNão há uma correspondência perfeita com os tipos penais previstos na Lei 9.605/1998, sendo que o artigo 48 da Lei 9605/1998 é o que mais se aproxima, do artigo 48[7] do Decreto 6.514/2008.. O objetivo da norma é permitir que as áreas degradadas, nas quais haja possibilidade biológica de regeneração natural, possam cumprir seu destino. A regeneração ocorre em diferentes estágios que, em nosso sistema legal, estão disciplinados normativamente, em especial no que tange à mata atlântica. A norma, ora comentada, contudo, dirige-se especialmente às unidades de conservação e às áreas de preservação permanente, ou especialmente protegidas, inclusive RFL, nas quais tenha havido uma designação de área a ser deixada em regeneração natural. Tal designação deve constar de ato formal do poder público, sob pena de inaplicabilidade do artigo.

A norma se dirige às unidades de conservação ou outras áreas submetidas a regime especial de proteção. O artigo 40, § 1º da Lei 9.605/1998 define o que deve ser entendido por unidade de conservação para a aplicação da lei penal.

Art. 40. (...)
§ 1º Entende-se por Unidades de Conservação de Proteção Integral as Estações Ecológicas, as Reservas Biológicas, os Parques Nacionais, os Monumentos Naturais e os Refúgios de Vida Silvestre.

As áreas em regeneração estão definidas na IN IBAMA 14/2024 e são aquelas cujo conjunto de intervenções planejadas visa assegurar a regeneração natural da vegetação

---

7. Art. 48. Impedir ou dificultar a regeneração natural de florestas e demais formas de vegetação:
   Pena - detenção, de seis meses a um ano, e multa.

em área em processo de recuperação ambiental. A regeneração pode se dar sob a forma de (1) recuperação que é a restituição de um ecossistema ou de uma população silvestre degradada a uma condição não degradada, que pode ser diferente de sua condição original, ou sob a forma de (2) restauração: que é a restituição de um ecossistema ou de uma população silvestre degradada o mais próximo possível da sua condição original. Nas APAs que são espaços especialmente protegidos, o artigo somente se aplica às zonas de ocupação controlada, zonas de preservação da vida silvestre e zonas de conservação da vida silvestre; isto se explica, pois a demais áreas da APA não têm proteção especial.

A título de exemplo, veja-se o Decreto Municipal (RJ) 50.412/2022 que estabeleceu o zoneamento da Área de Proteção Ambiental do Sertão Carioca criada pelo Decreto Rio 49.695/2021:

> Art. 3º Visando disciplinar as atividades humanas na APA do Sertão Carioca, fica estabelecido o seguinte zoneamento ambiental para a área:
>
> I – Zona de Vida Silvestre – ZVS: compreende as áreas destinadas à salvaguarda da biota nativa através da proteção do habitat de espécies residentes, migratórias, raras, endêmicas, ou ameaçadas de extinção, bem como à garantia da perenidade dos recursos hídricos, das paisagens e belezas cênicas, e dos sítios arqueológicos;
>
> II – Zona de Ocupação Controlada – ZOC: compreende as áreas que apresentam degradação ambiental, fornecendo dessa forma condições favoráveis à expansão das áreas urbanas já consolidadas e passíveis de ocupação.

O tipo administrativo do artigo 49[8] é assemelhado ao do artigo 44, contudo, a norma fala em "não passível de autorização" para exploração ou supressão.

---

8. Art. 49. Destruir ou danificar florestas ou qualquer tipo de vegetação nativa, objeto de especial preservação, não passíveis de autorização para exploração ou supressão: Multa de R$ 6.000,00 (seis mil reis) por hectare ou fração. Parágrafo único. A multa será acrescida de R$ 1.000,00 (mil reais) por hectare ou fração quando a situação prevista no caput se der em detrimento de vegetação primária ou secundária no estágio avançado ou médio de regeneração do bioma Mata Atlântica.
Jurisprudência:
I. O agravante foi autuado pelo Instituto Brasileiro de Meio Ambiente e dos Recursos Naturais Renováveis, pela prática de infração descrita no artigo 49, parágrafo único, do Decreto 6.514/2008, ocasião em que apreendidos três bens, sendo nomeado depositário somente de dois. Conquanto alegue que não há prova da utilização do maquinário para a prática do ilícito ambiental, não nega a sua ocorrência, e a retroescavadeira apreendida serve tanto para a agricultura como para o desmatamento. II. O requisito do periculum in mora pressupõe o efetivo risco de dano irreparável ou de difícil reparação para autorizar a antecipação dos efeitos da tutela, devendo o temor de lesão ao direito postulado ser evidente, concreto. A mera possibilidade de eventual prejuízo, futuro e incerto, como no caso concreto, não enseja a antecipação da tutela jurisdicional (TRF-4 – AG: 50029669520204040000 5002966-95.2020.4.04.0000, Relator: Vivian Josete Pantaleão Caminha, Julgamento: 29/07/2020, 4ª Turma).
***
I – O ato administrativo (auto de infração) está devidamente fundamentado e que houve a observância do devido processo legal, pois o autor apresentou defesa e seus argumentos foram devidamente examinados quando do julgamento pelo IBAMA. II – Consoante a interpretação do art. 72 e parágrafos da Lei 9.605/1998, a legislação ambiental não condiciona a aplicação das demais penalidades à prévia advertência do infrator. III – Segundo o art. 5º do Decreto 6.514/2008, "A sanção de advertência poderá ser aplicada, mediante a lavratura de auto de infração, para as infrações administrativas de menor lesividade ao meio ambiente, garantidos a ampla defesa e o contraditório", esclarecendo o seu § 1º que "Consideram-se infrações administrativas de menor lesividade

Em primeiro lugar deve ser registrado que o tipo é mal redigido, pois não há floresta ou qualquer tipo de vegetação nativa "objeto de especial preservação". A preservação é uma das formas de proteção dos bens de valores ambientais, A Lei 9985/2000, em seu artigo 2º, V e VII estabelece que (1) preservação é o conjunto de métodos, procedimentos e políticas que visem a proteção a longo prazo das espécies, habitats e ecossistemas, além da manutenção dos processos ecológicos, prevenindo a simplificação dos sistemas naturais e (2) conservação in situ é a conservação de ecossistemas e habitats naturais e a manutenção e recuperação de populações viáveis de espécies em seus meios naturais e, no caso de espécies domesticadas ou cultivadas, nos meios onde tenham desenvolvido suas propriedades características.

A Lei da Mata Atlântica, a lei florestal mais rígida existente no Brasil, estabelece, em seu artigo 8º, que:

> Art. 8º O corte, a supressão e a exploração da vegetação do Bioma Mata Atlântica far-se-ão de maneira diferenciada, conforme se trate de vegetação primária ou secundária, nesta última levando-se em conta o estágio de regeneração.

A vedação à supressão de vegetação ocorre na forma do artigo 11:

> Art. 11. O corte e a supressão de vegetação primária ou nos estágios avançado e médio de regeneração do Bioma Mata Atlântica ficam vedados quando:
>
> I – a vegetação:
>
> a) abrigar espécies da flora e da fauna silvestres ameaçadas de extinção, em território nacional ou em âmbito estadual, assim declaradas pela União ou pelos Estados, e a intervenção ou parcelamento puserem em risco a sobrevivência dessas espécies;
>
> b) exercer a função de proteção de mananciais ou de prevenção e controle de erosão;
>
> c) formar corredores entre remanescentes de vegetação primária ou secundária em estágio avançado de regeneração;
>
> d) proteger o entorno das unidades de conservação; ou

---

ao meio ambiente aquelas em que a multa máxima cominada não ultrapasse o valor de R$ 1.000,00 (mil reais), ou que, no caso de multa por unidade de medida, a multa aplicável não exceda o valor referido". IV – Descabido o argumento de que desmatou menos de 10% de sua propriedade, na medida a penalidade foi imposta por destruir área objeto de especial preservação (floresta amazônica) sem autorização ou licença da autoridade ambiental competente, cabendo considerar que, consoante o art. 50, § 2º, do Decreto 6.514/2008, "Para os fins dispostos no art. 49 e no caput deste artigo, são considerados de especial preservação as florestas e demais formas de vegetação nativa que tenham regime jurídico próprio e especial de conservação ou preservação definido pela legislação". V – Correta a redução da penalidade para o patamar de R$5.000,00, pois, na dicção do art. 6º do Decreto 6.514/2008, "Para imposição e gradação da penalidade, a autoridade competente observará: ... a gravidade do fato, tendo em vista os motivos da infração e suas consequências para a saúde pública e para o meio ambiente...os antecedentes do infrator quanto ao cumprimento da legislação de interesse ambiental e ... a situação econômica do infrator, no caso de multa". VI – Os documentos apresentados pela Defensoria Pública da União demonstram que o autor é pequeno produtor rural, pratica agricultura de subsistência em área concedida pelo INCRA e não possui condições de arcar com a multa no valor em que arbitrada, o que autoriza a sua redução pelo Poder Judiciário para patamar razoável. VII – Recursos de apelação aos quais se nega provimento (TRF-1 – AC: 00021559820124014200, Relator: Desembargador Federal Jirair Aram Meguerian, Julgamento: 18.02.2019, 6ª Turma, publicação: 27.02.2019).

e) possuir excepcional valor paisagístico, reconhecido pelos órgãos executivos competentes do Sistema Nacional do Meio Ambiente – SISNAMA;

II – o proprietário ou posseiro não cumprir os dispositivos da legislação ambiental, em especial as exigências da Lei 4.771, de 15 de setembro de 1965, no que respeita às Áreas de Preservação Permanente e à Reserva Legal.

Parágrafo único. Verificada a ocorrência do previsto na alínea a do inciso I deste artigo, os órgãos competentes do Poder Executivo adotarão as medidas necessárias para proteger as espécies da flora e da fauna silvestres ameaçadas de extinção caso existam fatores que o exijam, ou fomentarão e apoiarão as ações e os proprietários de áreas que estejam mantendo ou sustentando a sobrevivência dessas espécies.

Logo, fora das hipóteses acima a supressão de vegetação é permitida, segundo autorização administrativa. Dessa forma, o artigo 17 da Lei da Mata Atlântica dispõe que:

Art. 17. O corte ou a supressão de vegetação primária ou secundária nos estágios médio ou avançado de regeneração do Bioma Mata Atlântica, autorizados por esta Lei, ficam condicionados à compensação ambiental, na forma da destinação de área equivalente à extensão da área desmatada, com as mesmas características ecológicas, na mesma bacia hidrográfica, sempre que possível na mesma microbacia hidrográfica, e, nos casos previstos nos arts. 30 e 31, ambos desta Lei, em áreas localizadas no mesmo Município ou região metropolitana.

§ 1º Verificada pelo órgão ambiental a impossibilidade da compensação ambiental prevista no caput deste artigo, será exigida a reposição florestal, com espécies nativas, em área equivalente à desmatada, na mesma bacia hidrográfica, sempre que possível na mesma microbacia hidrográfica.

§ 2º A compensação ambiental a que se refere este artigo não se aplica aos casos previstos no inciso III do art. 23 desta Lei ou de corte ou supressão ilegais.

Registre-se que os artigos 21/25 estabelecem regimes especiais de corte e supressão de vegetação no bioma mata atlântica.

As APP possuem regime especial para a concessão de autorização para supressão de vegetação. Logo, é uma área "passível de autorização". Na verdade, as autorizações para supressão de vegetação no Brasil são muito amplas, tendo em vista a grande quantidade de hipóteses previstas na Lei 12.651/2012:

Art. 7º A vegetação situada em Área de Preservação Permanente deverá ser mantida pelo proprietário da área, possuidor ou ocupante a qualquer título, pessoa física ou jurídica, de direito público ou privado.

§ 1º Tendo ocorrido supressão de vegetação situada em Área de Preservação Permanente, o proprietário da área, possuidor ou ocupante a qualquer título é obrigado a promover a recomposição da vegetação, ressalvados os usos autorizados previstos nesta Lei.

§ 2º A obrigação prevista no § 1º tem natureza real e é transmitida ao sucessor no caso de transferência de domínio ou posse do imóvel rural.

§ 3º No caso de supressão não autorizada de vegetação realizada após 22 de julho de 2008, é vedada a concessão de novas autorizações de supressão de vegetação enquanto não cumpridas as obrigações previstas no § 1º.

Art. 8º A intervenção ou a supressão de vegetação nativa em Área de Preservação Permanente somente ocorrerá nas hipóteses de utilidade pública, de interesse social ou de baixo impacto ambiental previstas nesta Lei.

§ 1º A supressão de vegetação nativa protetora de nascentes, dunas e restingas somente poderá ser autorizada em caso de utilidade pública.

§ 2º A intervenção ou a supressão de vegetação nativa em Área de Preservação Permanente de que tratam os incisos VI e VII do caput do art. 4º poderá ser autorizada, excepcionalmente, em locais onde a função ecológica do manguezal esteja comprometida, para execução de obras habitacionais e de urbanização, inseridas em projetos de regularização fundiária de interesse social, em áreas urbanas consolidadas ocupadas por população de baixa renda.

§ 3º É dispensada a autorização do órgão ambiental competente para a execução, em caráter de urgência, de atividades de segurança nacional e obras de interesse da defesa civil destinadas à prevenção e mitigação de acidentes em áreas urbanas.

§ 4º Não haverá, em qualquer hipótese, direito à regularização de futuras intervenções ou supressões de vegetação nativa, além das previstas nesta Lei.

Art. 9º É permitido o acesso de pessoas e animais às Áreas de Preservação Permanente para obtenção de água e para realização de atividades de baixo impacto ambiental.

A Lei 9.605/1998 não possui tipo penal exatamente igual ao administrativo, contudo, os artigos 38, 38 A e 50, aparentemente, serviram como base para a "regulamentação" administrativa. Observe-se que o tipo administrativo faz referência a floresta ou qualquer tipo de vegetação nativa, objeto de especial preservação, não passível de autorização para exploração ou supressão. Inicialmente, cumpre registrar que o decreto não possui uma definição de *preservação,* ou de *especial preservação.* Em norma de direito sancionatório, cuida-se de problema relevante, pois não se pode dar aos termos um grau de elasticidade com tanta amplitude que o cidadão não saiba exatamente qual é a conduta vedada. O termo *especial preservação* é claramente inadequado, pois o que o poder regulamentar quis dizer foi especial *proteção.* Conservação e preservação dizem respeito à forma pela qual serão apropriados economicamente os recursos naturais e como se dará a proteção. Conservação é a utilização dos recursos ambientais de forma racional e sustentável; já *a preservação* é a utilização indireta dos recursos naturais, sem um uso econômico imediato. Assim, não faz qualquer sentido se falar em preservação especial, como faz o decreto.

O essencial para que uma área se caracterize como de preservação permanente é a adição da localização geográfica com a função ambiental, não bastando a simples a localização geográfica, isto porque as leis não possuem palavras ociosas e novo Código Florestal reproduziu, no particular, o que já se fazia presente na legislação por ele revogada. O Código se utilizou da partícula com, cujo significado é inequivocamente de adição, ou seja, as áreas de preservação permanente são isto mais aquilo.

O artigo 6º do Código Florestal estabeleceu a possibilidade de que o poder público, mediante a edição de ato próprio, defina outras áreas de preservação permanente, além daquelas criadas por lei.

A supressão em áreas de preservação permanente é permitida, desde que observados os ditames constantes do Código Florestal (artigo 7º). De tudo o que foi examinado acima, parece-me evidente que o artigo é mal redigido e se utiliza de conceito inapropriado, "especial preservação", o qual não encontra base legal, haja vista que mesmo o artigo 4º do Código Florestal estabelece as áreas de preservação permanente e estabelecer um regime de proteção. Contudo, com vistas ao aproveitamento da norma, admite-se que ela se destina aos bens tutelados pelos artigos 4º e 70, II do Novo Código Florestal. Ressalte-se, entretanto, que somente as florestas e demais formas de vegetação nativas estão albergadas pelo dispositivo. Há, ainda, outra questão relevante que é a utilização da expressão "não passíveis de autorização para exploração ou supressão". Ora, se o artigo se refere aos bens tutelados pelo artigo 4º do Código Florestal, áreas de preservação permanente criadas por ato do poder público, não há dúvida que eles são passíveis de autorização para supressão, basta uma simples leitura do § 1º do artigo 8º do Código Florestal, assim, a hipótese não se aplicaria. Permaneceria apenas o caso da exploração econômica que, em regra, não é admissível em áreas de preservação permanente.

Por fim, o parágrafo único estabelece que: "a multa será acrescida de R$ 1.000,00 (mil reais) por hectare ou fração quando a situação prevista no caput se der em detrimento de vegetação primária ou secundária no estágio avançado ou médio de regeneração do bioma Mata Atlântica". Isto é, haverá um acréscimo da multa caso a floresta ou outra forma de vegetação nativa objeto de especial preservação for vegetação primária ou secundária no estado avançado ou médio de regeneração do bioma Mata Atlântica.

Bioma Mata Atlântica é o tratado pela Lei 11.428/2006 (artigo 2º). Observe-se que a Lei da Mata Atlântica outorga uma proteção especial aplicável as formas de vegetação constantes do artigo 2º, não se justificando, portanto, a existência de uma nova "especial preservação" dentro de um regime de proteção especial.

> Art. 2º Para os efeitos desta Lei, consideram-se integrantes do Bioma Mata Atlântica as seguintes formações florestais nativas e ecossistemas associados, com as respectivas delimitações estabelecidas em mapa do Instituto Brasileiro de Geografia e Estatística – IBGE, conforme regulamento: Floresta Ombrófila Densa; Floresta Ombrófila Mista, também denominada de Mata de Araucárias; Floresta Ombrófila Aberta; Floresta Estacional Semidecidual; e Floresta Estacional Decidual, bem como os manguezais, as vegetações de restingas, campos de altitude, brejos interioranos e encraves florestais do Nordeste.
>
> Parágrafo único. Somente os remanescentes de vegetação nativa no estágio primário e nos estágios secundário inicial, médio e avançado de regeneração na área de abrangência definida no caput deste artigo terão seu uso e conservação regulados por esta Lei.

O artigo 50[9] inaugura uma sequência de artigos voltados para a proteção florestal. Há muita repetição e redundância, pois pretendem prever todas as hipóteses de danos

---

9. Art. 50. Destruir ou danificar florestas ou qualquer tipo de vegetação nativa ou de espécies nativas plantadas, objeto de especial preservação, sem autorização ou licença da autoridade ambiental competente: Multa de R$ 5.000,00 (cinco mil reais) por hectare ou fração. § 1º A multa será acrescida de R$ 500,00 (quinhentos reais) por hectare ou fração quando a situação prevista no caput se der em detrimento de vegetação secundária no estágio inicial de regeneração do bioma Mata Atlântica. § 2º Para os fins dispostos no art. 49 e no caput deste artigo, são consideradas de especial preservação as florestas e demais formas de vegetação nativa que tenham regime jurídico próprio e especial de conservação ou preservação definido pela legislação.

Jurisprudência:

I – O ato administrativo (auto de infração) está devidamente fundamentado e que houve a observância do devido processo legal, pois o autor apresentou defesa e seus argumentos foram devidamente examinados quando do julgamento pelo IBAMA. II – Consoante a interpretação do art. 72 e parágrafos da Lei 9.605/1998, a legislação

florestais. Contudo, é relevante notar que a norma só tutela espécies nativas ou espécies nativas plantadas. E mais, não basta que as espécies sejam nativas ou nativas plantadas, necessita-se que elas sejam objeto de especial proteção. A especial proteção mereceu definição normativa, sendo aquelas que "tenham regime jurídico próprio e especial de conservação, conforme definido pela legislação". Observe-se que a Lei 12.651/2012 tem por objeto a proteção da vegetação nativa e a Lei 11.428/2006 protege a mata atlântica.

No Estado de São Paulo, por exemplo, há as normas abaixo, dentre outras:

Lei Estadual 6.884 de 29.08.1962	Dispõe sobre os parques e florestas estaduais, monumento naturais e dá outras providências.
Decreto Estadual 41.626 de 30.01.1961	Regulamenta a execução da Lei 6.884, de 29 de agosto de 1962 que dispõe sobre parques, florestas e monumentos naturais e dá outras providência.

Logo, o intérprete terá que examinar se a legislação dos estados confere alguma proteção especial às suas florestas também.

O tipo do artigo 51[10] é redundante, na medida em que a reserva legal é área submetida à proteção especial, conforme consta da Lei 12.651/2012, artigo 3º, III que define a reserva legal como:

---

ambiental não condiciona a aplicação das demais penalidades à prévia advertência do infrator. III – Segundo o art. 5º do Decreto 6.514/2008, "A sanção de advertência poderá ser aplicada, mediante a lavratura de auto de infração, para as infrações administrativas de menor lesividade ao meio ambiente, garantidos a ampla defesa e o contraditório", esclarecendo o seu § 1º que "Consideram-se infrações administrativas de menor lesividade ao meio ambiente aquelas em que a multa máxima cominada não ultrapasse o valor de R$ 1.000,00 (mil reais), ou que, no caso de multa por unidade de medida, a multa aplicável não exceda o valor referido". IV – Descabido o argumento de que desmatou menos de 10% de sua propriedade, na medida a penalidade foi imposta por destruir área objeto de especial preservação (floresta amazônica) sem autorização ou licença da autoridade ambiental competente, cabendo considerar que, consoante o art. 50, § 2º, do Decreto 6.514/2008, "Para os fins dispostos no art. 49 e no caput deste artigo, são considerados de especial preservação as florestas e demais formas de vegetação nativa que tenham regime jurídico próprio e especial de conservação ou preservação definido pela legislação". V – Correta a redução da penalidade para o patamar de R$5.000,00, pois, na dicção do art. 6º do Decreto 6.514/2008, "Para imposição e gradação da penalidade, a autoridade competente observará: ... a gravidade do fato, tendo em vista os motivos da infração e suas consequências para a saúde pública e para o meio ambiente ... os antecedentes do infrator quanto ao cumprimento da legislação de interesse ambiental e ... a situação econômica do infrator, no caso de multa". VI – Os documentos apresentados pela Defensoria Pública da União demonstram que o autor é pequeno produtor rural, pratica agricultura de subsistência em área concedida pelo INCRA e não possui condições de arcar com a multa no valor em que arbitrada, o que autoriza a sua redução pelo Poder Judiciário para patamar razoável. VII – Recursos de apelação aos quais se nega provimento (TRF-1 – AC: 00021559820124014200, Relator: Desembargador Federal Jirair Aram Meguerian, Julgamento: 18.02.2019, 6ª Turma, Publicação: 27.02.2019).
***
Conquanto seja objetiva a responsabilidade ambiental, restou demonstrado, na espécie, que o incêndio que atingiu a vegetação de área contígua a APP foi oriundo de queima acidental ou criminosa, cujas consequências resultaram em prejuízo à embargante-executada em relação à colheita da cana-de-açúcar antes do prazo estabelecido, sendo, então, de rigor a procedência dos embargos à execução opostos para a desconstituição do auto de infração. Recurso não provido (TJ-SP – AC: 10025695120168260242 SP 1002569-51.2016.8.26.0242, Relator: Paulo Ayrosa, Julgamento: 31.01.2018, 2ª Câmara Reservada ao Meio Ambiente, publicação: 31.01.2018).

10. Art. 51. Destruir, desmatar, danificar ou explorar floresta ou qualquer tipo de vegetação nativa ou de espécies nativas plantadas, em área de reserva legal ou servidão florestal, de domínio público ou privado, sem autori-

zação prévia do órgão ambiental competente ou em desacordo com a concedida: Multa de R$ 5.000,00 (cinco mil reais) por hectare ou fração.

Jurisprudência:

1. A Lei Estadual 18.102/13, trouxe o prazo de 03 (três) anos para prescrição intercorrente, não retroagindo para alcançar procedimentos administrativos instaurados antes de sua vigência. 2. Tendo em vista que a autuação de infração obedeceu as diretrizes estabelecidas no Decreto 6.514/08, bem como evidenciado que não houve prejuízo à ampla defesa e ao contraditório, a manutenção da sentença é medida que se impõe. 3. In casu, a Licença Ambiental 885/2010, autorizava o desmatamento de uma área de 142,9213 hectares, de coordenadas específicas. Contudo, a Apelante, desmatou área pertencente à reserva legal, incidindo a sanção prevista no art. 51 do Decreto 6.514/2008. 4. A Apelante não colacionou a decisão autorizando a relocação de reserva legal, requerida junto à Secretaria do Meio Ambiente do Estado de Goiás, que ainda estava pendente de autorização para transposição da reserva legal. 5. Incumbe à parte Autora o ônus da prova, relativamente ao fato constitutivo de seu direito, e à parte Ré, quanto à existência de fato impeditivo, modificativo ou extintivo daquele direito. 6. Deve ser mantida a sanção aplicada, pois o desmatamento ocorreu em área de reserva legal, estando em desacordo com licença ambiental concedida pelo Órgão Ambiental competente. 7. Conf. o § 11 do art. 85 do CPC, o Tribunal, ao julgar o recurso, majorará os honorários sucumbenciais recursais, levando-se em conta o trabalho adicional realizado pelo Causídico na instância revisora; destarte, face à sucumbência do Apelante/Embargante sua condenação ao pagamento dos honorários recursais é medida que se impõe. Recurso conhecido e desprovido. sentença mantida (TJ-GO 5545297-84.2018.8.09.0112, Relator: Olavo Junqueira de Andrade – (Desembargador), 5ª Câmara Cível, Publicação: 06.02.2020).

***

1. Apelação interposta pelo IBAMA em face de sentença que julgou procedentes em parte os pedidos, para determinar apenas a redução do valor da multa imposta ao Autor, por meio do Auto de Infração 674637, para R$ 5.000,00 (cinco mil reais). O Réu foi condenado no pagamento de honorários advocatícios fixados em 8% sobre o valor do proveito econômico obtido pela parte Autora, que coincide com a diferença do valor da multa constante do Auto de Infração e o montante a ser encontrado na liquidação, equivalente a R$ 195.000,00 (cento e noventa e cinco mil reais), nos moldes do art. 85, §§ 1º a 4º, do CPC. Entendeu o douto sentenciante que o Demandante teria sucumbido de parte mínima do pedido. 2. O Condomínio Autor propôs a presente ação visando à anulação do Auto de Infração 674637, lavrado contra si pelo IBAMA ou, sucessivamente, a redução da multa para o valor correspondente ao tamanho da área efetivamente suprimida. 3. Considerando que o Supremo Tribunal Federal já firmou posicionamento de que a motivação referenciada "per relationem" não constitui negativa de prestação jurisdicional, tendo-se por cumprida a exigência constitucional da fundamentação das decisões judiciais (HC 160088 AgR, Relator: Min. Celso de Mello, Segunda Turma, julgado em 29.03.2019, Processo Eletrônico DJe-072, Public 09.04.2019 e AI 855829 AgR, Relator: Min. Rosa Weber, Primeira Turma, julgado em 20.11.2012, Public 10.12.2012), adota-se como razões de decidir parte do Parecer do Ministério Público Federal proferido em Segunda Instância. 4. "O cerne da questão diz respeito ao dispositivo utilizado para fixar o quantum da sanção pecuniária. A infração cometida pelo apelado consiste na construção de empreendimento em Área de Preservação Permanente, especificamente em área de restinga, sem autorização ou licença de órgão ambiental competente. Compulsando-se o auto de infração 674637, observa-se que o agente do IBAMA, ao autuar a parte autora, fundamentou a infração nos art. 70 c/c art. 72, II, VII, VIII, da Lei 9.605/98 e nos art. 3º, II, VII, VIII c/c art. 66, do Decreto Federal 6.514/2008". 5. "Na sentença, o juiz a quo entendeu que restou comprovada a ocorrência da infração e reputou válido o enquadramento legal do referido Auto de Infração. Entretanto, ao fixar o valor da sanção, utilizou-se do paradigma presente no art. 51, do Decreto 6.514/2008, estabelecendo a pena pecuniária no valor de R$ 5.000,00 (cinco mil reais), tomando como base a quantidade de hectare de restinga desmatado". 6. "Nesse sentido, assiste razão ao IBAMA quando afirma que as medidas aplicadas devem estar em consonância com o dispositivo legal pelo qual a parte autora foi responsabilizada. Levando em consideração o fato de que a infração ambiental pela qual a parte autora responde não diz respeito à destruição de vegetação, isto é, não possui relação com o art. 51, mas sim à conduta de construir, reformar, ampliar, instalar ou fazer funcionar estabelecimentos, atividades, obras ou serviços utilizadores de recursos ambientais, considerados efetiva ou potencialmente poluidores, sem licença ou autorização dos órgãos ambientais competentes, qual seja a construção em alvenaria em Área de Preservação Permanente (ID. 4058000.3143328 PDF 391/396 e 399), o valor da multa deve ter como referência as balizas previstas no art. 66, do Decreto Federal referido acima". 7. "Por oportuno, torna-se válido salientar que o entendimento desta Egrégia Corte é de que se afigura correta e legal a conduta do IBAMA na lavratura dos autos de infração e fixação da multa, quando realizada em conso-

Art. 3º Para os efeitos desta Lei, entende-se por: (...)

III – Reserva Legal: área localizada no interior de uma propriedade ou posse rural, delimitada nos termos do art. 12, com a função de assegurar o uso econômico de modo sustentável dos recursos naturais do imóvel rural, auxiliar a conservação e a reabilitação dos processos ecológicos e promover a conservação da biodiversidade, bem como o abrigo e a proteção de fauna silvestre e da flora nativa.

O Capítulo IV da Lei 12.651/2012 define o regime jurídico aplicável às áreas de reserva legal.

A servidão é um direito real sobre coisa alheia. No direito civil ela proporciona utilidade para o prédio dominante e grava o prédio serviente que, no caso pertence a outro proprietário. Ela se constitui por declaração expressa dos proprietários, ou por testamento, devendo ser registrada no Registro de Imóveis (CCB, artigo 1.378). A ideia subjacente às servidões em favor do meio ambiente segue a mesma lógica: um

---

nância com os parâmetros legais, não podendo o Poder Judiciário imiscuir-se no critério de discricionariedade do administrador na dosimetria da pena imposta, exceto na hipótese de flagrante ausência de razoabilidade e proporcionalidade". 8. "A aplicação da multa, no valor de R$200.000,00 (duzentos mil reais), deve respaldar-se no art. 66, do Decreto Federal 6.514/2008, que proporciona ampla margem de discricionariedade ao órgão fiscalizador (R$500,00 a R$10.000.000,00), daí que, em princípio não se verifica nenhuma aparente e manifesta ilegalidade na sua aplicação no valor do auto. Contudo, embora seja reprovável a conduta do autuado, devendo, pois, ser duramente combatida, não se pode perder de vista que a sanção pecuniária deve cumprir sua função precípua de assegurar justa e adequada resposta à gravidade da infração e à reprovabilidade social da conduta, de modo a não correr o risco de desbordar para o arbítrio, nem de resvalar para o ridículo". 9. "Nesse diapasão, em relação ao valor da multa aplicada, inicialmente R$ 200.000,00 (duzentos mil reais), observa-se que houve pouca ponderação no que se refere à sua gradação, pois para aplicação da multa o agente autuador deve levar em consideração elementos como gravidade do fato, os antecedentes do infrator, bem como a situação econômica dele, requisitos que devem ser considerados cuidadosamente, pois constam expressamente no art. 4º do Decreto Federal 6.514/08 que regulamenta as infrações ambientais administrativas, (...)" 10. "É possível verificar pela leitura do relatório de apuração de infração administrativa ambiental (ID. 4058000.3143328 – PDF 386/390) que a multa foi fixada em valor muito elevado, porque das dezesseis circunstâncias agravantes, apenas duas foram verificadas nos autos (infração em 'área de regime especial de uso' e cometida 'para obter vantagem pecuniária'), tendo o próprio relatório indicado que, embora tenha provocado dano ao meio ambiente, esse dano é passível de recuperação. Ademais, merece destaque o fato de que não há notícias de que seja o apelado reincidente na prática de tal conduta". 11. Considerando essas circunstâncias, bem como a imagem do Google Earth provando que a mencionada área já foi recuperada – o que denota que a degradação não foi, de fato, permanente –, depreende-se que a multa fixada pela autoridade administrativa em R$ 200.000,00 (duzentos mil reais) é bastante elevada para a situação em comento, como também o montante de R$ 5.000,00 (cinco mil reais) – valor mínimo previsto no Decreto – igualmente não seria suficiente para ilidir futuras práticas de degradação ambiental, não atingindo, assim, o objetivo da aplicação da multa. Assim, mais razoável se mostra o patamar de R$ 20.000,00 (vinte mil reais) para a aludida multa, porquanto não tão baixa, a ponto de não ilidir outras situações de desrespeito à legislação ambiental, nem tão alta que possa dificultar a sua própria quitação. 12. Quanto aos honorários advocatícios, o egrégio STJ já firmou entendimento no sentido de que "A improcedência de um dos pedidos cumulados sucessivamente caracteriza a sucumbência recíproca. Ao contrário do que ocorre com os pedidos alternativos, em que o demandante satisfaz-se com o acolhimento de qualquer das providências requeridas. Precedentes". (STJ – AgRg no AgRg no REsp 646.383/RS, Rel. Ministra Alderita Ramos de Oliveira (Desembargadora Convocada do TJ/PE), Sexta Turma, julgado em 07.05.2013, DJe 14.05.2013). 13. Como foi acolhido apenas o pedido sucessivo de redução da multa, deve ser estabelecida a sucumbência recíproca das partes, nos moldes do art. 86, do CPC, ficando cada uma das partes responsável pelo pagamento de R$ 5.000,00 (cinco mil reais) ao advogado da parte contrária. Apelação provida em parte (TRF-5 – Apelação cível: 0804552-25.2018.4.05.8000, Relator: Leonardo Augusto Nunes Coutinho, Julgamento: 27.08.2020, 3ª Turma).

proprietário grava um bem em favor da proteção ambiental. O melhor exemplo de tal condição é a RPPN, conforme o artigo 21 da Lei 9.985/2000.[11]

A Lei 12.651/2012, em seu artigo 78 deu nova redação ao artigo 9º-A da Lei 6.938/1981 transformando a servidão florestal em servidão ambiental. É curioso que um decreto que passou por tantas alterações não tenha promovido esta alteração necessária.

A servidão ambiental é um instrumento da PNMA (art. 9º, XIII), sendo detalhado no artigo 9º-A.

No Brasil, a utilização das florestas nativas e formações sucessoras, públicas ou privadas, somente pode ser executada mediante a utilização do chamado manejo florestal sustentável, o qual deverá ser aprovado pelo órgão competente do Sistema Nacional do Meio Ambiente, em geral um órgão pertencente à administração dos estados. Uma vez concedida a autorização para a implantação do Plano de Manejo Florestal Sustentado, as suas determinações deverão ser observadas, sob pena de que o responsável pela atividade florestal incorra em infração administrativa.

O artigo 51-A,[12] em seu contexto específico denotado pela utilização do acrônimo PMFS – está destinado à proteção das florestas públicas concedidas e destinadas à exploração econômica mediante a implantação de regime de manejo florestal.

O código florestal brasileiro de 1965 (artigo 15) definiu que as florestas da Amazônia só poderiam ser utilizadas através de planos de manejo. Em 1989, a Ordem de Serviço 001-89/IBAMA/DIREN definiu um extensivo protocolo de plano de manejo incluindo especificação de técnicas de extração para diminuir os danos à floresta, estimativas de volume a ser explorado, tratamentos silviculturais e métodos de monitoramento do desenvolvimento da floresta após a exploração. O ciclo de corte mínimo foi fixado, à época, em 30 anos. Em resumo, o Manejo Florestal é um conjunto de técnicas empregadas para colher cuidadosamente parte das árvores grandes maneira que as menores, a serem colhidas futuramente, sejam protegidas. Com a adoção do manejo a produção de madeira pode ser contínua ao longo dos anos.[13]

O tipo administrativo do artigo 52[14] não tem correspondência na Lei 9.605/1998, sendo a infração penal mais aproximada a que consta do artigo 50-A.

---

11. Art. 21. A Reserva Particular do Patrimônio Natural é uma área privada, gravada com perpetuidade, com o objetivo de conservar a diversidade biológica. § 1º O gravame de que trata este artigo constará de termo de compromisso assinado perante o órgão ambiental, que verificará a existência de interesse público, e será averbado à margem da inscrição no Registro Público de Imóveis.
12. Art. 51-A. Executar manejo florestal sem autorização prévia do órgão ambiental competente, sem observar os requisitos técnicos estabelecidos em PMFS ou em desacordo com a autorização concedida: Multa de R$ 1.000,00 (mil reais) por hectare ou fração.
13. Disponível em: http://meioambientetecnico.blogspot.com/2012/11/manejo-florestal.html. Acesso em: 23 nov. 2024.
14. Art. 52. Desmatar, a corte raso, florestas ou demais formações nativas, fora da reserva legal, sem autorização da autoridade competente: Multa de R$ 1.000,00 (mil reais) por hectare ou fração.
    Jurisprudência:
    Nos termos da jurisprudência deste Sodalício "Correta a decisão proferida em ação civil pública que, em sede de liminar, determinou a interdição de área degradada ambientalmente, a proibição de sua utilização econômica e a recomposição do dano perpetrado. O desmatamento de vegetação nativa fora da área de reserva legal, sem autorização ambiental, além de estar comprovado por auto de infração, é conduta tipificada como infração administrativa (artigo 52 do Decreto 6.514/2008). No mais, a obrigação da reparar o dano é objetiva

O núcleo da ação é o desmatar mediante a utilização de corte raso que é a supressão de toda a vegetação existente em uma determinada área, com vistas à implantação de outra cultura, tanto agrícola como florestal, dando um uso alternativo ao solo.

O corte raso, como se depreende da norma, depende de autorização do órgão de controle ambiental, em alguns casos específicos, normalmente para pequenos agricultores ou em casos de interesse ou utilidade pública.

Os bens jurídicos protegidos são as florestas e demais formações nativas; não se aplicando a norma à vegetação exótica. É importante observar que, em se tratando de atividade necessária ao processo de licenciamento ambiental, há que ser observado o disposto na LC 140/2011 (artigo 13).

O decreto utiliza as expressões "reserva legal" e "reserva florestal averbada", há, mais uma vez, baixa qualidade técnica na redação. Não se discute que a reserva legal é uma obrigação *propter rem* e, portanto, parte integrante da própria propriedade florestal. Contudo, é igualmente indiscutível que ela necessita estar averbada no registro geral de imóveis, haja vista que não se pode presumir a sua localização no interior da área de determinado imóvel rural. Assim, não havendo averbação, não há reserva legal para as finalidades do artigo.[15] Há, isto sim, a necessidade de que o proprietário a averbe. Vale ressaltar que o Código Florestal (Lei 12.651/2012) dispõe que o registro da Reserva

---

e dela não se exime a parte pelo simples fato de possuir Cadastro Ambiental Rural – CAR. Recurso não provido. (TJ-MT – AI: 00742819020138110000 MT, Relator: Luiz Carlos da Costa, Julgamento: 25.03.2014, 2ª Câmara de Direito Público e Coletivo, Publicação: 04.04.2014)". Decisão mantida. Agravo desprovido (TJ-MT 10213302420218110000 MT, Relator: Mário Roberto Kono de Oliveira, Julgamento: 25.10.2022, 2ª Câmara de Direito Público e Coletivo, Publicação: 09.11.2022).
***
1. No caso dos autos, a autora não estava amparada por licença ambiental expedida pelo órgão estadual competente, tendo juntado aos autos do processo administrativo e do presente processo judicial apenas termo de compromisso, firmado posteriormente à ocorrência da infração em que se fundou a autuação ora impugnada, por meio do qual se comprometia a apresentar ao órgão estadual a documentação necessária à postulação do fornecimento da licença ambiental. A assinatura do referido termo de compromisso não se equipara à concessão de licença ambiental, de forma que não havia impedimento à ação fiscalizatória do IBAMA, ainda que se considerasse que essa ação deveria se dar apenas em caráter supletivo (arts. 10 e 11 da Lei 6.938/81, ambos com a redação que lhes foi dada pela Lei 7.804/89). 2. Confirmada a sentença recorrida na parte em que afirma que a autora "deixou de apontar em que momento ou em que grau as decisões administrativas carecem de motivação ou fundamentação, ou em que momento houve ofensa à ampla defesa", não se depreendendo, "da análise do processo administrativo impugnado, (...) aparente ofensa à ampla defesa ou ao princípio da necessidade de fundamentação das decisões administrativas". 3. A autora foi autuada pelo IBAMA pelo cometimento da infração tipificada no art. 52 do Decreto 6.514/2008. Essa infração não está incluída entre aquelas previstas no art. 6º, § 1º, do Decreto 7.029/2009, em relação às quais a adesão ao "Programa Mais Ambiente" ocasiona a suspensão da multa decorrente da autuação pela infração. Assim, não se mostra irregular a cobrança da multa. 4. Apelação da parte autora improvida. Sentença de improcedência mantida (TRF-4 – AC: 50011156120164047016 PR 5001115-61.2016.4.04.7016, Relator: Francisco Donizete Gomes, Julgamento: 13.03.2019, 1ª Turma).

15. Art. 53. Explorar ou danificar floresta ou qualquer tipo de vegetação nativa ou de espécies nativas plantadas, localizada fora de área de reserva legal averbada, de domínio público ou privado, sem aprovação prévia do órgão ambiental competente ou em desacordo com a concedida: Multa de R$ 300,00 (trezentos reais), por hectare ou fração, ou por unidade, estéreo, quilo, mdc ou metro cúbico. Parágrafo único. Incide nas mesmas penas quem deixa de cumprir a reposição florestal obrigatória.
Jurisprudência:

Em sede de preliminar pleiteia que suspensão do processo com expedição de ofício à Polícia Ambiental para apuração da autoria do ato ilícito. Conforme bem exposto pela magistrada sentenciante, o pedido de expedição de ofício não comporta provimento uma vez que, conforme art. 33 da Lei 9.099/95, perfeitamente aplicável ao caso concreto e consoante art. 27 da Lei 12.153/09, "todas as provas serão produzidas na audiência de instrução e julgamento, ainda que não requeridas previamente, podendo o Juiz limitar ou excluir as que considerar . "excessivas, impertinentes ou protelatórias Deste modo, acolhe-se as razões de decidir do Juízo de origem acima expostas, de modo a rejeitar a preliminar aventada. Assim, preenchidos os pressupostos de admissibilidade do recurso, deve ele ser conhecido. No mérito, o recorrente pretende a reforma da sentença que julgou improcedente seu pedido de anulação do auto de infração ambiental 90007643. Sustenta o fato de não ser proprietário do imóvel, bem como, nega a autoria da extração de madeiras. Não há que se falar em ausência da propriedade, posto que nos autos do processo administrativo 07.516.381-9, consta documento público no qual lhe foi atribuído por seu falecido pai poderes amplos e gerais sobre a propriedade, no qual consta expressamente, inclusive, poder para representar a propriedade em questão perante o Instituto Ambiental do Paraná – IAP. No mais, a versão é contraditória, pois, em um dos Boletins de Ocorrência (mov. 1.3), este se identificou como proprietário da área: Em relação à ausência da prova da autoria, tem-se que as provas não são suficientes para excluir a responsabilidade do recorrente pelo auto de infração lavrado com base no art. 53 do Decreto Federal 6.514/2008. A única prova que converge com o depoimento testemunhal e foi elaborado à época da autuação foi o boletim de ocorrência 2010/638969, contudo este foi realizado logo após a autuação pela Polícia Militar. Os demais boletins referem-se ao ano de 2006 e 2007, não sendo contemporâneos ao auto de infração impugnado nos autos. Assim, as provas anexadas aos autos mostram-se insuficientes para afastar a presunção de veracidade do ato administrativo impugnado, porquanto o recorrente não logrou êxito em demostrar que não foi o responsável pela retirada das árvores nativas em questão, sendo de rigor a manutenção da sentença de improcedência que concluiu pela higidez do auto de infração. Por tais razões, o voto é pelo do recurso interposto. Desprovimento Condena-se o reclamante recorrente ao pagamento das custas (art. 4º, Lei Estadual 18.413/2014) e dos honorários advocatícios à parte contrária, estes de 20% sobre o valor da causa atualizado. Ante o exposto, esta 4ª Turma Recursal dos Juizados Especiais resolve, por unanimidade dos votos, em relação ao recurso de Irineu Nesi, julgar pelo (a) Com Resolução do Mérito – Não Provimento nos exatos termos do voto. O julgamento foi presidido pelo (a) Juiz (a) Camila Henning Salmoria, com voto, e dele participaram os Juízes Manuela Tallão Benke (relator) e Marcelo De Resende Castanho. 14 de fevereiro de 2019 Manuela Tallão Benke Juíza Relatora (TJPR – 4ª Turma Recursal – 0002330-76.2016.8.16.0134 – Pinhão – Rel.: Juíza Manuela Tallão Benke – J. 15.02.2019) (TJ-PR – RI: 00023307620168160134 PR 0002330-76.2016.8.16.0134 (Acórdão), Relator: Juíza Manuela Tallão Benke, Julgamento: 15.02.2019, 4ª Turma Recursal, Publicação: 20.02.2019).
***

1. A análise judicial nestes casos é resultado de uma análise comparativa entre o ato administrativo e os ditames legais que regem a matéria, bem como os princípios constitucionais que norteiam a administração pública, como razoabilidade, proporcionalidade, moralidade, dentre outros. 2. Tendo em vista a presunção de veracidade e legalidade inerente a todo ato praticado pela Administração, recai sobre o reclamante o ônus de comprovar concretamente a violação aos ditames legais e constitucionais. 3. É incompatível com os princípios de regência do nosso ordenamento jurídico ambiental a possibilidade de licença ou autorização tácita, automática ou por protocolo, derivada de omissão da Administração Pública em deferir ou não o pleito do empreendedor. O silêncio administrativo não corresponde a deferimento, em sentido oposto, ele gera presunção de não licenciamento ambiental até manifestação expressa em sentido contrário. 4. Tendo o apelante cometido infração administrativa ambiental ao violar regra jurídica, qual seja, "explorar ou danificar floresta ou qualquer tipo de vegetação nativa ou de espécies nativas plantadas, localizada fora de área de reserva legal averbada, de domínio público ou privado, sem aprovação prévia do órgão ambiental competente", escorreita a incidência da multa aplicada nos termos da legislação de regência. 5. Por força do art. artigo 53 do Decreto Federal 6.514/2008, combinado com o § 1º, do artigo 70 da Lei Federal 9.605/98, o valor da multa deve ser graduado no valor fixo de R$300,00 (trezentos reais) por fração da área explorada. 6. A mera insatisfação do administrado com a valoração, levada a cabo pelo órgão sancionador, das provas coligidas no decorrer do processo administrativo não se presta a desconstituir a presunção de legalidade da multa aplicada pela Administração Pública, pois atinente ao mérito administrativo. 7. Ante o desprovimento da apelação, majoram-se os honorários sucumbenciais, a título recursal, suportados pelo recorrente na forma do art. 85, § 11, do CPC. Recurso de apelação cível conhecido e desprovido. sentença mantida. (TJ-GO – AC: 01585941120158090051 Goiânia, Relator: Des(a). Desembargador Anderson Máximo de Holanda, 3ª Câmara Cível, Publicação: (S/R).

Legal no Cadastro Ambiental Rural ("CAR") desobriga a averbação no Cartório de Registro de Imóveis (art. 18, § 4º).

A norma do artigo 54[16] procura asfixiar economicamente as áreas embargadas, de forma a evitar que os embargos não se concretizem de fato. O parágrafo único estabelece uma condicionante que é a prévia divulgação pública das áreas que tenham sofrido a aplicação da sanção administrativa de embargo. A medida é correta, pois não se pode exigir que o particular verifique a cada momento a origem dos produtos que adquire que, evidentemente, gozam de uma presunção relativa de legalidade. A divulgação dos embargos tem por objetivo desconstituir a presunção de legalidade, haja vista que a publicação gera uma presunção de conhecimento público do embargo (https://www.gov.br/ibama/pt-br/servicos/consultas/autuacoes-e-embargos/areas-embargadas).

O IBAMA divulga regularmente a relação das áreas embargadas, de forma que é perfeitamente possível identificar se um produto tem origem em área embargada. Entretanto, não se pode desconhecer que muitos produtos podem ser "esquentados" como se fossem originados de áreas não submetidas a embargos.

O artigo 54-A[17] é um "prolongamento" do artigo 54, na medida em que busca coibir a circulação econômica de produtos ou subprodutos de origem animal ou vegetal oriundos de desmatamento irregular, localizado no interior de unidade de conservação, após sua criação. A parte final é desnecessária, pois a norma não pode retroagir e, se à época da comercialização não houvesse sido criada a UC, não se pode falar em delito administrativo. Um ponto relevante a ser observado é que o artigo se refere à simples criação da UC, após a publicação do ato do poder público que tenha criado a UC, mesmo que ela não tenha sido efetivamente implantada.

---

16. Art. 54. Adquirir, intermediar, transportar ou comercializar produto ou subproduto de origem animal ou vegetal produzido sobre área objeto de embargo: Multa de R$ R$ 500,00 (quinhentos reais) por quilograma ou unidade. Parágrafo único. A aplicação do disposto neste artigo dependerá de prévia divulgação dos dados do imóvel rural, da área ou local embargado e do respectivo titular de que trata o § 1º do art. 18 e estará limitada à área onde efetivamente ocorreu o ilícito.
Jurisprudência:
1. Não se configura ultra petita a sentença que contém na fundamentação conceito equivocado acerca de sistema utilizado pelo IBAMA, mas que no julgamento não concede mais do que foi pedido na inicial. 2. Esta Sexta Turma, interpretando os dispositivos presentes na legislação de regência (Lei 10.650/03 e Decreto 6.514/08), decidiu que a publicação efetivada pelo IBAMA das áreas embargadas e dados constantes da autuação não deve ser tida como penalidade a ser aplicada em caso de descumprimento do embargo, e sim como obrigação da Administração. [...]"(AMS 00026240520114013902, Desembargador Federal Kassio Nunes Marques, TRF1 – Sexta Turma, e-DJF1 Data: 13.06.2017). 3. A exigência de divulgação da área embargada decorre do comando emergente da Lei 10.650/03. 4. Remessa oficial, tida por interposta, e apelação conhecidas e providas para reformar a sentença de origem, reconhecendo a improcedência dos pedidos. 5. Inversão quanto ao ônus das despesas processuais, especialmente dos honorários advocatícios fixados, em consequência da reforma da sentença pela improcedência dos pedidos (TRF-1 – AC: 0001352-68.2008.4.01.3000, Relatora: Juíza Federal Rosana Noya Alves Weibel Kaufmann, julgamento: 17.09.2018, 6ª Turma, publicação: e-DJF1 02.10.2018).
17. Art. 54-A. Adquirir, intermediar, transportar ou comercializar produto ou subproduto de origem animal ou vegetal produzido sobre área objeto de desmatamento irregular, localizada no interior de unidade de conservação, após a sua criação: Multa de R$ 500,00 (quinhentos reais) por quilograma ou unidade.

O decreto não define o sujeito ativo da infração administrativa contemplada pelo artigo 55,[18] limitando-se a dispor: "deixar de averbar a reserva legal". É mais um tipo administrativo com péssima redação. Tal infração, contudo, é *própria* pois a averbação da reserva legal é obrigação do proprietário ou do posseiro do imóvel rural, dada a sua natureza *propter rem*. Porém, ante a enorme sucessão de normas sobre reserva florestal legal, grandes controvérsias que o tema tem gerado, julgo seja relevante tratar da questão da reserva legal no tempo, para que se saiba o que deve ser averbado e percentual a ser averbado.

A discussão de direito intertemporal é relevante, tendo em vista o disposto no art. 5º, XXXVI, da CF que estabelece que a lei não prejudicará o direito adquirido, o ato jurídico perfeito e a coisa julgada.

Desde 1934, com exceção da Carta de 1937, essa cláusula vem sendo retratada nos textos constitucionais. Ante a omissão da Constituição de 1937, a Lei de Introdução ao Código Civil, de 1942, admitiu que a nova lei pudesse retroagir, caso houvesse disposição expressa nesse sentido. O art. 6º da LICC[19] prevê que a lei terá efeito imediato e geral. Não atingirá, entretanto, salvo disposição em contrário, as situações jurídicas definitivamente constituídas e a execução do ato jurídico perfeito. Com o advento da Constituição de 1946, que novamente consagrou o princípio da irretroatividade no

---

18. Art. 55. Deixar de averbar a reserva legal: Penalidade de advertência e multa diária de R$ 50,00 (cinquenta reais) a R$ 500,00 (quinhentos reais) por hectare ou fração da área de reserva legal. § 1º O autuado será advertido para que, no prazo de cento e oitenta dias, apresente termo de compromisso de regularização da reserva legal na forma das alternativas previstas na Lei 4.771, de 15 de setembro de 1965. § 2º Durante o período previsto no § 1º, a multa diária será suspensa. § 3º Caso o autuado não apresente o termo de compromisso previsto no § 1º nos cento e vinte dias assinalados, deverá a autoridade ambiental cobrar a multa diária desde o dia da lavratura do auto de infração, na forma estipulada neste Decreto. § 4º As sanções previstas neste artigo não serão aplicadas quando o prazo previsto não for cumprido por culpa imputável exclusivamente ao órgão ambiental. § 5º O proprietário ou possuidor terá prazo de cento e vinte dias para averbar a localização, compensação ou desoneração da reserva legal, contados da emissão dos documentos por parte do órgão ambiental competente ou instituição habilitada. § 6º No prazo a que se refere o § 5º, as sanções previstas neste artigo não serão aplicadas.
Jurisprudência:
Agravo de Instrumento Ação civil pública ambiental Reserva florestal legal Execução do julgado Indeferimento do requerimento de suspensão do prazo para cumprimento da obrigação de elaborar projeto de instituição, medição, demarcação e averbação da reserva florestal legal, junto ao órgão competente, até 11/06/2011, data da entrada em vigor do art. 55, do Dec. 6.514/08, com a redação dada pelo Dec. 7.029/09 Perda de objeto do agravo – Recurso prejudicado (TJ-SP – AI: 02204019020108260000 SP 0220401-90.2010.8.26.0000, Relator: Zélia Maria Antunes Alves, Julgamento: 19.04.2012, Publicação: 25.04.2012).
***
Ação civil pública. Averbação de reserva legal. Descumprimento de termo de ajustamento de conduta. Interesse processual. Decreto 6.514/2008. Sanções administrativas. Inaplicabilidade no caso examinado. Aos órgãos públicos legitimados a propor ação civil pública é facultado tomar dos interessados compromisso de ajustamento de sua conduta às exigências legais, mediante cominações, que terá eficácia de título executivo extrajudicial. O Decreto 6.514/08 dispõe sobre as condutas infracionais ao meio ambiente e suas respectivas sanções administrativas e, relativamente à falta de averbação de reserva legal, as normas dos seus arts. 55 e 152 não inviabilizam o processamento de ação civil pública em que se postula o cumprimento de termo de ajustamento de conduta celebrado com o Ministério Público para a demarcação e averbação de área de reserva legal. Recurso provido. (TJ-MG – AC: 10620090346508001 São Gonçalo do Sapucaí, Relator: Almeida Melo, Data de Julgamento: 20.10.2011, Câmaras Cíveis Isoladas / 4ª Câmara Cível, Publicação: 24.10.2011).
19. Hoje: Lei de Introdução às Normas do Direito Brasileiro.

tocante ao direito adquirido e com a alteração da LICC pela Lei 3.238/57 de modo que o mencionado art. 6º passou a ter a seguinte redação: a lei em vigor terá efeito imediato e geral, respeitados o ato jurídico perfeito, o direito adquirido e a coisa julgada.

A proteção do meio ambiente encontra-se no domínio da "destemporalização". A obrigação de conservar o meio ambiente sadio, para as presentes e futuras gerações impõe-se a todos. Como se sabe, nossos modos de consumo e de produção, porte e formas de ocupação do espaço agravam as tensões entre o curto prazo dos ritmos industriais e o longo prazo da incubação natural, multiplicando as "bombas de retardo", cujo efeito é transferido para as gerações futuras.

Maria Emília Mendes de Alcântara tece considerações a esse respeito:

> Não objetamos a que a lei seja e possa ser a todo o tempo modificável. Não podemos concordar, todavia, com o aniquilamento de direitos adquiridos sem a correspondente compensação. Isto equivaleria à negação da existência mesma do direito adquirido, visto que tal conceito de nada valeria, uma vez que poderia ser livremente suprimido, sem que nada se pudesse opor para garantir a sua manutenção ou reclamar quando de sua supressão. Assinale-se ainda que o legislador não pode sobrepor sua vontade à Constituição, assim, se os direitos decorrem de determinação constitucional, o legislador não dispõe de competência para os eliminar ou limitar, mas apenas para os regulamentar e, em editando ato legislativo que os agrida, causando dano certo, especial e anormal, indiscutível se afigura a responsabilidade estatal (Alcântara, 1988, p. 55).

A questão atual e sempre controversa ·dos "direitos adquiridos" nos remete à problemática dos conflitos da lei no tempo. Em princípio, a "perpetuidade está nas leis", como descrito no Livro Preliminar do Código Civil. No entanto, quando uma lei é revogada e substituída por outra, apresentam-se situações transitórias de conflito de leis no tempo.

De fato, seria demasiadamente simples pensar que a lei antiga interrompe seus efeitos quando entra em vigor a nova lei. Ocorre que sob o regime anterior, fatos jurídicos se assentaram, atos jurídicos foram realizados, direitos subjetivos foram adquiridos, interesses se consolidaram: resumindo, situações jurídicas de todos os tipos se estabeleceram, que se prolongam sob o império da nova lei. Esta lei nova pode igualmente afetar expectativas, esperanças e situações em via de formação. Em todos esses casos coloca-se a questão de saber em que medida a lei antiga, mais ou menos duradouramente incorporada a estas situações jurídicas, sobreviverá em relação a elas, apesar da entrada em vigor da nova lei. Em prol do princípio da sobrevivência da lei antiga clamam os valores de estabilidade social, de confiança, da continuidade e de segurança jurídica, que deveriam, segundo pensamos, garantir as si validamente adquiridas e consolidadas sob essa lei antiga.

O jurista francês Paul Roubier (1960) elaborou a teoria do direito transitório, abandonando o ponto de vista subjetivo do sujeito de direito sustentando, com a ajuda de seus "direitos adquiridos", contra o Estado, adotando ponto de vista mais neutro, baseado no conceito de "situação jurídica", do qual distinguia a criação, os efeitos em extinção, sugerindo a seguinte solução: a criação de uma situação jurídica (in aquisição de um direito), assim como os efeitos já produzidos, são e continuam regidos pela aplicação da lei em vigor, no momento da criação ou da aquisição; em troca, os efeitos sucessivos dessa relação de direito previamente formado, assim como suas causas de extinção, procedem, com "efeito imediato", da nova lei. Em outras palavras, a nova lei apreende imediatamente a situação jurídica em curso, mas não pode modificar, sob pena de agir retroativamente, que as situações já produziram.

De igual modo, as chamadas regras de ordem pública não se excepcionam da aplicação do princípio do direito adquirido. Nesse sentido, veja-se a jurisprudência do STF:

> "Recurso extraordinário. Mensalidade escolar. Atualização com contrato. – Em nosso sistema jurídico, a regra de que a lei nova não prejudicará o direito adquirido, o ato jurídico perfeito e a coisa julgada, por estar inserida no texto da Carta Magna (art. 5º, XXXVI), tem caráter constitucional impedindo, portanto, que a legislação infraconstitucional, ainda quando de pública, retroaja para alcançar o direito adquirido, o ato jurídico perfeito, ou a coisa julgada, ou que o Juiz a aplique retroativamente. E a retroação ocorre ainda quando se pretende aplicar de imediato a lei nova para alcançar os efeitos futuros de fatos passados que se consubstanciem em qualquer das referidas limitações, pois ainda nesse caso há retroatividade – a retroatividade mínima – uma vez que se a causa do efeito é o direito adquirido, a coisa julgada, ou o ato jurídico perfeito, modificando-se seus efeitos por força da lei nova, altera-se a causa que constitucionalmente é infensa a tal alteração. Essa orientação, que é firme nesta Corte, não foi observada pelo acórdão recorrido que determinou a aplicação das Leis 8.030 e 8.039, ambas de 1990, aos efeitos posteriores a elas decorrentes de contrato celebrado em outubro de 1989, prejudicando, assim, ato jurídico perfeito. Recurso extraordinário conhecido e provido (STF, O RE 188.366-SP, Relator Ministro Moreira Alves, 1ª Turma, DJU 19.11.1999, p. 67).

O relator, Ministro Moreira Alves, entendeu, na oportunidade, que o princípio do direito adquirido se aplica a toda e qualquer lei infraconstitucional, sem qualquer distinção entre lei de direito público e lei de direito privado, ou entre lei de pública e lei dispositiva.[20] O mesmo entendimento tinha o Ilustre doutrinador Pontes de Miranda:

> A regra jurídica de garantia é, todavia, comum ao direito privado e ao direito público. Quer se trate de direito público, quer se trate de direito privado a lei nova não pode ter efeitos retroativos (critério objetivo), nem ferir direitos adquiridos (critério subjetivo), conforme seja o sistema adotado pelo legislador constituinte. Se não existe regra jurídica constitucional de garantia, e sim, tão só, dirigida aos juízes, só a cláusula de exclusão pode conferir efeitos retroativos, ou ofensivos dos direitos adquiridos, a qualquer lei (Pontes de Miranda, 1974, p. 99).

---

20. ADI 493, Relator Min. Moreira Alves. Ação direta de inconstitucionalidade. – Se a lei alcançar os efeitos futuros de contratos celebrados anteriormente a ela, será essa lei retroativa (retroatividade mínima) porque vai interferir na causa, que e um ato ou fato ocorrido no passado. – O disposto no artigo 5º, XXXVI, da Constituição Federal se aplica a toda e qualquer lei infraconstitucional, sem qualquer distinção entre lei de direito público e lei de direito privado, ou entre lei de ordem pública e lei dispositiva. Precedente do STF. – Ocorrência, no caso, de violação de direito adquirido. A taxa referencial (TR) não e índice de correção monetária, pois, refletindo as variações do custo primário da captação dos depósitos a prazo fixo, não constitui índice que reflita a variação do poder aquisitivo da moeda. Por isso, não há necessidade de se examinar a questão de saber se as normas que alteram índice de correção monetária se aplicam imediatamente, alcançando, pois, as prestações futuras de contratos celebrados no passado, sem violarem o disposto no artigo 5º, XXXVI, da Carta Magna. – Também ofendem o ato jurídico perfeito os dispositivos impugnados que alteram o critério de reajuste das prestações nos contratos já celebrados pelo sistema do Plano de Equivalência Salarial por Categoria Profissional (PES/CP). Ação direta de inconstitucionalidade julgada procedente, para declarar a inconstitucionalidade dos artigos 18, "caput" e parágrafos 1º e 4º; 20; 21 e parágrafo único; 23 e parágrafos; e 24 e parágrafos, todos da Lei 8.177, de 1 de maio de 1991).

Conforme o entendimento de Rui Carvalho Piva (2000), a imposição de restrições a utilização de bens privados que importem em não utilização, ou acréscimo de restrições anteriores, em decorrência da necessidade de preservação de bem difuso, do interesse de todos, não obstante sua indiscutível conveniência, envolve mais diretamente uma espécie de confronto de princípios. Um confronto que deve ser resolvido pela equivalência das pretensões. Em outras palavras, uma solução que pressupõe o atendimento do interesse comum de todos e que deve importar em reparação pelas perdas patrimoniais impostas ao detentor do direito de natureza privada.

Como visto, as leis supervenientes podem ser aplicadas imediatamente em relação aos direitos adquiridos sobre as coisas, cujas qualificações jurídicas são definidas pela própria lei. Para tal efeito, não importa que os atos jurídicos tendentes à aquisição destes direitos tenham sido iniciados sob a vigência da lei anterior, o que importa é a ocorrência do aperfeiçoamento destes atos sob o império da lei nova, cuja disciplina passam a se sujeitarem.

Sobre o assunto, Vicente Ráo (1991, p. 350) afirmou que:

> Em princípio, possuem maior e mais intensa força obrigatória todas as leis novas relativas aos direitos reais, que, assim, passam a aplicar-se imediatamente a todas as relações desta natureza (domínio, posse e direitos reais sobre a coisa alheia), em consequência do caráter eminentemente social da propriedade e das faculdades correspondentes ou dela destacadas. Também neste ramo do direito a eficácia imediata da lei nova não significa retroatividade, pois os direitos já constituídos, e seus efeitos já verificados durante a vigência de leis anteriores, continuam a ser julgados válidos, de acordo com estas leis; extintos continuam a ser havidos os direitos reais que sob a lei antiga e de acordo com ela se extinguiram. Mas os efeitos atuais e futuros da aquisição e da extinção incidem na lei nova, que passa a discipliná-los. Neste sentido dispõem entre outros textos legais, os arts. 181 e 189 da Lei de Introdução ao código germânico e o art. 17 do título final do código civil suíço. Motivos de ordem social podem, entretanto, determinar a cessação de um direito real validamente adquirido sob o domínio de lei anterior, dispondo a lei sobre o modo de se efetuar a extinção e sobre as compensações ou faculdades a serem atribuídas aos titulares dos direitos extintos.

Assim, um direito real pode ser extinto por motivos de ordem social, mas para tanto, deve haver uma compensação, isto é, o Estado deverá indenizar o particular pela supressão do direito real validamente adquirido.

O aspecto temporal da aquisição de imóvel objeto de restrição é também pressuposto de fundamental importância para a indenização. Hipóteses de aquisição de áreas posteriormente à ocorrência de eventos restritivos inabilitam o postular da indenização, na medida em que esta pessoa adquiriu o imóvel já objeto de uma restrição. O máximo que cabe, no caso, é ação regressiva contra o alienante, já que ninguém pode transmitir mais direitos do que tem.

A propriedade é um instituto constitucional econômico antes mesmo de sua noção territorial. A Constituição garante a manutenção do patrimônio pelo equivalente em espécie no caso de indenização por interesse público ou utilidade social. No preço de transação comercial influi diretamente o percentual de área útil de exploração: vale o que produz.

Para o cálculo do valor indenizatório é necessário que haja prova da atividade econômica, que poderá ser efetivamente preexistente ou mesmo apenas viável. É usual a alegação de atingidos por atos de proteção ambiental no sentido de que há interdição por impossibilidade de parcelamento do solo ou exploração madeireira, pouco se questionando sobre a efetividade desta atividade econômica ou sobre a sua efetiva viabilidade. A viabilidade pressuposta, ademais, não é apenas econômica (por exemplo, se o custo da extração de madeira numa determinada região for superior ao valor desse produto no mercado), mas também jurídica, no sentido da possibilidade legal da dita exploração, vedada em áreas de preservação permanente, por exemplo. Dessa forma, é de fundamental importância a realização de perícia. Sendo assim, havendo direito à indenização, o prejuízo a ser indenizado deve ser constatado e real, material e diretamente. O dano efetivado à atividade econômica do proprietário deve ser efetivamente demonstrado.

Guilherme José Purvin de Figueiredo (2008, p. 233) aponta a diferença entre Áreas de Preservação Permanente (APP) e Reserva Florestal Legal, afirmando que: "Há, porém, uma diferença muito grande entre APPs e reserva [florestal] legal: as APPs não podem ser exploradas economicamente", o que indica que, em sentido contrário, a exploração das reservas florestais legais é perfeitamente possível. Tal entendimento reverbera posição jurisprudencial contida no Recurso Especial 139.096/SP, relator: Ministro Luiz Pereira, de cuja ementa destaca-se o seguinte trecho: "provimento para excluir da indenização a cobertura vegetal preservação permanente. Indenizabilidade da área compreendida na reserva legal, cujo valor deverá ser verificado de modo específico." Merece ser observado, no que estamos em posição similar a de Guilherme José Purvin de Figueiredo, no sentido de que a indenizabilidade independe da averbação da reserva florestal legal, *in verbis*: "[a]ntre-se, porém, para a situação fática descrita no acórdão. Não se trata de hipótese indenizabilidade pela averbação de reserva [florestal] legal, mas de reconhecimento do valor econômico da vegetação nesta existente (...)" (Figueiredo, 2008, p. 233).

O STF reconheceu que se a lei nova modificar o regime jurídico de determinado instituto, como é o da propriedade, essa modificação se aplica de imediato,[21] corroborando a ideia de que o caráter institucional do direito de propriedade e consequentemente o conteúdo normativo de seu âmbito de proteção citem e legitimem a alteração do regime jurídico da propriedade, apesar dos possíveis reflexos sobre as posições jurídicas individuais.

---

21. RE 94.020, Relator Ministro Moreira Alves. Direito adquirido. Não ofende o princípio constitucional do respeito ao direito adquirido preceito de lei que estabelece uma "condicio iuris" para a conservação de direito absoluto anteriormente constituído, e determina que, dentro de certo prazo, seja ela observada pelo titular deste direito, sob pena de decair dele. Não há direito adquirido ao regime jurídico de um instituto de direito, como o e a propriedade de marca. E, pois, constitucional o artigo 125 do código de propriedade industrial (Lei 5.772, de 21.12.1971). Recurso extraordinário não conhecido (STF – RE: 94020 RJ, Relator: Min. Moreira Alves, Julgamento: 04.11.1981, Tribunal Pleno, DJ 18.12.1981).

Dessa forma, o legislador não está impedido de redefinir o conteúdo do direito de propriedade dando-lhe nova conformação. No entanto, esse poder de conformação é limitado pelo núcleo essencial do direito e pela garantia institucional do direito de propriedade. O legislador não pode suprimir a utilidade privada do bem para seu titular, sob o pretexto de dar nova conformação ao direito de propriedade. De igual modo, não pode o legislador impossibilitar a aquisição ou o exercício desse direito, com o propósito de disciplinar a forma de existência ou exercício do direito de propriedade.

Nesse sentido, o Supremo Tribunal Federal decidiu que quando a limitação administrativa afeta o conteúdo econômico do direito de propriedade, o Estado deverá indenizar os prejuízos de ordem patrimonial sofridos pelo particular. Veja o acórdão abaixo:

> Recurso extraordinário – Estação ecológica – Reserva florestal na serra do Mar – Patrimônio nacional (CF, art. 225, par. 4.) – Limitação administrativa que afeta o conteúdo econômico do direito de propriedade – direito do proprietário à indenização – Dever estatal de ressarcir os prejuízos de ordem patrimonial sofridos pelo particular – Não conhecido. 2 Incumbe ao Poder Público o *dever constitucional de* proteger a flora e de adotar as necessárias medidas que visem a coibir práticas lesivas ao equilíbrio ambiental. *Esse encargo, contudo, não exonera o Estado da obrigação de indenizar os proprietários cujos imóveis venham a ser afetados em sua potencialidade econômica, pelas limitações impostas pela Administração Pública. – A proteção jurídica dispensada às coberturas vegetais que* revestem as propriedades imobiliárias não impede que o dominus *venha a promover*, dentro dos limites autorizados pelo Código Florestal, o adequado e racional aproveitamento econômico das árvores nelas existentes. A jurisprudência do Supremo Tribunal Federal e dos Tribunais em geral, tendo presente a garantia constitucional que protege o direito de propriedade, firmou-se no *sentido de proclamar a plena indenizabilidade das matas e revestimentos florestais* que recobrem áreas dominiais privadas objeto de apossamento *estatal* ou *sujeitas a restrições administrativas impostas pelo Poder Público*. Precedentes – *A circunstância de* o Estado dispor de competência para criar reservas florestais não lhe confere, só por si – *considerando-se os princípios que tutelam*, em nosso sistema normativo, o direito de propriedade –, *a prerrogativa de subtrair-se ao pagamento de indenização compensatória ao particular, quando a ati*vidade pública, decorrente do exercício de atribuições em tema de direito florestal impedir ou afetar a válida exploração econômica do imóvel por seu proprietário. – A norma inscrita no art. 225, par. 4., da Constituição deve ser interpretada de modo harmonioso com o sistema jurídico consagrado pelo ordenamento fundamental, notadamente com a cláusula que, proclamada pelo art. XXII, da Carta Política, garante e assegura o *direito de propriedade em todas* as suas projeções, inclusive aquela concernente a compensação financeira de pelo Poder Público ao proprietário atingido por atos imputáveis a atividade estatal. O *preceito consubstanciado no art. 225, par. 4., da Carta* República, além de não haver convertido em bens públicos os imóveis particulares abrangidos pelas florestas e pelas matas nele referidas (Mata Atlântica, Serra *do Mar, Floresta Amazônica brasileira), também não impede a utilização pelos próprios particulares, dos recursos naturais existentes naquelas áreas que* estejam sujeitas ao domínio privado, desde que observadas as prescrições legais *respeitadas as condições necessárias a preservação ambiental. – A ordem constitucional dispensa tutela efetiva ao direito de propriedade (CF/88, art. 5., f11). Essa proteção outorgada pela Lei Fundamental da República estende-se, na abrangência normativa de sua incidência tutelar, ao reconhecimento, em favor do* dominus, *da garantia de compensação financeira, sempre que o Estado, mediante atividade que lhe seja juridicamente imputável, atingir o direito de propriedade em seu conteúdo econômico, ainda que o imóvel particular afeto pela ação do Poder Público esteja localizado em qualquer das áreas referidas o art. 225, par. 4, da Constituição – Direito ao meio ambiente ecologica*mente equilibrado: a consagração constitucional de um típico direito de terceira geração (CF, art. 225, caput). (Ministro Celsos de Mello, RE 134.927/SP, DJU: 22.09.1995, p. 30597).

A norma do artigo 56[22] do Decreto 6.514/2008 corresponde ao artigo 49 da Lei 9.605/1998. Luiz Régis Prado assim se manifestou sobre o tipo penal, as quais, guardadas as proporções se aplicam ao tipo administrativo:

> Por plantas ornamentais entendem-se as que decoram, adornam, embelezam ou enfeitam um local, como begônias, lírios, tulipas, orquídeas, samambaias entre outras. Essa incriminação (inclusive com a forma culposa) não deveria passar – quando muito – de infração administrativa. Há evidente exagero do legislador [...] (Prado, 2024, p. 242).

Não há a menor dúvida que falece ao Poder Executivo Federal a competência para a definição de ilícito administrativo em logradouro público, pois como se sabe, cabe ao Município zelar pela ordem urbana, dentro da qual, certamente, se encontra a proteção dos logradouros públicos e de seus diferentes adornos. Conforme o disposto no artigo 30, I da CF, compete aos Municípios, "legislar sobre assuntos de interesse local". Entretanto, não se pode relegar a segundo plano o fato de que inúmeros municípios adotam o Decreto 6514/2008 como instrumento de gestão ambiental local. Em tal condição, a norma se justifica.

Logradouro público é a rua, a avenida, o beco, a travessa, o caminho enfim qualquer via aberta à livre circulação do público na qual estejam localizadas plantas ornamentais, isto é, com finalidades decorativas e de embelezamento do local. As condutas puníveis são (1) destruir, (2) danificar, (3) lesar e (4) maltratar.

A motosserra[23] é aparelho utilizado para o corte de madeiras e árvores; normalmente o motor é alimentado por gasolina ou outro combustível. É um aparelho relativamente

---

22. Art. 56. Destruir, danificar, lesar ou maltratar, por qualquer modo ou meio, plantas de ornamentação de logradouros públicos ou em propriedade privada alheia: Multa de R$ 100,00 (cem reais) a R$1.000,00 (mil reais) por unidade ou metro quadrado.
    Jurisprudência:
    O Auto de Infração descreve suficientemente a infração ambiental cometida, consistente na supressão drástica de exemplar arbóreo. Ainda que incorreta a tipificação da multa, com base no art. 72, inciso I, do Decreto Federal 6.514/08, porquanto ausente hipótese de subsunção da infração contra o ordenamento urbano e o patrimônio cultural, os particulares se defendem dos fatos e não da descrição legal, sendo observado o regular exercício do contraditório e da ampla defesa. Hipótese de redução de multa nos termos do art. 56 do Decreto Federal 6.514/08 aplicável à infração ambiental. No mais, de acordo com os elementos constantes nos autos, de rigor considerar a responsabilidade dos particulares pela poda irregular de exemplar arbóreo, ocasionando conduta lesiva ao meio ambiente. Sentença reformada. Recurso provido (TJ-SP – AC: 10377555720158260053 SP 1037755-57.2015.8.26.0053, Relator: Marcelo Berthe, Julgamento: 05.07.2018, 1ª Câmara Reservada ao Meio Ambiente, Publicação: 11.07.2018).
23. Art. 57. Comercializar, portar ou utilizar em floresta ou demais formas de vegetação, motosserra sem licença ou registro da autoridade ambiental competente: Multa de R$ 1.000,00 (mil reais), por unidade.
    Jurisprudência:
    1. Em havendo conexão de crimes, tal como se vê no caso em exame, conforme o art. 78, II, a, do CPP, haverá preponderância do lugar da infração à qual resultar cominada pena mais grave. 2. Na fase inquisitorial inexiste o contraditório, uma vez que o Inquérito Policial é mero procedimento administrativo, informativo e até dispensável. Por isso, não há partes, e, em assim sendo, a defesa não poderia mesmo estar presente no ato de reconhecimento de pessoa, previsto no art. 226, e incisos, do CPP [mera recomendação]. Nada impede que o aludido reconhecimento seja feito através de fotografia considerando a sua análise com outras provas produzidas em contraditório judicial. 3.1 As provas produzidas durante a instrução criminal são inequívocas quanto à culpa dos apelantes, quanto aos crimes de sequestro e cárcere privado, e posse de arma de fogo de uso restrito e permitido, sendo certa a materialidade e autoria. No entanto, em relação ao crime de comercializar ou utilizar

pequeno e, portanto, de fácil transporte e manuseio. Devido a velocidade com a qual opera e a facilidade de manipulação que proporciona, ela faz com que a derrubada de árvores seja, atualmente, uma operação muito simples. Em função das circunstâncias mencionadas, os motosserras estão submetidas à regulamentação administrativa, no âmbito federal, assim como muitos estados possuem normas legais para a comercialização das motosserras.

O artigo 51 da Lei 9.605/1998[24] não contempla o verbo portar. A imputação pelo ato de portar motosserra é excessiva e pune administrativamente um ilícito abstrato, pois o portador pode ser um mero detentor do motosserra, não sendo razoável que se atribua pena por detenção muitas vezes meramente acidental. Também não é razoável que se exija do mero detentor a posse dos documentos relativos ao aparelho.

A obrigação legal para o registro de motosserra está prevista no artigo 69 da Lei 12.651/2012:

> Art. 69. São obrigados a registro no órgão federal competente do Sisnama os estabelecimentos comerciais responsáveis pela comercialização de motosserras, bem como aqueles que as adquirirem.
>
> § 1º A licença para o porte e uso de motosserras será renovada a cada 2 (dois) anos.
>
> § 2º Os fabricantes de motosserras são obrigados a imprimir, em local visível do equipamento, numeração cuja sequência será encaminhada ao órgão federal competente do Sisnama e constará nas correspondentes notas fiscais.

A matéria, administrativamente, está regulada pela Portaria Normativa Ibama 149, de 30 de dezembro de 1992.

Os gravíssimos incêndios florestais ocorridos no Brasil, em 2024, levaram o Poder Executivo Federal, por meio do Decreto 12.189/2024, a introduzir no Decreto 6514/2008, os artigos 58-A e 58-B, dentre outros. O artigo 58 tem por objeto o simples uso de fogo em áreas agropastoris, sem a devida autorização. Já os artigos 58-A e 58-B[25] dizem res-

---

motosserra em florestas ou demais formas de vegetação, sem licença ou registro da autoridade competente, a mera apreensão do instrumento de manejo na posse do agente, sem demonstração de utilização, enseja o reconhecimento da infração administrativa prevista no art. 57 do Decreto 6.514/08. Pena redimensionada. TJ-MT – APL: 00011548120168110011 MT, Relator: Gilberto Giradelli, Julgamento: 08.11.2017, 3ª Câmara Criminal, Publicação: 21.11.2017.

24. Art. 51. Comercializar motosserra ou utilizá-la em florestas e nas demais formas de vegetação, sem licença ou registro da autoridade competente: Pena – detenção, de três meses a um ano, e multa.

25. Art. 58. Fazer uso de fogo em áreas agropastoris sem autorização do órgão competente ou em desacordo com a obtida: Multa de R$ 3.000,00 (três mil reais) por hectare ou fração.

Art. 58-A. Provocar incêndio em floresta ou qualquer forma de vegetação nativa: Multa de R$10.000,00 (dez mil reais) por hectare ou fração.

Art. 58-B. Provocar incêndio em floresta cultivada: Multa de R$5.000,00 (cinco mil reais) por hectare ou fração.

Jurisprudência:

1. Trata-se de apelação interposta pelo IBAMA (Instituto Brasileiro do Meio Ambiente e dos Recursos Naturais Renováveis) em face da sentença do Juízo da 18ª Vara Federal/CE, que julgou parcialmente procedente o pedido formulado em Ação Anulatória pelo Autor (Bartolomeu Fernandes de Araújo), ora Apelado, determinando a anulação do auto de infração ambiental 604543/D (fazer uso fogo) e a retificação do auto de infração 604542/D (desmatar), a fim de excluir a majorante referente ao reconhecimento da reincidência, admitindo-se, no entanto, a incidência do aumento previsto no art. 60, I, do Decreto 6.514/2008. 2. As

peito não a mero ilícito administrativo formal, mas cuida de um ilícito administrativo concreto e de consequências danosas: a provocação de incêndios florestais.

A vegetação nativa é a vegetação primária, ou seja, a vegetação de máxima expressão local com grande diversidade biológica, sendo os efeitos das ações antrópicas mínimos, a ponto de não afetar significativamente suas características originais de estrutura e de espécies, conforme definição do Conselho Nacional do Meio Ambiente.

A Floresta plantada ou cultivada, conforme a definição do artigo 2º do Decreto 8.375/2014 é a floresta composta predominantemente por árvores que resultam de semeadura ou plantio, cultivada com enfoque econômico e com fins comerciais. É a resultante da atividade de silvicultura.

A norma visa a impedir a propagação de fogo e incêndios em decorrência da utilização das chamadas queimadas que são, como se sabe, uma prática agropastoril

---

condutas imputadas ao Apelado foram a de desmatar (auto de infração 604542/D) e de fazer uso de fogo (auto de infração ambiental 604543/D), tipificadas nos art. 52 e 58 do Decreto 6.514/2008 c/c art. 70 da Lei 9.605/1998. Contudo, como as duas condutas foram realizadas no mesmo contexto, provocando juntas um único resultado de degradação ambiental, não é cabível a aplicação cumulativa das sanções previstas no art. 52 e no art. 58 do Decreto 6.514/2008. O uso de fogo foi um meio para a prática do desmatamento, de maneira que somente há incidência do art. 52 do Decreto 6.514/2008 (princípio da consunção). 3. Quanto ao não reconhecimento da reincidência na sentença, o Apelante se insurge de maneira genérica, apenas dizendo que restou demonstrada pelos documentos anexados. Não houve impugnação específica quanto à larga fundamentação da sentença sobre a não ocorrência da incidência, que, aliás, está irretocável: "Vale salientar, ainda, que, no auto de infração 604542/D, a multa imposta ao autor foi majorada no triplo em razão do reconhecimento da reincidência, considerando que, anteriormente, no dia 02.04.2004, o agente foi autuado pelo cometimento de outra infração ambiental (processo administrativo 02007.001503/2004-10), conforme Id. 4058103.855712. Ocorre que, à época, vigia o Decreto 3.179/99, que, no seu art. 10, reconhecia a reincidência na hipótese de nova infração ambiental cometida pelo mesmo agente dentro do período de 3 (três) anos. O Decreto 6.514/08 alterou o regramento para ampliar o mencionado prazo para 5 (cinco) anos. Considerando a data de autuação da infração anterior (02.04.2004), a presente infração, autuada em 15.11.2008, não pode ser majorada sob o fundamento da reincidência. Isso porque, antes da entrada em vigor do Decreto 6.514/08, já havia se consumado o lapso de 3 (três) anos previsto no ato normativo que então vigia, sendo incabível a aplicação retroativa do regramento atual, mormente para prejudicar o infrator, sob pena de frustração da legítima expectativa nele criada e, por conseguinte, afronta ao princípio da segurança jurídica." 4. Apelação improvida. Sentença mantida (TRF-5 – Ap: 08001638120154058103, Relator: Desembargador Federal Fábio Luiz de Oliveira Bezerra (Convocado), Julgamento: 30/09/2021, 1ª Turma). ***

1. Na hipótese, o Ibama lavrou o Termo de Embargo 374957-C e o Auto de Infração 518131-D em razão de o apelante ter queimado, sem autorização do órgão ambiental, 2,56 hectares de mata nativa. 2. Não logrando o autor/apelante apresentar provas capazes de ilidir a presunção de legitimidade do auto de infração lavrado pelo Ibama, fica mantida a penalidade administrativa aplicada. 3. Este Tribunal já decidiu reiteradas vezes que, apesar da redação, o art. 72, *caput* e § 3º da Lei 9.605/1998 não indica suposta gradação nas penalidades administrativas a serem aplicadas no momento da autuação, pois "não há qualquer interdependência entre as cominações descritas na espécie, notadamente, em face da regra descrita no § 2º, deste mesmo artigo que garante a aplicação da penalidade de advertência, 'sem prejuízo das demais sanções previstas'" (AMS 0000446-35.2010.4.01.3800/MG, relator Desembargador Federal Souza Prudente, e-DJF1 de 27.11.2013, p. 39). 4. O embargo constitui sanção, com previsão legal específica, aplicado quando houver risco de a continuidade da atividade agravar os danos ao meio ambiente. Trata-se de medida restritiva, que pode ser aplicada a fim de prevenir a ocorrência de novas infrações ou a continuidade delitiva. 5. Apelação desprovida (TRF-1 – AC: 00054631620104014200, Relator: Desembargador Federal Daniel Paes Ribeiro, Julgamento: 29.07.2019, 6ª Turma, Publicação: 09.08.2019).

milenar e cuja utilização moderna é cada vez mais problemática, seja em motivo da destruição da diversidade biológica, seja pela contribuição para a emissão de gases de efeitos estufa (GEE) para a atmosfera.

5.4 POLÍTICA NACIONAL DE MANEJO INTEGRADO DO FOGO

A Lei 14.944/2024 instituiu a Política Nacional de manejo integrado do fogo com o objetivo de disciplinar e promover a articulação interinstitucional relativa: ao (1) manejo integrado do fogo; à (2) redução da incidência e dos danos dos incêndios florestais no território nacional; e (3) ao reconhecimento do papel ecológico do fogo nos ecossistemas e ao respeito aos saberes e às práticas de uso tradicional do fogo. A Lei estabelece uma série de conceitos normativos relacionados à utilização do fogo:

- incêndio florestal: qualquer fogo não controlado e não planejado que incida sobre florestas e demais formas de vegetação, nativa ou plantada, em áreas rurais e que, independentemente da fonte de ignição, exija resposta;
- queima controlada: uso planejado, monitorado e controlado do fogo, realizado para fins agrossilvipastoris em áreas determinadas e sob condições específicas;
- queima prescrita: uso planejado, monitorado e controlado do fogo, realizado para fins de conservação, de pesquisa ou de manejo em áreas determinadas e sob condições específicas, com objetivos predefinidos em plano de manejo integrado do fogo;
- uso tradicional e adaptativo do fogo: prática ancestral adaptada às condições territoriais, ambientais e climáticas atuais, empregada por povos indígenas, comunidades quilombolas e outras comunidades tradicionais em suas atividades de reprodução física e cultural, relacionada com a agricultura, a caça, o extrativismo, a cultura e a cosmovisão, próprias de sua gestão territorial e ambiental;
- uso do fogo de forma solidária: ação realizada em conjunto por agricultores familiares, por meio de mutirão ou de outra modalidade de interação, que abranja, simultaneamente, 2 (duas) ou mais pequenas propriedades ou posses rurais familiares contíguas;
- regime do fogo: frequência, época, tamanho da área queimada, intensidade, severidade e tipo de queima em determinada área ou ecossistema;
- ecossistema associado ao fogo: aquele em que o fogo, natural ou provocado, cumpra papel ecológico em suas funções e seus processos;
- prevenção de incêndios florestais: medidas contínuas realizadas no manejo integrado do fogo com o objetivo de reduzir a ocorrência e a propagação de incêndios florestais e seus impactos negativos;
- combate aos incêndios florestais: conjunto de atividades relacionadas com o controle e a extinção de incêndios desde a sua detecção até a sua extinção completa;
- plano operativo de prevenção e combate aos incêndios florestais: documento de ordem prático-operacional para gestão de recursos humanos, materiais e de apoio para a tomada de decisão no desenvolvimento de ações de prevenção e de combate aos incêndios florestais, que tem como propósito definir, objetivamente, estratégias e medidas eficientes, aplicáveis anualmente, que minimizem o risco de ocorrência de incêndios florestais e seus impactos em uma área definida;
- manejo integrado do fogo: modelo de planejamento e gestão que associa aspectos ecológicos, culturais, socioeconômicos e técnicos na execução, na integração, no monitoramento, na avaliação e na adaptação de ações relacionadas com o uso de queimas prescritas e controladas e a prevenção e o combate aos incêndios florestais, com vistas à redução de emissões de material particulado e gases de efeito

estufa, à conservação da biodiversidade e à redução da severidade dos incêndios florestais, respeitado o uso tradicional e adaptativo do fogo;

• autorização por adesão e compromisso: autorização para queima controlada mediante declaração de adesão e compromisso com os requisitos preestabelecidos pelo órgão competente.

O artigo 30 da Lei 14.944/2024 definiu as hipóteses de uso permitido do fogo na vegetação: (1) nos locais ou nas regiões cujas peculiaridades justifiquem o uso do fogo em práticas agrossilvipastoris, mediante prévia autorização de queima controlada do órgão ambiental competente para cada imóvel rural ou de forma regionalizada; (2) nas queimas prescritas, com o procedimento regulado pelo órgão ambiental competente e de acordo com o plano de manejo integrado do fogo, observadas as diretrizes estabelecidas pelo Comitê Nacional de Manejo Integrado do Fogo; (3) nas atividades de pesquisa científica devidamente aprovadas pelos órgãos competentes e realizadas por instituições de pesquisa reconhecidas, mediante prévia autorização de queima prescrita pelo órgão ambiental competente; (4) nas práticas de prevenção e de combate aos incêndios florestais e nas capacitações associadas; (5) nas práticas culturais e de agricultura de subsistência exercidas por povos indígenas, comunidades quilombolas, outras comunidades tradicionais e agricultores familiares, conforme seus usos e costumes; (6) na capacitação e na formação de brigadistas florestais; (7) no corte de cana-de-açúcar, como método despalhador e facilitador, em áreas que não sejam passíveis de mecanização, conforme regulamento do órgão estadual competente.

O § 1º do artigo 30 dispõe que as queimas prescritas realizadas pelos órgãos da administração pública responsáveis pela gestão de áreas com vegetação, nativa ou plantada, não dependem da aprovação dos órgãos ambientais competentes. Já as queimas prescritas realizadas por pessoas físicas ou jurídicas privadas deverão constar de planos de manejo integrado do fogo e dependerão de prévia autorização do órgão ambiental competente para aprovação. É difícil entender a diferença de tratamento, pois nada assegura que, em princípio, a queima realizada por entidade da administração pública seja mais segura e controlada a ponto de dispensar a autorização do órgão de controle ambiental.

Por fim, nas faixas de domínio de rodovias e de ferrovias, é facultado o uso do fogo como ferramenta para a redução de material combustível vegetal e para a prevenção de incêndios florestais, desde que medidas adequadas de contenção sejam aplicadas, de acordo com as resoluções editadas pelo Comitê Nacional de Manejo Integrado do Fogo.

É proibido o uso do fogo como método de supressão de vegetação nativa para uso alternativo do solo, nos moldes do inciso VI do *caput* do art. 3º da Lei 12.651/2012, ressalvada a queima controlada dos resíduos de vegetação.

O uso do fogo na vegetação conforme as práticas culturais e de agricultura de subsistência exercidas por povos indígenas, comunidades quilombolas, outras comunidades tradicionais e agricultores familiares, conforme seus usos e costumes.

independe de autorização e é permitido na hipótese de uso tradicional e adaptativo do fogo, observados os seguintes procedimentos: (1) executar a queima em época, dia e horário apropriados, de maneira a evitar condições inadequadas do tempo, como temperatura e vento elevados e baixa umidade relativa, e a respeitar as condições dos ventos predominantes no momento da operação; (2) realizar acordo prévio com a comunidade residente, de acordo com as formas de organização social e política de cada população ou comunidade; (3) comunicar aos brigadistas florestais responsáveis pela área, quando houver; (4) confeccionar aceiros ou adotar medida preventiva culturalmente adequada, conforme as condições ambientais, topográficas, meteorológicas e de material combustível, a serem determinadas em regulamento; (5) incluir planejamento da queima no calendário de manejo integrado do fogo, quando houver.

Em relação à responsabilização pelo uso irregular do fogo, a matéria tem tratamento no artigo 45 da Lei, com uma importante observação no § 2º que ressalta a necessidade de que seja "tecnicamente estabelecida por meio de comprovação de nexo causal" a culpabilidade de quem tenha dado causa ao incêndio florestal.

Nesse contexto surge o artigo 58 – C do Decreto 6514/2008.[26] O artigo tem uma relação direta com a Lei 14.944/2024 que instituiu a Política Nacional de manejo integrado do fogo que criou o Comitê Nacional de Manjo Integrado do Fogo , como instância interinstitucional de caráter consultivo e deliberativo da Política Nacional de Manejo Integrado do Fogo, vinculado ao Ministério do Meio Ambiente e Mudança do Clima, com as seguintes atribuições: (1) facilitar a articulação institucional para a promoção do manejo integrado do fogo; (2) propor ao órgão competente do Poder Executivo federal normas para a implementação da Política Nacional de Manejo Integrado do Fogo; (3) propor medidas para a implementação da Política Nacional de Manejo Integrado do Fogo e monitorá-las periodicamente; (4) apreciar o relatório anual sobre os incêndios florestais no território nacional elaborado pelo Centro Integrado Multiagência de Coordenação Operacional Federal (Ciman Federal) e dar publicidade a ele; (5) propor mecanismos de coordenação para detecção e controle dos incêndios florestais a serem aplicados por instituições de resposta ao fogo, tais como os centros integrados multiagências de coordenação operacional; (6) estabelecer as diretrizes acerca da geração, da coleta, do registro, da análise, da sistematização, do compartilhamento e da divulgação de informações sobre os incêndios florestais e o manejo integrado do fogo; (7) estabelecer as diretrizes para a captação de recursos físicos e financeiros nas diferentes esferas governamentais; (8) estabelecer as diretrizes para a capacitação de recursos humanos que atuarão na prevenção e no combate aos incêndios florestais e nas atividades relacionadas com o manejo integrado do fogo; (9) acompanhar as ações de cooperação técnica internacional no âmbito dos acordos,

---

26. Art. 58-C. Deixar de implementar, o responsável pelo imóvel rural, as ações de prevenção e de combate aos incêndios florestais em sua propriedade de acordo com as normas estabelecidas pelo Comitê Nacional de Manejo Integrado do Fogo e pelos órgãos competentes do Sisnama: Multa de R$5.000,00 (cinco mil reais) a R$10.000.000,00 (dez milhões de reais).

dos convênios, das declarações e dos tratados internacionais que tenham interface com o manejo integrado do fogo e dos quais a República Federativa do Brasil seja signatária; (10) propor instrumentos de análise de impactos dos incêndios e do manejo integrado do fogo sobre a mudança no uso da terra, a conservação dos ecossistemas, a saúde pública, a flora, a fauna e a mudança do clima. O Comitê foi regulamentado pelo Decreto 12.173/2024.

O tipo administrativo (artigo 59 do Decreto 6514/2008[27]) corresponde ao artigo 42 da Lei 9.605/1998. A norma objetiva proteger o ambiente contra o fogo.

---

27. Art. 59. Fabricar, vender, transportar ou soltar balões que possam provocar incêndios nas florestas e demais formas de vegetação, em áreas urbanas ou qualquer tipo de assentamento humano: Multa de R$ 1.000,00 (mil reais) a R$ 10.000,00 (dez mil reais), por unidade.

Jurisprudência:

Apelações criminais – Juízo de censura pelos artigos 16, parágrafo único, III, da Lei 10.826/03, do art. 42 da Lei 9.605/98 (fabricar, vender, transportar ou soltar balões que possam provocar incêndios em áreas urbanas) e do art. 299 (falsidade ideológica) do código penal, tudo na forma do art. 69 do código penal. Recurso ministerial. Pleitos de reconhecimento da agravante da reincidência e de estabelecimento do regime inicial fechado para o início do cumprimento da pena. Provimento parcial: anotação na FAC com condenação transitada em julgado, em 2011, FAC por roubo majorado a 5 anos e 4 meses de reclusão. Reincidência configurada. Ausência de resultado quanto às demais anotações criminais, a possibilitar uma análise quanto aos maus antecedentes. Recurso defensivo, que objetiva a absolvição pelos crimes do ART. 16, parágrafo único, III, da Lei 10.826/03 e do art. 42 da Lei 9.605/98, que merece prosperar, diante da ausência de prova segura quanto à autoria e a materialidade, visto que, os policiais militares afirmaram em juízo que o próprio segundo apelante teria prestado declarações, inclusive na delegacia, de que estava soltando balão com artefato explosivo, no entanto, em juízo o apelante negou os fatos, ao aduzir que apenas assistia outras pessoas soltarem balão, quando foi atingido pelo artefato, sofrendo amputação do membro superior. sendo as provas insuficientes para que seja mantida a condenação pelos crimes descritos nos artigos art. 16, parágrafo único, III, da Lei 10.826/03 e do art. 42 da Lei 9.605/98, não havendo outras provas que corroborem a prática dos crimes. entretanto, materialidade comprovada nos documentos de fls. 29, e o próprio apelante admitiu que usou o documento de identidade do irmão, visando um atendimento, em estando sendo procurado pela justiça, e assim é reclassificada a conduta para a do artigo 307 do CP, no total de 3 meses de detenção pois na 2ª fase, verifica-se a reincidência, consoante anotação de fls. 54. ademais, o apelante confessou a prática do crime previsto no artigo 307 do código penal, o que leva a compensar as circunstâncias preponderantes. na 3ª fase, não há causas de aumento e ou diminuição a serem consideradas, razão pela qual a pena definitiva imposta é a de 3 meses de detenção. Mantido o regime semiaberto, diante da reincidência. Voto no sentido de dar parcial provimento ao recurso defensivo, absolvendo o apelante do artigo 16, parágrafo único, III da Lei 10.826/03 e 42 da Lei 9.605. Reclassificando a conduta do artigo 299 para a do artigo 307 do CPP, e refazer a dosimetria. E parcial provimento ao recurso ministerial. À unanimidade, foi provido em parte o recurso ministerial para reconhecer a reincidência, mas sem reflexo na dosimetria, vez que compensada com a confissão, e dar parcial provimento ao recurso defensivo para absolver o apelante pelo estatuto do desarmamento, art. 16, parágrafo único, III, e do art. 42 da Lei 9.605 e reclassificar a conduta do art. 299 para a do art. 307 do CP, no total final de 03 meses de detenção, no regime semiaberto (TJ-RJ – Apelação: 0039650-18.2015.8.19.0004 201705007822, Relator: Des(a). Rosita Maria de Oliveira Netto, Julgamento: 30.04.2019, 6ª Câmara Criminal, Publicação: 30.07.2019).

***

I – Quanto ao pleito de nulidade da sentença, não houve impugnação específica aos argumentos declinados pelo julgador para condenar o acusado, resultando em evidente afronta à dialeticidade recursal, em vista da ausência de preenchimento de pressupostos recursais, notadamente a regularidade formal neste ponto em específico. II – O conjunto probatório coligido nos autos foi robusto em demonstrar suficientemente que o recorrente praticou de fato a conduta típica prevista no artigo 42 da Lei 9.605/98. III – A elementar típica prevista no artigo 42 da Lei 9.605/98 caracteriza como crime a conduta de fabricar, vender, florestas e demais formas de vegetação, em áreas urbanas ou qualquer tipo de assentamento humano. III – Não obstante a versão dada pelas testemunhas de defesa que se tratavam de balões ecológicos, os depoimentos dos Policiais Militares, em conjunto com os inúmeros objetos apreendidos,

O balão cuja produção, venda, transporte ou soltura é interditada é o apto a provocar incêndio. Em tese, todo balão, por ter bucha inflamável, é capaz de provocar incêndio. Os balões causam problemas que podem ser muito graves para a aviação. Eles também são capazes de causar danos às redes elétricas. Há, igualmente, riscos pessoais para os próprios baloeiros.

O artigo 60 do Decreto 6514/2008[28] foi alterado pelo Decreto 12.189/2024 que lhe deu nova redação.[29]

---

formam um todo contundente em demonstrar que os balões que os acusados preparavam eram aqueles vedados pela legislação ambiental. A versão da defesa de solta balões ecológicos, não logrou ser demonstrada pelas provas dos autos, não tendo se desincumbido do ônus imposto pelo artigo 156, primeira parte, do Código de Processo Penal (TJPR – 2ª C.Criminal – AC – 1705437-2 – Curitiba – Rel.: Desembargador Laertes Ferreira Gomes – Unânime – J. 26.10.2017) (TJ-PR – APL: 17054372 PR 1705437-2 (Acórdão), Relator: Desembargador Laertes Ferreira Gomes, Julgamento: 26.10.2017, 2ª Câmara Criminal, Publicação: DJ: 2161 30.11.2017).

28. Art. 60. As sanções administrativas previstas nesta Subseção serão aplicadas em dobro quando: I – a infração for consumada mediante uso de fogo ou provocação de incêndio, ressalvados os casos previstos nos art. 46, art. 58, art. 58-A e art. 58-B; e II – A infração afetar terra indígena.
Jurisprudência:
1. Comprovado que a autuação administrativa se encontra dentro da legalidade, nos termos dos artigos 70 e 72 da Lei 9.605/1998, artigos 3º, 50 e 60 do Decreto 6.514/2008, e art. 225, § 4º, da Constituição Federal de 1988, é cabível a aplicação da penalidade por infração aos citados diplomas legais. 2. Hipótese em que o autor foi multado em R$ 45.000,00 (quarenta e cinco mil reais), tendo como motivação "destruir a corte raso 5,0722 ha de vegetação nativa, objeto de especial preservação, Região da Amazônia Legal, sem autorização da autoridade ambiental competente, com uso de fogo p/ eliminação material lenhoso" (fl. 44). 3. Apesar de constatada a infração à legislação ambiental, a atuação administrativa deve se ater aos princípios da legalidade, da razoabilidade e da proporcionalidade, observados, ainda, os critérios previstos no art. 6º da Lei 9.605/1998: I – a gravidade do fato, tendo em vista os motivos da infração e suas consequências para a saúde pública e para o meio ambiente; II – os antecedentes do infrator quanto ao cumprimento da legislação de interesse ambiental; III – a situação econômica do infrator, no caso de multa. 4. Faz-se necessária a imposição da penalidade, pois tem caráter educativo, de forma a proteger o meio ambiente, objetivo buscado pela legislação de regência, mormente quando se trata de questão envolvendo a destruição de floresta nativa, considerada de especial preservação ambiental. 5. Por outro lado, deve ser considerado o fato de que o art. 9º do Decreto 6.514/2008 permite a autoridade responsável avaliar, em determinadas situações, se a multa cominada é desproporcional e aplicá-la, observado o "limite mínimo de R$ 50,00 (cinquenta reais) e o máximo de R$ 50.000.000,00 (cinquenta milhões de reais)", mesmo previsão constante do art. 75 da Lei 9.605/1998. 6. Hipótese em que, considerando que o autor é beneficiário da justiça gratuita, sendo assistido pela DPU, hipossuficiente, portanto, mas, observada a peculiaridade dos autos, o valor aplicado no auto de infração – R$ 45.000,00 (quarenta e cinco mil reais), não se mostra razoável, razão pela qual deve ser reduzido para R$ 2.000,00 (dois mil reais), de acordo com os artigos 75 da Lei 9.605/1998 e 9º do Decreto 6.514/1998, valor que, nos termos do art. 60, inciso I, do Decreto 6.514/20085, será aumentado em cinquenta por cento, perfazendo, assim, um total de R$ 3.000,00 (três mil reais). 7. Sentença reformada, em parte. 8. Apelação do autor, parcialmente provida (TRF-1 – AC: 00060170920144014200, Relator: Desembargador Federal Daniel Paes Ribeiro, Julgamento: 02.09.2019, 6ª Turma, Publicação: 13.09.2019).
***
1. Nota-se que não há qualquer vício no julgado a justificar os presentes embargos de declaração. 2. Em verdade, o que pretende a parte embargante é que seja proferida nova decisão acerca da matéria apreciada no v. acórdão, por se mostrar inconformada com julgamento contrário ao seu interesse. 3. Necessário mencionar que o Ibama lavrou o Auto de Infração 567.664, série D, durante a "Operação Guaicurus", na qual se constatou o desmatamento a corte raso, sem autorização do órgão ambiental competente, de 408 hectares de vegetação nativa do bioma pantanal, resultando na multa no valor de R$ 2.040.000,00 (dois milhões e quarenta mil reais) e no Termo de Embargo/Interdição 496.026-C, conforme os arts. 2º e 50 da Lei 9.605/98; arts. 1º, § 1º, e 19 da Lei 4.771/65; e arts. 3º, II e VII, e 50 do Decreto 6.514/08. 4. Entretanto, após o processo administrativo, o Ibama alterou a capitulação legal do fato, passando a enquadrá-lo nos artigos 3º, II e VII, 52 e 60, I, do Decreto

O artigo estabelece uma majorante genérica a ser adicionada às penalidades aplicadas aos infratores quando (1) o agente se utilizar de fogo ou (2) provocar incêndio, desde que a infração não esteja caracterizada pelos artigos 46, 58, 58-A e 58-B. É, também, condição para o agravamento da pena, um outro elemento agravante é a infração "afetar terra indígena". A redação é fluída, pois mais adequado seria a utilização de termos que indicassem danos às terras indígenas e não meramente "afetar", pois se admite que algo possa "afetar positivamente".

Em relação à redação original do tipo pude escrever que:

A redação do inciso II é inadequada, pois *vegetação* é conceito genérico e não há *vegetação* ameaçada de extinção, o que existe é *espécie ameaçada* de extinção. Também aqui existe um problema. As listas de espécies ameaçadas de extinção têm sido aprimoradas e o conceito "espécies ameaçadas de extinção" abrange uma gama de subconceitos tais como "em risco", "vulneráveis" e outros.[30]

O artigo estabelece algumas condições gerais para agravamento das penalidades impostas aos infratores que são aplicáveis quando (i) o agente se utilizar de fogo ou rocar incêndio ou, ainda, nos casos nos quais a vegetação prejudicada esteja em lista de espécies ameaçadas de extinção. A redação do inciso II é inadequada, pois vegetação é conceito genérico e não há vegetação ameaçada de extinção, o que existe é espécie ameaçada de extinção. Também aqui existe um problema. As listas de espécie ameaçadas de extinção têm sido aprimoradas e o conceito "espécies ameaçadas de extinção" abrange uma gama de subconceitos tais como "em risco", "vulneráveis" e outros. A Fundação Biodiversitas que tem trabalhado, fortemente, na matéria, informa sobre a lista por ela produzida e que tem sido adotada pelo Ministério do Meio Ambiente, com alguma variação.

6.514/08, bem como reconheceu que o desmatamento atingiu uma área de 167 hectares, menor, portanto, do que a originalmente consignada, reduzindo-se a multa aplicada para R$ 250.500,00 (duzentos e cinquenta mil e quinhentos reais). 5. Observa-se que as regras do processo administrativo não foram seguidas, porquanto a área desmatada sob a responsabilidade do administrado representava matéria de fato, corrigida pela autoridade ambiental. Isto é, a infração não mais recaiu sobre 408 hectares, mas sobre 167 hectares, o que trouxe modificação da própria dimensão material do ato ilícito. 6. Cumpre salientar que o Decreto 6.514/2008, que dispõe sobre as infrações e sanções administrativas ao meio ambiente, considera o vício, nesse caso, insanável, determinando a anulação do procedimento e a abertura de outro, com a instauração oportuna da fase contenciosa. 7. Por conseguinte, diante da verificação de que a área desmatada era de 167 hectares, ao invés de 408 hectares, cabia à Administração anular todo o ato, consoante o artigo 100, § 1º e § 2º, do Decreto 6.514/2008. 8. Constata-se que os fundamentos do v. acórdão são cristalinos, inexistindo questões a serem esclarecidas, de forma que a decisão apreciou todas as questões relevantes ao deslinde da controvérsia, de modo integral e adequado, apenas não adotando as teses apresentadas pela parte embargante. 9. Inexiste qualquer afronta à prestação jurisdicional, tendo em vista que é prescindível o exame aprofundado e pormenorizado de cada alegação ou prova trazida pelas partes, pois, caso contrário, estaria inviabilizada a própria prestação da tutela jurisdicional. 10. Isto é, não há violação ao artigo 93, IX, da Lei Maior quando o julgador declina fundamentos, acolhendo ou rejeitando determinada questão deduzida em juízo, desde que suficientes, ainda que sucintamente, para lastrear sua decisão. 11. Ressalta-se que os embargos declaratórios não podem ser acolhidos com o propósito de instaurar nova discussão sobre a controvérsia jurídica já apreciada. 12. Embargos de declaração rejeitados (TRF-3 – ApCiv: 00109783920124036000 MS, Relator: Desembargador Federal Antônio Carlos Cedenho, Julgamento: 27.07.2021, 3ª Turma, Publicação: Intimação via sistema: 02.08.2021).

29. Redação anterior: Art. 60. As sanções administrativas previstas nesta Subseção serão aumentadas pela metade quando: I – ressalvados os casos previstos nos arts. 46 e 58, a infração for consumada mediante uso de fogo ou provocação de incêndio; e II – a vegetação destruída, danificada, utilizada ou explorada contiver espécies ameaçadas de extinção, constantes de lista oficial.

30. A Fundação Biodiversitas que tem trabalhado, fortemente, na matéria, traz informações sobre a lista por ela produzida, e que tem sido adotada pelo MMA, no seu site: https://biodiversitas.org.br/?s=especies+amea%-C3%A7adas. Acesso em: 09 dez. 2024; http://www.biodiversitas.org.br/f_ameaca/. Acesso em: 25 mar. 2009.

Critérios – Para classificar as espécies foram propostas categorias de ameaças baseadas adas em critérios adotados pela União Mundial para a Natureza (IUCN), referência mundial na elaboração das Red Lists. Os critérios IUCN buscam evidência relacionadas ao tamanho, isolamento ou declínio populacional das espécies e extensão de suas áreas de distribuição. A partir desses dados, as espécies são agrupadas conforme as categorias Extinta, Extinta na natureza, Criticamente em perigo, Em perigo, Vulnerável, Quase Ameaçadas e Deficientes em Dados. *Números* – Para se ter uma ideia da atual situação da Fauna brasileira, do total de 633 táxons apontados na Lista, 624 estão classificados em uma das três categorias de Ameaça (Criticamente em Perigo, Em Perigo e vulnerável) adotadas para a avaliação e 09 em uma das duas categorias de Extinção. Os Vertebrados somam 67% do total de espécies indicadas sendo que, entre estes, estão cerca de 13% das espécies brasileiras de mamíferos. O bioma Mata Atlântica é o que apresenta maior número de espécies ameaçadas ou extintas, com 383 táxons, seguido pelo Cerrado (112), Marinho (92), Campos Sulinos (60), Amazônia (58), Caatinga (43) e Pantanal (30). Isso significa que, conjunto, Mata Atlântica e Cerrado respondem por mais de 78% das espécies da lista, ou seja, 495 táxons. *Listas* – Também chamadas de Listas vermelhas, as listas que indicam as espécies ameaçadas de extinção são um importante instrumento de política ambiental por possibilitarem o estabelecimento de programas prioritários para a proteção da biodiversidade. As informações contidas nestes documentos fornecem subsídios para a formulação de políticas de fiscalização, criação de unidades de conservação e definição sobre a aplicação de recursos técnicos, científicos, humanos e financeiros em estratégias de recuperação da fauna ameaçada. As listas também são um importante mecanismo combate ao tráfico e ao comércio ilícitos das espécies."

É importante observar que existem listas nacionais e locais. A norma não especifica se a punição há que ser baseada em lista nacional ou local, penso que um critério operacional é a utilização preferencial da lista local e somente adotar a nacional nos casos em que lista local não exista. Justifica-se o critério pelo fato de prestigiar a iniciativa local que, em tese, tem mais informação sobre a sua p realidade, aplicando-se o princípio da subsidiariedade.

O artigo 60-A[31] deve ser examinado à luz do artigo 3º, IX da Lei 13.874/2019, pois o seu intento é procurar dar ao "silencio da administração" um sentido de aprovação do requerido pelo particular. Entende-se que o objetivo da norma é minimizar as consequências negativas, para o particular da inércia administrativa, ao se atribuir ao protocolo do requerimento específico, um sentido de autorização tácita para a atividade.

Art. 3º São direitos de toda pessoa, natural ou jurídica, essenciais para o desenvolvimento e o crescimento econômicos do País, observado o disposto no parágrafo único do art. 170 da Constituição Federal: (...)

IX – ter a garantia de que, nas solicitações de atos públicos de liberação da atividade econômica que se sujeitam ao disposto nesta Lei, apresentados todos os elementos necessários à instrução do processo, o particular será cientificado expressa e imediatamente do prazo máximo estipulado para a análise de seu pedido e de que, transcorrido o prazo fixado, o silêncio da autoridade competente importará aprovação tácita para todos os efeitos, ressalvadas as hipóteses expressamente vedadas em lei.

O artigo expressa mais uma patética confissão de incapacidade da administração em atender às demandas dos cidadãos. Com efeito, a simples apresentação de um protocolo não pode se substituir à autorização administrativa que, em tese, é concedida após

---

31. Art. 60-A. Nas hipóteses previstas nos arts. 50, 51, 52 e 53, em se tratando de espécies nativas plantadas, a autorização de corte poderá ser substituída pelo protocolo do pedido junto ao órgão ambiental competente, caso em que este será instado pelo agente de fiscalização a fazer as necessárias verificações quanto à real origem do material.

a análise do pedido. O "direito de protocolo" não possui qualquer base legal e tem sido rejeitado por nossos tribunais. (STJ – ROMS – 27641 – SP, 2ª Turma, *DJU* 14.10.2008).

Admissível seria o direito de protocolo, caso a atividade já se encontrasse aprovada, o que não é a hipótese do artigo (STJ – REsp – 77.154-RJ. 1ª Turma. *DJU* 26.08.1996, p. 29.642). Toma-se o silêncio da administração como aprovação. Tal preceito contraria os princípios da legalidade e da eficiência administrativa que estão insculpidos no caput do artigo 37 da CF, acrescente-se que os artigos 48 e 49 da Lei de Processo Administrativo, expressamente estabelecem o dever de decidir.

Capítulo 6
INFRAÇÕES RELATIVAS À POLUIÇÃO E OUTRAS INFRAÇÕES AMBIENTAIS

A poluição, no direito brasileiro, possui conceito normativo que nos é trazido pelo artigo 3º, inciso III e alíneas da Lei 6.938/1981. Como se pode ver do texto legal, o conceito é bastante amplo, vez que é "a degradação da qualidade ambiental resultante de atividades que, direta ou indiretamente" prejudiquem a saúde, a segurança e o bem-estar da população; criem condições adversas para as atividades sociais e econômicas; afetem desfavoravelmente à biota; afetem as condições estéticas ou sanitárias do meio ambiente; lancem matéria ou energia em desacordo com os padrões ambientais estabelecidos. O primeiro ponto que chama a atenção é que o conceito de poluição somente se perfaz a partir da existência de uma degradação da qualidade ambiental, ou seja, para que exista poluição é necessário que ocorra uma "alteração adversa do meio ambiente". Portanto, o legislador admitiu como lícita a alteração do meio ambiente que não seja capaz de produzir alteração negativa. O julgamento quanto à nocividade, ou não, de uma alteração antrópica do ambiente é matéria que tem dado azo a muita discussão, restando altamente controversa. Há necessidade de que a poluição a ser combatida tenha origem em uma ação antrópica, vinculada por nexo de causalidade a determinado autor, não se admitindo que alterações adversas anteriores ao fato em questão sejam esgrimidas em desfavor do eventual réu ou autuado (STJ, REsp 200600597046, REsp – Recurso Especial – 840011, 1ª Turma, 20.09.2007).

O decreto, no entanto, não está voltando para a poluição juridicamente irrelevante, ou seja, aquela incapaz de causar alteração adversa do meio ambiente, esta é imune ao ordenamento jurídico, seja de origem antrópica, seja de origem natural. O artigo 6 do Decreto 6.514/2008[1] reproduz, com pequenas variações, o artigo 54 da Lei 9.605/1998.

---

1. Art. 61. Causar poluição de qualquer natureza em níveis tais que resultem ou possam resultar em danos à saúde humana, ou que provoquem a mortandade de animais ou a destruição significativa da biodiversidade: Multa de R$ 5.000,00 (cinco mil reais) a R$ 50.000.000,00 (cinquenta milhões de reais). Parágrafo único. As multas e demais penalidades de que trata o caput serão aplicadas após laudo técnico elaborado pelo órgão ambiental competente, identificando a dimensão do dano decorrente da infração e em conformidade com a gradação do impacto.

   Jurisprudência:

   Ação declaratória de auto de infração – 1: – Vazamento de amônia – Infração tipificada nos arts. 61 e 62, I e II, do Decreto Federal 6.514/2008 – Possibilidade da tipificação do enquadramento nos dispositivos que constam do auto de infração – Justificativa da autoridade administrativa para não aplicar a Lei Estadual 997/1976 e o Decreto Estadual 8.468/1976 – O referido Decreto estadual cuida do sistema de prevenção e controle da poluição do meio ambiente que passou a ser regido na forma prevista Regulamento enquanto que Decreto 6.514/2008

O tipo administrativo não reprime a produção de qualquer poluição. A poluição que o decreto reprova, nisto fazendo coro com a Lei 9.605/1998 é aquela "em níveis tais que resultem ou possam resultar em danos à saúde humana, ou que provoquem a mortandade de animais ou a destruição significativa da biodiversidade". É importante ressaltar que o parágrafo único do artigo, acertadamente, exige a produção de laudo técnico elaborado pelo *órgão ambiental*. A expressão *órgão ambiental*, no caso concreto, deve ser entendida em termos, haja vista que os laudos devem ser produzidos por profissionais com a qualificação necessária para identificar e quantificar a poluição ilícita. Assim, caso a matéria diga respeito, por exemplo, a poluição por óleo, o laudo não poderá ser produzido por advogado ou contador. Este fato é importante, pois os órgãos ambientais, em geral, organizam os seus servidores em cargos de carreira compostos por técnicos ou analistas ambientais, o que não lhes atribui competência para o exercício das profissões regulamentadas, por exemplo, de Biólogo, Engenheiro, Químico ou outras. A qualificação profissional do agente público que tenha lavrado o Auto de Infração é uma condição de sua validade jurídica.

As decisões acima enumeradas, em grande parte voltadas para a matéria penal, demonstram que a exigência de laudo técnico para a condenação é essencial. Em sede administrativa, há algumas decisões judiciais que dispensam o rigor da produção do

---

trata das infrações e sanções administrativas ao meio ambiente, estabelecendo o processo administrativo federal para apuração destas infrações, e dá outras providências, ou seja, legisla para punir o infrator poluidor e não especificamente cuida de medidas de prevenção – Ato discricionário que não se mostra ilegal e não comporta interferência do Judiciário – Acidente ambiental qualificado de gravíssimo – 2: – Motivação – Há legislação dando amparo a autuação, a motivação é clara e a dosagem da multa está correta e condizente com a realidade da causa que deu ensejo a autuação – 3: – Princípio da isonomia – A aplicação de sanções ambientais deve considerar a proporcionalidade e razoabilidade, levando em conta a capacidade econômica dos infratores e a extensão do dano ambiental causado. Isso pode resultar em multas diferenciadas para empresas grandes e pequenas, ou entre indivíduos com diferentes capacidades econômicas, visando a efetividade da punição e a dissuasão de práticas danosas ao meio ambiente – 4: – Caráter subjetivo da infração administrativa ambiental – O caráter subjetivo não afasta a responsabilização direta pela omissão no cuidado da guarda e manuseio de material tóxico – Tipificação adequada aos arts. 61 e 62, I e II, do Decreto Federal 6.514/2008 – O valor da multa também não comporta alteração, estando dentro da faixa inferior a 50% do valor máximo a ser arbitrado – Constatada a infração à legislação ambiental, faz-se necessário verificar se a atuação administrativa, nesse contexto, está em consonância com os princípios da legalidade, da razoabilidade e da proporcionalidade, sendo importante considerar também, a gravidade do fato, tendo em vista os motivos da infração e suas consequências para o meio ambiente, não trazendo o Decreto 6.514/08 um critério fechado para a imposição de multa, devendo ser interpretada em consonância com legislação paralela – Recurso improvido (TJ-SP – Apelação Cível: 10658955720228260053 São Paulo, Relator: Miguel Petroni Neto, Julgamento: 19.09.2024, 2ª Câmara Reservada ao Meio Ambiente, Publicação: 27.09.2024).
***
1. A legislação de regência exige, para a configuração do ilícito ambiental previsto no art. 61 do Decreto 6.514/08, a elaboração de laudo técnico pelo órgão ambiental que aponte a geração de poluição de qualquer natureza em níveis tais que resultem ou possam resultar em danos à saúde humana ou provoquem a mortandade de animais ou a destruição significativa da biodiversidade. 2. Inexistindo um laudo técnico conclusivo, elaborado pelo órgão ambiental, não há como reconhecer a higidez do auto de infração e da multa imposta ao suposto infrator, porquanto não comprovados os fatos que motivaram sua autuação (TRF-4 – AC: 50190505220134047200 SC 5019050-52.2013.4.04.7200, Relatora: Vivian Josete Pantaleão Caminha, Julgamento: 12.07.2017, 4ª Turma).

laudo técnico:[2] A decisão merece comentário. Em primeiro lugar, há que se relembrar que o texto normativo expressamente determina a elaboração de laudo técnico quando a infração que, em tese, tenha sido cometida seja a de poluição. Justifica-se a exigência normativa, haja vista que o tipo administrativo se refere a *níveis tais* que sejam capazes de danos à saúde, mortandade de animais etc. O tipo não exige que a mortandade de animais ou os danos à saúde tenham ocorrido, mas que o fato potencialmente possa causá-los. Logo, sem uma prova técnica, em princípio, dificilmente haverá a caracterização necessária para o apenamento.

A presunção de legitimidade dos atos administrativos, no caso concreto do tipo do artigo 61 sofre uma mitigação, vez que exigido o laudo técnico; uma vez presente o laudo técnico, aí, sim, o ônus da prova é carreado para o particular que deverá desconstituí-lo. Esta é uma conclusão que, do meu ponto de vista, encontra respaldo no artigo 36 da Lei de Processo Administrativo Federal que assim dispõe: "Cabe ao interessado a prova dos fatos que tenha alegado, sem prejuízo do dever atribuído ao órgão competente para a instrução e do disposto no art. 37 desta Lei". Em conclusão, parece-nos absolutamente indispensável a existência de laudo técnico, também em sede administrativa, para que se possa caracterizar o ilícito.

O artigo 62[3] do Decreto 6.514/2008 é mais daqueles artigos que sofreu significativa mudança ao longo do tempo, sendo excessivamente longo (17 incisos e 6 parágrafos)

---

2. Preenchidos os pressupostos de admissibilidade do recurso, deve ele ser conhecido. A empresa recorrente foi multada no valor de R$ 6.000,00 (seis mil reais) pelo Instituto Ambiental do Paraná (IAP), por lançamento irregular de efluentes líquidos no solo (auto de infração 109948, lavrado em 23.04.2015). Não foi acolhida por sentença a pretensão de anulação do auto de infração ambiental e de conversão da pena aplicada, ou subsidiariamente, a minoração do valor da multa. Para reversão do julgado, a recorrente aduz que: "1) A multa está enquadrada incorretamente e, desta forma, foi dimensionada de forma exagerada. Os casos em que não há dano ambiental são considerados de baixa gravidade e suas multas devem ficar em valores muito mais baixos; 2) No enquadramento dado pelo IAP, seria necessária a apresentação de Laudo Técnico apontando a extensão do dano e o impacto ambiental. Esse documento essencial não foi feito. Entendemos que não se pode abrir mão deste requisito legal; 3) A multa aplicada é desproporcional, distorcendo a interpretação sistemática das normas ambientais; 4) Ainda que, de forma injusta, seja mantida a multa, deverá haver a sua redução, nos termos da lei, mediante a imposição do termo de compromisso entre as partes. O IAP não ofereceu tal ".compromisso Todavia, razão não lhe socorre. Conforme bem posto na sentença combatida, a Lei 9.605/98 de forma ampla e genérica considerou a infração administrativa toda ação ou omissão que viole as regras jurídicas de uso, gozo, promoção, proteção e recuperação do meio ambiente, tendo o órgão ambiental enquadrado corretamente a conduta da empresa ré pelo lançamento de resíduos líquidos em desacordo com as exigências estabelecidas em leis ou atos normativos, nos termos do Decreto Federal 6.514/2008 (artigos 61 e 62, V). No mais, é possível a aplicação da multa ambiental sem a prévia realização de laudo técnico quando existem outros elementos no processo administrativo que conduzam a certeza da existência de infração ao meio ambiente, como é o caso dos autos. Destaca-se que o agente fiscal realizou laudo de constatação, previamente à lavratura do auto de infração (cf. mov. 29.2-fls. 04/08), além de ter atendido os requisitos estabelecidos no art. 13, da Portaria 210/2008, do Estado do Paraná. Assim, inexistem reparos a serem feitos na sentença combatida, razão pela qual a mesma deve ser mantida por seus próprios fundamentos, em especial (TJ-PR 0001881-72.2017.8.16.0041 Alto Paraná, Relator: Manuela Tallão Benke, Julgamento: 12.04.2019, 4ª Turma Recursal, Publicação: 16.04.2019).
3. Art. 62. Incorre nas mesmas multas do art. 61 quem: I – tornar uma área, urbana ou rural, imprópria para ocupação humana; II – causar poluição atmosférica que provoque a retirada, ainda que momentânea, dos habitantes das áreas afetadas ou que provoque, de forma recorrente, significativo desconforto respiratório ou olfativo devidamente atestado pelo agente autuante; III – causar poluição hídrica que torne necessária a interrupção do abastecimento público de água de uma comunidade; IV – dificultar ou impedir o uso público das praias

pelo lançamento de substâncias, efluentes, carreamento de materiais ou uso indevido dos recursos naturais; V – lançar resíduos sólidos, líquidos ou gasosos ou detritos, óleos ou substâncias oleosas em desacordo com as exigências estabelecidas em leis ou atos normativos; VI – deixar, aquele que tem obrigação, de dar destinação ambientalmente adequada a produtos, subprodutos, embalagens, resíduos ou substâncias quando assim determinar a lei ou ato normativo; VII – deixar de adotar, quando assim o exigir a autoridade competente, medidas de precaução ou contenção em caso de risco ou de dano ambiental grave ou irreversível; e VIII – provocar pela emissão de efluentes ou carreamento de materiais o perecimento de espécimes da biodiversidade. IX – lançar resíduos sólidos ou rejeitos em praias, no mar ou em quaisquer recursos hídricos; X – lançar resíduos sólidos ou rejeitos *in natura* a céu aberto, excetuados os resíduos de mineração, ou depositá-los em unidades inadequadas, não licenciadas para a atividade; XI – queimar resíduos sólidos ou rejeitos a céu aberto ou em recipientes, instalações e equipamentos não licenciados para a atividade; XII – descumprir obrigação prevista no sistema de logística reversa implementado nos termos do disposto na Lei 12.305, de 2010, em conformidade com as responsabilidades específicas estabelecidas para o referido sistema; XIII – deixar de segregar resíduos sólidos na forma estabelecida para a coleta seletiva, quando a referida coleta for instituída pelo titular do serviço público de limpeza urbana e manejo de resíduos sólidos; XIV – destinar resíduos sólidos urbanos à recuperação energética em desconformidade com o disposto no § 1º do art. 9º da Lei 12.305, de 2010, e no seu regulamento; XV – deixar de atualizar e disponibilizar ao órgão municipal competente e a outras autoridades informações completas sobre a execução das ações do sistema de logística reversa sobre sua responsabilidade XVI – deixar de atualizar e disponibilizar ao órgão municipal competente, ao órgão licenciador do Sisnama e a outras autoridades informações completas sobre a implementação e a operacionalização do plano de gerenciamento de resíduos sólidos sob a sua responsabilidade; e XVII – deixar de cumprir as regras sobre registro, gerenciamento e informação de que trata o § 2º do art. 39 da Lei 12.305, de 2010. § 1º As multas de que tratam os incisos I a XI do *caput* serão aplicadas após laudo de constatação. § 2º Os consumidores que descumprirem as obrigações previstas nos sistemas de logística reversa e de coleta seletiva ficarão sujeitos à penalidade de advertência. § 3º Na hipótese de reincidência no cometimento da infração prevista no § 2º, poderá ser aplicada a penalidade de multa no valor de R$ 50,00 (cinquenta reais) a R$ 500,00 (quinhentos reais). § 4º A multa a que se refere o § 3º poderá ser convertida em serviços de preservação, melhoria e recuperação da qualidade do meio ambiente. § 5º Não estão compreendidas na infração de que trata o inciso IX do *caput* as atividades de deslocamento de material do leito de corpos d'água por meio de dragagem, devidamente licenciado ou aprovado. § 6º As bacias de decantação de resíduos ou rejeitos industriais ou de mineração, devidamente licenciadas pelo órgão competente do Sisnama, não serão consideradas corpos hídricos para fins do disposto no inciso IX do *caput*.

Jurisprudência:

1. Hipótese em que o IBAMA realizou autuação em face da autora, em razão de vazamento de óleo diesel em ponto de abastecimento em Bagé/RS, por violação à Lei 9.605/98, arts. 70 e 72, e Decreto 6.514/08, art. 62 V-VII e 3º II. 2. A multa pela infração de "lançar óleos ou substâncias oleosas em desacordo com as exigências estabelecidas em Leis ou atos normativos e deixar de adotar quando assim o exigir a autoridade competente, medidas de precaução ou contenção em caso de risco ou de dano ambiental grave ou irreversível" está prevista no art. 61 e 62 do Decreto 6514/08, com previsão de multa de R$ 5.000,00 (cinco mil reais) a R$ 50.000.000,00 (cinquenta milhões de reais). 3. A solução dada à lide – agravação da multa em seu triplo, nos termos do Artigo 11, II do Decreto 6.514/2008 e orientação jurídica normativa OJN 024/2010/PFE/IBAMA, pelo conhecimento de infração com o mesmo enquadramento, no interregno de 05 anos – encontra-se conforme aos elementos presentes nos autos e aos ditames da razoabilidade e proporcionalidade. 4. Apelação a que se nega provimento, mantendo-se a sentença que julgou improcedente a demanda (TRF-4 – AC: 50012776820164047109 RS 5001277-68.2016.4.04.7109, Relator: Rogério Favreto, Julgamento: 1º.12.2020, 3ª Turma).

***

1. Descortina-se prejudicado o pedido de concessão de tutela de urgência formulado no bojo recursal, diante da aceitação, pelo credor, da fiança bancária prestada pela executada na ação de execução fiscal 5529065-49.2019.8.09.0051 e que implicará o sobrestamento da exigibilidade do crédito discutido. 2. Não há falar em nulidade, por ausência de fundamentação, quando a sentença declina as razões e fundamentos jurídicos que a levaram a deliberar pela improcedência dos pedidos deduzidos na petição inicial, restando, assim, observado o comando do art. 93, inciso IX, da Constituição Federal. 3. Não compete ao Poder Judiciário exercer o controle sobre o mérito administrativo, sob pena da violação do princípio da separação dos poderes, senão quando o ato administrativo revelar-se ilegal ou abusivo. 4. As disposições do Decreto 6.514/2008 – que revogou o Decreto 3.179/199 – constituem ato normativo que apenas detalha e garante a fiel execução da Lei 9.605/98, Decreto

esse amplamente aplicado pelos órgãos ambientais estaduais e municipais, não havendo que se cogitar de ilegalidade na aplicação do referido ato normativo em âmbito estadual. 5. Nos arts. 61 e 62, II, do Decreto Federal 6.514/08, a promoção de poluição atmosférica a ponto de causar significativo desconforto olfativo e respiratório na população vizinha ao agente poluidor caracteriza-se como infração ambiental. 6. Os documentos oriundos da atuação da autoridade ambiental estadual, que se ajustam ao conceito de documento público ambiental, ostentam presunção de legalidade, legitimidade e veracidade, prevalecendo sobre laudos unilaterais produzidos pela parte adversa. 7. O fato de a fiscalização ambiental não haver sido instrumentalizada com equipamento de captação de odor não compromete a higidez da autuação estatal, porquanto a poluição odorífica pode ser aferida pelo senso olfativo do fiscal, detentor de expertise, notadamente quando se trata de odor insuportável, a ponto de extrapolar os limites da propriedade do agente poluidor. 8. Constatada a omissão da sentença no exame de um dos pedidos formulados pela parte, a instância recursal pode apreciá-lo quando do julgamento do recurso, se o processo está em condições de imediato julgamento (art. 1.013, § 3º, III, do CPC), como no caso. 9. A multa pela prática de infração ambiental pode ser reduzida se aplicada com inobservância a algum dos parâmetros estabelecidos no art. 6º da Lei 9.605/98, que dispõe sobre as sanções penais e administrativas derivadas de condutas e atividades lesivas ao meio ambiente, quais sejam, a gravidade do fato, os antecedentes do infrator e sua situação econômica, bem como os princípios da proporcionalidade e da razoabilidade. 9. Nas causas em que a Fazenda Pública for parte, a fixação dos honorários de sucumbência observará os critérios estabelecidos no art. 85, §§ 2º, 3º, II, e § 5º, do Código de Processo Civil. Apelação Cível parcialmente conhecida e, nesta extensão, parcialmente provida (TJ-GO 5523790-56.2018.8.09.0051, Relator: Desembargador Zacarias Neves Coelho, 2ª Câmara Cível, Publicação: 10.08.2023).

***

O Douto magistrado entendeu que a prova pericial seria desnecessária porque o autor, ora apelante, "em nenhum momento, contestou a ocorrência da conduta que lhe foi imputada no auto de infração. Com efeito, a pretensão de anular o auto de infração está baseada na ausência de respaldo legal, na atipicidade da conduta descrita no auto, na dupla autuação com base nos mesmos fatos e na existência de vícios que determinariam a nulidade do processo administrativo. A finalidade da prova pericial requerida pelo autor (" comprovar que não existe açude, nem fonte de mananciai ou de águas de chuvas represadas passíveis de sofrerem os efeitos da poluição apontada no auto ") não guarda relação de pertinência com os fundamentos de fato e de direito expostos na inicial". Com razão o Douto Magistrado. 2. Não há razão para a realização da prova requestada porque a discussão refoge da questão posta em juízo, qual seja, nulidade do auto de infração em razão de sua ilegalidade. 3. A infração ambiental que motivou a aplicação da multa administrativa discutida nos presentes autos está assim descrita no auto de infração (fl. 32): "lançar resíduos líquidos (esgoto doméstico) em desacordo com as exigências estabelecidas em lei ou atos regulamentares". Fundamentam a autuação o art. 70, parágrafo 1º, c/c art. 72, inciso III, da Lei 9.605/98, e o art. 62, inciso V, c/c art. 10, parágrafo 2º, do Decreto 6.514. 4. Não se verifica o alegado *bis in idem* na autuação administrativa. Com efeito, a primeira autuação fiscal, realizada em 2007, refere-se à construção de obra potencialmente poluidora sem licença do órgão ambiental competente, enquanto que o auto de infração lavrado em 2011, ou seja, quatro anos depois, constatou o lançamento de resíduos líquidos (esgoto sanitário) no meio ambiente em desacordo com as exigências estabelecidas em lei ou atos normativos. São duas infrações claramente distintas, razão pela qual não há que se falar em bis in idem. 5. Em vista disso, não merece acolhida a alegação do município de que não caberia o agravamento da multa imposta por não se tratar de nova infração ambiental. 6. Também não se vislumbra, pelo menos nessa fase inicial do processo, violação ao direito de defesa do município, visto que a Decisão 310/2012-GAB/IBAMA/PB (fls. 36/44) demonstra que todas as suas razões de defesa foram apreciadas pelo órgão ambiental. O município, por sua vez, foi devidamente notificado de todas as decisões administrativas, não se verificando violação aos princípios constitucionais do contraditório e da ampla defesa que autorize a concessão da antecipação dos efeitos da tutela de mérito. 7. A autuação administrativa encontra respaldo nos arts. 70, 72 e 80 da Lei 9.605/98 e no art. 62 do Decreto 6.514/2008. Diferente da infração penal, a infração administrativa não precisa ser descrita de forma exaustiva pelo legislador, até mesmo em razão da impossibilidade técnica para tanto. 8. Conforme já decidiu o Superior Tribunal de Justiça, "no campo das infrações administrativas, exige-se do legislador ordinário apenas que estabeleça as condutas genéricas (ou tipo genérico) consideradas ilegais, bem como o rol e limites das sanções previstas, deixando-se a especificação daquelas e destas para a regulamentação, por meio de Decreto. 6. De forma legalmente adequada, embora genérica, o art. 70 da Lei 9.605/1998 prevê, como infração administrativa ambiental, "toda ação ou omissão que viole as regras jurídicas de uso, gozo, promoção, proteção e recuperação do meio ambiente". É o que basta para, com a complementação do Decreto

e, em muitos casos, prolixo. O artigo 62 institui tipos administrativos que ultrapassam os amplos limites definidos pelo artigo 70 da Lei 9605/1998, pois a PNRS também é objeto de "regulamentação" pela norma.

Tornar uma área, urbana ou rural, imprópria para ocupação humana é o resultado de conduta que, mediante a imposição de alterações adversas, inviabilizam a loca-

---

regulamentador, cumprir o princípio da legalidade, que, no Direito Administrativo, não pode ser interpretado mais rigorosamente que no Direito Penal, campo em que se admitem tipos abertos e até em branco"(REsp 1.137.314, Rel. Min. Herman Benjamin, 2ª Turma, DJe 04.05.2011). 9. A conduta de "lançar resíduos líquidos (esgoto sanitário) em desacordo com as exigências estabelecidas em lei ou atos normativos" constitui, portanto, infração administrativa nos termos do art. 70 da Lei 9.605/98 c/c o art. 62, V, do Decreto 6.514/2008. 10. Não procede a alegação de que a multa imposta tem natureza confiscatória. Primeiro, tratando-se de sanção a ato ilícito, não se aplica à multa em questão o disposto no art. 150, IV, da Constituição. Não obstante, verifica-se, considerando a gravidade do ilícito praticado, o bem jurídico tutelado e a finalidade visada pela norma, que a multa imposta observou os limites impostos pelo princípio da proporcionalidade. 11. Por fim, não há como aferir, com base em um juízo de cognição sumária, que a manutenção da cobrança atentaria contra o princípio da reserva do possível em razão da alegada situação financeira por que passa o município atualmente. 12. No caso concreto, ainda que a "vítima" tenha sido a mesma (Açude de Maria Batista), os fatos fiscalizados e repreendidos foram distintos. O primeiro, em 2007, diz respeito à lesividade potencial gerada a partir da construção de obra capaz de poluir o mencionado recurso hídrico, enquanto o segundo, em 2011, resta caracterizado pela efetiva ocorrência do dano ambiental, cada qual com sua própria tipificação legal e independente entre si. 13. Sobre a situação econômica do Município, não se mostra possível qualquer deliberação acerca do assunto ante a ausência de elementos concretos sobre a sua atual situação financeira e o impacto da obrigação na gestão de seus munícipes. 14. Por conseguinte, a título de complementação, destaca-se que a simples alegação de ausência de recursos desacompanhada de qualquer suporte probatório, como ocorre no presente caso, impede a aferição da incidência do princípio da reserva do possível, dada a impossibilidade da realização do juízo de razoabilidade e proporcionalidade da pretensão deduzida e a existência de disponibilidade financeira. 15. Não procede a alegação de inconstitucionalidade do Art. 62, inciso V, do Decreto 6.514/08. É que, como já explanado na decisão cujos fundamentos já foram transcritos, o instrumento normativo em questão foi editado com a finalidade de conferir a necessária regulamentação à Lei 9.605/98, de forma que não trouxe inovação na ordem jurídica, sendo nítido o seu caráter regulamentar. Assim, afasta-se a ocorrência de ilegalidade/inconstitucionalidade quanto ao referido dispositivo legal. 16. Agravo retido e apelação cível improvidos (TRF-5 – Apelação Cível: 0000400-10.2013.4.05.8204, Relator: Flávio Lima (convocado), Julgamento: 17.12.2015, 1ª Turma, Publicação: 08.01.2016).

***

1. Hipótese em que a embargante insurge-se contra Auto de Infração ambiental lavrado pela FEPAM, em razão das infrações de poluição por materiais particulados, ausência de gerenciamento de resíduos sólidos, bem como a irregularidade do Licenciamento Ambiental da atividade do Terminal Ferroviário vistoriada. 2. Inocorrência da alegada nulidade da CDA em razão da ocorrência de vício de tipicidade, pois realizada a devida subsunção das condutas narradas no expediente administrativo àquelas previstas nos arts. 62 e 66 do Decreto Federal 6.514/08, sendo que a referência ao art. 33 não conduz à nulidade do Auto, considerando o disposto no § 3º do art. 100 do Decreto Federal 6.514/08, bem como a ausência de prejuízo concreto à defesa da executada. Outrossim, as infrações e penalidades imputadas encontram-se bem descritas nos autos e nos relatórios de fiscalização que os embasaram, não havendo falar em nulidade por ausência de laudo técnico, e, especialmente considerando a presunção de veracidade dos atos administrativos, incumbia à empresa autuada a produção de prova acerca de suas alegações, inexistente no caso. 3. Legitimidade da atuação fiscalizatória da FEPAM à luz da competência material comum dos entes federados para tanto, conforme art. 23, VI, da Constituição e art. 17, § 3º da Lei Complementar 140/2011. Precedentes. 4. Não há que se falar na ocorrência de bis in idem na situação dos autos, porque cada multa aplicada corresponde a infrações distintas identificadas, tendo o enquadramento diverso das condutas verificadas ensejado a respectiva sanção. 5. Honorários Recursais. Cabimento da majoração em sede recursal, na forma do artigo 85, § 11, do CPC e do Enunciado Administrativo 07 do STJ. Apelação desprovida (TJ-RS – Apelação Cível: 5074784-34.2019.8.21.0001 Porto Alegre, Relator: Ricardo Torres Hermann, Julgamento: 07.02.2024, 2ª Câmara Cível, Publicação: 09.02.2024).

lização permanente de seres humanos. A ocupação humana, no caso vertente, deve ser entendida como a habitação ou residência permanente, bem como o exercício de atividades econômicas constantes. É a poluição contemplada no artigo 3º, III, *b*, da Lei 6.938/1981. Infelizmente, há vários exemplos de situações que tornaram uma determinada área imprópria para a ocupação humana. A norma indica que a área tornada imprópria deve ser área ocupada e não desértica ou inabitada. Não há distinção entre inadequação permanente ou temporária; tal circunstância servirá como balizador da penalidade a ser aplicada.

6.1 POLUIÇÃO ATMOSFÉRICA

A poluição atmosférica é um problema gravíssimo que pode se manifestar de diferentes formas. Na atualidade, o tema tem se tornado mais presente nas discussões públicas em função das mudanças climáticas e do aquecimento global causados pela emissão antrópica de GEE derivados da queima de combustíveis fósseis e de outras origens.

Os problemas de poluição do ar são muito antigos, pois desde que os seres humanos dominaram o fogo, os efeitos da fumaça se fizeram sentir causando doenças respiratórias diversas.

A poluição do ar causa cerca de 7 milhões de mortes por ano no mundo, segundo a Organização Mundial de Saúde. Especialistas já falam em redução da grande conquista que é o aumento da expectativa de vida. A saúde de todos nós depende da saúde do planeta e de um ar mais limpo para respirar (Roitman, 2024).

A primeira grande preocupação registrada com a poluição atmosférica ocorreu em Londres, no ano de 1952, com o "grande smog", causado por uma inversão térmica que começou em 3 de dezembro de 1952 e, em poucos dias, acarretou forte recrudescimento das taxas de internações e mortes em função de problemas respiratórios.

A poluição atmosférica é um problema comum de todas as grandes cidades do, notadamente a causada por veículos automotores.

No direito interno, o combate à poluição atmosférica é um dos campos mais propícios à existência de normas federais, pois as normas estaduais não são suficientemente capazes de impedir que "outros estados" sejam prejudicados por emissões locais.

A primeira norma brasileira (federal) que tratou do tema, ainda que genericamente, foi o Decreto-lei 1.413/1975 que instituiu as chamadas áreas críticas de poluição. Logo depois, a Lei 6.803/1980 estabeleceu as diretrizes para o zoneamento industrial nas áreas críticas de poluição. No artigo 9º da lei, ficou estabelecido que o licenciamento das atividades industriais deveria ser feito com o "atendimento das normas e padrões ambientais definidos pela SEMA". Logo em seu primeiro inciso, foi dada ênfase à emissão de gases e vapores.

Desde 1967, o antigo estado da Guanabara já praticava o controle da qualidade do ar, com a instalação de estações de monitoramento.

6.1.1 Lei 14.850/2024 (Política Nacional de Qualidade do Ar)

Uma grande falha na legislação federal foi suprida com a edição da Lei 14.850/2024 que instituiu a Política Nacional de Qualidade do Ar. A PNQA define alguns conceitos normativos que serão importantes para a aplicação das sanções administrativas relacionadas à poluição atmosférica, e.g., (1) gestão da qualidade do ar: conjunto de ações e de procedimentos realizados por entidades públicas e privadas, com vistas à manutenção ou à recuperação da qualidade do ar em determinada região; (2) padrão de qualidade do ar: um dos instrumentos de gestão da qualidade do ar, determinado como valor de concentração de um poluente específico na atmosfera, associado a um intervalo de tempo de exposição, para que o meio ambiente e a saúde da população sejam preservados em relação aos riscos de danos causados pela poluição atmosférica; (3) poluente atmosférico: qualquer forma de matéria em quantidade, concentração, tempo ou outras características que torne ou possa tornar o ar impróprio ou nocivo à saúde, inconveniente ao bem-estar público, danoso aos materiais, à fauna e à flora ou prejudicial à segurança, ao uso e gozo da propriedade ou às atividades normais da comunidade; (4) poluentes primários: poluentes diretamente emitidos pelas fontes de poluição atmosférica e (5) poluentes secundários: poluentes formados a partir de reações químicas na atmosfera entre os poluentes atmosféricos; (6) emissão atmosférica: liberação de poluentes na atmosfera em uma área específica e em um período determinado a partir de fontes de poluentes atmosféricos; (7) fontes de emissão atmosférica: quaisquer atividades ou processos oriundos de causa natural ou antropogênica, por fontes fixas, móveis ou difusas, que resultem na liberação na atmosfera de substâncias nas formas particulada, gasosa ou aerossol, acompanhadas ou não de energia, capazes de causar alterações no ambiente atmosférico;(8) limite máximo de emissão: quantidade de poluentes atmosféricos permissível de ser lançada por fontes de emissão atmosférica antropogênicas.

O inciso II do artigo 62 estabelece o tipo administrativo de "causar poluição atmosférica que provoque a retirada, ainda que momentânea, dos habitantes das áreas afetadas ou que provoque, de forma recorrente, significativo desconforto respiratório ou olfativo devidamente atestado pelo agente autuante". A poluição, de qualquer natureza, em princípio deve ser constatada por meio de laudos técnicos que a demonstrem de forma cabal. Esta orientação geral vem sendo atenuada pelos tribunais, na medida em que, em não poucos casos, é claramente perceptível a alteração adversa da qualidade ambiental.[4]

---

4. Não se cogita o reconhecimento de nulidade do processo por ausência de citação, quando a parte demandada compareceu aos autos, independente do ato formal, tomando ciência da demanda e praticando atos processuais. Constatado, por meio de ação civil pública, que o Estado, responsável pela manutenção de estabelecimento prisional, não adota as medidas necessárias a sanar o insuficiente sistema de fossas sépticas da unidade, permitindo constante vazão de detritos, que poluem o ambiente e produzem forte cheiro fétido, é imperativo, e lícito, ao Poder Judiciário, determinar a realização das obras de solução do problema, preservando o meio ambiente, além da saúde e da dignidade de detentos, servidores e vizinhos do estabelecimento prisional (Apelação Cível 5000940-34.2010.8.27.2706, Rel. Eurípedes Lamounier, julgado em 24.03.2021, DJe 06.04.2021) (TJ-TO – AC: 50009403420108272706, Relator: Eurípedes Lamounier, Julgamento: 24.03.2021, Turmas das Câmaras Cíveis, Publicação: 06.04.2021).

A norma cuida de duas questões que, embora diferentes, possuem grande ligação. Os males causados pela poluição atmosférica nem sempre estão relacionados a odores fortes e desagradáveis. Há gases inodoros que são nocivos. Em tais casos, naturalmente, uma constatação técnica se faz necessária para identificar a infringência à norma administrativa. Não se trata, necessariamente, de um laudo específico. Documentos de monitoramento que demonstrem a liberação de gás no ambiente com uma estimativa de volume são suficientes.

O odor, desde que em níveis elevados, pode ser constatado por prova testemunhal ou mesmo por informação do agente da fiscalização. O tema tem causado controvérsia. O STJ, REsp 399355/SP,[5] entendeu que a constatação de poluição atmosférica (odores) por mera sensação olfativa é um critério inseguro, tendo julgado ilegal o Decreto 8468/1976 do Estado de São Paulo. Entretanto, em bases casuísticas, a jurisprudência vem evoluindo no sentido de que há possibilidade de imposição de sanções administrativas sem a realização de perícia quando os odores forem facilmente constatáveis.[6]

É fato que existem equipamentos capazes de comprovar a presença de substâncias geradoras de maus odores no ar e a administração deve usá-los para dar segurança às suas autuações; contudo, a questão se resolve conforme o caso concreto. A existência de muitas reclamações de moradores, notícias na imprensa e outros indícios devem ser considerados com capazes de embasar a imposição da reprimenda administrativa.

O tipo não exige que a retirada da população seja permanente, contudo, se faz necessário que a retirada da população seja uma medida ordenada pela defesa civil ou mesmo pela autoridade ambiental, após análise dos riscos envolvidos.

A falta de sistemática do Decreto 6.514/2008 fez com que os tipos relativos à circulação de veículos automotores e a emissão de poluentes ficasse topograficamente distantes dos tipos relacionados à poluição atmosférica. Refiro-me aos artigos 68, 69, 70 e 71.[7]

---

5. REsp 399355/SP. Relator: Ministro Humberto Gomes de Barros. 1ª Turma, Julgamento: 11.11.2003. DJ: 15.12.2003 p. 189. – O Decreto 8.468/76 do Estado de São Paulo, incidiu em ilegalidade, contrariando o sistema erigido na Lei Federal 6.938/81, quando adotou como padrões de medida de poluição ambiental, a extensão da propriedade e o olfato de pessoas credenciadas.
6. Estabelecimento industrial que emite substâncias odoríferas na atmosfera, perceptíveis fora dos limites de sua propriedade e resíduos em efluentes hídricos, sem conexão com o sistema de captação da SABESP. Presentes todos os elementos à caracterização da conduta infratora e imposição de penalidade. Desnecessidade de equipamento mecânico para constatação de prejuízos ao bem-estar, sendo suficiente o método de aferição pelo olfato. Necessidade tão somente que a constatação seja realizada por técnicos credenciados pelo Órgão Ambiental. Precedente jurisprudencial. Constatação em perícia realizadas nos autos de que as atividades executadas geraram substâncias extremamente tóxicas e prejudiciais ao meio ambiente e que foram constatadas irregularidades nos procedimentos. Ato Administrativo consubstanciado na lavratura do AI 10318 e AM 67.008.038-1 que reúne todos os elementos necessários a sua validade. Sentença de improcedência mantida. Recurso desprovido (TJ-SP – AC:10318207020148260053 SP 1031820-70.2014.8.26.0053, Relator: Marcelo Berthe, Julgamento: 20.05.2021, 1ª Câmara Reservada ao Meio Ambiente, Publicação: 22.05.2021).
7. Art. 68. Conduzir, permitir ou autorizar a condução de veículo automotor em desacordo com os limites e exigências ambientais previstos na legislação: Multa de R$ 1.000,00 (mil reais) a R$ 10.000,00 (dez mil reais).

O artigo 68 é mais um daqueles inteiramente apartados das normas legais e evidentemente, eivados de subjetivismo incompatível com a aplicação de sanções administrativas em regime democrático. A redação é péssima, sob qualquer ângulo que seja examinada. Pode-se inferir que o decreto pretende impedir a circulação de veículo automotor que não esteja em acordo com as exigências ambientais. O que são exigências ambientais? Exigências legais previstas na legislação ambiental? Qual é legislação ambiental? A de proteção à qualidade do ar e relativa aos padrões de emissão?

O conceito de veículos automotores é definido no Código de Trânsito Brasileiro (artigo 96) que dispõe amplamente sobre o tema, dividindo-os em várias espécies e categorias. Quanto aos diferentes tipos de meios de transporte com propulsão a motor, a Lei 6.938/81, em seu artigo 8º outorga ao Conama a competência privativa para estabelecer normas e padrões nacionais para o controle de poluição para veículos automotores, embarcações e aeronaves. O artigo 98 do Código de Trânsito Brasileiro, determina que os veículos devem atender às normas relativas à emissão de poluentes.

O Código de Trânsito Brasileiro ao estabelecer a obrigatoriedade de observância dos padrões de emissão de poluentes, definiu um ilícito administrativo que, no entanto, não tem previsão na Lei 9.605/98, haja vista o caráter genérico do artigo 70, tantas vezes mencionado neste trabalho. Como se sabe, o Decreto 6.514/2008 não tem por objeto regulamentar o Código de Trânsito Brasileiro. A jurisprudência, contudo, tem admitido que os Estados em sua legislação complementar estabeleçam parâmetros a serem observados pelos veículos e mantidas as penalidades aplicadas em função da desobediência das normas: "Inócua a discussão sobre a falibilidade do método Ringelmann, quando este foi escolhido no exercício do poder discricionário do administrador, dentro da competência legislativa suplementar do Estado" *(STJ, REsp 125018/RJ, 1ª Turma, DJU 28.05.2001, p. 151.)* Há, inclusive, manifestação expressa do STJ quanto a possível violação do artigo 8º da Lei da PNMA: "Firmou-se a jurisprudência desta Corte no sentido de que as normas regulamentadoras dos índices toleráveis de produção de fumaça causada por veículos automotores, editadas pelo estado do Rio de Janeiro, não violam o art. 8º, inc. IV, da Lei 6.938, de 1981 (REsp 59836/RJ, 2ª Turma, DJU 18.11.1996, p. 44866).

Art. 69. Importar ou comercializar veículo automotor sem Licença para Uso da Configuração de Veículos ou Motor – LCVM expedida pela autoridade competente: Multa de R$ 1.000,00 (mil reais) a R$ 10.000.000,00 (dez milhões de reais) e correção de todas as unidades de veículo ou motor que sofrerem alterações.

Art. 70. Importar pneu usado ou reformado em desacordo com a legislação: Multa de R$ 400,00 (quatrocentos reais), por unidade. § 1º Incorre na mesma multa quem comercializa, transporta, armazena, guarda ou mantém em depósito pneu usado ou reformado, importado nessas condições. § 2º Ficam isentas do pagamento da multa a que se refere este artigo as importações de pneumáticos reformados classificados nas NCM 4012.1100, 4012.1200, 4012.1300 e 4012.1900, procedentes dos Estados Partes do Mercosul, ao amparo do Acordo de Complementação Econômica 18.

Art. 71. Alterar ou promover a conversão de qualquer item em veículos ou motores novos ou usados que provoque alterações nos limites e exigências ambientais previstas na legislação: Multa de R$ 500,00 (quinhentos reais) a R$ 10.000,00 (dez mil reais), por veículo, e correção da irregularidade.

Parece-me que, nos termos em que a questão está colocada, a autoridade de trânsito terá atribuição para impor sanções aos violadores da norma que determina a observância da legislação de controle ambiental, especificamente no que se refere à emissão de poluentes por veículos automotores e, igualmente, a autoridade ambiental estadual, desde que disponha de norma própria. Quanto ao órgão federal de controle ambiental, entendo que o artigo ora comentado não é suporte legal suficiente para que lhe seja conferida a necessária atribuição. Há, o artigo 65,[8] que estabelece a responsabilidade do fabricante do veículo automotor que "deixar de cumprir os requisitos de garantia ao atendimento dos limites vigentes de emissão de poluentes atmosféricos e de ruído, durante os prazos e quilometragens previstos na legislação". A norma parece estar destinada à proteção do consumidor – adquirente do veículo, no sentido de assegurar que os equipamentos de controle de ruído e poluição embarcados, funcionarão durante o período de garantia contratual. O tema tratado, evidentemente, é de direito do consumidor e não ambiental.

O ilícito previsto no artigo 69 é de natureza aduaneira, não fazendo sentido a sua presença em decreto que pretende regulamentar a Lei 9.605/1998.

O ilícito previsto no artigo 70 (importação de pneus usados ou reformados em desacordo com a legislação) é infração aduaneira, não tendo qualquer previsão, sequer aproximada, na Lei 9605/1998. Os pneus abandonados[9] são uma importante fonte de problemas ambientais e de saúde humana, haja vista que neles podem se acumular detritos e resíduos dos mais diversos, bem como podem servir de base para o acúmulo de água parada, formando focos de diversas doenças, dentre as quais a dengue que, hoje em dia, é endêmica em muitos estados brasileiros. A norma do artigo 70, contudo, dificilmente pode ser enquadrada como norma de controle ambiental, ostentando uma característica de comércio internacional. O Conama editou a Resolução 258/1999, mediante a qual buscou disciplinar a importação de pneus usados. Tal Resolução foi substituída pela Resolução Conama 416, de 30 de setembro de 2009.

No âmbito federal, a Lei 12.305/2010 que instituiu a PNRS deu tratamento à matéria. Vale anotar que os pneus são resíduos obrigatoriamente sujeitos ao sistema de logística reversa, de acordo com o artigo 33, inciso II, da PNRS. Importante observar que o mesmo STJ tem entendimento de que a proibição de importação de pneus como medida de comércio internacional é perfeitamente válida e legal (REsp 157318/CE, 1ª

---

8. Art. 65. Deixar, o fabricante de veículos ou motores, de cumprir os requisitos de garantia ao atendimento dos limites vigentes de emissão de poluentes atmosféricos e de ruído, durante os prazos e quilometragens previstos na legislação: Multa de R$ 100.000,00 (cem mil reais) a R$ 1.000.000,00 (um milhão de reais).
9. A importação de pneus usados constitui crime ambiental, forma especial de contrabando, por se tratar de produto nocivo à saúde pública e ao meio ambiente. A declaração por servidor público federal de que pneus apreendidos na fronteira são usados, e não novos, goza de presunção de veracidade. A nocividade sanitária e ambiental, para efeito de recebimento da peça acusatória, igualmente se presume. Eventual perícia para aferir se a conduta praticada pelo investigado amolda-se àquela descrita no tipo deve ser feita em sede de instrução probatória penal. A ausência de prova técnica não é bastante para o não recebimento da denúncia. Requisitos para recebimento de denúncia preenchidos (TRF-4 – RCCR: 50072391020134047002 PR 5007239-10.2013.4.04.7002, Relator: João Pedro Gebran Neto, Julgamento: 29.01.2014, 8ª Turma).

Turma, *DJU* 08.06.1998, p. 33). O STF ao julgar a ADPF 101 entendeu legal a proibição de importação de pneus usados.[10]

---

10. 1. Adequação da arguição pela correta indicação de preceitos fundamentais atingidos, a saber, o direito à saúde, direito ao meio ambiente ecologicamente equilibrado (arts. 196 e 225 da Constituição Brasileira) e a busca de desenvolvimento econômico sustentável: princípios constitucionais da livre iniciativa e da liberdade de comércio interpretados e aplicados em harmonia com o do desenvolvimento social saudável. Multiplicidade de ações judiciais, nos diversos graus de jurisdição, nas quais se têm interpretações e decisões divergentes sobre a matéria: situação de insegurança jurídica acrescida da ausência de outro meio processual hábil para solucionar a polêmica pendente: observância do princípio da subsidiariedade. Cabimento da presente ação. 2. Arguição de descumprimento dos preceitos fundamentais constitucionalmente estabelecidos: decisões judiciais nacionais permitindo a importação de *pneus usados* de Países que não compõem o Mercosul: objeto de contencioso na Organização Mundial do Comércio – OMC, a partir de 20.6.2005, pela Solicitação de Consulta da União Europeia ao Brasil. 3. Crescente aumento da frota de veículos no mundo a acarretar também aumento de pneus novos e, consequentemente, necessidade de sua substituição em decorrência do seu desgaste. Necessidade de destinação ecologicamente correta dos *pneus usados* para submissão dos procedimentos às normas constitucionais e legais vigentes. Ausência de eliminação total dos efeitos nocivos da destinação dos *pneus usados*, com malefícios ao meio ambiente: demonstração pelos dados. 4. Princípios constitucionais (art. 225) a) do desenvolvimento sustentável e b) da equidade e responsabilidade intergeracional. Meio ambiente ecologicamente equilibrado: preservação para a geração atual e para as gerações futuras. Desenvolvimento sustentável: crescimento econômico com garantia paralela e superiormente respeitada da saúde da população, cujos direitos devem ser observados em face das necessidades atuais e daquelas previsíveis e a serem prevenidas para garantia e respeito às gerações futuras. Atendimento ao princípio da precaução, acolhido constitucionalmente, harmonizado com os demais princípios da ordem social e econômica. 5. Direito à saúde: o depósito de pneus ao ar livre, inexorável com a falta de utilização dos pneus inservíveis, fomentado pela importação é fator de disseminação de doenças tropicais. Legitimidade e razoabilidade da atuação estatal preventiva, prudente e precavida, na adoção de políticas públicas que evitem causas do aumento de doenças graves ou contagiosas. Direito à saúde: bem não patrimonial, cuja tutela se impõe de forma inibitória, preventiva, impedindo-se atos de importação de *pneus usados*, idêntico procedimento adotado pelos Estados desenvolvidos, que deles se livram. 6. Recurso Extraordinário 202.313, Relator o Ministro Carlos Velloso, Plenário, DJ 19.12.1996, e Recurso Extraordinário 203.954, Relator o Ministro Ilmar Galvão, Plenário, DJ 07.02.1997: Portarias emitidas pelo Departamento de Comércio Exterior do Ministério do Desenvolvimento, Indústria e Comércio Exterior – Decex harmonizadas com o princípio da legalidade; fundamento direto no art. 237 da Constituição da República. 7. Autorização para importação de remoldados provenientes de Estados integrantes do Mercosul limitados ao produto final, pneu, e não às carcaças: determinação do Tribunal ad hoc, à qual teve de se submeter o Brasil em decorrência dos acordos firmados pelo bloco econômico: ausência de tratamento discriminatório nas relações comerciais firmadas pelo Brasil. 8. Demonstração de que: a) os elementos que compõem o pneus, dando-lhe durabilidade, é responsável pela demora na sua decomposição quando descartado em aterros; b) a dificuldade de seu armazenamento impele a sua queima, o que libera substâncias tóxicas e cancerígenas no ar; c) quando compactados inteiros, os pneus tendem a voltar à sua forma original e retornam à superfície, ocupando espaços que são escassos e de grande valia, em especial nas grandes cidades; d) pneus inservíveis e descartados a céu aberto são criadouros de insetos e outros transmissores de doenças; e) o alto índice calorífico dos pneus, interessante para as indústrias cimenteiras, quando queimados a céu aberto se tornam focos de incêndio difíceis de extinguir, podendo durar dias, meses e até anos; f) o Brasil produz *pneus usados* em quantitativo suficiente para abastecer as fábricas de remoldagem de pneus, do que decorre não faltar matéria-prima a impedir a atividade econômica. Ponderação dos princípios constitucionais: demonstração de que a importação de *pneus usados* ou remoldados afronta os preceitos constitucionais de saúde e do meio ambiente ecologicamente equilibrado (arts. 170, inc. I e VI e seu parágrafo único, 196 e 225 da Constituição do Brasil). 9. Decisões judiciais com trânsito em julgado, cujo conteúdo já tenha sido executado e exaurido o seu objeto não são desfeitas: efeitos acabados. Efeitos cessados de decisões judiciais pretéritas, com indeterminação temporal quanto à autorização concedida para importação de pneus: proibição a partir deste julgamento por submissão ao que decidido nesta arguição. 10. Arguição de Descumprimento de Preceito Fundamental julgada parcialmente procedente. ADPF 101 / DF – Relatora: Min. Cármen Lúcia. Julgamento: 24.06.2009. Publicação: 04.06.2012. Tribunal Pleno.

6.2 POLUIÇÃO SONORA

O som se propaga basicamente pelo ar, de forma que a perturbação do silêncio é uma forma de poluição atmosférica. O projeto de lei que deu origem à Lei 9.605/1998, no artigo 59[11] dispunha sobre a criminalização de tal forma de poluição. O veto presidencial eliminou o dispositivo. Assim, a matéria referente à produção de ruídos deixou de ter uma regulamentação ambiental específica de nível de emissão federal, ficando adstrita a normas locais e estaduais, bem como à segurança e saúde do trabalho.

O STJ[12] entendeu possível a persecução civil, com vistas a coibir o ruído excessivo, pelo Ministério Público; contudo, entendeu que a hipótese seria de lançamento de energia em desacordo com os padrões vigentes. É fato que muitos municípios e estados possuem padrões de decibéis, os quais deverão ser observados, sendo punível a ultrapassagem.

6.3 DIFICULTAR O USO DE PRAIAS

O inciso IV do artigo 62[13] instituiu o tipo "dificultar ou impedir o uso público de praias pelo lançamento de substâncias, efluentes líquidos ou gasosos ou detritos, óleos

---

11. Art. 59 – Produzir, sons, ruídos ou vibrações em desacordo com as prescrições legais ou regulamentares, ou desrespeitando as normas sobre emissão e imissão de ruídos e vibrações resultantes de quaisquer atividades: Pena – detenção, de três meses a um ano, e multa.
12. 1. Hipótese de Ação Civil Pública ajuizada com o fito de cessar poluição sonora causada por estabelecimento comercial. 2. Embora tenha reconhecido a existência de poluição sonora, o Tribunal de origem asseverou que os interesses envolvidos são individuais, porquanto afetos a apenas uma parcela da população municipal. 3. A poluição sonora, mesmo em área urbana, mostra-se tão nefasta aos seres humanos e ao meio ambiente como outras atividades que atingem a "sadia qualidade de vida", referida no art. 225, *caput*, da Constituição Federal. 4. O direito ao silêncio é uma das manifestações jurídicas mais atuais da pós-modernidade e da vida em sociedade, inclusive nos grandes centros urbanos. 5. O fato de as cidades, em todo o mundo, serem associadas à ubiquidade de ruídos de toda ordem e de vivermos no país do carnaval e de inumeráveis manifestações musicais não retira de cada brasileiro o direito de descansar e dormir, duas das expressões do direito ao silêncio, que encontram justificativa não apenas ética, mas sobretudo fisiológica. 6. Nos termos da Lei 6.938/81 (Lei da Política Nacional do Meio Ambiente), também é poluição a atividade que lance, no meio ambiente, "energia em desacordo com os padrões ambientais estabelecidos" (art. 3º, III, alínea e, grifei), exatamente a hipótese do som e ruídos. Por isso mesmo, inafastável a aplicação do art. 14, § 1º, da mesma Lei, que confere legitimação para agir ao Ministério Público. 7. Tratando-se de poluição sonora, e não de simples incômodo restrito aos lindeiros de parede, a atuação do Ministério Público não se dirige à tutela de direitos individuais de vizinhança, na acepção civilística tradicional, e, sim, à defesa do meio ambiente, da saúde e da tranquilidade pública, bens de natureza difusa. 8. O Ministério Público possui legitimidade para propor Ação Civil Pública com o fito de prevenir ou cessar qualquer tipo de poluição, inclusive sonora, bem como buscar a reparação pelos danos dela decorrentes. 9. A indeterminação dos sujeitos, considerada ao se fixar a legitimação para agir na Ação Civil Pública, não é incompatível com a existência de vítimas individualizadas ou individualizáveis, bastando que os bens jurídicos afetados sejam, no atacado, associados a valores maiores da sociedade, compartilhados por todos, e a todos igualmente garantidos, pela norma constitucional ou legal, como é o caso do meio ambiente ecologicamente equilibrado e da saúde. 10. Recurso Especial provido (STJ – REsp: 1051306 MG 2008/0087087-3, Relator: Ministro Castro Meira, Julgamento: 16.10.2008, 2ª Turma, Publicação: DJe 10.09.2010).
13. 1. A ausência de coisa julgada na ação civil pública não impede o julgamento dos embargos do devedor. Nulidade afastada. 2. A sentença analisou a alegação de falta de fundamentação do valor da multa no processo administrativo e a desacolheu, não sendo o caso de nulidade da sentença, senão de mérito do recurso, a apreciação da

ou substâncias oleosas em desacordo com as exigências estabelecidas em leis ou atos administrativos. O inciso parece ter sido construído em evidente equívoco. O conceito normativo de praia é fornecido pelo § 3º do artigo 10 da Lei 7.661/1988:

> Entende-se por praia a área coberta e descoberta periodicamente pelas águas, acrescida da faixa subsequente de material detrítico, tal como areias, cascalhos, seixos e pedregulhos, até o limite onde se inicie a vegetação natural, ou, em sua ausência, onde comece um outro ecossistema.

Não se conhece nenhuma norma que autorize o lançamento de efluentes ou disposição de detritos – em qualquer modalidade – nas praias, inclusive fluviais; salvo de forma transitória e excepcionalíssima. O que se admite é o lançamento em corpos hídricos mediante a observância de determinados padrões fixados em regulamento ou outra norma jurídica. É mais um tipo administrativo com péssima redação.

O objeto da punição são as "línguas negras" que são lançamentos de esgotos nas praias que, em geral, resultam de ligações, clandestinas ou não, de esgotos em galerias de águas pluviais. Também é punível o lançamento de lixo nas praias que, infelizmente, é prática comum em nosso litoral.

O uso indevido de recursos naturais pode se dar mediante a poluição de tais recursos ou mediante a sua extração ou corte sem autorização. Por sua vez, o inciso IX estabelece como punível o "lançar resíduos sólidos ou rejeitos *in natura* a céu aberto, excetuados os resíduos de mineração, ou depositá-los em unidades inadequadas, não licenciadas para a atividade".

6.4 AUSÊNCIA DE DESTINAÇÃO ADEQUADA

O inciso VI do artigo 62[14] penaliza o não dar destinação adequada a produtos, subprodutos, embalagens, resíduos ou substâncias quando assim determinar a lei ou

---

alegação de erro na prestação jurisdicional. 3. A prova produzida demonstra que houve construção fora dos limites autorizados, com avanço sobre a faixa de areia, expressamente proibidos nas autorizações ambientais concedidas, assim como depósito de entulhos da construção que obstruíam a passagem de pedestres e banhistas. 4. A autoridade administrativa fundamentou satisfatoriamente a fixação da multa em patamar que não se apresenta excessivo, sendo vedado ao Poder Judiciário interferir na espaço discricionário da administração. 5. Recurso de apelação desprovido. (TRF-4 – AC: 50468666120124047000 PR 5046866-61.2012.4.04.7000, Relator: Francisco Donizete Gomes, Julgamento: 08.06.2020, 1ª Turma).

***

O lançamento de resíduos sólidos em desacordo com a legislação ambiental constitui infração administrativa, nos termos do artigo 62, V, do Decreto 6.514, de 22 de julho de 2008. Entretanto, tal fato não é suficiente para configuração de dano ao meio ambiente, visto que exige-se a demonstração das consequências do descumprimento das obrigações pelo infrator. Recursos providos. (TJ-MT 00003049020178110011 MT, Relator: Luiz Carlos da Costa, Julgamento: 14.09.2021, 2ª Câmara de Direito Público e Coletivo, Publicação: 21.09.2021).

14. 1. Trata-se de ação ordinária ajuizada por Samsung Eletrônica da Amazônia LTDA. em face do IBAMA, buscando a anulação de autos de infração pela conduta de "deixar, aquele que tem obrigação de dar destinação ambientalmente adequada a produtos, subprodutos, embalagens, resíduos ou substâncias, quando assim determinar a lei ou ato normativo", com fundamento no artigo 70, I, c/c com artigo 72, II, da Lei 9.605/98 e artigo 3º, II, c/c com artigo 62, VI, do Decreto 6.514/08. 2. O art. 3º, VII, da Lei 12.305/2010 estabelece que se entende por destinação final ambientalmente adequada a destinação de resíduos que inclui a reutilização, a reciclagem,

ato normativo. As principais leis federais que tratam da destinação de produtos, embalagens e resíduos são a (1) Lei 12.305/2010 (Política Nacional de Resíduos Sólidos) e a (2) Lei 14.785/2023 (agrotóxicos).

Nos termos do artigo 3º, VII da Lei 12.305/2010, destinação final ambientalmente adequada é a destinação de resíduos que inclui a reutilização, a reciclagem, a compostagem, a recuperação e o aproveitamento energético ou outras destinações admitidas pelos órgãos competentes do Sisnama, do SNVS e do Suasa, entre elas a disposição final, observando normas operacionais específicas de modo a evitar danos ou riscos à saúde pública e à segurança e a minimizar os impactos ambientais adversos. Por sua vez, a disposição final ambientalmente adequada é distribuição ordenada de rejeitos em aterros, observando normas operacionais específicas de modo a evitar danos ou riscos à saúde pública e à segurança e a minimizar os impactos ambientais adversos.

A responsabilidade pela destinação final adequada é ampla, sendo estabelecida no plano de gerenciamento de resíduos sólidos, sendo compartilhada e tendo como responsáveis os (1) fabricantes, os (2) importadores, os (3) distribuidores e comerciantes.

Os consumidores devem efetuar a devolução após o uso, aos comerciantes ou distribuidores, dos produtos e das embalagens de (1) agrotóxicos, seus resíduos e embalagens, assim como outros produtos cuja embalagem, após o uso, constitua resíduo perigoso, observadas as regras de gerenciamento de resíduos perigosos previstas em lei ou regulamento, em normas estabelecidas pelos órgãos do Sisnama, do SNVS e do

---

a compostagem, a recuperação e o aproveitamento energético ou outras destinações admitidas pelos órgãos competentes do SISNAMA, do SNVS e do SUASA, entre elas a disposição final, observando normas operacionais específicas de modo a evitar danos ou riscos à saúde pública e à segurança, bem como minimizar os impactos ambientais adversos. 3. Ressalta-se que a contratação de serviços de coleta, armazenamento, transporte, transbordo, tratamento ou destinação final de resíduos sólidos, ou de disposição final de rejeitos, não isenta as pessoas físicas ou jurídicas da responsabilidade por danos que vierem a ser provocados pelo gerenciamento inadequado dos respectivos resíduos ou rejeitos, consoante o art. 27, § 1º, da Lei 12.305/2010. 4. Por sua vez, o Decreto 6.514/2008, que dispõe sobre as infrações e sanções administrativas ao meio ambiente, estabelece que incorre nas mesmas multas quem deixar, aquele que tem obrigação, de dar destinação ambientalmente adequada a produtos, subprodutos, embalagens, resíduos ou substâncias, quando assim determinar a lei ou ato normativo. 5. Constata-se que a pessoa jurídica geradora de resíduo sólido não fica isenta da responsabilidade civil, administrativa e criminal pela inobservância das normas legais e danos que vierem a serem provocados pelo gerenciamento inadequado dos respectivos resíduos ao meio ambiente. 6. No tocante à alegada impossibilidade de imposição de multa sem prévia advertência, não merece prosperar a pretensão da recorrente, uma vez que a penalidade deve ser aplicada como forma de coibir a atuação ilícita, devendo, portanto, ser proporcional ao dano causado. 7. Chega-se à conclusão de que não há prova que indique qualquer nulidade no processo administrativo impugnado nos autos, devendo prevalecer a presunção de acerto e legitimidade que repousa sobre os atos administrativos. 8. Cumpre salientar que os atos administrativos possuem presunção de legitimidade e de veracidade, que somente é ilidida por prova robusta em contrário, o que não se verifica nos autos. 9. Nos termos do § 11 do artigo 85 do Código de Processo Civil vigente, a majoração dos honorários advocatícios é uma imposição na hipótese de se negar provimento ou rejeitar recurso interposto de decisão que já havia fixado honorários advocatícios sucumbenciais, respeitando-se os limites do § 2º. 10. Nesse passo, à luz do disposto nos §§ 2º e 11 do art. 85 do CPC, devem ser majorados em 1% (um por cento) os honorários advocatícios fixados anteriormente. 11. Recurso de apelação desprovido (TRF-3 – ApCiv: 50024791020194036105 SP, Relator: Desembargador Federal Antônio Carlos Cedenho, Julgamento: 17.12.2021, 3ª Turma, Publicação: Intimação via sistema Data: 14.01.2022).

Suasa, ou em normas técnicas; de (2) pilhas e baterias; de (3) – pneus e (4) óleos lubrificantes, seus resíduos e embalagens.

Os comerciantes e distribuidores deverão devolver aos fabricantes ou aos importadores dos produtos e embalagens reunidos ou devolvidos na forma dos §§ 3º e 4º da Lei 12.305/2010. Os fabricantes e os importadores darão destinação ambientalmente adequada aos produtos e às embalagens reunidos ou devolvidos, sendo o rejeito encaminhado para a disposição final ambientalmente adequada, na forma estabelecida pelo órgão competente do Sisnama e, se houver, pelo plano municipal de gestão integrada de resíduos sólidos.

O § 2º do artigo 41 da Lei 14.785/2023 determina que os usuários de agrotóxicos, de produtos de controle ambiental e afins deverão efetuar a devolução das embalagens vazias, suas tampas e eventuais resíduos pós-consumo dos produtos aos estabelecimentos comerciais em que foram adquiridos, de acordo com as instruções previstas nas respectivas bulas, no prazo de até 1 (um) ano, contado da data de compra, ou da data de vencimento, ou prazo superior, se autorizado pelo órgão registrante, podendo a devolução ser intermediada por postos ou centrais de recebimento, bem como por ações de recebimento itinerantes, desde que autorizados e fiscalizados pelo órgão competente.

Por sua vez, o § 5º do mesmo artigo estipula que as empresas produtoras e comercializadoras de agrotóxicos, de produtos de controle ambiental e afins são responsáveis pela destinação das embalagens vazias e de eventuais resíduos pós-consumo dos produtos por elas fabricados e comercializados com vistas à sua reutilização, reciclagem ou inutilização após a devolução pelos usuários e pela ação fiscalizatória, obedecidas as normas e as instruções dos órgãos competentes.

Os incisos IX a XVII do artigo 62 do Decreto 6.514/2008 também estão relacionados à PNRS.

6.5 MINERAÇÃO

O artigo 63[15] do Decreto 6.514/2008 está voltado para as atividades minerárias, reproduzindo, em linhas gerais, a norma contida no artigo 55 da Lei 9605/1998.

---

15. Art. 63. Executar pesquisa, lavra ou extração de minerais sem a competente autorização, permissão, concessão ou licença da autoridade ambiental competente ou em desacordo com a obtida: Multa de R$ 1.500,00 (mil e quinhentos reais) a R$ 3.000,00 (três mil reais), por hectare ou fração. Parágrafo único. Incorre nas mesmas multas quem deixa de recuperar a área pesquisada ou explorada, nos termos da autorização, permissão, licença, concessão ou determinação do órgão ambiental competente.

Jurisprudência:

Apelação Cível – Meio Ambiente – Anulação de Auto de Infração e Imposição de Penalidade que, lavrado em razão da extração irregular de areia, fundamentou-se no artigo 66 do Decreto Federal 6.514/08, e não no artigo 63 desse mesmo diploma, que seria aplicável por força do princípio da especialidade – Conduta da autora, no entanto, que não se refere apenas à extração de areia sem o devido licenciamento ambiental, mas trata de extração qualificada pela realização das atividades irregulares "em unidade de conservação ou em sua zona de amortecimento, ou em áreas de proteção de mananciais legalmente estabelecidas" (artigo 66, parágrafo único,

I, do Decreto Federal 6.514/08 c/c Resolução SMA 28/1999)– Recurso não provido. (TJ-SP – Apelação Cível: 1033989-20.2020.8.26.0053 São Paulo, Relator: Aliende Ribeiro, Data de Julgamento: 02.05.2024, 1ª Câmara Reservada ao Meio Ambiente, Publicação: 02.05.2024).

***

1. Cuida-se de agravo de instrumento manejado pelo Instituto Brasileiro do Meio Ambiente e dos Recursos Naturais Renováveis – IBAMA contra decisão proferida pelo Juízo da 6ª Vara Federal da Seção Judiciária da Paraíba que, nos autos de cumprimento de sentença, encaminhou os autos à contadoria do juízo para realizar, considerando o Manual de Cálculos da Justiça Federal e os argumentos trazidos naquela decisão, novo cálculo do crédito do exequente, Rildo Cavalcanti Fernandes Júnior EPP, ora agravado, no prazo de 5 (cinco) dias. 2. Trata-se de ação ordinária proposta por Rildo Cavalcanti Fernandes Júnior EPP em face do IBAMA, objetivando a anulação do Auto de Infração 720845/D, do Termo de Embargo 683859/C e do Processo Administrativo 02016.000712/2011-46. O autor foi multado pelo IBAMA em R$ 9.000,00 (nove mil reais), com base no seguinte motivo: "Executar extração de minerais (areia) sem a competente autorização ou licença ambiental". O referido auto de infração foi fundamentado nos arts. 70 e 72, incisos II, IV e VII, da Lei 9.605/98, e no art. 3º, incisos II, IV, VII e art. 63 do Decreto 6.514/08. 3. O demandante impugnou o processo administrativo objeto da ação ordinária, alegando, em suma, que: a) o Auto de Infração e o Termo de Embargo teriam sido lavrados por autoridade incompetente; b) teria havido desrespeito ao contraditório e à ampla defesa, como também ausência de notificação prévia e demonstração de dolo ou negligência do autuado; c) a atividade que ensejou a penalidade questionada estaria devidamente legalizada; d) haveria desproporcionalidade no valor da multa imposta e falta de motivação; e) teria havido o indeferimento do pedido de produção de provas, sem ter sido apresentada motivação, além do desrespeito ao direito de apresentar alegações finais. 4. Tal demanda findou sentenciada com o julgamento parcialmente procedente do pedido autoral, para determinar a desconstituição da multa aplicada através do Auto de Infração 720845/D apenas na parte que exceder o valor de R$ 6.300,00 (seis mil e trezentos reais), mantendo-se incólume todas as demais partes do mencionado auto, bem assim do Termo de Embargo 683859/C e do Processo Administrativo 02016.000712/2011-46, por entender o Juízo de origem haver uma aparente desproporção entre a infração cometida e a sanção aplicada, eis que o Decreto 6.514/08 fixou a multa de R$ 1.500,00 (mil e quinhentos reais) a R$ 3.000,00 (três mil reais), por hectare ou fração de terra na qual seja executada pesquisa, lavra ou extração de minerais sem a competente autorização, permissão, concessão ou licença da autoridade ambiental competente ou em desacordo com a obtida. Dado que a área onde ocorreu a extração irregular é de 2,1131 hectares, considerou o Juízo mais adequada aos parâmetros do art. 63 do Decreto 6.514/08 a redução da multa aplicada para R$ 6.300,00 (seis mil e trezentos reais), julgando parcialmente procedente a ação ordinária tão só para reduzir o valor da multa questionada. 5. Após o trânsito em julgado da sentença, depois de esgotadas as vias recursais (em via de apelação e de recurso especial), o que ocorreu em 29.09.2016, o demandante atravessou petição de cumprimento de sentença referente ao valor excedente que pagou a título da multa que lhe fora imposta, diferença esta que corresponde ao importe atualizado de R$ 3.917,08 (três mil, novecentos e dezessete reais e oito centavos), requerendo a expedição de RPV para o pagamento dessa quantia. 6. Houve impugnação ao cumprimento de sentença pelo IBAMA ora agravante, alegando a inexistência da sentença condenatória em obrigação de pagar, além da inobservância dos requisitos do art. 524 do CPC pela parte executada e do alegado excesso de execução. 7. O Juízo de origem compreendeu, em resumo, que a sentença proferida na ação ordinária possui natureza eminentemente constitutiva e, como tal, viabilizaria o pronto início da fase de cumprimento de sentença, pois o que torna uma decisão judicial um título executivo é o fato de ela reconhecer a existência de um direito a uma prestação exigível, assim certificando a existência do direito ao pagamento da multa limitada ao valor estipulado em R$ 6.300,00. Assim, ordenou o encaminhamento dos autos à contadoria judicial para realizar e, passando em julgado a decisão, que fosse expedido o RPV devido. Daí o agravo do IBAMA. 8. De início, importante é o epítome do caso em comento. Pois bem, o ora agravante ajuizou ação ordinária de n. 0000506-78.2013.4.05.8201, em face do IBAMA, almejando, em suma, a anulação do Auto de Infração 720845/D, do Termo de Embargo 683859/C e do Processo Administrativo 02016.000712/2011-46. O autor havia sido multado pela autarquia ambiental em R$ 9.000,00 (nove mil reais), com base no seguinte motivo: "Executar extração de minerais (areia) sem a competente autorização ou licença ambiental". 9. O Juízo de primeiro grau, então, proferiu sentença julgando parcialmente procedente o pedido autoral, "para determinar a desconstituição da multa aplicada através do Auto de Infração 720845/D apenas na parte que exceder o valor de R$ 6.300,00 (seis mil e trezentos reais), mantendo-se incólume todas as demais partes do Auto de Infração 720845/D, do Termo de Embargo 683859/C e do Processo Administrativo 02016.000712/2011-46". 10. Tal sentença fora submetida ao duplo grau de jurisdição, sendo confirmada

O artigo é redundante e desnecessário, embora reproduza o artigo 55 da Lei 9.605/98. Efetivamente, a regulamentação da atividade minerária é de atribuição da Agência Nacional de Mineração. Nisto reside a sua especificidade normativa. No que se refere à regulamentação ambiental da mineração, data vênia, bastaria enquadrá-la no artigo 66 do Decreto e teríamos menos normas a serem cumpridas, facilitando o trabalho de todos, inclusive dos próprios órgãos ambientais. Por fim, acrescente-se que o Código de Mineração[16] dispõe de uma gama de artigos capazes de impedir o início de atividades minerárias sem as necessárias licenças (art. 63).

---

por este Egrégio Tribunal Regional Federal. O acórdão transitou em julgado em 29/09/2016, dando ensejo à deflagração da fase de cumprimento de sentença por parte do particular agravado, com o objetivo de receber a devolução de valores pagos em excesso, a título de multa que lhe fora imposta pela autarquia ambiental. 11. Nada obstante o ora agravado tenha efetuado o pagamento, administrativamente (e, portanto, fora dos autos da ação ordinária), fato é que não há título executivo que dê ensejo ao presente cumprimento de sentença em face do IBAMA agravante. 12. O caso, como dito alhures, trata de ação ajuizada pelo particular em face do IBAMA, de modo que a parcial procedência do pleito autoral, conforme dito pelo Juízo de primeiro grau, tão só teve o condão de desconstituir o Auto de Infração quanto ao valor que suplantava o importe de R$ 6.300,00, tratando-se claramente de sentença desconstitutiva, portanto. 13. Dito de outra forma, a procedência apenas quanto à redução da multa aplicada pelo IBAMA ao autor, ora agravado, não faz surgir, no presente processo, título executivo em seu favor, até porque realizara o seu pagamento de modo extrajudicial, supostamente a fim de evitar maiores transtornos em sua rotina comercial. 14. No caso, deverá o requerente, ora agravado, se valer de nova ação, a título de repetição de indébito, a fim de ser restituído do valor que teria pago a maior no que tange à sanção imposta pela autarquia ambiental, não sendo possível, pois, executar tal diferença nos mesmos autos em que demandara contra o IBAMA pela desconstituição do auto de infração, à míngua de pedido e, por conseguinte, de condenação à obrigação de pagar por parte do Instituto agravante, é dizer, de título judicial. 15. Agravo de instrumento provido, para indeferir o requerimento de cumprimento de sentença. ID (TRF-5 – Agravo de Instrumento: 0812555-44.2017.4.05.0000, Relator: Paulo Roberto de Oliveira Lima, Julgamento: 31.07.2018, 2ª Turma).

16. Art. 63. Sem prejuízo do disposto na Lei 9.605, de 12 de fevereiro de 1998, e na Lei 12.334, de 20 de setembro de 2010, o descumprimento das obrigações decorrentes das autorizações de pesquisa, das permissões de lavra garimpeira, das concessões de lavra e do licenciamento previsto nesta Lei implica, dependendo da infração: I – advertência; II – multa; e III – caducidade do título. IV – multa diária; V – apreensão de minérios, bens e equipamentos; ou VI – suspensão temporária, total ou parcial, das atividades de mineração. § 1º A aplicação das penalidades de advertência, multa, multa diária, apreensão de minérios, bens e equipamentos e suspensão temporária das atividades de mineração compete à Agência Nacional de Mineração (ANM), e a aplicação de caducidade do título, ao Ministro de Estado de Minas e Energia. § 2º (Revogado). § 3º (Revogado).

Art. 64. A multa variará de R$ 2.000,00 (dois mil reais) a R$ 1.000.000.000,00 (um bilhão de reais), segundo a gravidade da infração. § 1º Em caso de reincidência, a multa será cobrada em dobro; § 2º O regulamento deste Código definirá o critério de imposição de multas, segundo a gravidade das infrações. § 3º O valor das multas será recolhido ao Banco do Brasil S. A., em guia própria, à conta do Fundo Nacional de Mineração – Parte Disponível.

Art 65. Será declarada a caducidade da autorização de pesquisa, ou da concessão de lavra, desde que verificada quaisquer das seguintes infrações: a) caracterização formal do abandono da jazida ou mina; b) não cumprimento dos prazos de início ou reinício dos trabalhos de pesquisa ou lavra, apesar de advertência e multa; c) prática deliberada dos trabalhos de pesquisa em desacordo com as condições constantes do título de autorização, apesar de advertência ou multa; d) prosseguimento de lavra ambiciosa ou de extração de substância não compreendida no Decreto de Lavra, apesar de advertência e multa; e,

e) não atendimento de repetidas observações da fiscalização, caracterizado pela terceira reincidência, no intervalo de 1 (hum) ano, de infrações com multas. § 1º Extinta a concessão de lavra, caberá ao Diretor-Geral do Departamento Nacional da Produção Mineral – D.N.P.M. – mediante Edital publicado no Diário Oficial da União, declarar a disponibilidade da respectiva área, para fins de requerimento de autorização de pesquisa ou de concessão de lavra. § 2º O Edital estabelecerá os requisitos especiais a serem atendidos pelo requerente, consoante as peculiaridades de cada caso. § 3º Para determinação da prioridade à outorga da autorização de

6.6 PRODUTOS TÓXICOS E PERIGOSOS

O artigo 64[17] reproduz o texto do artigo 56 da Lei 9.605/1998. Os produtos tóxicos e/ou perigosos, em todo o seu ciclo de vida, estão submetidos à regulamentação relativamente à sua produção, circulação, armazenamento, manipulação e disposição final. A observância da regulamentação, seja legal ou administrativa, é obrigatória e se não ocorrer determina a imposição de sanções administrativas. As normas podem ser federais, estaduais ou municipais.

O artigo 71 A do Decreto 6.514/2008[18] diz respeito à importação de resíduos perigosos, cujas características "causem dano ao meio ambiente, à saúde pública e animal e à sanidade vegetal, ainda que para tratamento, reforma, reuso, reutilização ou recu-

---

pesquisa, ou da concessão de lavra, conforme o caso, serão, conjuntamente, apreciados os requerimentos protocolizados, dentro do prazo que for conveniente fixado no Edital, definindo-se, dentre estes, como prioritário, o pretendente que, a juízo do Departamento Nacional da Produção Mineral – D.N.P.M. – melhor atender aos interesses específicos do setor minerário. § 4º Aplica-se a penalidade de caducidade da concessão quando ocorrer significativa degradação do meio ambiente ou dos recursos hídricos, bem como danos ao patrimônio de pessoas ou comunidades, em razão do vazamento ou rompimento de barragem de mineração, por culpa ou dolo do empreendedor, sem prejuízo à imposição de multas e à responsabilização civil e penal do concessionário.

17. Art. 64. Produzir, processar, embalar, importar, exportar, comercializar, fornecer, transportar, armazenar, guardar, ter em depósito ou usar produto ou substância tóxica, perigosa ou nociva à saúde humana ou ao meio ambiente, em desacordo com as exigências estabelecidas em leis ou em seus regulamentos: Multa de R$ 500,00 (quinhentos reais) a R$ 2.000.000,00 (dois milhões de reais). § 1º Incorre nas mesmas penas quem abandona os produtos ou substâncias referidas no caput, descarta de forma irregular ou os utiliza em desacordo com as normas de segurança. § 2º Se o produto ou a substância for nuclear ou radioativa, a multa é aumentada ao quíntuplo.

Jurisprudência:

1. Trata-se de Apelação interposta pela Autora em face da sentença, que julgou improcedente o pedido formulado, em que pretende a anulação do Auto de Infração por meio do qual foi aplicada multa em virtude de transporte de carvão vegetal em desacordo com a legislação específica. 2. O Relatório de Fiscalização é expresso em afirmar que a Autuada operava o transporte de carvão vegetal sem a devida licença, sendo notificada de que infringiu o art. 70 da Lei 9.605/98, bem como os arts. 64 e 66 do Decreto 6.514/08, não havendo de se cogitar em cerceamento de defesa. 3. O art. 64 do Decreto 6.514/08 disciplina a conduta de transportar produto ou substância tóxica, perigosa ou nociva à saúde humana ou ao meio ambiente, em desacordo com as exigências estabelecidas em leis ou em regulamentos, pouco importando quem foi o responsável pela sua produção. 4. Conquanto se trate de conduta disciplinada em Decreto, as normas em comento – ou seja, arts. 64 e 66 do Decreto 6.514/08 –, combinadas com o disposto nos arts. 70 a 76 da Lei 9.605/98, conferem todo o fundamento legal necessário à aplicação da penalidade na seara administrativa, inexistindo violação ao princípio da legalidade estrita. 5. Apelação desprovida (TRF-2 – AC: 00001419620134025003 ES 0000141-96.2013.4.02.5003, Relator: Guilherme Diefenthaeler, Julgamento: 16.04.2018, 8ª Turma Especializada).

***

O exercício de atividade efetiva ou potencialmente poluidora ao meio ambiente depende de prévio licenciamento ambiental de operação, e em caso de descumprimento dessa exigência legal se mostra adequado o embargo/interdição do estabelecimento, ante o perigo de se causar danos à coletividade (artigo 10 da Lei 6.938/81, artigo 1º da Resolução 273/2000 do CONAMA e artigo 64 do Decreto 6.514/08) (TJ-MT – Apelação: 0000209-80.2013.8.11.0082, Relator: Nilza Maria Pôssas de Carvalho, Julgamento: 08.09.2015, 2ª Câmara de Direito Público e Coletivo, Publicação: 14.09.2015).

18. Art. 71-A. Importar resíduos sólidos perigosos e rejeitos, bem como resíduos sólidos cujas características causem dano ao meio ambiente, à saúde pública e animal e à sanidade vegetal, ainda que para tratamento, reforma, reuso, reutilização ou recuperação: Multa de R$ 500,00 (quinhentos reais) a R$ 10.000.000,00 (dez milhões de reais).

peração". Como se vê, o artigo é redundante, pois se o resíduo é perigoso, logicamente, é capaz de causar dano.

A Lei 12305/2010, artigo 13, II, a define resíduos perigosos como "aqueles que, em razão de suas características de inflamabilidade, corrosividade, reatividade, toxicidade, patogenicidade, carcinogenicidade, teratogenicidade e mutagenicidade, apresentam significativo risco à saúde pública ou à qualidade ambiental, de acordo com lei, regulamento ou norma técnica". A CETESB define produtos tóxicos como as "substâncias capazes de provocar a morte ou danos à saúde humana se ingeridas, inaladas ou por contato com a pele, mesmo em pequenas quantidades".

6.7 AUSÊNCIA DE LICENCIAMENTO AMBIENTAL

O licenciamento ambiental é um dos mais importantes instrumentos da PNMA, sendo o que é mais amplamente utilizado. Dessa forma, é razoável que a sua inobservância acarrete sanções administrativas para os que não atendam à determinação de licenciar os empreendimentos e atividades capazes de causar degradação ambiental.[19]

---

19. Art. 66. Construir, reformar, ampliar, instalar ou fazer funcionar estabelecimentos, atividades, obras ou serviços utilizadores de recursos ambientais, considerados efetiva ou potencialmente poluidores, sem licença ou autorização dos órgãos ambientais competentes, em desacordo com a licença obtida ou contrariando as normas legais e regulamentos pertinentes: Multa de R$ 500,00 (quinhentos reais) a R$ 10.000.000,00 (dez milhões de reais). Parágrafo único. Incorre nas mesmas multas quem: I – constrói, reforma, amplia, instala ou faz funcionar estabelecimento, obra ou serviço sujeito a licenciamento ambiental localizado em unidade de conservação ou em sua zona de amortecimento, ou em áreas de proteção de mananciais legalmente estabelecidas, sem anuência do respectivo órgão gestor; e II – deixa de atender a condicionantes estabelecidas na licença ambiental.
Jurisprudência:
Não há que se falar em ausência de fundamentação a ensejar a nulidade da sentença quando o juízo de origem resolve o litígio de forma sólida e fundamentada, apenas não adotando a tese do recorrente – Nos termos do art. 121 do Decreto 6.514/08 a autoridade julgadora, e não o interessado, deve solicitar o pronunciamento jurídico da Procuradoria Federal junto ao IBAMA apenas nos casos de dúvida jurídica, não incidindo quando há inconformidade do Apelante no que toca a existência da infração, ou seja, a própria questão meritória – Descumprir condicionantes de licença de instalação em desacordo com a autorização obtida enseja aplicação de multa nos termos do art. 66, do Decreto 6.514/08 – Constatada a infração à legislação ambiental, faz-se necessário verificar se a atuação administrativa, nesse contexto, está em consonância com os princípios da legalidade, da razoabilidade e da proporcionalidade, sendo importante considerar também, a gravidade do fato, tendo em vista os motivos da infração e suas consequências para o meio ambiente, não trazendo o Decreto 6.514 um critério fechado para a imposição de multa, devendo ser interpretada em consonância com a Lei 9.605/98 – Cabe aplicação da multa no valor máximo previsto para a conduta, considerando o porte da empresa, a motivação intencional, as consequências ao meio ambiente de significativa gravidade, com majorantes de abuso de licença e exposição a saúde e o meio ambiente de forma grave, nos termos do art. 66, do Decreto 6.514/08 – Ainda que não haja ilegalidade na autuação administrativa, cabe ao Poder Judiciário intervir quando a multa se mostra desarrazoada e desproporcional – À míngua de prejuízo maior ao interesse público, não se verifica a necessária proporcionalidade entre a infração cometida e a multa aplicada, razão pela qual, em observância 1 aos princípios norteadores da Administração Pública, deve a penalidade ser reduzida – Recurso parcialmente provido (TRF-2 - APL: 00895934620154025101, Relator: Sérgio Schwaitzer, Julgamento: 14.09.2020, 7ª Turma Especializada, Publicação: 17.09.2020).
***
1. Segundo o Decreto 6.514/2008, que dispõe sobre as infrações e sanções administrativas ao meio ambiente, bem como estabelece o processo administrativo federal para apuração dessas, a regra é a intimação pessoal ou

Há uma extensa relação de atividades que dependem de licenciamento ambiental no Anexo I da Resolução Conama 237/1997; todavia, cabe observar que o § 2º do artigo 2º da Resolução 237/1997 admite que cabe ao "órgão ambiental competente definir os critérios de exigibilidade, o detalhamento e a complementação do Anexo 1, levando em consideração as especificidades, os riscos ambientais, o porte e outras características do empreendimento ou atividade". Dessa forma, o órgão de controle ambiental pode adicionar novas atividades à relação.

Os Estados, no uso de sua autonomia, têm competência para definir relações próprias que, em geral, observam os padrões federais.

A norma pune a mera desobediência às obrigações de licenciar ou buscar autorização do órgão *ambiental competente*. Isto implica que o tipo não poderá ser aplicado, por exemplo, no caso da falta de *licença de construir* ou de Alvará do Corpo de Bombeiros, por exemplo. Tutela-se, portanto, o poder de polícia dos órgãos ambientais. A parte final do *caput* é contraditória, pois se a licença foi concedida e está sendo observada, a atividade não pode contrariar regulamentos ou normas legais pertinentes. Caso a licença tenha sido concedida em desacordo com o ordenamento jurídico, data vênia, o empreendedor somente poderá ser responsabilizado se, após prévia apuração, ficar comprovado que ele participou ativamente da concessão irregular da licença. Qualquer outro raciocínio é violar o princípio da proteção da confiança.[20]

---

postal, com aviso de recebimento. 2. No caso dos autos, verifica-se que todas as notificações foram encaminhadas ao endereço indicado no auto de infração e, embora recebidas por terceiros, não impediram o exercício do direito de defesa pelo autuado. Validade das notificações administrativas. Precedentes do STJ. 3. Especificamente para a infração praticada pelo embargante (art. 66 do Decreto 6.514/2008), foi prevista a incidência de pena de multa de R$ 500,00 (quinhentos reais) a R$ 10.000.000,00 (dez milhões de reais). Muito embora a graduação da multa seja atividade inserida no âmbito da atuação discricionária da autoridade fiscalizadora, a cominação da penalidade pecuniária em valor acima mínimo legalmente previsto, exige a devida motivação, sob pena de nulidade. 4. O simples fato de a multa estar muito aquém do limite máximo permitido, como consignou a sentença, não afasta a possibilidade de ser considerada abusiva. Exatamente por isso é necessário que o órgão fiscalizador aponte os motivos que levaram à fixação em tal patamar pois, sem conhecimento dos pressupostos fáticos, é impossível determinar possível abusividade no valor. 5. A atuação do Poder Judiciário se circunscreve ao campo da regularidade do procedimento e à legalidade do ato, sendo-lhe defesa qualquer incursão no mérito administrativo. A ausência de motivação, entretanto, configura vício de forma, passível de controle pelo Poder Judiciário por envolver elemento vinculado do ato administrativo. 6. Reconhecida a nulidade parcial do processo administrativo, no que toca à quantificação da penalidade aplicada; oportunizando seja o ato novamente praticado, com a devida motivação. Consequentemente, foi reconhecida a nulidade da CDA e determinada a extinção da execução fiscal. Invertidos os ônus sucumbenciais (TRF-4 – AC: 50000243920174047132 RS 5000024-39.2017.4.04.7132, Relator: Roger Raupp Rios, Julgamento: 18.05.2020, 1ª Turma).
***
1. A responsabilidade administrativa ambiental não depende necessariamente da configuração de um prejuízo ao meio ambiente, bastando o descumprimento das normas de proteção ambiental. 2. O valor estipulado está dentro dos parâmetros do Decreto 6.514/08, art. 66, inciso II, isto é, multa de R$ 500,00 (quinhentos reais) a R$ 10.000.000,00 (dez milhões de reais). A quantia determinada na sentença está contida dentro de parâmetros de razoabilidade e proporcionalidade, além de respeitar a capacidade financeira do infrator. 3. Afastada a alegação de nulidade do auto de infração ambiental (TRF-4 – AC: 50039178820184047104 RS 5003917-88.2018.4.04.7104, Relator: Vânia Hack de Almeida, Julgamento: 22.06.2021, 3ª Turma).
20. 1. Trata-se de Apelação Cível interposta pelo Instituto Brasileiro do Meio Ambiente e Recursos Renováveis – IBAMA, em face de sentença que julgou procedente o pedido autoral, declarando a insubsistência do Auto

É necessário observar, igualmente, que muitas atividades estão em funcionamento desde antes da entrada em vigor da exigência de licenciamento ambiental. Essas atividades não estão submetidas ao rigor do artigo, salvo se foram intimadas pela Administração para se licenciarem ambientalmente. No âmbito federal, as licenças exigíveis, como regra, são a Licença de Instalação (LI) e a Licença de Operação (LO). Pois a Licença Prévia (LP) não autoriza o início de atividades.

Ainda que a responsabilidade administrativa ambiental não dependa, necessariamente, da configuração de um prejuízo concreto ao meio ambiente, não se pode perder de vista o princípio da razoabilidade que é inerente à atuação da Administração Pública.

Para além da proteção às garantias individuais e constitucionais, a ênfase em se preservar o devido e justo alcance das normas punitivas ambientais também busca conservar a essência e finalidade do tipo sancionador fixado em lei de acordo com o bem jurídico ambiental efetivamente tutelado. Em outras palavras, a justa medida e o alcance da norma sancionadora devem sempre guardar relação com a proteção ambiental almejada no caso concreto.

Um exemplo desse racional lógico e jurídico pode ser extraído da Resolução CONAMA 382/2006, que estabelece os limites máximos de emissão de poluentes atmosféricos para fontes fixas. A referida norma prevê de forma expressa hipóteses em que pontuais extrapolações dos limites de emissões atmosféricas fixados em seu texto não serão consideradas desconformidades (v. art. 5º, § 2º, inciso III), tendo em vista se tratar de situação transitória e com reflexos considerados não significativos para a finalidade da norma, que é a proteção ambiental por meio do controle das emissões atmosféricas.

de Infração 3340/E. 2. Em 2005 o caranguejo guaiamum entrou na lista de animais em extinção, conforme o Decreto Estadual 1499-R, sendo que em 2012 o Apelado solicitou junto ao MTE-ES a concessão do benefício do seguro-desemprego de pescador artesanal, relativo ao período de defeso do referido animal, tendo sido deferido. Porém, em 2015, ao solicitar novamente o benefício nos termos acima citados, seu pedido foi indeferido tendo em vista que o caranguejo guaiamum encontra-se na lista de animais em extinção desde 2005, sendo que, após isso, foi autuado e multado pelo IBAMA em razão da conduta de "pescar espécie que deve ser preservada". 3. A Administração Pública, ao conceder o seguro-desemprego pelo período de defeso do caranguejo guaiamum ao Apelado, quando deveria indeferir o pedido por conta da inserção do animal na lista de animais em extinção, fê-lo crer que sua conduta era legítima. O equívoco inicial foi da própria Administração, não havendo qualquer elemento que evidencie a má-fé do Apelado quanto à pesca indevida do animal. Pelo contrário, a boa-fé exsurge da conduta da Administração que criou no administrado a confiança de que agia de modo lícito, de forma que a autuação do IBAMA fere o princípio da proteção à confiança. 4. O ato da Administração Pública de sancionar conduta do administrado por ela chancelada anteriormente quando da concessão do seguro desemprego violou o princípio da Proteção à Confiança, que ocorre quando a conduta posta pelo Poder Público leva o administrado a acreditar na efetiva segurança da situação que até então lhe era proporcionada. A alteração nas condições deve operar ex nunc, não podendo retroagir no sentido de penalizar condutas as quais o administrado, de boa-fé, por conta de ato anterior da Administração, acreditava serem lícitas e legítimas. 5. Apelação desprovida (TRF-2 – AC: 00009992820164025002 ES 0000999-28.2016.4.02.5002, Relator: Reis Friede, Julgamento: 20.07.2018, 6ª Turma Especializada).

6.8 OUTRAS INFRAÇÕES

O artigo 67[21] trata da disseminação de doenças ou pragas. A norma tutela a higidez dos ecossistemas, punindo aquele que propague ou dissemine doença ou praga capazes de causar danos aos ecossistemas. O artigo tem inspiração no artigo 61 da Lei 9.605/98, muito embora não lhe reproduza fielmente o texto, ante a retirada dos termos pecuária e agricultura. A ausência dos vocábulos talvez possa ser explicada por uma reconhecida dificuldade do MMA com as atividades de pecuária e agricultura. O artigo se aproxima do artigo 61 da Lei 9.605/1998, embora seja mais abrangente.

---

21. Art. 67. Disseminar doença ou praga ou espécies que possam causar dano à fauna, à flora ou aos ecossistemas: Multa de R$ 5.000,00 (cinco mil reais) a R$ 5.000.000,00 (cinco milhões de reais).

CAPÍTULO 7
INFRAÇÕES CONTRA O ORDENAMENTO URBANO E O PATRIMÔNIO CULTURAL

7.1 A MATÉRIA NA CONSTITUIÇÃO FEDERAL

A Constituição Federal dispõe amplamente sobre o ordenamento urbano e a proteção do patrimônio cultural. De fato, desde a Constituição de 1891 se reconhece o "peculiar interesse" dos Municípios.[1] O peculiar interesse municipal esteve presente em todas as Constituições Federais até que, em 1988, foi substituído pelo "interesse local". Neste ponto cabe relembrar que as relações entre meio ambiente, ordenamento urbano e patrimônio cultural são muito fortes e tais temas não podem ser dissociados.

A proteção dos bens culturais consta das constituições brasileiras há quase 100 anos, haja vista que a primeira Carta Constitucional a se dedicar ao tema foi a Constituição de 1934. Ela dispôs sobre a proteção das "belezas naturais e os monumentos de valor históricos ou artísticos, podendo impedir a evasão de obras de arte", atribuindo tal competência à União e aos Estados (art. 10, III). Estabeleceu, ainda, a competência da União, dos Estados e dos Municípios para "favorecer e animar o desenvolvimento das ciências, das artes, das letras e da cultura em geral, proteger os objetos de interesse histórico e o patrimônio artístico do país, bem como prestar assistência ao trabalhador intelectual" (art. 148). A Constituição de 1937 manteve disposições assemelhadas, acrescentando "as paisagens ou os locais particularmente dotados pela natureza", estabelecendo que "[o]s atentados contra eles cometidos serão equiparados aos cometidos contra o patrimônio nacional".

A Carta democrática de 1946 tratou da matéria no artigo 175; a Constituição de 1967 acrescentou a proteção aos bens de valor arqueológico (art. 172. Parágrafo único) cujo texto foi mantido pela Emenda Constitucional 1 de 1969. A Constituição de 1988 permitiu um novo horizonte para a proteção do ambiente cultural, dando maior amplitude à matéria.

A Constituição de 1988 promoveu uma grande ampliação da proteção jurídica do ambiente cultural, ao elevar a cultura "ao plano dos direitos individuais e coletivos, reconhecendo a pluralidade das manifestações culturais do nosso povo" (Rocha, 2018,

---

1. Art. 68. Os Estados organizar-se-ão de forma que fique assegurada a autonomia dos Municípios em tudo quanto respeite ao seu peculiar interesse.

p 1489-1490). A grande diferença entre a Constituição vigente e as anteriores está na amplitude dos instrumentos de proteção que não se limitam mais ao tombamento e, principalmente, na compreensão de patrimônio cultural como um elemento que retrata a formação da nacionalidade, não se limitando a fatos excepcionais ou extraordinários. É, também, digno de nota a influência exercida pela tutela do patrimônio cultural sobre o direito de propriedade, nesse sentido o § 1º do artigo 1228 do Código Civil determina que ele deve "ser exercido em consonância com as suas finalidades econômicas e sociais e de modo que sejam preservados, de conformidade com o estabelecido em lei especial, a flora, a fauna, as belezas naturais, o equilíbrio ecológico e o patrimônio histórico e artístico, bem como evitada a poluição do ar e das águas".

Atualmente, não cabe mais falar em antagonismo entre as diferentes configurações do direito de propriedade, haja vista que a Constituição contempla diferentes aspectos de tão relevante direito fundamental. Todavia, nem sempre a interpretação do direito constitucional de propriedade se faça conforme o Texto Constitucional (Antunes, 2011).

O artigo 216 da Carta Constitucional, em seu inciso V estabelece que "os conjuntos urbanos e sítios de valor histórico, paisagístico, artístico, arqueológico, paleontológico, ecológico e científico", estão submetidos à especial tutela do Estado, cabendo ao Poder Público, "com a colaboração da comunidade", promover e proteger, "o patrimônio cultural brasileiro, por meio de inventários, registros, vigilância, tombamento e desapropriação, e de outras formas de acautelamento e preservação" (art. 216, § 1º).[2] Logo, não há que se falar em antagonismo entre indivíduo, comunidade e proteção do patrimônio cultural. A Constituição determina que o Poder Público estabeleça mecanismos aptos a possibilitar uma efetiva acomodação entre os diferentes interesses sociais legítimos. Cabe, ainda, realçar o tombamento *ex vi* da própria Constituição de "todos os documentos e os sítios detentores de reminiscências históricas dos antigos quilombos." (art. 261, § 5º).

Dado que a Constituição é um texto único e que se deve buscar a coerência entre as suas diferentes normas e princípios, há que se interpretá-la como um todo, pois "não se interpreta o direito em tiras, aos pedaços" (Grau, 2009, p. 132). Dessa forma, é absolutamente fundamental que, ao tutelar os bens de valor cultural, a Administração Pública em seus diferentes níveis respeite os princípios contidos no artigo 5º, LV da Lei Fundamental da República, assegurando ao proprietário do bem, seja ele público ou privado, a ampla defesa e o devido processo legal.

---

2. STF – Anotação Vinculada – Art. 216, § 1º da Constituição Federal – "No tocante ao § 1º do art. 216 da CF, não ofende esse dispositivo constitucional a afirmação constante do acórdão recorrido no sentido de que há um conceito amplo e um conceito restrito de patrimônio histórico e artístico, cabendo à legislação infraconstitucional adotar um desses dois conceitos para determinar que sua proteção se fará por tombamento ou por desapropriação, sendo que, tendo a legislação vigente sobre tombamento adotado a conceituação mais restrita, ficou, pois, a proteção dos bens, que integram o conceito mais amplo, no âmbito da desapropriação. [RE 182.782, rel. Min. Moreira Alves, j. 14.11.1995, 1ª T, DJ de 09.02.1996]".

7.1.1 O papel dos municípios

Os municípios estão mencionados no artigo 23, VI da Constituição Federal como titulares da competência comum para "proteger o meio ambiente e combater a poluição em qualquer de suas formas". Entretanto, é preciso observar que "seria incorreto e insensato dizer-se que os Municípios não têm competência legislativa em matéria ambiental" (Antunes, 2023, p. 51).

A questão colocada é relativa aos termos em que tal competência deve ser exercida. Como se sabe,

> [o] artigo 30 da CF atribui aos Municípios competência para legislar sobre: assuntos de interesse local; suplementar a legislação federal e estadual no que couber; promover no que couber, adequado ordenamento territorial, mediante planejamento e controle do uso do solo, do parcelamento e da ocupação do solo urbano; promover a proteção do patrimônio histórico-cultural local, observadas a legislação e a ação fiscalizadora federal e estadual.
>
> Logo, o meio ambiente está incluído no conjunto de atribuições legislativas e administrativas municipais (Antunes, 2023, p. 51).

Em linhas gerais, cabe ao município, no uso de suas competências, aprofundar as medidas de proteção ambiental que se façam necessárias em seu território, sem fragilizar os padrões mínimos de tutela definidos nas leis federais e estaduais. No mesmo sentido está Vladimir Passos de Freitas em relação à capacidade legislativa suplementar dos municípios para quem:

> [t]al regra significa, em matéria de meio ambiente, que o Município não pode abolir as exigências federais ou estaduais sobre o assunto. Todavia, poderá formular exigências adicionais, atentando para seu próprio interesse [rectius: local peculiar], no caso concreto (Freitas, 1993, p. 35).

O entendimento se justifica, na medida em que,

> [o]s Municípios são fundamentais na complexa cadeia de proteção ambiental, a sua importância é evidente por si mesma. Todavia, há uma enorme disparidade entre os municípios brasileiros em todos os aspectos, desde o institucional até o econômico, o que faz com que, em não raras vezes, a autoridade local, ante pressões orçamentárias e outras, adira ao discurso fácil da necessidade do desenvolvimento e malbarateie as relevantes tarefas de proteção ambiental. É através dos Municípios que se pode implementar o princípio ecológico de *agir localmente, pensar globalmente* (Antunes, 2015, p. 77).

O interesse local tratado no artigo 30, I da Constituição Federal é o *peculiar interesse* constante das Cartas Políticas anteriores a de 1988. É, como tem sido observado pela doutrina, "uma noção dificílima de se fixar e de se encontrar. Isso porque inexiste interesse municipal delimitado por sua própria natureza" (Santana, 1998, p. 116). É desnecessário sublinhar que a questão é da maior importância, vez que a lei municipal que extrapole a sua esfera própria de competência será marcada pelo vício da inconstitucionalidade.

A autonomia municipal se move dentro de círculos concêntricos que correspondem ao respeito às disposições da Constituição Federal e da Constituição Estadual. A este respeito Ana Paula de Barcellos (2020, p. 253) argumenta que "[a] Constituição de 1988 prevê que além de se submeterem aos princípios da Constituição Federal, os Municípios sujeitam-se também aos princípios da Constituição Estadual (art. 29)". As competências legislativa e administrativa dos municípios têm por fundamento o "interesse local" que "é sinônimo da expressão utilizada na Constituição anterior, "peculiar interesse" (Araújo e Nunes Jr., 2017, p. 406).

Ainda no regime da Constituição outorgada de 1969, o Supremo Tribunal Federal, em 4/11/1981, assentou que os municípios não podem enfraquecer, por exemplo, o nível de proteção ambiental conferida pelas Constituições dos Estados. Trata-se da notável decisão proferida nos autos da Representação 1048/PB que foi ajuizada com o objetivo de questionar a constitucionalidade dos artigos 164 e seu Parágrafo único e 165 e seu Parágrafo único da então vigente Constituição do Estado da Paraíba:

> Artigo 164 – É vedada a concessão de licença para construção de prédio com mais de dois pavimentos, na avenida da orla marítima, desde a Praia da Penha até a Praia Formosa.
>
> Parágrafo único – É, igualmente, vedada a concessão de licença para a construção de prédio com mais de três pavimentos, na Capital do Estado e na Cidade de Campina Grande, sem que tenha a mesma área nunca inferior a de um pavimento, destinado à garagem.
>
> Artigo 165 – Nas avenidas ou ruas residenciais da Capital do Estado, e da cidade de Campina Grande, somente será permitida a construção de edifícios que sejam isolados e distem, pelo menos, cinco metros para cada lado, do limite do seu terreno.
>
> Parágrafo único – Os edifícios de que trata este artigo não poderão ter menos de vinte metros de frente.

A Representação 1048/PB foi proposta sob o argumento de violação da autonomia do Município de João Pessoa, com base no entendimento de que a matéria tratada na Constituição Paraibana era de competência exclusiva do Município.

A Representação foi julgada improcedente, tendo o voto condutor do Ministro Djaci Falcão destacado que:

> A concentração populacional e de atividades econômicas nas regiões em desenvolvimento, gerando mudanças econômicas, sociais e culturais, ampliam os horizontes do processo de urbanização. O acelerado crescimento dos centros urbanos tem demonstrado a necessidade de participação não só do Município, como também do Estado e da União no que toca ao desenvolvimento urbano de modo ordenado e sistemático, tendo em vista o interesse público comum e não apenas o interesse isolado do Município, o interesse local. Isso sem prejuízo, é claro, da normatividade edilícia circunscrita às matérias do seu predominante interesse (aprovação de planos urbanísticos, licença de construção etc.), e uso do poder de polícia administrativa.
>
> Versando o tema da autonomia municipal dizia Sampaio Doria sobre a locução "peculiar interesse":
>
> Peculiar não é nem pode ser equivalente a privativo. Privativo, dizem dicionários, é o próprio de alguém, ou de alguma coisa, de sorte-que exclui a outra da mesma generalidade, uso, direito. A diferença está na ideia de exclusão: *privativo* importa exclusão e *peculiar* não. A ordem pública de um Estado é seu interesse peculiar, mas é também interesse da Nação. Logo, não é privativo do Estado. Uma escola primária que certo Município abra é seu interesse peculiar, mas não exclusivo, não privativo, porque a instrução interessa a todo o País.
>
> O entrelaçamento do interesse do Município com os interesses dos Estados, e com os interesses da Nação, decorre da natureza mesma das coisas. O que os diferencia é a *predominância*, e não a *exclusividade* (Autonomia dos Municípios. *Revista da Faculdade de Direito de São Paulo*, XXIV/419).
>
> Recentemente, escreveu, com propriedade, o Professor Toshio Mukai:

"O conceito de autonomia municipal, havendo de ser composto através dos elementos previstos na Constituição (político, administrativo e financeiro), encontra, no conceito de "peculiar interesse", pela sua fluidez e abstração, um fulcro aberto para adaptações às circunstâncias da evolução econômica e social da vida própria da Nação" (O Regime Jurídico Municipal e as Regiões Metropolitanas, 1976, p. 39).

Na verdade, a fórmula peculiar interesse propicia certa flexibilidade na interpretação do princípio da autonomia municipal.

Correta, a meu juízo, a conclusão a que chegou a douta Procuradoria-Geral da República. Com efeito, as regras em causa, sem dúvida de elevado alcance, visam salvaguardar e preservar valores que se sobrepõem ao interesse meramente municipal, constituindo, sim, um interesse comum ao Município e ao Estado, que colaboram no planejamento integrado do desenvolvimento econômico e social, tendo em vista a saúde, a segurança, a comodidade da população, o patrimônio ecológico e paisagístico etc. atendidas as peculiaridades não só meramente locais como da própria região.

Há, como realçou o parecer, um acentuado entrelaçamento de interesse do Município e do Estado que transcendem o chamado peculiar interesse do Município.

Tamanhos a elevação e a eficácia dessas normas sob exame, que os Municípios de João Pessoa e Campina Grande, ao longo de dez anos, no exercício quotidiano da aprovação e alteração de plantas e de fiscalização de edificações, jamais cogitaram de arguir a sua ilegitimidade, ante a Lei Magna.

Ademais, não se deve esquecer que somente diante de "razões peremptórias", como dizia João Barbalho, a expressar a evidente incompatibilidade de determinada regra legal com o texto expresso da Constituição, impõe-se a declaração de sua ineficácia. Ora, no caso, não me parece convincente o conflito entre as normas da Constituição estadual e o princípio da autonomia municipal inserida na Carta Política da República (art. 15, inc. II).

Julgo improcedente a reapresentação.

No regime Constitucional de 1988, o Supremo Tribunal Federal, ao examinar a relação entre autonomia municipal e competência legislativa em matéria ambiental, no RE 586224-SP, tem deixado claro que a autonomia municipal deve ser exercida em harmonia com as normas estaduais e federais e que interesse local dos municípios é um conceito que não é contraditório com os interesses dos demais entes federados.

1. O Município é competente para legislar sobre meio ambiente com União e Estado, no limite de seu interesse local e desde que tal regramento seja e harmônico com a disciplina estabelecida pelos demais entes federados (art. 24, VI c/c 30, I e II da CRFB). 2. O Judiciário está inserido na sociedade e, por este motivo, deve estar atento também aos seus anseios, no sentido de ter em mente o objetivo de saciar as necessidades, visto que também é um serviço público. 3. *In casu*, porquanto inegável conteúdo multidisciplinar da matéria de fundo, envolvendo questões sociais, econômicas e políticas, não é permitido a esta Corte se furtar de sua análise para o estabelecimento do alcance de sua decisão. São elas: (i) a relevante diminuição – progressiva e planejada – da utilização da queima de cana-de-açúcar; (ii) a impossibilidade do manejo de máquinas diante da existência de áreas cultiváveis acidentadas; (iii) cultivo de cana em minifúndios; (iv) trabalhadores com baixa escolaridade; (v) e a poluição existente independentemente da opção escolhida. 4. Em que pese a inevitável mecanização total no cultivo da cana, é preciso reduzir ao máximo o seu aspecto negativo. Assim, diante dos valores sopesados, editou-se uma lei estadual que cuida da forma que entende ser devida a execução da necessidade de sua respectiva população. Tal diploma reflete, sem dúvida alguma, uma forma de compatibilização desejável pela sociedade, que, acrescida ao poder concedido diretamente pela Constituição, consolida de sobremaneira seu posicionamento no mundo jurídico estadual como um standard a ser observado e respeitado pelas demais unidades da federação adstritas ao Estado de São Paulo. 5. Sob a perspectiva estritamente jurídica, é interessante observar o ensinamento do eminente doutrinador Hely Lopes Meireles, segundo o qual "se caracteriza pela predominância e não pela exclusividade do interesse

para o município, em relação ao do Estado e da União. Isso porque não há assunto municipal que não seja reflexamente de interesse estadual e nacional. A diferença é apenas de grau, e não de substância." (Direito Administrativo Brasileiro. São Paulo: Malheiros Editores, 1996. p. 121.) 6. Função precípua do município, que é atender diretamente o cidadão. Destarte, não é permitida uma interpretação pelo Supremo Tribunal Federal, na qual não se reconheça o interesse do município em fazer com que sua população goze de um meio ambiente equilibrado. 7. Entretanto, impossível identificar interesse local que fundamente a permanência da vigência da lei municipal, pois ambos os diplomas legislativos têm o fito de resolver a mesma necessidade social, que é a manutenção de um meio ambiente equilibrado no que tange especificamente a queima da cana-de-açúcar. 8. Distinção entre a proibição contida na norma questionada e a eliminação progressiva disciplina na legislação estadual, que gera efeitos totalmente diversos e, caso se opte pela sua constitucionalidade, acarretará esvaziamento do comando normativo de quem é competente para regular o assunto, levando ao completo descumprimento do dever deste Supremo Tribunal Federal de guardar a imperatividade da Constituição. 9. Recurso extraordinário conhecido e provido para declarar a inconstitucionalidade da Lei Municipal 1.952, de 20 de dezembro de 1995, do Município de Paulínia.[3]

A decisão acima deu margem à edição do Tema 145 e a fixação de tese:

Tema 145

a) Competência do Município para legislar sobre meio ambiente; b) Competência dos Tribunais de Justiça para exercer controle de constitucionalidade de norma municipal em face da Constituição Federal.

Tese

O município é competente para legislar sobre o meio ambiente com a União e Estado, no limite do seu interesse local e desde que tal regramento seja harmônico com a disciplina estabelecida pelos demais entes federados (art. 24, inciso VI, c/c 30, incisos I e II, da Constituição Federal).

7.2 OS TIPOS ADMINISTRATIVOS

São quatro os tipos administrativos catalogados como infrações contra o ordenamento territorial e o patrimônio cultural. O ordenamento territorial é uma das competências municipais (CF artigo 30, VIII). Por ordenamento territorial deve ser entendida a capacidade de que são dotados os municípios para organizar a ocupação do solo; juridicamente esta competência se materializa nas normas de direito urbanístico. Segundo Rovena Negreiros e Sarah Maria M. dos Santos (2001), o direito urbanístico é formado por um conjunto de normas destinadas a assegurar os interesses da comunidade, disciplinar o uso, o parcelamento e a ocupação do solo, regular o sistema viário, dispor sobre planejamento urbano, o direito de construir e a propriedade urbana.

A Constituição Federal, nos artigos 182 e 183, dispõe sobre a política urbana, segundo a regulamentação feita pela Lei 10.257/2001.

O artigo 72 do Decreto 6.514/2008[4] é mera reprodução do tipo penal contido no artigo 62 da Lei 9.605/98. Assim, como em diversas oportunidades, o ilícito penal foi transformado em ilícito administrativo.

---

3. STF RE 586224 / SP. Relator: Min. Luiz Fux. Julgamento: 05..03.2015. Publicação: 08.05.2015. Tribunal Pleno.
4. Art. 72. Destruir, inutilizar ou deteriorar: I – bem especialmente protegido por lei, ato administrativo ou decisão judicial; ou II – arquivo, registro, museu, biblioteca, pinacoteca, instalação científica ou similar protegido por

Destruir, inutilizar ou deteriorar é retirar do mundo físico, tornar imprestável para o uso a que se destina e causar alteração que modifique as características do bem tutelado. A norma aplica-se a bem imóvel objeto de especial proteção por parte do poder público, nele compreendidos os três poderes; contudo, não se infere do artigo que os bens tutelados sejam apenas aqueles de valor ambiental ou cultural, especialmente quando se trata do inciso I, restando uma perigosa abrangência. O inciso II é mais preciso no que diz respeito ao bem jurídico tutelado. É de se observar, contudo, que museu, biblioteca e pinacoteca são universalidades, não se confundindo com o mero somatório de quadros, livros ou objetos. Assim, o dano deve ser à universalidade e não meramente a um dos seus componentes.

É importante registrar que a proteção não exige que o bem seja submetido ao regime de tombamento que é uma forma de proteção, mas não é a única. Observe-se que a Constituição (artigo 216, § 1º) estabelece que o Poder Público poderá proteger o patrimônio cultural "por meio de inventários, registros, vigilância, tombamento e desapropriação, e de outras formas de acautelamento e preservação." Os municípios podem estabelecer institutos próprios para a defesa de seu patrimônio cultural ou do ordenamento territorial, como é o caso dos imóveis preservados e/ou tutelados no Município do Rio de Janeiro.[5]

---

lei, ato administrativo ou decisão judicial: Multa de R$ 10.000,00 (dez mil reais) a R$ 500.000,00 (quinhentos mil reais).

Jurisprudência:

1. Execução fiscal ajuizada pela Municipalidade de São Paulo em razão de infração, por parte da executada, do artigo 70 da Lei 9.605/1998, artigo 72, inciso I do decreto 6.514/2008 e artigos 8º e 9º, inciso II do decreto 42.833/2003 ("poda drástica de quatro exemplares arbóreos e corte sem autorização de dez exemplares arbóreos") – Sentença que acolheu exceção de pré-executividade ante inadequado enquadramento da multa. 2. O corte de árvores em solo paulistano sujeita-se, em regra, à prévia autorização das autoridades competentes nas subprefeituras. À época dos fatos, em casos de emergência e iminência de dano, a declaração de urgência competia ao Corpo de Bombeiros, contudo, a correspondente autorização legal para que o particular o fizesse não foi objeto de concessão, ou mesmo de solicitação eficaz. Ilícito reconhecido. 3. Não incide ao caso o artigo 72 do Decreto Federal 6.514/2008 de vez que a mens legis não compreende a proteção ao bem jurídico que ora se tutela – a vegetação urbana. Incidência do artigo 44 do mesmo decreto. Precedentes das Câmaras Reservadas ao Meio Ambiente. 4. O erro no enquadramento típico da conduta não conduz à nulidade integral do auto, dada a figura de simples irregularidade que por sua vez não macula o direito de defesa e o exercício do debate contraditório do particular perante a administração desde que bem descritos os fatos ocorridos. 5. Procedência em parte que se impõe para readequar o cálculo da multa. Recurso da Municipalidade parcialmente provido, prejudicado recurso da executada (TJ-SP – APL: 16109564020178260090 SP 1610956-40.2017.8.26.0090, Relator: Nogueira Diefenthaler, Julgamento: 09.09.2021, 1ª Câmara Reservada ao Meio Ambiente, Publicação: 14.09.2021).

5. *Bem Preservado* – Um bem é indicado para preservação quando pertence a um conjunto arquitetônico cujas características representem a identidade cultural de um bairro, localidade ou entorno de um bem tombado. Neste caso, são mantidos fachadas, telhados e volumetria. São permitidas modificações internas, desde que se integrem aos elementos arquitetônicos preservados. O objetivo é preservar a ambiência urbana.

Bem Tutelado – É o imóvel renovado, situado no entorno dos bens preservados ou tombados. Ele pode ser substituído ou modificado, após análise e aprovação do órgão de tutela.

Não possuem valor de conjunto, mas estão sujeitos a restrições para não descaracterizar o conjunto protegido. Disponível em: http://www0.rio.rj.gov.br/patrimonio/apac.shtm. Acesso em: 25 dez. 2024.

O artigo 73[6] do Decreto é uma atenuação do tipo do artigo 72, haja vista que pune a alteração do aspecto ou estrutura de edificação ou local especialmente protegido, em razão de seu valor paisagístico, ecológico, turístico, artístico, histórico, cultural, religioso, arqueológico, etnográfico ou monumental, sem autorização da autoridade competente ou em desacordo com a concedida

A norma reproduz o artigo 63 da Lei 9.605/98, devendo ser observado que ela não se refere a bem tombado, mas, pura e simplesmente, a edificação ou local especialmente protegido por lei, ato administrativo ou decisão judicial. Em primeiro lugar, é indiscutível que os bens tombados estão tutelados pelo artigo ora comentado, de acordo com o disposto no artigo 17 do Decreto-lei 25/1937.

É importante considerar que, muitas vezes, os entes públicos se utilizam de conceito amplíssimo que deve ser protegido pela desapropriação e não por outros mecanismos, como já decidido pelo STF.[7] Por fim, deve ser realçado que a alteração

---

6. Art. 73. Alterar o aspecto ou estrutura de edificação ou local especialmente protegido por lei, ato administrativo ou decisão judicial, em razão de seu valor paisagístico, ecológico, turístico, artístico, histórico, cultural, religioso, arqueológico, etnográfico ou monumental, sem autorização da autoridade competente ou em desacordo com a concedida: Multa de R$ 10.000,00 (dez mil reais) a R$ 200.000,00 (duzentos mil reais).

Jurisprudência:

1. O art. 73 do Decreto 6.514/2008 determina a aplicação de multa de R$ 10.000,00 (dez mil reais) a R$ 200.000,00 (duzentos mil reais) para casos de pintura de imóvel protegido sem autorização prévia. 2. O art. 4º do Decreto 6.514/2008 estabelece que o valor das sanções impostas em decorrência do descumprimento desta norma deve ser aplicado com observância da gravidade dos fatos, dos antecedentes do infrator e da sua situação econômica. 3. Multa reduzida de R$ 200.000,00 para R$ 20.000,00 pela decisão singular. 4. Manutenção da redução, posto que inexiste nos autos o processo administrativo que acarretou na aplicação da multa pela ausência de autorização para restauração de imóvel tombado, sendo tal documento indispensável para demonstrar que a sanção deveria ser mantida no valor máximo previsto no art. 73 do Decreto 6.514/2008. 5. Não há falar em invasão na seara do mérito administrativo ou em impossibilidade de modificação dos atos discricionários, tendo em vista que a sanção imposta trata-se de ato vinculado, devendo respeitar a previsão do art. 4º do Decreto 6.514/2008, sob pena de incorrer em ilegalidade. 6. *In casu*, pelos documentos acostados aos autos verifico que não houve dano ao patrimônio cultural, tendo havido apenas descumprimento a norma que exige a autorização prévia para a realização do restauro, sendo por este motivo cabível a aplicação da multa. 7. Há prova nos autos acerca do andamento do trabalho realizado pela embargante, onde inclusive foi informada a descoberta de pinturas murais nas paredes internas que até então não se tinha conhecimento. 8. Manutenção da decisão singular que reduziu a multa, em observância aos princípios constitucionais da razoabilidade e proporcionalidade. 9. Reexame Necessário, conhecido de ofício, por se tratar de sentença que julgou parcialmente procedentes os embargos à execução fiscal, hipótese descrita no art. 475, inciso II do CPC, estando sujeita ao duplo grau de jurisdição. Negado seguimento aos recursos. Confirmada a sentença em reexame necessário conhecido de ofício (TJ-RS – AC: 70061570685 RS, Relator: Sergio Luiz Grassi Beck, Julgamento: 24.04.2015, 1ª Câmara Cível, Publicação: 12.05.2015).

***

1. Compete ao Município a proteção do patrimônio histórico-cultural local (art. 23 da CF). 2. Em se tratando de área tombada, a demora na regularização de poluição visual gera danos estéticos ao patrimônio histórico-cultural. 3. Os danos ocasionados ao meio ambiente cultural devem ser indenizados. 4. Não é possível a aplicação do disposto no Decreto 6.514/2008 nas ações civis públicas, que tem como pedido indenização por danos causados ao meio ambiente urbano, porquanto o referido decreto prevê sanções a serem aplicadas a infrações ambientais de cunho administrativo. (TJ-MG – AC: 10625120046820001 MG, Relator: Oliveira Firmo, Julgamento: 14.10.2014, Câmaras Cíveis / 7ª Câmara Cível, Publicação: 17.10.2014).

7. Tombamento. Parágrafo 1º do artigo 216 da CF. – A única questão constitucional invocada no recurso extraordinário que foi prequestionada foi a relativa ao par. 1. do artigo 216 da Carta Magna. Às demais falta o

do aspecto ou da estrutura dos bens protegidos relacionados no *caput* do artigo somente se constitui em ato ilícito se não forem autorizadas pela autoridade detentora do poder de polícia sobre o bem, ou praticada em desacordo com a licença ou autorização concedida.

O artigo 74[8] reproduz o artigo 64 da Lei 9.605/1998.

O tipo administrativo, assim como o penal, comporta duas condutas diversas e uma contradição, como se demonstrará. Existe o (1) solo não edificável, isto é, aquele no qual a edificação é proibida e existe o (2) solo edificável mediante autorização da autoridade pública. Ambos não se confundem, pois no solo não edificável a autoridade não poderá emitir licença ou autorização, haja vista a proibição legal. O solo edificável mediante autorização é o solo em geral, pois a polícia edilícia se faz presente sobre qualquer construção ou projeto.

---

requisito do prequestionamento (Súmulas 282 e 356). – No tocante ao par. 1. do art. 216 da CF, não ofende esse dispositivo constitucional a afirmação constante do acórdão recorrido no sentido de que há um conceito amplo e um conceito restrito de patrimônio histórico e artístico, cabendo a legislação infraconstitucional adotar um desses dois conceitos para determinar que sua proteção se fará por tombamento ou por desapropriação, sendo que, tendo a legislação vigente sobre tombamento adotado a conceituação mais restrita, ficou, pois, a proteção dos bens, que integram o conceito mais amplo, no âmbito da desapropriação. Recurso extraordinário não conhecido" (STF: RE 182782/RJ, Julgamento: 14.11.1995, 1ª Turma, *DJU* 9/2/1996, p. 2092, Ement. V. 01815-08, p. 1489).

8. Art. 74. Promover construção em solo não edificável, ou no seu entorno, assim considerado em razão de seu valor paisagístico, ecológico, artístico, turístico, histórico, cultural, religioso, arqueológico, etnográfico ou monumental, sem autorização da autoridade competente ou em desacordo com a concedida: Multa de R$ 10.000,00 (dez mil reais) a R$ 100.000,00 (cem mil reais).

Jurisprudência:

1. A prescrição intercorrente prevista no art. 21, § 2º do Decreto Federal 6.514/2008, se aplica somente nos casos em que o processo administrativo esteve parado totalmente pelo período igual ou superior a três anos, sendo incabível o reconhecimento da prescrição quando existira diligências e movimentações processuais, resultando na demora do processo. 2. Não há que se falar em nulidade da sentença por cerceamento de defesa quando a parte não formula pedido de designação de audiência de instrução e julgamento, ou produção de novas provas, até a apresentação de impugnação à contestação e, requerendo o julgamento do feito, exerceu amplamente seu direito de ação e defesa. 3. O julgamento extra petita é aquele em que o magistrado ao decidir concede mais do que o solicitado, sendo assim, não há que se falar em sentença extra petita, quando a decisão foi pela improcedência do pedido inicial. 4. Nos termos do art. 74 do Decreto Federal 6.514/08, é cabível a aplicação de multa quando há a promoção de construção em solo não edificável ou em seu entorno, quando inexistente autorização da autoridade competente. 5. Recurso conhecido e não provido. Diante do exposto, decidem os Juízes Integrantes da 4ª Turma Recursal Juizados Especiais do Estado do Paraná, Conhecer e negar provimento aos recursos, para o fim de afastar a multa por descumprimento de decisão judicial imposta (TJPR – 4ª Turma Recursal – 0029765-12.2015.8.16.0182 – Curitiba – Rel.: Juíza Liana de Oliveira Lueders – J. 28.07.2016) (TJ-PR – RI: 00297651220158160182 PR 0029765-12.2015.8.16.0182 (Acórdão), Relator: Juíza Liana de Oliveira Lueders, Julgamento: 28.07.2016, 4ª Turma Recursal, Publicação: 03.08.2016).

***

Execução fiscal – Exceção de pré-executividade acolhida – Multas aplicadas por maus tratos e supressão de exemplares arbóreos e construção de talude e movimentação de terra em APP – Autuações alicerçadas no art. 70 da Lei 9.605/98 e Decreto Federal 6.514/2008 e Decreto Municipal 42.833/2003 e multas calculadas de acordo com os arts. 72 e 74 do referido decreto federal – Enquadramento legal equivocado – Manutenção da sentença que declarou nulos e inexigíveis os autos de infração e de multa aplicados – Extinção da execução mantida – Recurso não provido (TJ-SP – AC: 15393923520168260090 SP 1539392-35.2016.8.26.0090, Relator: Miguel Petroni Neto, Julgamento: 06.10.2021, 2ª Câmara Reservada ao Meio Ambiente, Publicação: 06.10.2021).

Promover construção em solo não edificável significa construir ou fornecer meios ou estímulo para que alguém construa em solo não edificável, ou seja, em área na qual não é permitida a edificação, seja por força de restrição legal ou administrativa, seja por força de dificuldades construtivas. O artigo, contudo, não tutela todo e qualquer solo não edificável; ao contrário, o seu objeto de tutela é bastante específico. A limitação é de construção em solo não edificável em razão de seu valor artístico, paisagístico, ecológico, turístico, cultural, religioso, etnográfico ou seu entorno sem autorização da autoridade competente ou em desacordo com a autorização; desnecessário dizer que deve haver um reconhecimento formal e oficial da existência dos valores presentes na norma. Sem o reconhecimento formal o tipo não se aperfeiçoa.

Área de entorno é conceito aberto e muitas vezes se confunde com o conceito de zona de amortecimento. Dado o caráter punitivo da norma, quando se tratar de unidade de conservação urbana deve ser aplicado o conceito contido na Lei 9.985/2000 (artigo 2º, XVIII), salvo se existente outro na legislação estadual ou municipal específica.

Acrescente-se que o artigo 25 da Lei do SNUC assim determina que, à exceção das Áreas de Proteção Ambiental e as Reservas Particulares do Patrimônio Natural, todas as unidades de conservação devem possuir uma zona de amortecimento e, quando conveniente, corredores ecológicos. Os usos permitidos nas zonas de amortecimento deverão ser fixados pelo gestor da unidade de conservação, com cuidado para não esvaziar o conteúdo econômico de tais áreas, sob pena de obrigar o Estado a indenizar o particular. Os limites da zona de amortecimento devem ser fixados no ato de criação da unidade de conservação ou posteriormente; logicamente, tal fixação deve ser tornado pública mediante publicação.

Há resolução do CONAMA (Resolução 428/2010) sobre as zonas de amortecimentos, cuja finalidade, no entanto, é a aplicação no âmbito do licenciamento ambiental. No caso específico de imóveis tombados, o Decreto-lei 25/1937 (artigo 18) estabelece que sem prévia autorização do IPHAN, não se poderá, na vizinhança da coisa tombada, fazer construção que lhe impeça ou reduza a visibilidade, nem nela colocar anúncios ou cartazes, sob pena de ser mandada destruir a obra ou retirar o objeto, impondo-se neste caso a multa de cinquenta por cento do valor do mesmo objeto. O mesmo se dá caso a proteção seja municipal ou estadual, devendo ser ouvido o órgão local ou regional responsável pela proteção.

É relevante assinalar que o conceito de vizinhança não se confunde com o de contiguidade, como tem sido admitido pelos tribunais brasileiros.[9]

O chamado entorno é conceito que não se encontra previsto no Decreto-lei 25/37, que se utiliza do termo *vizinhança*, determinado que as construções que nela sejam

---

9. TRF da 4ª Região, AC 9004113738, 3ª Turma, *DJU* 11.03.1998, p. 445.

edificadas não impeçam a visão do bem tombado. Importante observar que, em não raras oportunidades, situações de fato, tornam a norma inaplicável.[10]

O artigo 75 do Decreto 6.514/2008[11] reproduz o artigo 65 da Lei 9.605/1998, antes das alterações promovidas pela Lei 12.408/2011. A *grafitagem* foi retirada do *caput* do ilícito penal, ficando claro pelo § 2º a excludente de ilicitude penal quando realizada com finalidade artística e mediante a devida autorização de quem de direito, contudo, permanece como ilícito administrativo. Nos dias atuais a *grafitagem* é considerada expressão artística tipicamente urbana e, de fato, não merecia estar enquadrada como crime. Da mesma forma, deve ser retirada do rol dos ilícitos administrativos.

O artigo não pune o pichar ou o grafitar, mas a conspurcação de edificação alheia ou monumento urbano pelo meio de tais ações.

---

10. Evidencia-se dos autos a existência de uma coletividade assentada urbanisticamente nos montes Guararapes, antes mesmo ou independentemente de seu tombamento, determinando o respeito as situações existentes pelas limitações administrativas ao direito de propriedade. 2. A tolerância da administração pública, no tocante a existência de centenas de construções e vias públicas naquele sítio, é incompatível com a pretensão de demolir edificação de prédio direcionada para as encostas do morro, já totalmente tomado por casebres" (STJ. REsp 33599/PE, 2ª Turma, DJU 07.11.1994, p. 30015).
11. Art. 75. Pichar, grafitar ou por outro meio conspurcar edificação alheia ou monumento urbano: Multa de R$ 1.000,00 (mil reais) a R$ 50.000,00 (cinquenta mil reais). Parágrafo único. Se o ato for realizado em monumento ou coisa tombada, a multa é aplicada em dobro.
    Jurisprudência:
    1. Grafite. Descriminalização da conduta pela Lei 9.605/98. Contribuição para o desenvolvimento da atividade. Manifestação artística e cultural. Proteção pelos direitos autorais. 2. Pedido de indenização. Uso de grafite dos autores em publicação de revista. Ausência de identificação da autoria do grafite nos desenhos. Proteção legal que exsurge da possibilidade de identificação da autoria. Presunção de conhecimento da autoria pela ré que não se sustenta. 3. Convenção de Berna. País signatário. Identificação como fato gerador de direitos. 4. Ausência de conduta ilícita da ré. Grafite em local público, sem assinatura. Ausência que faz incidir a regra do art. 45, inc. II, da Lei dos Direitos Autorais. Domínio público. Improcedência mantida. Recurso não provido (TJ-SP – APL: 01390363920098260100 SP 0139036-39.2009.8.26.0100, Relator: Carlos Alberto Garbi, Julgamento: 25/02/2014, 10ª Câmara de Direito Privado, Publicação: 15.05.2014).
    ***
    Apelação – Ação popular – Ato lesivo ao patrimônio cultural – Obras de grafite em espaços públicos – Município de São Paulo – Nulidade de remoção das obras contratadas pela Secretaria Municipal de Cultura, com a recomposição dos gastos na realização dos trabalhos e indenização por dano moral coletivo – Julgamento conjunto com outras duas ações populares conexas – Pedidos de suspensão de intervenções de remoção até a fixação de diretrizes pelo CONPRESP e de reparação de danos – Parcial procedência – Reconhecimento de competência do CONPRESP na formulação de diretrizes para conservação e preservação da manifestação cultural, declarada a omissão normativa e fiscalizatória do referido órgão, e anulação dos atos administrativos impugnados, com a condenação solidária dos requeridos no pagamento de indenização, equivalente ao custo do fomento municipal ao mural da Av. 23 de Maio, afastado o pedido de dano moral coletivo – Pretensão de reforma – Possibilidade – Interesse de agir presente – Via eleita que se mostra adequada – Nulidade processual não caracterizada – Julgamento proferido dentro dos limites do pedido e sobre as questões amplamente debatidas pelas partes – Pedido, contudo, improcedente – Inadmissível restrição indiscriminada à atividade de preservação e recuperação de bens públicos – CONPRESP que tem competência para deliberar sobre grafite em bens tombados – Atuação administrativa que se pautou em políticas públicas vigentes e de acordo com o regramento protetivo conferido às obras artísticas – Remoção do grafite no mural da Av. 23 de Maio que já estava prevista desde o momento em que foi autorizada pelo CPPU, em sua esfera de competência – Ausência de ilegalidade e de lesividade – Precedente – Rejeição de matéria preliminar. Provimento do recurso (TJ-SP – AC: 10039695120178260053 SP 1003969-51.2017.8.26.0053, Relator: Maria Olívia Alves, Julgamento: 03.08.2020, 6ª Câmara de Direito Público, Publicação: 05.08.2020).

Grafite ou graffiti (do italiano graffiti, plural de graffito, 'marca ou inscrição feita em muro') é o nome dado às inscrições feita em parede, desde o Império Romano. Considera-se grafite uma inscrição caligrafada ou um desenho pintado ou gravado sobre um suporte que não é normalmente previsto para esta finalidade – normalmente em espaço público. Street art, arte urbana, grafite, não pode ser confundida com pichação, como muitos ainda insistem equiparar. O grafite é uma arte muito mais complexa, muito popular entre os jovens de todo o mundo, uma vertente radical que usa os muros e fachadas das cidades para expor sua arte. A arte do grafite generalizou-se pelo mundo a partir do movimento de contracultura de maio de 1968, quando os muros de Paris foram palco de inscrições de caráter poético político. Dentre os grafiteiros, o mais célebre foi Jean Michel Basquiat que no final dos anos 1970, despertou a atenção da imprensa novaiorquina, sobretudo pelas mensagens poéticas que deixava nas paredes dos prédios abandonados de Manhattan.[12]

---

12. Disponível em: https://pt.wikipedia.org/wiki/Grafito. Acesso em: 26 dez. 2024.

Capítulo 8
INFRAÇÕES CONTRA A ADMINISTRAÇÃO AMBIENTAL

A Lei 9.605/1998 dispõe de cinco tipos penais classificados como crimes contra a administração ambiental (66/69/A), destes três estão diretamente relacionados aos procedimentos de autorização ou licenciamento ambiental, dos quais dois têm como destinatários servidores públicos dos órgãos de controle ambiental. É indiscutível que o sistema de autorizações e licenças ambientais foi altamente criminalizado. Infelizmente não existem estudos que demonstrem a melhoria do sistema em razão da criação das normas penais.

O tipo administrativo previsto no artigo 76 pune a não inscrição no Cadastro Técnico Federal instituído pelo artigo 17 da Lei 6.938/1981.[1] As atividades que devem

---

1. Art. 76. Deixar de inscrever-se no Cadastro Técnico Federal de que trata o art. 17 da Lei 6.938, de 1981: Multa de: I – R$ 50,00 (cinquenta reais), se pessoa física; II – R$ 150,00 (cento e cinquenta reais), se microempresa; III – R$ 900,00 (novecentos reais), se empresa de pequeno porte; IV – R$ 1.800,00 (mil e oitocentos reais), se empresa de médio porte; e V – R$ 9.000,00 (nove mil reais), se empresa de grande porte.
Jurisprudência:
1. A embargante foi autuada por "exercer atividade potencialmente poluidora (atividade mineradora) sem inscrição da empresa no Cadastro Técnico Federal"; tendo incorrido em infração ao art. 70 da Lei 9.605/98 c/c art. 3º, II e art. 76 do Decreto 6.514/2008, que está sujeita à pena de multa de R$ 50,00 (cinquenta reais) a R$ 9.000,00 (nove mil reais) a depender do porte econômico da empresa. 2. O porte econômico é declarado pela pessoa jurídica no momento de sua inscrição no Cadastro Técnico Federal, de acordo com os limites definidos no § 1º do art. 17-D da Lei 6.938/81. No caso da empresa embargante, autuada justamente em razão da ausência de inscrição no Cadastro Técnico Federal, evidentemente não houve declaração de seu porte econômico junto à autarquia. Assim, cabe ao IBAMA estabelecer o porte do estabelecimento a partir da averiguação da receita bruta no âmbito do CNPJ; ou, ainda, em função das movimentações de entrada e saída de mercadorias, como indicativo da capacidade operacional produtiva do CNPJ. 3. O enquadramento da autuada como de grande porte não carece de fundamentação e está em acordo com os procedimentos internos da autarquia. Foi, outrossim, oportunizada à empresa a apresentação de documentos contábeis a fim de comprovar seu real enquadramento de porte econômico, o que não ocorreu, tendo se limitado a afirmar seu enquadramento como "de porte médio". 4. A embargante não se desincumbiu do ônus de provar as suas alegações (art. 373, I, do CPC), devendo ser mantida a higidez da multa de R$ 9.000,00 (nove mil reais) aplicada com base no art. 76, V do Decreto 6.514/2008. 5. Recurso de apelação provido. Invertidos os ônus sucumbenciais (TRF-4 – AC: 50109842220184047002 PR 5010984-22.2018.4.04.7002, Relator: Roger Raupp Rios, Data de Julgamento: 16.12.2020, 1ª Turma).
***
1. O IBAMA não pode exigir o registro no Cadastro Técnico Federal – CTF porque a atividade comercial da Apelada é a compra e venda de produtos destinados à construção civil e não se enquadra entre as atividades potencialmente poluidoras e aquelas que se utilizam de recursos ambientais. 2. Diante da inocorrência do fato gerador da exação, revela-se indevida sua cobrança, porquanto a dívida é inexigível, mostrando-se incabível o protesto (TRF-4 – AC: 50085372820134047005 PR 5008537-28.2013.4.04.7005, Relator: Fernando Quadros da Silva, Julgamento: 09.05.2017, 3ª Turma).

se cadastrar perante o Cadastro Técnico Federal são as seguintes, conforme IN IBAMA Instrução Normativa 13, de 23 de agosto de 2021 são as listadas no Anexo I.

Anexo I

(Redação dada pela Instrução Normativa 23, de 14 de novembro de 2024)

Atividades potencialmente poluidoras e utilizadoras de recursos ambientais

Categoria	Código	Descrição	Pessoa jurídica	Pessoa física
Extração e Tratamento de Minerais	1 – 1	Pesquisa mineral com guia de utilização	Sim	Sim
	1 – 2	Lavra a céu aberto, inclusive de aluvião, com ou sem beneficiamento	Sim	Sim
	1 – 3	Lavra subterrânea com ou sem beneficiamento	Sim	Não
	1 – 4	Lavra garimpeira	Sim	Sim
	1 – 7	Lavra garimpeira – Decreto 97.507/1989	Sim	Sim
	1 – 5	Perfuração de poços e produção de petróleo e gás natural	Sim	Não
Indústria de Produtos Minerais Não Metálicos	2 – 1	Beneficiamento de minerais não metálicos, não associados a extração	Sim	Não
	2 – 2	Fabricação e elaboração de produtos minerais não metálicos tais como produção de material cerâmico, cimento, gesso, amianto, vidro e similares	Sim	Não
Indústria Metalúrgica	3 – 1	Fabricação de aço e de produtos siderúrgicos	Sim	Não
	3 – 2	Produção de fundidos de ferro e aço, forjados, arames, relaminados com ou sem tratamento de superfície, inclusive galvanoplastia	Sim	Não
	3 – 3	Metalurgia dos metais não ferrosos, em formas primárias e secundárias, inclusive ouro	Sim	Não
	3 – 4	Produção de laminados, ligas, artefatos de metais não ferrosos com ou sem tratamento de superfície, inclusive galvanoplastia	Sim	Não
	3 – 5	Relaminação de metais não ferrosos, inclusive ligas	Sim	Não
	3 – 6	Produção de soldas e anodos	Sim	Não
	3 – 7	Metalurgia de metais preciosos	Sim	Não
	3 – 8	Metalurgia do pó, inclusive peças moldadas	Sim	Não
	3 – 9	Fabricação de estruturas metálicas com ou sem tratamento de superfície, inclusive galvanoplastia	Sim	Não
	3 – 10	Fabricação de artefatos de ferro, aço e de metais não ferrosos com ou sem tratamento de superfície, inclusive galvanoplastia	Sim	Não
	3 – 11	Têmpera e cementação de aço, recozimento de arames, tratamento de superfície	Sim	Não
	3 – 12	Metalurgia de metais preciosos – Decreto 97.634/1989	Sim	Não
Indústria Mecânica	4 – 1	Fabricação de máquinas, aparelhos, peças, utensílios e acessórios com e sem tratamento térmico ou de superfície	Sim	Não

	5 – 1	Fabricação de pilhas, baterias e outros acumuladores	Sim	Não
Indústria de Material Elétrico, Eletrônico e Comunicações	5 – 2	Fabricação de material elétrico, eletrônico e equipamentos para telecomunicação e informática	Sim	Não
	5 – 3	Fabricação de aparelhos elétricos e eletrodomésticos	Sim	Não
	5 – 4	Fabricação de material elétrico, eletrônico e equipamentos para telecomunicação e informática – Lei 12.305/2010: art. 33, V	Sim	Não
Indústria de Material de Transporte	6 – 1	Fabricação e montagem de veículos rodoviários e ferroviários, peças e acessórios	Sim	Não
	6 – 2	Fabricação e montagem de aeronaves	Sim	Não
	6 – 3	Fabricação e reparo de embarcações e estruturas flutuantes	Sim	Não
Indústria de Madeira	7 – 1	Serraria e desdobramento de madeira	Sim	Não
	7 – 2	Preservação de madeira	Sim	Não
	7 – 3	Fabricação de chapas, placas de madeira aglomerada, prensada e compensada	Sim	Não
	7 – 4	Fabricação de estruturas de madeira e móveis	Sim	Não
Indústria de Papel e Celulose	8 – 1	Fabricação de celulose e pasta mecânica	Sim	Não
	8 – 2	Fabricação de papel e papelão	Sim	Não
	8 – 3	Fabricação de artefatos de papel, papelão, cartolina, cartão e fibra prensada	Sim	Não
Indústria de Borracha	9 – 1	Beneficiamento de borracha natural	Sim	Não
	9 – 3	Fabricação de laminados e fios de borracha	Sim	Não
	9 – 4	Fabricação de espuma de borracha e de artefatos de espuma de borracha, inclusive látex	Sim	Não
	9 – 5	Fabricação de câmara de ar	Sim	Não
	9 – 6	Fabricação de pneumáticos	Sim	Não
	9 – 7	Recondicionamento de pneumáticos	Sim	Não
Indústria de Couros e Peles	10 – 1	Secagem e salga de couros e peles	Sim	Não
	10 – 2	Curtimento e outras preparações de couros e peles	Sim	Não
	10 – 3	Fabricação de artefatos diversos de couros e peles	Sim	Não
	10 – 4	Fabricação de cola animal	Sim	Não
Indústria Têxtil, de Vestuário, Calçados e Artefatos de Tecidos	11 – 1	Beneficiamento de fibras têxteis, vegetais, de origem animal e sintéticos	Sim	Não
	11 – 2	Fabricação e acabamento de fios e tecidos	Sim	Não
	11 – 3	Tingimento, estamparia e outros acabamentos em peças do vestuário e artigos diversos de tecidos	Sim	Não
	11 – 4	Fabricação de calçados e componentes para calçados	Sim	Não
Indústria de Produtos de Matéria Plástica	12 – 1	Fabricação de laminados plásticos	Sim	Não
	12 – 2	Fabricação de artefatos de material plástico	Sim	Não
Indústria do Fumo	13 – 1	Fabricação de cigarros, charutos, cigarrilhas e outras atividades de beneficiamento do fumo	Sim	Não
Indústrias Diversas	14 – 1	Usinas de produção de concreto	Sim	Não
	14 – 2	Usinas de produção de asfalto	Sim	Não

Indústria Química	15 – 1	Produção de substâncias e fabricação de produtos químicos	Sim	Não
	15 – 2	Fabricação de produtos derivados do processamento de petróleo, de rochas betuminosas e da madeira	Sim	Não
	15 – 3	Fabricação de combustíveis não derivados de petróleo	Sim	Não
	15 – 4	Produção de óleos, gorduras, ceras, vegetais e animais, óleos essenciais, vegetais e produtos similares, da destilação da madeira	Sim	Não
	15 – 5	Fabricação de resinas e de fibras e fios artificiais e sintéticos e de borracha e látex sintéticos	Sim	Não
	15 – 6	Fabricação de pólvora, explosivos, detonantes, munição para caça e desporto, fósforo de segurança e artigos pirotécnicos	Sim	Não
	15 – 7	Recuperação e refino de solventes, óleos minerais, vegetais e animais	Sim	Não
	15 – 8	Fabricação de concentrados aromáticos naturais, artificiais e sintéticos	Sim	Não
	15 – 9	Fabricação de preparados para limpeza e polimento, desinfetantes, inseticidas, germicidas e fungicidas	Sim	Não
	15 – 10	Fabricação de tintas, esmaltes, lacas, vernizes, impermeabilizantes, solventes e secantes	Sim	Não
	15 – 11	Fabricação de fertilizantes e agroquímicos	Sim	Não
	15 – 12	Fabricação de produtos farmacêuticos e veterinários	Sim	Não
	15 – 13	Fabricação de sabões, detergentes e velas	Sim	Não
	15 – 14	Fabricação de perfumarias e cosméticos	Sim	Não
	15 – 15	Produção de álcool etílico, metanol e similares	Sim	Não
	15 – 17	Produção de substâncias e fabricação de produtos químicos – PI 292/1989: art. 1º	Sim	Não
	15 – 20	Produção de substâncias e fabricação de produtos químicos – Lei 9.976/2000	Sim	Não
	15 – 21	Produção de substâncias e fabricação de produtos químicos – Resolução CONAMA 463/2014 / Resolução CONAMA 472/2015	Sim	Não
	15 – 23	Fabricação de produtos derivados do processamento de petróleo, de rochas betuminosas e da madeira – Resolução CONAMA 362/2005: art. 2º, XIV	Sim	Não
Indústria de Produtos Alimentares e Bebida	16 – 1	Beneficiamento, moagem, torrefação e fabricação de produtos alimentares	Sim	Não
	16 – 2	Matadouros, abatedouros, frigoríficos, charqueadas e derivados de origem animal	Sim	Não
	16 – 3	Fabricação de conservas	Sim	Não
	16 – 4	Preparação de pescados e fabricação de conservas de pescados	Sim	Não
	16 – 5	Beneficiamento e industrialização de leite e derivados	Sim	Não
	16 – 6	Fabricação e refinação de açúcar	Sim	Não
	16 – 7	Refino e preparação de óleo e gorduras vegetais	Sim	Não

Indústria de Produtos Alimentares e Bebida	16 – 8	Produção de manteiga, cacau, gorduras de origem animal para alimentação	Sim	Não
	16 – 9	Fabricação de fermentos e leveduras	Sim	Não
	16 – 10	Fabricação de rações balanceadas e de alimentos preparados para animais	Sim	Não
	16 – 11	Fabricação de vinhos e vinagre	Sim	Não
	16 – 12	Fabricação de cervejas, chopes e maltes	Sim	Não
	16 – 13	Fabricação de bebidas não alcoólicas, bem como engarrafamento e gaseificação e águas minerais	Sim	Não
	16 – 14	Fabricação de bebidas alcoólicas	Sim	Não
	16 – 15	Matadouros, abatedouros, frigoríficos, charqueadas e derivados de origem animal – Resolução CONAMA 489/2018: art. 4º, I	Sim	Não
Serviços de Utilidade	17 – 1	Produção de energia termoelétrica	Sim	Sim
	17 – 4	Destinação de resíduos de esgotos sanitários e de resíduos sólidos urbanos, inclusive aqueles provenientes de fossas	Sim	Não
	17 – 5	Dragagem e derrocamentos em corpos d'água	Sim	Não
	17 – 57	Tratamento e destinação de resíduos industriais líquidos e sólidos – Decreto 7.404/2010: art. 36	Sim	Não
	17 – 58	Tratamento e destinação de resíduos industriais líquidos e sólidos – Lei 12.305/2010: art. 3º, VIII	Sim	Não
	17 – 59	Tratamento e destinação de resíduos industriais líquidos e sólidos – Lei 12.305/2010: art. 13, I, "f", "k"	Sim	Não
	17 – 60	Tratamento e destinação de resíduos industriais líquidos e sólidos – Lei 12.305/2010: art. 3º, XIV	Sim	Não
	17 – 61	Disposição de resíduos especiais: Lei 12.305/2010: art. 33, I	Sim	Não
	17 – 6	Disposição de resíduos especiais: Lei 12.305/2010: art. 33, II	Sim	Não
	17 – 63	Disposição de resíduos especiais: Lei 12.305/2010: art. 33, III	Sim	Não
	17 – 64	Disposição de resíduos especiais: Lei 12.305/2010: art. 13, I, "g"	Sim	Não
	17 – 65	Disposição de resíduos especiais: Lei 12.305/2010: art. 13, I, "h"	Sim	Não
	17 – 66	Disposição de resíduos especiais: Protocolo de Montreal	Sim	Não
	17 – 67	Recuperação de áreas degradadas	Sim	Sim
	17 – 68	Recuperação de áreas contaminadas	Sim	Não
	17 – 69	Tratamento e destinação de resíduos industriais líquidos e sólidos – Lei Complementar 140/2011: art. 7º, XIV, "g"	Sim	Não

Transporte, Terminais, Depósitos e Comércio	18 – 1	Transporte de cargas perigosas	Sim	Sim
	18 – 2	Transporte por dutos	Sim	Não
	18 – 3	Marinas, portos e aeroportos	Sim	Não
	18 – 4	Terminais de minério, petróleo e derivados e produtos químicos	Sim	Não
	18 – 5	Depósito de produtos químicos e produtos perigosos	Sim	Não
	18 – 6	Comércio de combustíveis e derivados de petróleo	Sim	Não
	18 – 7	Comércio de produtos químicos e produtos perigosos	Sim	Não
	18 – 8	Comércio de produtos químicos e produtos perigosos – Decreto 97.634/1989	Sim	Não
	18 – 10	Comércio de produtos químicos e produtos perigosos – Protocolo de Montreal	Sim	Sim
	18 – 13	Comércio de produtos químicos e produtos perigosos – Resolução CONAMA 362/2005	Sim	Não
	18 – 14	Transporte de cargas perigosas – Resolução CONAMA 362/2005	Sim	Não
	18 – 17	Comércio de produtos químicos e produtos perigosos – Convenção de Estocolmo / PI 292/1989	Sim	Não
	18 – 64	Comércio de produtos químicos e produtos perigosos – Resolução CONAMA 463/2014 / Resolução CONAMA 472/2015	Sim	Não
	18 – 66	Comércio de produtos químicos e produtos perigosos – Lei 7.802/1989	Sim	Não
	18 – 74	Transporte de cargas perigosas – Lei 12.305/2010	Sim	Não
	18 – 79	Comércio de produtos químicos e produtos perigosos – Decreto 875/1993	Sim	Não
	18 – 80	Depósito de produtos químicos e produtos perigosos – Lei 12.305/2010	Sim	Não
	18 – 81	Comércio de produtos químicos e produtos perigosos – Resolução CONAMA 401/2008	Sim	Não
	18 – 83	Transporte de cargas perigosas – Lei Complementar 140/2011: art. 7º, XIV, "g"	Sim	Sim
	18 – 84	Depósito de produtos químicos e produtos perigosos – Lei Complementar 140/2011: art. 7º, XIV, "g"	Sim	Não
Turismo	19 – 1	Complexos turísticos e de lazer, inclusive parques temáticos	Sim	Não
Uso de recursos naturais	20 – 2	Exploração econômica da madeira ou lenha e subprodutos florestais	Sim	Sim
	20 – 5	Utilização do patrimônio genético natural	Sim	Sim
	20 – 6	Exploração de recursos aquáticos vivos	Sim	Sim
	20 – 21	Importação ou exportação de fauna nativa brasileira	Sim	Sim
	20 – 22	Importação ou exportação de flora nativa brasileira	Sim	Sim
	20 – 23	Atividade de criação e exploração econômica de fauna exótica e de fauna silvestre – Resolução CONAMA 489/2018: art. 4º, IV	Sim	Não

Uso de recursos naturais	20 – 25	Atividade de criação e exploração econômica de fauna exótica e de fauna silvestre – Resolução CONAMA 489/2018: art. 4º, X	Sim	Não
	20 – 26	Introdução de espécies exóticas, exceto para melhoramento genético vegetal e uso na agricultura	Sim	Sim
	20 – 35	Introdução de espécies geneticamente modificadas previamente identificadas pela CTNBio como potencialmente causadoras de significativa degradação do meio ambiente	Sim	Sim
	20 – 37	Uso da diversidade biológica pela biotecnologia em atividades previamente identificadas pela CTNBio como potencialmente causadoras de significativa degradação do meio ambiente	Sim	Não
	20 – 54	Exploração de recursos aquáticos vivos – Lei 11.959/2009: art. 2º, II	Sim	Sim
	20 – 63	Exploração econômica da madeira ou lenha e subprodutos florestais – Instrução Normativa IBAMA 21/2014: 7º, II	Sim	Sim
	20 – 81	Atividade de criação e exploração econômica de fauna exótica e de fauna silvestre – Resolução CONAMA 496/2020	Sim	Sim
Atividades sujeitas a controle e fiscalização ambiental não relacionadas no Anexo VIII da Lei 6.938/1981	21 – 3	Utilização técnica de substâncias controladas – Protocolo de Montreal	Sim	Não
	21 – 5	Experimentação com agroquímicos – Lei 7.802/1989	Sim	Não
	21 – 27	Porte e uso de motosserra – Lei 12.651/2012: art. 69, § 1º	Sim	Sim
	21 – 28	Conversão de sistema de Gás Natural – Resolução CONAMA 291/2001	Sim	Não
	21 – 30	Operação de rodovia – Lei 6.938/1981: art. 10	Sim	Não
	21 – 31	Operação de hidrovia – Lei 6.938/1981: art. 10	Sim	Não
	21 – 32	Operação de aeródromo – Lei 6.938/1981: art. 10	Sim	Não
	21 – 33	Estações de tratamento de água – Lei 6.938/1981: art. 10	Sim	Não
	21 – 34	Transmissão de energia elétrica – Lei 6.938/1981: art. 10	Sim	Não
	21 – 35	Geração de energia hidrelétrica – Lei 6.938/1981: art. 10	Sim	Não
	21 – 36	Geração de energia eólica e de outras fontes alternativas – Lei 6.938/1981: art. 10	Sim	Sim
	21 – 37	Distribuição de energia elétrica – Lei 6.938/1981: art. 10	Sim	Não
	21 – 40	Comércio exterior de resíduos controlados – Decreto 875/1993	Sim	Não
	21 – 41	Importação de lâmpadas fluorescentes, de vapor de sódio e mercúrio e de luz mista – Lei 12.305/2010	Sim	Não
	21 – 42	Importação de eletrodomésticos – Resolução CONAMA 20/1994	Sim	Não
	21 – 43	Importação de veículos automotores para uso próprio – Lei 8.723/1993	Sim	Sim

	21 – 44	Importação de veículos automotores para fins de comercialização – Lei 8.723/1993	Sim	Não
	21 – 45	Importação de pneus e similares – Resolução CONAMA 416/2009	Sim	Sim
	21 – 46	Controle de plantas aquáticas – Resolução CONAMA 467/2015	Sim	Sim
	21 – 47	Aplicação de agrotóxicos e afins – Lei 7.802/1989	Sim	Sim
	21 – 48	Consumo industrial de madeira, de lenha e de carvão vegetal – Lei 12.651/2012: art. 34	Sim	Não
	21 – 49	Transporte de produtos florestais – Lei 12.651/2012: art. 36	Sim	Sim
	21 – 50	Armazenamento de produtos florestais – Lei 12.651/2012: art. 36	Sim	Não
	21 – 51	Formulação de produtos biorremediadores – Resolução CONAMA 463/2014	Sim	Não
	21 – 52	Centro de triagem e reabilitação – Resolução CONAMA 489/2018: art. 4º, II	Sim	Não
	21 – 53	Manutenção de fauna silvestre ou exótica – Resolução CONAMA 489/2018: art. 4º, IX	Sim	Sim
	21 – 55	Criação científica de fauna exótica e de fauna silvestre – Resolução CONAMA 489/2018: art. 4º, III	Sim	Não
	21 – 56	Criação conservacionista de fauna silvestre – Resolução CONAMA 489/2018: art. 4º, V	Sim	Sim
Atividades sujeitas a controle e fiscalização ambiental não relacionadas no Anexo VIII da Lei 6.938/1981	21 – 57	Importação ou exportação de fauna exótica – Portaria IBAMA 93/1998	Sim	Sim
	21 – 58	Manejo de fauna exótica invasora – Resolução CONABIO 7/2018	Sim	Sim
	21 – 59	Manejo de fauna sinantrópica nociva – Instrução Normativa IBAMA 141/2006	Sim	Sim
	21 – 60	Criação amadorista de passeriformes da fauna silvestre – Instrução Normativa IBAMA 10/2011	Não	Sim
	21 – 66	Produção de agrotóxicos de agentes biológicos e microbiológicos de controle – Lei 7.802/1989	Sim	Não
	21 – 67	Comércio atacadista de madeira, de lenha e de outros produtos florestais – Lei 12.651/2012: art. 37	Sim	Não
	21 – 68	Comércio varejista de madeira, de lenha e de outros produtos florestais – Lei 12.651/2012: art. 37	Sim	Não
	21 – 69	Comercialização de recursos pesqueiros – Lei 11.959/2009: art. 3º, X; art. 31	Sim	Não
	21 – 70	Revenda de organismos aquáticos vivos ornamentais – Lei 11.959/2009: art. 3º, X; art. 31	Sim	Não
	21 – 71	Empreendimento comercial de animais vivos da fauna silvestre ou fauna exótica – Resolução CONAMA 489/2018: art. 4º, VII	Sim	Não
	21 – 72	Empreendimento comercial de partes, produtos e subprodutos da fauna silvestre ou exótica – Resolução CONAMA 489/2018: art. 4º, VIII	Sim	Não
	21 – 73	Comercialização de motosserra – Lei 12.651/2012: art. 69	Sim	Não
	21 – 74	Criação de animais – Lei 6.938/1981: art. 10	Sim	Sim

	21 – 75	Irrigação – Resolução CONAMA 284/2001: art. 2º	Sim	Sim
	21 – 76	Cemitério – Resolução CONAMA 335/2003: art. 1º	Sim	Não
	21 – 77	Sistema crematório – Resolução CONAMA 316/2002: art. 17	Sim	Não
Atividades sujeitas a controle e fiscalização ambiental não relacionadas no Anexo VIII da Lei 6.938/1981	21 – 78	Operação de cabos de comunicação e transmissão de dados – Lei 6.938/1981: art. 10	Sim	Não
	21 – 79	Instalações nucleares e radiativas diversas – Lei Complementar 140/2011: art. 7º, XIV, "g"	Sim	Não
	21 – 92	Silvicultura de espécie nativa – Lei 12.651/2012: art. 35, §§ 1º, 3º	Sim	Sim
	21 – 93	Silvicultura de espécie exótica – Lei 12.651/2012: art. 35, § 1º	Sim	Sim
	22 – 1	Rodovias, ferrovias, hidrovias, metropolitanos – Lei 6.938/1981: art. 10	Sim	Não
	22 – 2	Construção de barragens e diques – Lei 6.938/1981: art. 10	Sim	Não
	22 – 3	Construção de canais para drenagem – Lei 6.938/1981: art. 10	Sim	Não
Atividades sujeitas a controle e fiscalização ambiental não relacionadas no Anexo VIII da Lei 6.938/1981 – Obras civis	22 – 4	Retificação do curso de água – Lei 6.938/1981: art. 10	Sim	Não
	22 – 5	Abertura de barras, embocaduras e canais – Lei 6.938/1981: art. 10	Sim	Não
	22 – 6	Transposição de bacias hidrográficas – Lei 6.938/1981: art. 10	Sim	Não
	22 – 7	Construção de obras de arte – Lei 6.938/1981: art. 10	Sim	Não
	22 – 8	Outras obras de infraestrutura – Lei 6.938/1981: art. 10	Sim	Não

O ilícito administrativo é formal, devendo as empresas de tipologia acima efetuarem o respectivo registro no órgão federal de controle ambiental. O Cadastro Técnico Federal de Atividades Potencialmente Poluidoras e Utilizadoras de Recursos Ambientais é o cadastro que identifica as pessoas físicas e jurídicas e sua localização, em razão das atividades potencialmente poluidoras e utilizadoras de recursos ambientais por elas exercidas, nos termos do inciso I do art. 2º e relacionadas no Anexo I da IN 13/2021.

8.1 FISCALIZAÇÃO

O artigo 69 da Lei 9.605/1998 é o mais próximo do tipo administrativo do artigo 77[2] do Decreto 6.514/2008. Obstar é impedir que a ação fiscalizadora se realize

---

2. Art. 77. Obstar ou dificultar a ação do Poder Público no exercício de atividades de fiscalização ambiental: Multa de R$ 500,00 (quinhentos reais) a R$ 100.000,00 (cem mil reais).
Jurisprudência:
O caso concreto comporta enquadramento na hipótese do art. 77 do Decreto 6.514/2008, pois tal dispositivo encontra-se inserido na Seção III (Das Infrações Administrativas Cometidas Contra o Meio Ambiente) e na Subseção V (Das Infrações Administrativas Contra a Administração Ambiental), ao lado de outros que

plenamente, que verifique *in loco* a existência ou não de ilícitos ambientais. Contudo, existe uma enorme zona de incerteza no que diz respeito aos limites da atividade de fiscalização, notadamente quando se trata de fiscalização em domicílio do particular. Matéria bastante assemelhada foi decidida pelo Tribunal Regional Federal da 2ª Região.

Quanto ao tema, o STF (HC 82788, 2ª Turma, 12.04.2005) decidiu que a circunstância de a administração estatal achar-se investida de poderes excepcionais que lhe permitem exercer a fiscalização em sede tributária não a exonera do dever de observar, para efeito do legítimo desempenho de tais prerrogativas, os limites impostos pela Constituição e pelas leis da República, sob pena de os órgãos governamentais incidirem em frontal desrespeito às garantias constitucionalmente asseguradas aos cidadãos em geral e aos contribuintes em particular.

Assim, a ação de obstar a fiscalização somente pode ser considerada ilícito administrativo nos casos em que a autoridade ambiental pretenda realizar a atividade de fiscalização (1) mediante prévia notícia ao fiscalizado, (2) mediante a existência de uma ordem judicial, (3) para evitar a prática de um crime ou (4) diante de perigo iminente (CF, artigo 5º, XI). Nas atividades de baixo ou médio risco, o artigo 4º, III da Lei 13.874/2019 determina ser dever da administração pública "observar o critério de dupla visita para lavratura de autos de infração".

Dificultar é atrapalhar, prejudicar a atividade legal de fiscalização, estabelecer embaraços etc. A fiscalização se realiza, porém inadequadamente, sem que haja culpa da administração.

A ação fiscalizatória tutelada pelo tipo administrativo é a realizada pelos órgãos de controle ambiental dotados da competência para a fiscalização da atividade, conforme o estabelecido na LC 140/2011, não sendo razoável que o tipo tutele a ação de outros agentes, haja vista que ela ocorre de forma completamente aleatória, o que impede o direito de defesa do particular.

---

tratam de irregularidades verificáveis na atividade-meio do IBAMA, mostrando-se desnecessário que o ato de obstar/dificultar seja em atividade-fim da autarquia (TRF-4 – AC: 50018773320184047008 PR 5001877-33.2018.4.04.7008, Relator: Maria de Fátima Freitas Labarrère, Julgamento: 04.05.2020, 2ª Turma).

***

I – Comprovada a queima de folhas na propriedade da empresa recorrente, bem como e notadamente a obstrução à fiscalização, conforme tipificado no art. 77, do Decreto Federal 6.514/2008, além do apontamento dos delitos ambientais previstos nos arts. 54, § 2º, V; 60 e 69, da Lei Federal 9.605/98; e 62, V. Assim, a par da queima em suposta consonância com a LO 24/2009; comprovada a prática nos limites da empresa recorrente, bem como e principalmente a tentativa de obstrução da fiscalização, de acordo com o Auto de Infração Ambiental 001/11 e a prova testemunhal, em observância à disciplina do art. 59, da Lei Municipal 1.713/2000. Ainda, o exercício efetivo da defesa na via administrativa. De outro lado, conforme referido na decisão monocrática guerreada, a falta de relação com a infração de poluição... ambiental prevista no art. 1º, do Decreto 6.514/2008, a afastar a obrigação legal de confecção de laudo de vistoria e/ou relatório técnico. II – Diante da inexistência de elementos capazes de alterar o julgamento, indicada a manutenção da decisão monocrática. Agravo interno desprovido (Agravo 70078463395, Terceira Câmara Cível, Tribunal de Justiça do RS, Relator: Eduardo Delgado, Julgado em 25.10.2018) (TJ-RS – AGV: 70078463395 RS, Relator: Eduardo Delgado, Julgamento: 25.10.2018, 3ª Câmara Cível, Publicação: 06.11.2018).

O artigo 78[3] é um subtipo ou extensão do tipo contido no artigo precedente, devendo ser aplicadas todas as considerações acima no que se refere à legalidade da ação fiscalizatória. Contudo, existem peculiaridades no tipo que merecem ser analisadas. Como se sabe, o auto de infração ambiental deve ser redigido de forma clara e precisa, indicando os elementos que caracterizem o ilícito cometido, até mesmo para propiciar o direito de defesa do suposto infrator. Um dos elementos fundamentais para a adequada caracterização do ilícito ambiental é a indicação precisa do local de sua prática. Modernamente, a identificação do local é feita por georreferenciamento.

A Lei 10.267/2001 tornou obrigatório o georreferenciamento do imóvel na escritura para alteração nas matrículas, como mudança de titularidade, remembramento, desmembramento, parcelamento, modificação de área e alterações relativas a aspectos ambientais, respeitando os prazos previstos. A mesma lei criou o Cadastro Nacional de Imóveis Rurais – CNIR, que terá base comum de informações, gerenciada conjuntamente pelo INCRA e pela Secretaria da Receita Federal, produzida e compartilhada pelas diversas instituições públicas federais e estaduais produtoras e usuárias de informações sobre o meio rural brasileiro.

Há que se registrar que a Lei 10.267/2001 não deu qualquer atribuição ao órgão ambiental federal, no caso o IBAMA, para a "coleta de dados para a execução de georreferenciamento de imóveis rurais para fins de fiscalização". Assim, a coleta de dados georreferenciados só pode ser concebida no bojo de uma ação fiscalizatória com vistas à adequada identificação do local no qual tenha sido praticada alguma infração ambiental. Contudo, no caso de apuração de infração, evidentemente que a ação deve ser do próprio órgão de controle ambiental, a menos que *lei* delegue a atividade para particular, sob pena de nulidade do ato praticado sem a observância de tais cuidados.

O artigo 79[4] diz respeito ao incumprimento de embargo de obra ou atividade. O Decreto 12.189/2024 deu nova redação ao artigo, multiplicando por 10 a maior multa

---

3. Art. 78. Obstar ou dificultar a ação do órgão ambiental, ou de terceiro por ele encarregado, na coleta de dados para a execução de georreferenciamento de imóveis rurais para fins de fiscalização: Multa de R$ 100,00 (cem reais) a R$ 300,00 (trezentos reais) por hectare do imóvel.
4. Art. 79. Descumprir embargo de obra ou atividade e suas respectivas áreas: Multa de R$ 10.000,00 (dez mil reais) a R$ 10.000.000,00 (dez milhões de reais). Parágrafo único. Incorre nas multas previstas no *caput* aquele que descumprir suspensão ou sanção restritiva de direitos.
   Jurisprudência:
   Processual Civil, Tributário e Ambiental. Apelação a desafiar sentença que, em embargos à execução, julgou procedente a ação, condenando a embargante, ora apelante em honorários advocatícios, fixados em dez por cento sobre o valor da causa, *ex vi* dos arts. 487, inc. I, e 85, parágrafo 3º, do Código de Processo Civil, id. 4058000.1524274. O feito é decorrente de embargos à execução que busca desconstituir o valor de R$ 13.686,72, em face de multa ambiental decorrente do auto de infração 071838-D, lavrado em 16 de julho de 2007, a imputar ao embargante, ora apelado, a infração ambiental consistente em impedir a regeneração natural de Mata Atlântica na reserva biológica de Pedra Talhada, com área total de vinte hectares. Segundo o processo administrativo impugnado, o autuado, ora apelado, fez uso do fogo e plantou gramínea (capim brachiária) em área embargada. O apelante insiste na higidez do título executivo, com arrimo na tese de existência de dano ambiental provocado pelo apelado, a despeito do reconhecimento de que o fato praticado contra a vegetação nativa não foi no interior da Reserva Biológica de Pedra Talhada, porém, em área particular limítrofe a essa, e

e acrescentando o parágrafo único. O embargo de obra ou atividade é sanção administrativa prevista no inciso VII do artigo 72 da Lei 9.605/1998. Ele é uma sanção grave que leva à paralisação da obra ou atividade enquanto não for suspenso pela autoridade administrativa ou judicial. Ele pode ser parcial ou total. Embargo *parcial* é o que se limita a determinado aspecto da obra ou atividade embargada, notadamente aquele no qual foi constatada a prática do ilícito. Total é o embargo que paralisa toda a obra ou atividade. Em princípio, os embargos são dirigidos apenas às atividades que estejam sendo desempenhadas em desrespeito à legislação aplicável, perdurando pelo tempo em que a ilicitude esteja sendo cometida.

A decretação do embargo deve observar o disposto nos artigos 15-A, 15-B, 16 e 17 do Decreto 6514/2008. Observe-se que a penalidade estabelecida pelo artigo deve ser considerada em conjunto com as estabelecidas pelo artigo 18. A decretação do embargo, tem efeito imediato, devendo ser observado pelo embargado. A falta de atribuição do fiscal deve ser contestada pela via própria.

que o Relatório Técnico 003/08 NUBIO/DIPRAM/IBAMA/AL concluiu pela ocorrência do crime, remanescendo a certeza que o embargante, ora apelado, descumpriu o embargo, incorrendo em infrações passíveis de punição. Entretanto, a sua pretensão executória se esvai na imprestabilidade do título executivo decorrente dos aludidos autos de infração, eivados de nulidades à míngua do requisito de certeza, não satisfazendo o comando do art. 202, inc. III, do Código Tributário Nacional, e a presunção legal a que alude o disposto no artigo 204, do referido diploma. Com efeito, é de ser mantido os fundamentos do édito recorrido, que, de acordo com os elementos coligidos aos autos, reconheceu que a área embargada pela autarquia ambiental não está no interior da Unidade de Conservação Federal e que, por esta razão, não se faria possível o enquadramento da autuação tombada sob o número 071839 no art. 79, do Decreto Federal 6.514/08 (descumprimento do embargo à prática do desmatamento na área para a formação de pastagem), – em vigor na ocasião da fiscalização sendo que a incorreção ou imprecisão da descrição dos fatos constantes no auto de infração configura vício insanável que enseja a declaração da sua nulidade, consoante a previsão do art. 100, parágrafo 1º, do Decreto 6.514/08. A autuação formalizada é falha na essência, não se demonstrando que os fatos foram realizados dentro do figurino previsto no auto de infração, imprecisão que macula a presunção de certeza do fato gerador, id. 1524274. Apelação improvida (TRF-5 – AC: 08021394420154058000, Relator: Desembargador Federal Gustavo de Paiva Gadelha (Convocado), Data de Julgamento: 05.07.2018, 2ª Turma).
***

1. Preliminar. Processo civil. Coisa julgada. Inexistência de coisa julgada. CDA sequer foi objeto de apreciação nos autos 1000533-43.2021.8.26.0280. 2. Preliminar. Processo civil. Nulidade de citação. Embora terceiro tenha dado ciência ao aviso de recebimento, houve comparecimento espontâneo do apelante nos autos, sendo oportunizada a ampla defesa e o contraditório. Suprida eventual falta ou nulidade da citação. Inteligência do art. 239, § 1º do Código de Processo Civil. 3. Regularidade da Certidão de Dívida Ativa – CDA. Resta demonstrado que a CDA se reveste de legalidade. CDA que goza de liquidez e certeza, pois atendeu aos requisitos do artigo e 2º, §§ 5º e 6º da Lei 6.830/80 e se embasou no art. 79 do Decreto 6.514/08. Particular que não se desincumbiu do ônus processual para desconstituí-la. Apenas alega genericamente nulidade da CDA. 4. Processo civil. Litigância de má-fé. Aplicação da penalidade. Empresa apelante afirmou expressamente que a CDA indicada na execução foi objeto de anulação por sentença transitada em julgado nos autos 1000533-43.2021.8.26.0280. Auto de infração que se encontra válido. Tentativa de alteração da verdade dos fatos. Aplicação de penalidade fundada no art. 80, inciso II, e art. 81, caput, do Código de Processo Civil. Multa fixada em 05% (cinco por cento) do valor da causa, a teor do § 1º do art. 81 do Código de Processo Civil. 5. Sentença de improcedência mantida. Recurso desprovido, com observação (TJ-SP – Apelação Cível: 1000828-80.2021.8.26.0280 Itariri, Relator: Marcelo Berthe, Julgamento: 23.11.2023, 1ª Câmara Reservada ao Meio Ambiente, Publicação: 29.11.2023).

Os artigos 80 e 81[5] do Decreto 6.514/2008 dizem respeito à desobediência por parte

---

5. Art. 80. Deixar de atender a exigências legais ou regulamentares quando devidamente notificado pela autoridade ambiental competente no prazo concedido, visando à regularização, correção ou adoção de medidas de controle para cessar a degradação ambiental: Multa de R$ 1.000,00 (mil reais) a R$ 1.000.000,00 (um milhão de reais).
Art. 81. Deixar de apresentar relatórios ou informações ambientais nos prazos exigidos pela legislação ou, quando aplicável, naquele determinado pela autoridade ambiental: Multa de R$ 1.000,00 (mil reais) a R$ 100.000,00 (cem mil reais).
Jurisprudência:
1. A matéria devolvida no recurso não se confunde com a responsabilidade solidária da distribuidora de combustíveis por eventual dano ambiental causado pelo posto de combustível, mas com a configuração de responsabilidade administrativa, que diz com a infração de regra jurídica sancionadora prevista na legislação ambiental. 2. O auto de infração 938/2012, lavrado pela FEPAM, aplicou à autuada a penalidade de multa simples, no valor de R$ 4.807,00, pelo descumprimento de exigências estabelecidas pela FEPAM no ofício FEPAM/SEAMB/503/2007, em transgressão ao art. 80 do Decreto Federal 6.514/08. 3. Como o art. 80 do Decreto Federal 6.514/08 impõe a penalidade de multa apenas se o autuado deixar de atender a exigências legais ou regulamentares quando devidamente notificado pela autoridade ambiental competente no prazo concedido, é crível admitir que da falta de demonstração, seja na via administrativa, seja na via judicial, de que o ofício FEPAM/SEAMB/503/2007, contendo as exigências estabelecidas pela FEPAM, foi entregue à autuada, decorre a nulidade do auto de infração 938/2012, que tem por base a aludida conduta. 4. Sentença que anulou o auto de infração 938/2012 que merece confirmação. Apelo desprovido (TJ-RS – AC: 70085404135 Porto Alegre, Relator: Leonel Pires Ohlweiler, Julgamento: 16.12.2022, 3ª Câmara Cível, Publicação: 25.01.2023).
***
Ação anulatória de multa proposta por empresa do setor de cosméticos contra o Município de São Paulo. Sanção imposta por descumprimento do dever legal de adequada destinação dos resíduos sólidos. Obrigação prevista na Lei Municipal 13.316/2002. Sentença que julgou os pedidos procedentes por reconhecer a inconstitucionalidade da referida legislação. Apelo do Município de São Paulo. Manifestação do Colendo Órgão Especial deste Egrégio Tribunal de Justiça sobre a constitucionalidade da Lei Municipal 13.316/2002. Apelo do município provido. Conduta da autora enquadrada no artigo 80 do Decreto Federal 6.514/2008. Inexistência de vícios e nulidades no processo administrativo. Valor da multa arbitrado de forma adequada. Sentença reformada. Requerente condenada a suportar os ônus decorrentes da sucumbência. Recurso agora ofertado pela embargante apelada, sob a alegação de omissões. Sem razão. As questões arguidas pela embargante, relativas à violação da legislação federal e estadual, bem como a caracterização do não atendimento completo à notificação do poder público, foram devidamente apreciadas pelo v. aresto ora vergastado e também pelo v. acórdão proferido pelo C. Órgão Especial. Demais questões arguidas que não infirmam a conclusão do julgado. Recurso que deve ser rejeitado ante a ausência de omissões. Inexistência de violação à legislação federal ou a norma constitucional. Embargos declaratórios rejeitados (TJ-SP 00603836220128260053 SP 0060383-62.2012.8.26.0053, Relator: Roberto Maia, Julgamento: 21.06.2018, 2ª Câmara Reservada ao Meio Ambiente, Publicação: 26.06.2018).
***
A apelante foi autuada pelo IBAMA, com multa no importe de R$ 40.000,00 (quarenta mil reais), em 30.10.2009, em razão de não apresentar, no prazo de sete dias, Licença Ambiental de Operação. O Auto de Infração 522.354-D foi lavrado com fundamento nos artigos 70, § 1º, da Lei 9.605/98 e nos artigos 3º, incisos II e 81 do Decreto 6.514/08. Inicialmente, rechaço a alegação da apelante quanto à necessidade de aplicação da pena de advertência previamente à penalidade de multa simples. O art. 72 da Lei 9.605/98 – que trata sobre Crimes e Infrações Administrativas – dispõe que a multa simples pode ser aplicada pela autoridade ambiental cumulativa e independentemente da aplicação da pena de advertência. Precedente do Superior Tribunal de Justiça RESP 201200701523, Benedito Gonçalves. Também há de ser afastada a alegação da apelante quanto à violação de tipicidade e de reserva legal, porque o artigo 81 do Decreto Federal 6.514/08 deu estrito cumprimento ao disposto no artigo 80 da Lei Federal 9.605/98. No que tange ao valor da multa, conforme se infere do art. 81 do Decreto Federal 6.514/08, ele pode variar de R$ 1.000,00 (mil reais) a R$ 100.000,00 (cem mil reais). A quantia imposta ao autor foi de R$ 40.000,00, o que, a princípio, de fato, mostra-se exacerbada. Nada obstante, no caso, embora o autor estivesse com a Licença de Operação vencida desde 23.11.2007, o autor possuía tal licença desde 1984, o que indicava animus em atuar legalmente. Por outro lado, não restou demonstrada pelo IBAMA a ocorrência de dano efetivo ao meio ambiente, tendo justificado a sanção imposta como medida sancionatória pelo descumprimento do prazo estabelecido

para apresentação do documento. Assim, embora a multa imposta esteja bem aquém do valor máximo previsto, também se distanciou consideravelmente do valor mínimo. A Lei 9.605/98, não desconhecendo o alto grau de discricionariedade na fixação da pena, buscou estabelecer critérios mínimos a serem seguidos pelo fiscalizador, quais sejam: I – a gravidade do fato, tendo em vista os motivos da infração e suas consequências para a saúde pública e para o meio ambiente; II – os antecedentes do infrator quanto ao cumprimento da legislação de interesse ambiental; III – a situação econômica do infrator, no caso de multa. Quanto ao fato da apelante que deu ensejo à aplicação da penalidade, resta evidente e incontroversa sua irregularidade; primeiro, porque ao deixar de apresentar o documento exigido pelo IBAMA dentro do prazo, a empresa sujeitou-se à penalidade de multa simples, nos termos do artigo 81 do Decreto Federal 6.514/08, no importe compreendido entre R$ 1.000,00 (mil reais) a R$ 100.000,00 (cem mil reais). Por outro lado, contudo, como sobredito, *in casu*, não restou demonstrada a ocorrência de dano efetivo ao meio ambiente ou consequências palpáveis para a saúde pública e para o meio ambiente, a ampliar a gravidade do fato. Quanto aos antecedentes do infrator, nada indica que a apelante tenha, em outras ocasiões, descumprindo a legislação ambiental. Ao contrário, a apelante trouxe aos autos o Comprovante de Licença de Funcionamento, junto à Companhia de Tecnologia de Saneamento Ambiental desde 12.06.1984 (f. 96), a Licença de Operação com validade até 23.11.2007, emitida pela Secretaria do Meio Ambiente do Governo do Estado de São Paulo (f. 97-98). E, mesmo que a posteriori, as demais licenças com vigência até 2016, que possuem o condão de comprovar o animus da apelante de atuar dentro da legalidade. No que se refere à capacidade econômica do infrator também não há nos autos elementos suficientes que a comprove. No entanto, consoante se conclui do projeto e memorial descritivo juntados com a inicial, o empreendimento não é de grande monta, girando o investimento inicial em torno de R$ 700.000,00 (setecentos mil reais).Diante disso, considerando que inexiste prova sobre efetivo dano ambiental (gravidade), ou mesmo alegação, de descumprimento da legislação pelo autor em outras ocasiões (antecedente), em que pese a irregularidade de sua conduta da apelante, a multa de R$ 40.000,00 (quarenta mil reais) mostra-se, no caso concreto, exacerbada, razão pela qual a reduzo para o patamar mínimo R$ 1.000,00 (1 mil reais), quantia suficiente a sancionar a infração, atendidos os requisitos previstos no art. 6º da Lei 9.605/98 combinado com a inteligência do art. 81 do Decreto Federal 6.514/08. Precedentes do Tribunal Regional Federal da 4ª Região entendendo ser possível, em alguns casos, a redução da multa administrativa imposta pelo órgão ambiental TRF4, AC 2002.70.00.003236-0, Quarta Turma, Relator Sérgio Renato Tejada Garcia e AC 2006.72.12.000352-9, Terceira Turma, Relator Carlos Eduardo Thompson Flores Lenz, D.E. 12.11.2008. Ante o princípio da causalidade – segundo o qual aquele que tiver dado causa ao ajuizamento da ação responderá pelas despesas daí decorrentes e pelos honorários de advogado –, mantenho a condenação da apelante ao pagamento das custas e honorários advocatícios, fixados na sentença, em 10% (dez por cento) sobre o valor da causa atualizado. Desproporcionalidade do valor da multa aplicada pelo IBAMA reconhecida. Valor reduzido para o patamar mínimo de R$ 1.000,00 (mil reais). Apelação parcialmente provida (TRF-3 – ApCiv: 50031031120184036100 SP, Relator: Nelton Agnaldo Moraes dos Santos, Julgamento: 05.07.2018, 3ª Turma, Publicação: e – DJF3 Judicial: 12.07.2018).
***
1. Preliminar. Nulidade ausência de fundamentação. Ausente nulidade no provimento jurisdicional que expressamente se manifestou acerca da tipificação da sanção administrativa. 2. Exigência de obrigação de fazer principal suspensa. Auto de infração lavrado por descumprimento de intimação para prestar informações acerca da destinação ambientalmente adequada das embalagens plásticas utilizadas para comercialização de produtos. Exigências ambientais relacionadas ao descarte adequado de embalagens e garrafas plásticas, por impossibilidade de cumprimento das metas estabelecidas no art. 7º da Lei Municipal 13.316/02 que foram suspensas, nos termos de V. Acórdão proferido nos autos do Agravo de Instrumento 0072178-30.2012.8.26.0000 extraído da Ação Ordinária 0018492-66.2009.8.26.0053. 3. Obrigação de prestar informação. Obrigação de prestar informações acerca do descarte adequado de embalagens e garrafas plásticas que igualmente se apresenta suspensa, pois inexigível o descarte adequado na forma do art. 7º da Lei Municipal 13.316/02, ainda que baseados na Lei Federal 9.605/08 e Decreto Federal 6.514/08. 4. Nulidade auto de infração. Ausentes os requisitos de validade e regularidade do auto de infração. Descrição da conduta e multa imposta que não se amoldam ao tipo legal descrito. Cominação de sanção por descumprimento do art. 80 do Decreto Lei Federal 6.514/08, quando a conduta descreve o descumprimento do art. 81 do mesmo diploma normativo. Impossibilidade de adequação de requisito essencial do auto de infração. Hipótese em que se reconhece a nulidade do auto de infração e multa 67-009.383-1. 5. Sentença de improcedência reformada. Recurso provido (TJ-SP – Apelação Cível: 1045406-43.2015.8.26.0053 São Paulo, Relator: Marcelo Berthe, Julgamento: 14.12.2017, 1ª Câmara Reservada ao Meio Ambiente, Publicação: 15.12.2017).

do empreendedor de determinações devida e formalmente notificadas pelo órgão de controle ambiental. As exigências previstas no artigo 80 são as legais e as regulamentares; ou seja, podem ter por base uma lei ou mesmo um decreto ou norma administrativa. Para a configuração do ilícito não basta que as normativas não estejam sendo atendidas; a notificação formal para que seja dado cumprimento às normas legais e regulamentares é essencial para o aperfeiçoamento do tipo.

A notificação, repita-se, deve ser formal e comprovada pela autoridade ambiental. Ela deverá conter a indicação clara da norma ou regulamento cujo cumprimento está sendo exigido, bem como assinar prazo razoável para que as medias sejam tomadas por parte do particular. Há que se observar que o artigo fala em "medidas de controle para cessar a degradação ambiental", dessa forma, parece ser claro que o ilícito para se perfeiçoar demanda que a atividade que esteja sendo praticada represente "degradação ambiental" que, nos termos do artigo 3º, III da PNMA é a "alteração adversa das características do meio ambiente", em outras palavras: a poluição.

8.2 FALTA DE APRESENTAÇÃO DE DOCUMENTOS

O artigo 81 se caracteriza pela inadimplência, por parte o empreendedor, relativamente à apresentação de documentos (relatórios e/ou informações) exigidos pela legislação ambiental ou pelo órgão ambiental. O § 12 do artigo 3º da Lei 14785/2023, por exemplo, determina que os agrotóxicos, os produtos de controle ambiental, os produtos técnicos e afins, deverão apresentar relatórios que atestem a não fitotoxicidade do produto para os fins propostos. O não cumprimento do dispositivo legal dá ensejo à aplicação do artigo 81 do Decreto 6514/2008. Em relação ao descumprimento de determinações dos órgãos ambientais, o deixar de apresentar relatório ou informação exigido como condicionante de licença ambiental é, também, motivo de acionamento da norma. Há, ainda, outras modalidades de desobediência estipuladas nos artigos 83 e 83-B do Decreto 6514/2008.[6] O artigo 83-B é mais um da grande leva de artigos introduzidos no Decreto 6.514/2008 pelo Decreto 12.189/2024. O tipo parece estar

---

6. Art. 83. Deixar de cumprir compensação ambiental determinada por lei, na forma e no prazo exigidos pela autoridade ambiental: Multa de R$ 10.000,00 (dez mil reais) a R$ 1.000.000,00 (um milhão de reais).

    Art. 83-B. Deixar de reparar, compensar ou indenizar dano ambiental, na forma e no prazo exigidos pela autoridade competente, ou implementar prestação em desacordo com a definida: Multa de R$ 10.000,00 (dez mil reais) a R$ 50.000.000,00 (cinquenta milhões de reais).

    Jurisprudência:

    Imposição de penalidade de multa pelo descumprimento das medidas de compensação ambiental assumidas nos Termos de Compromisso de Recuperação Ambiental 98.989/2010 e 98.990/2010. Regularidade. Elementos coligidos nos autos que demonstram o não cumprimento das medidas no prazo estipulado. Caracterização da infração prevista no artigo 83 do Decreto 6.514/08. Posterior cumprimento integral dos Termos de Compromisso que não tem o condão de afastar a aplicação da penalidade pelo atraso na realização das medidas ambientais. Sentença de improcedência mantida. Recurso desprovido (TJ-SP - APL: 10107651720158260348 SP 1010765-17.2015.8.26.0348, Relator: Marcelo Berthe, Julgamento: 02.08.2018, 1ª Câmara Reservada ao Meio Ambiente, Publicação: 22.10.2018).

    ***

vinculado à responsabilidade civil e não à administrativa, pois a obrigação de reparar danos ambientais é uma consequência típica da responsabilidade civil. A compensação, em geral, é medida que tem origem em processos de licenciamento e/ou autorização ambiental, estando compreendida na esfera administrativa. Indenizar por dano ambiental é medida de natureza civil.

A penalidade é imposta pela inobservância da "forma" e do "prazo" exigidos pela autoridade competente, ou até mesmo pelo "implementar prestação em desacordo com a definida". Parece ser consensual que recuperação ambiental e/ou compensação ambiental são medidas pelo resultado alcançado e não pelo simples itinerário para atingir o resultado, como sugere o tipo administrativo.

O tipo é mais um daqueles concebidos de forma atécnica, sem qualquer proporcionalidade entre a sanção imposta, haja vista que a multa máxima (R$ 50 milhões) é igual a maior multa administrativa. Logo, a não observância de um prazo, em tese, pode implicar em multa igual à imposta em razão do dano causado.

O artigo 83-A[7] é uma reafirmação de outros artigos relacionados às várias formas de comercialização e de financiamento de produtos, substâncias, espécies animais ou vegetais sem a devida autorização. O que a norma pretende é estabelecer uma ampla série de ações que dependam de licença ou autorização. Os atos de comprar, financiar e fomentar produto independem de licenças e/ou autorizações ambientais. A norma deixa claro que os adquirentes, financiadores e fomentadores têm uma como obrigação exigir e licença ambiental da contraparte e verificar se os seus termos estão sendo cumpridos na operação realizada. A confirmação das licenças ambientais é facilmente

---

Ação objetivando o reconhecimento da prescrição da cobrança de multa por descumprimento de termo de ajustamento de conduta e, subsidiariamente, a procedência da ação para tornar a multa proporcional à área ambiental não recuperada. Sentença de procedência para reconhecer a prescrição. Apelo da parte demandada pleiteando alteração do decidido. Parcial razão. Prescrição. Inocorrência. Dano ambiental que possui caráter contínuo e permanente, sendo que os efeitos se protraem no tempo, ainda que a origem da sua ocorrência tenha cessado. Ademais, com o descumprimento do pacto, a contagem do prazo prescricional não se inicia, pois o dano perpetrado, repita-se, se protrai no tempo. Causa madura. Incontroverso que a demandante firmou Termo de Compromisso de Recuperação Ambiental e que este foi parcialmente descumprido. Obrigação assumida pela apelada de forma livre, consciente e devidamente representada por título executivo extrajudicial. Entretanto, embora a conduta da apelada encontre adequação típica no art. 83 do Decreto Federal 6.514/2008, não é razoável que seja apenada no valor perseguido. Inadimplência parcial. Laudo apresentado pelo perito da demandante, não impugnado pela apelada, demonstrando que dos 5,95% da área verde a ser reflorestada, a recuperação somente não restou efetivada em pequena parte da área total, equivalente à 0,8660 hectares. No caso em concreto, houve o cumprimento quase integral do termo pactuado entre as partes. Observância dos princípios da razoabilidade e proporcionalidade. Redução da multa. Afastada a prescrição, o apelo da parte ré comporta parcial provimento, mantendo-se a multa; porém, com redução em valor proporcional à área ambiental não recuperada. Sucumbência recíproca decretada. Apelo parcialmente provido. (TJ-SP – AC: 10224929420178260576 SP 1022492-94.2017.8.26.0576, Relator: Roberto Maia, Julgamento: 22.09.2015, 2ª Câmara Reservada ao Meio Ambiente, Publicação: 13.12.2019).

7. Art. 83-A. Comprar, vender, intermediar, utilizar, produzir, armazenar, transportar, importar, exportar, financiar e fomentar produto, substância ou espécie animal ou vegetal sem autorização, licença ou permissão ambiental válida ou em desacordo com aquela concedida: Multa de R$ 100,00 (cem reais) a R$ 1.000,00 (mil reais) por quilograma, hectare ou unidade de medida compatível com a mensuração do objeto da infração. Parágrafo único. A pretensão relativa à reparação, à compensação ou à indenização de dano ambiental é imprescritível.

feita pelos sítios eletrônicos dos órgãos de controle ambiental, e.g., (https://www.gov.br/ibama/pt-br/servicos/licencas) e (http://scup.inea.rj.gov.br/SCUP/).

Comprar, vender, intermediar, utilizar, produzir, armazenar, transportar, importar, exportar, substância ou espécie animal ou vegetal sem autorização, licença ou permissão ambiental válida ou em desacordo com aquela concedida. Não cabe ao adquirente, financiador ou fomentador da atividade realizar uma investigação em profundidade sobre as condições efetivas de cumprimento de todas as condicionantes da licença e/ou autorização, pois não cabe ao particular agir em substituição ao Estado.

8.3 ESTUDOS AMBIENTAIS

A lista dos ilícitos administrativos praticados contra a administração ambiental se encerra com o artigo 82 do Decreto 6.514/2008[8] o qual é próximo do artigo 69-A da Lei 9605/1998. O tipo é complexo, pois redigido com a utilização de diversos conceitos normativos que devem ser procurados em múltiplas normas jurídicas.

Os estudos ambientais podem ostentar diversas formas para que atendam às necessidades concretas. A Resolução 237/1997 do Conama em seu artigo 1º, III define estudos ambientais como:

> todos e quaisquer estudos relativos aos aspectos ambientais relacionados à localização, instalação, operação e ampliação de uma atividade ou empreendimento, apresentado como subsídio para a análise da licença requerida, tais como: relatório ambiental, plano e projeto de controle ambiental, relatório ambiental

---

8. Art. 82. Elaborar ou apresentar informação, estudo, laudo ou relatório ambiental total ou parcialmente falso, enganoso ou omisso, seja nos sistemas oficiais de controle, seja no licenciamento, na concessão florestal ou em qualquer outro procedimento administrativo ambiental: Multa de R$ 1.500,00 (mil e quinhentos reais) a R$ 1.000.000,00 (um milhão de reais). Parágrafo único. Quando a infração de que trata o *caput* envolver movimentação ou geração de crédito em sistema oficial de controle da origem de produtos florestais, a multa será acrescida de R$ 300,00 (trezentos reais) por unidade, estéreo, quilo, metro de carvão ou metro cúbico.

Jurisprudência:

1. Na hipótese, o Auto de Infração lavrado impôs à autora sanção de multa por infração administrativa ambiental, prevista nos artigos 70 e 72 da Lei 9.605/1998 e nos artigos 3º, inciso II, e 82 do Decreto 6.514/08, por "Prestar informações falsas no sistema oficial de controle (sisflora) quando deu como aceite produto florestal do plano de manejo 2006/416153 e AUTEF 363/08 com validade até 01/09/2009. 2. O artigo 82 do Decreto 6.514/2008, a pretexto de regulamentar o artigo 69-A da Lei 9.605/1998, acabou por inserir conduta ali não prevista, criando, por meio de ato administrativo, nova tipificação de infração ambiental, o que exorbita o comando legal. 3. Sentença confirmada. 4. Remessa oficial desprovida (TRF-1 – REO: 00033712920094013900, Relator: Desembargador Federal Daniel Paes Ribeiro, Julgamento: 28/09/2020, 6ª Turma, Publicação: PJe 09.10.2020).
***
Meio ambiente. Prejudicado o exame de preliminar suscitada em contrarrazões intempestivas. Alegações ao IBAMA e à autoridade policial de não aquisição e entrega de madeiras por parte de empresa terceira. Posterior declaração fornecida a esta de que os produtos foram entregues de acordo com as especificações contidas em suas respectivas notas fiscais. Ausência de qualquer retificação das alegações inicialmente prestadas ao órgão ambiental e à autoridade policial que caracteriza a infração prevista no artigo 82 do Decreto 6.514/08, pela prestação de informações falsas e enganosas. Legitimidade da multa ambiental aplicada, cujo valor arbitrado pela discricionariedade administrativa observou os parâmetros legais sem qualquer abuso, dispensando alteração. Recurso desprovido (TJ-SP – Apelação Cível: 0005235-79.2012.8.26.0081 Adamantina, Julgamento: 10.12.2015, 1ª Câmara Reservada ao Meio Ambiente, Publicação: 16.12.2015).

preliminar, diagnóstico ambiental, plano de manejo, plano de recuperação de área degradada e análise preliminar de risco.

A relação é exemplificativa, pois dependendo das circunstâncias concretas, outros estudos poderão ser necessários para a avaliação por parte dos órgãos e controle ambiental. Os estados e municípios podem estabelecer suas listas próprias de estudos ambientais, como resultado de suas autonomias administrativas.

O licenciamento ambiental é, como se sabe, o procedimento administrativo destinado a licenciar atividades ou empreendimentos utilizadores de recursos ambientais, efetiva ou potencialmente poluidores ou capazes, sob qualquer forma, de causar degradação ambiental (LC 140/2011, artigo 2º, I). Cuida-se, portanto, de um conceito formal. A concessão florestal é:

delegação onerosa, feita pelo poder concedente, do direito de praticar atividades de manejo florestal sustentável, de restauração florestal e de exploração de produtos e serviços em unidade de manejo, conforme especificado no objeto do contrato de concessão, mediante licitação, à pessoa jurídica, em consórcio ou não, que atenda às exigências do respectivo edital de licitação e demonstre capacidade para seu desempenho, por sua conta e risco e por prazo determinado (Lei 11284/2006, art. 3º, VII).

Sistemas oficiais de controle não possuem uma definição normativa, contudo, o contexto sugere que se trata de bancos de dados e outros mecanismos utilizados pela administração pública para supervisionar e monitorar a qualidade ambiental.

Aqui também o conceito é normativo, não admitindo "aproximações".

O sujeito ativo do ilícito é quem elabora e quem apresenta a informação, estudo, laudo ou relatório ambiental "total ou parcialmente" falso, enganoso ou omisso. Obviamente que a falsidade deve ser capaz de induzir à administração ambiental em erro. Falsidades grosseiras e aparentes, portanto, incapazes de produzir resultados objetivos, não devem ser consideradas.

O Decreto 11.080/2022 acrescento o parágrafo único ao artigo com vistas a punir especificamente a introdução de informações falsas ou enganosas no sistema nacional de controle de origem de produto florestal (Sinaflor) ou outro assemelhado.

Capítulo 9
INFRAÇÕES COMETIDAS EXCLUSIVAMENTE EM UNIDADES DE CONSERVAÇÃO

As unidades de conservação são espaços territoriais especialmente protegidos com a finalidade de proteger a diversidade biológica[1] existente no País. As unidades de conservação cumprem uma determinação constitucional estipulada pelo inciso III do parágrafo 1º do artigo 225. Ao nível federal as UCs estão regulamentas pela Lei 9.985/2000 que instituiu o Sistema Nacional de Unidades de Conservação. Normativamente, unidade de conservação é o

> espaço territorial e seus recursos ambientais, incluindo as águas jurisdicionais, com características naturais relevantes, legalmente instituído pelo Poder Público, com objetivos de conservação e limites definidos, sob regime especial de administração, ao qual se aplicam garantias adequadas de proteção (Lei 9985/2000, art. 2º, I).

A Lei 9.605/1998 não prevê crimes que sejam praticados exclusivamente em unidades de conservação, muito embora considere tal condição como forma de agravamento de penas, e.g., artigo 29, § 4º, V.

Uma das principais medidas a serem tomadas em proteção da diversidade biológica nacional é impedir (ou tentar) o ingresso de espécimes de espécies alóctones ou exóticas no País.

> As espécies exóticas invasoras são aquelas plantas e animais que estão fora da sua área de distribuição natural e que ameaçam hábitats, serviços ecossistêmicos, e a diversidade biológica, causando impactos em ambientes naturais. Podem ser espécies naturais de outros países, ou mesmo espécies da fauna ou da flora nativas de uma determinada região do Brasil, que se comportam como invasora em outra região do país.
>
> *Impactos Negativos*
> As plantas exóticas invasoras competem com espécies nativas por espaço ou impedem o crescimento de plantas nativas, diminuindo a diversidade de flora e até da fauna loca, pois muitas vezes não fornecem alimento ou são tóxicas.

---

1. Lei 9985/2000, art. 2º, III – diversidade biológica: a variabilidade de organismos vivos de todas as origens, compreendendo, dentre outros, os ecossistemas terrestres, marinhos e outros ecossistemas aquáticos e os complexos ecológicos de que fazem parte; compreendendo ainda a diversidade dentro de espécies, entre espécies e de ecossistemas.

Já os animais exóticos invasores competem com espécies silvestres por espaço e alimentação, transmitem doenças aos animais nativos e domésticos, podem causar prejuízos em lavouras, provocar erosão e destruição de nascentes e da vegetação nativa e caçar ou ferir animais nativos.[2]

Espécies alóctones[3] são espécies introduzidas fora da sua área de distribuição natural passada ou presente que conseguem sobreviver e se reproduzir. "Espécies alóctones invasivas" são espécies alóctones cujas introdução e/ou distribuição ameaçam a diversidade biológica de um determinado lugar. A Avaliação do Ecossistema do Milênio revelou que

---

2. Disponível em: https://www.icmbio.gov.br/flonaipanema/destaques/137-o-que-sao-especies-exoticas-invasoras.html. Acesso em: 28 dez. 2024.
3. Art. 84. Introduzir em unidade de conservação espécies alóctones: Multa de R$ 2.000,00 (dois mil reais) a R$ 100.000,00 (cem mil reais). § 1º Excetuam-se do disposto neste artigo as áreas de proteção ambiental, as florestas nacionais, as reservas extrativistas e as reservas de desenvolvimento sustentável, bem como os animais e plantas necessários à administração e às atividades das demais categorias de unidades de conservação, de acordo com o que se dispuser em regulamento e no plano de manejo da unidade. § 2º Nas áreas particulares localizadas em refúgios de vida silvestre, monumentos naturais e reservas particulares do patrimônio natural podem ser criados animais domésticos e cultivadas plantas considerados compatíveis com as finalidades da unidade, de acordo com o que dispuser o seu plano de manejo.

Jurisprudência:

Constitucional. Administrativo. Ambiental. Auto de infração do ICMBio. Introduzir em unidade de conservação espécies alóctones (gado). Redução do valor da multa. Possibilidade. Princípio da razoabilidade e proporcionalidade. 1. No exercício de suas funções o ICMBio goza de presunção de legitimidade e de veracidade na realização dos seus atos administrativos, que só é afastada diante de prova robusta e inequívoca de ilegalidade, ônus atribuído ao administrado. 2. O auto de infração apresenta perfeita adequação entre a conduta prevista normativamente como infração ambiental e o fato narrado pelo agente fiscal do ICMBio, estando, portanto a lavratura do auto de infração revestida de legalidade. 3. Apesar de constatada a infração à legislação ambiental, a atuação administrativa deve se ater aos princípios da legalidade, da razoabilidade e da proporcionalidade, com observância, ainda, dos critérios previstos no art. 6º da Lei 9.605/1998: I – a gravidade do fato, tendo em vista os motivos da infração e suas consequências para a saúde pública e para o meio ambiente; II – os antecedentes do infrator, quanto ao cumprimento da legislação de interesse ambiental; III – a situação econômica do infrator, no caso de multa. 4. Compulsando os autos, observa-se que o relatório de fiscalização 12/2010 menciona que a parte autora cometeu a infração para obter vantagem pecuniária, contudo, não foi mensurado, no referido relatório, e se o autuado era de baixa renda e se agiu por motivo de subsistência. 5. Neste prisma, verifica-se que existem evidências nos autos que remetem à condição de hipossuficiência do autor, que apresentou a informação não desconstituída, de que recebe benefício previdenciário, no valor de um salário mínimo, para cobrir as despesas básicas do núcleo familiar, além de litigar sob o pálio da gratuidade de justiça, assistido pela Defensoria Pública da União. 6. Considerando a condição de hipossuficiência do autor, o pequeno plantel de gado que possuía (41 cabeças), que sobrevive da renda de um salário mínimo, possuindo baixo grau de escolaridade, afigura-se desproporcional e excessiva a multa de R$ 22.000,00 (vinte mil reais) fixada no auto de infração, podendo comprometer a sua subsistência. 7. Neste sentido, apresenta-se razoável a redução do valor da multa para R$ 3.000,00 (três mil reais). 8. Apelação da parte autora parcialmente provida, para reduzir o valor da multa aplicada para R$ 3.000,00 (três mil reais) (TRF-1 – AC: 00012718420174014300, Relatora: Desembargadora Federal Gilda Sigmaringa Seixas, Julgamento: 26.03.2021, 7ª Turma, Publicação: PJe 26.03.2021).

***

Meio ambiente. Prejudicado o exame de preliminar suscitada em contrarrazões intempestivas. Alegações ao IBAMA e à autoridade policial de não aquisição e entrega de madeiras por parte de empresa terceira. Posterior declaração fornecida a esta de que os produtos foram entregues de acordo com as especificações contidas em suas respectivas notas fiscais. Ausência de qualquer retificação das alegações inicialmente prestadas ao órgão ambiental e à autoridade policial que caracteriza a infração prevista no artigo 82 do Decreto 6.514/08, pela prestação de informações falsas e enganosas. Legitimidade da multa ambiental aplicada, cujo valor arbitrado pela discricionariedade administrativa observou os parâmetros legais sem qualquer abuso, dispensando alteração. Recurso desprovido (TJ-SP – Apelação Cível: 0005235-79.2012.8.26.0081 Adamantina, Julgamento: 10.12.2015, 1ª Câmara Reservada ao Meio Ambiente, Publicação: 16.12.2015).

as espécies alóctones invasivas apresentam impacto em ecossistemas. O problema das invasões biológicas encontra-se em rápida expansão devido à multiplicação das atividades comerciais. As espécies invasivas afetam negativamente a biodiversidade, nomeadamente devido à competição com outros organismos, à alteração da estrutura dos habitats, à toxicidade devido ao fato de constituírem reservatórios de parasitas ou vectores de agentes patogênicos, à hibridação com espécies ou variedades afins, à predação dos organismos autóctones, à alteração da teia alimentar local (caso, por exemplo, da disponibilidade de nutrientes pelas plantas invasivas), à perturbação das atividades de polinização, ao fato de causarem a extinção de espécies autóctones e participarem na engenharia dos ecossistemas devido à alteração dos fluxos energético e de nutrientes, bem como fatores físicos nos habitats e ecossistemas. As espécies invasivas podem causar congestão nas vias navegáveis e danos nas florestas, culturas, edifícios e zonas urbanas. Os custos da prevenção, controle e/ou erradicação das espécies invasivas, bem como os danos ambientais e econômicos, são significativos. Embora inferiores aos custos decorrentes dos danos persistentes causados pelas espécies invasoras, o controle destas é frequentemente elevado. Os custos em causa são evitados ou minimizados por intermédio de decisões destinadas a evitar e impedir as introduções num estádio precoce.[4]

A instituição de uma unidade de conservação segue um rito definido na Lei 9985/2000 (artigos 22/37) e no Decreto 4340/2002 (artigos 2º/5º). O artigo 22 A da Lei 9985/2000 permite que o Poder Público, ressalvadas as atividades agropecuárias e outras atividades econômicas em andamento e obras públicas licenciadas, na forma da lei, pode decretar limitações administrativas provisórias ao exercício de atividades e empreendimentos efetiva ou potencialmente causadores de degradação ambiental, para a realização de estudos com vistas na criação de Unidade de Conservação, quando, a critério do órgão ambiental competente, houver risco de dano grave aos recursos naturais ali existentes. O artigo 85 do Decreto 6514/2008[5] tutela as medidas administrativas adotadas para assegurar a instituição da UC.

9.1 PESQUISA CIENTÍFICA E EXPLORAÇÃO DE IMAGEM

Uma das finalidades das UCs é servir de base para pesquisas científicas que, no entanto, devem ser realizada conforme a legislação aplicável,[6] mesmo a pesquisa cienti-

---

4. Disponível em: https://circabc.europa.eu/ui/group/3f466d71-92a7-49eb-9c63-6cb0fadf29dc/library/491b3ba-d-80dd-4127-b5d7-a2ca5167e326/details. Acesso em: 28 dez. 2024.
5. Art. 85. Violar as limitações administrativas provisórias impostas às atividades efetiva ou potencialmente causadoras de degradação ambiental nas áreas delimitadas para realização de estudos com vistas à criação de unidade de conservação: Multa de R$ 1.500,00 (mil e quinhentos reais) a R$ 1.000.000,00 (um milhão de reais). Parágrafo único. Incorre nas mesmas multas quem explora a corte raso a floresta ou outras formas de vegetação nativa nas áreas definidas no *caput*.
   Jurisprudência:
   Não foi encontrada.
6. Art. 86. Realizar pesquisa científica, envolvendo ou não coleta de material biológico, em unidade de conservação sem a devida autorização, quando esta for exigível: Multa de R$ 500,00 (quinhentos reais) a R$ 10.000,00 (dez

fica realizada forma dos limites das UCs necessita de uma autorização legal. O acesso ao patrimônio genético se faz mediante os termos da Lei 13.123/2015 e de seu Regulamento (Decreto 8.772/2016). Além da pesquisa científica, a exploração comercial de produtos ou subprodutos não madeireiros ou mesmo serviços fornecidos pelas unidades de conservação é matéria sujeita a regulação e consequentemente à autorização, a inobservância isto implica na imposição das sanções contias no artigo 87 do Decreto 6.514/2008.[7]

A CF e o Código Civil determinam a proteção dos chamados direitos da personalidade, dentre os quais o direito à imagem é um dos mais relevantes, merecendo tutela específica. A Lei do SNUC possui norma própria determinando seja autorizada pela Administração a utilização de imagens de unidades de conservação, merecendo regulamentação pelo artigo 88 do Decreto 6.514/2008.[8] A medida é salutar, pois coíbe a utilização econômica de imagens de bens públicos sem que o estado aufira o necessário benefício; a matéria, como se vê, não guarda qualquer relação com proteção ambiental, antes resguardando interesses patrimoniais do Estado contra a exploração comercial por terceiros não autorizados; contudo, a norma precisa ser interpretada com razoabilidade, pois muitas vezes, as imagens, ainda que feitas por terceiros, sem que tenham remunerado a unidade de conservação, podem ser um importante fator de divulgação.

A Lei do SNUC, em seu artigo 33 determina que "a exploração comercial de produtos, subprodutos ou serviços obtidos ou desenvolvidos a partir dos recursos naturais, biológicos, cênicos ou culturais ou da exploração da imagem de unidade de conservação, exceto APA e RPPN, dependerá de prévia autorização e sujeitará o explorador a pagamento, conforme disposto em regulamento".

A norma, como se vê, não determina a punição administrativa daquele que explorar comercialmente a imagem de unidade de conservação e o fez adequadamente, pois a questão se resolve no campo da indenização civil, não da punição administrativa.

---

mil reais). § 1º A multa será aplicada em dobro caso as atividades de pesquisa coloquem em risco demográfico as espécies integrantes dos ecossistemas protegidos. § 2º Excetuam-se do disposto neste artigo as áreas de proteção ambiental e reservas particulares do patrimônio natural, quando as atividades de pesquisa científica não envolverem a coleta de material biológico.
Jurisprudência:
Não foi encontrada.

7. Art. 87. Explorar comercialmente produtos ou subprodutos não madeireiros, ou ainda serviços obtidos ou desenvolvidos a partir de recursos naturais, biológicos, cênicos ou culturais em unidade de conservação sem autorização ou permissão do órgão gestor da unidade ou em desacordo com a obtida, quando esta for exigível: Multa de R$ 1.500,00 (mil e quinhentos reais) a R$ 100.000,00 (cem mil reais. Parágrafo único. Excetuam-se do disposto neste artigo as áreas de proteção ambiental e reservas particulares do patrimônio natural.
Jurisprudência:
Não foi encontrada.

8. Art. 88. Explorar ou fazer uso comercial de imagem de unidade de conservação sem autorização do órgão gestor da unidade ou em desacordo com a recebida: Multa de R$ 5.000,00 (cinco mil reais) a R$ 2.000.000,00 (dois milhões de reais). Parágrafo único. Excetuam-se do disposto neste artigo as áreas de proteção ambiental e reservas particulares do patrimônio natural.
Jurisprudência:
Não foi encontrada.

A exploração de bens e serviços de unidades de conservação foi regulamentada pelo Decreto 4.340, de 22 de agosto de 2002, tendo o uso de imagem sido tratado pelo artigo 27.

9.2 PLANO DE MANEJO

O Plano de Manejo[9] é o instrumento técnico que estabelece as condições de uso das diferentes UCs, descrevendo as atividades permitidas, os locais nos quais elas poderão

---

9. Art. 89. Realizar liberação planejada ou cultivo de organismos geneticamente modificados em áreas de proteção ambiental, ou zonas de amortecimento das demais categorias de unidades de conservação, em desacordo com o estabelecido em seus respectivos planos de manejo, regulamentos ou recomendações da Comissão Técnica Nacional de Biossegurança – CTNBio: Multa de R$ 1.500,00 (mil e quinhentos reais) a R$ 1.000.000,00 (um milhão de reais). § 1º A multa será aumentada ao triplo se o ato ocorrer no interior de unidade de conservação de proteção integral. § 2º A multa será aumentada ao quádruplo se o organismo geneticamente modificado, liberado ou cultivado irregularmente em unidade de conservação, possuir na área ancestral direto ou parente silvestre ou se representar risco à biodiversidade. § 3º O Poder Executivo estabelecerá os limites para o plantio de organismos geneticamente modificados nas áreas que circundam as unidades de conservação até que seja fixada sua zona de amortecimento e aprovado o seu respectivo plano de manejo.

Art. 90. Realizar quaisquer atividades ou adotar conduta em desacordo com os objetivos da unidade de conservação, o seu plano de manejo e regulamentos: Multa de R$ 500,00 (quinhentos reais) a R$ 10.000,00 (dez mil reais).

Jurisprudência:

1. Trata-se de apelação interposta pelo ICMBio contra sentença proferida pelo Juízo da 1ª Vara Federal de Alagoas, que julgou parcialmente procedente a ação, para declarar a nulidade parcial do Auto de Infração 033610-B, na parte em que determinou aplicação da pena de apreensão do bem (embarcação tipo lancha). Diante da sucumbência recíproca: a) condenou o ICMBio ao pagamento de honorários advocatícios devidos à parte autora, no percentual de 10% sobre o valor da causa, nos termos do art. 85 do NCPC, b) condena a parte autora ao pagamento de honorários advocatícios devidos ao ICMBio, que fixo em 10% sobre o valor da causa, nos termos do art. 85, do CPC/2015. 2. Examinando o Auto de Infração 033610-B, verifica-se que a fiscalização do ICMBio lavrou o referido auto de infração, por entender tipificada a conduta descrita no art. 90 do Decreto Federal 6.514/08, que assim dispõe: "Realizar quaisquer atividades ou adotar conduta em desacordo com os objetivos da unidade de conservação, o seu plano de manejo e regulamentos: Multa de R$ 500,00 (quinhentos reais) a R$ 10.000,00 (dez mil reais)". Descreveu a infração, consubstanciada em "adotar conduta em desacordo com o Plano de Manejo da APA dos Corais ao realizar passeio remunerado por meio da embarcação LUCAS, Insc. 2210133360 na Piscina Natural da Barretinha em Maragogi/AL no dia 28.04.2018)". Ao final, aplicou multa no valor de R$ 2.000,00 e apreendeu o bem (embarcação tipo lancha). 3. Tendo em vista que o Juiz manteve o valor da multa, a remessa necessária e a apelação do ICMBio limitam-se à liberação da embarcação apreendida. 4. A Lei 9.605/98 prevê a possibilidade de apreensão de instrumentos, petrechos e veículos utilizados para o cometimento de infrações ambientais, a teor do seu art. 25. Por sua vez, o Decreto 6.514/08 permite que o bem retido seja liberado e que, de forma excepcional, seja o seu proprietário nomeado depositário fiel, até que haja o julgamento do processo administrativo. 5. O Decreto 6.514/2008 prescreve que a apreensão é viável quando o instrumento está sendo utilizado exclusivamente para a prática de infração, sendo indispensável, para tanto, a prova robusta acerca do uso específico do barco para a prática do ilícito, o que não é a hipótese. 6. A diretriz jurisprudencial desta Corte Regional se firmou no sentido de que a permanência do bem em poder da autarquia federal, em razão do art. 6º da Lei 9.605/98, deve guardar estreita pertinência com as peculiaridades do caso concreto, sobretudo a gravidade do fato (tendo em vista os motivos da infração e suas consequências para a saúde pública e para o meio ambiente), a situação econômica e os antecedentes do infrator. 7. De acordo com a jurisprudência deste Tribunal, é possível ao Poder Judiciário rever a proporcionalidade e razoabilidade da penalidade aplicada pela administração e anulá-la se, se relevar excessiva, sem que com isso configure invasão de mérito administrativo. Destarte, forçoso concluir que a discricionariedade do administrador não impede o exame, pelo Poder Judiciário, do atendimento aos princípios da razoabilidade e da proporcionalidade, que visam inibir e neutralizar eventuais abusos do Poder Público. 8. No caso em apreço, a privação da posse do barco ao impetrante não deveria, de fato, subsistir, pois não há elementos nos autos que apontem ser o bem destinado exclusivamente à prática de ilícitos ambientais.

Demais disso, evidencia-se a boa-fé do proprietário da embarcação, que, no caso, em nada contribuiu para a conduta violadora de terceiro. Tais fatos põem em evidência a falta de atendimento, por parte da Administração, de critérios de razoabilidade, em consonância com os padrões fundados no princípio da proporcionalidade, a cuja observância estão sujeitos, sem exceção, todos os atos estatais. Manutenção da sentença. 9. Precedentes desta Primeira Turma: PJE 0801169-89.2016.4.05.8103, Relator Desembargador Élio Wanderley de Siqueira Filho, unânime, j. out. 2017; PJE 0800851-85.2020.4.05.8000, Relator Desembargador Roberto Machado, unânime, j. 03/09/2020. 10. Registre-se que a infração foi praticada em 2018, não sendo aplicável o disposto no REsp Representativo de Controvérsia 1.133.965/BA (que enfatizou a inaplicabilidade da sistemática aos casos ocorridos já na vigência do Decreto 6.514/08). 11. Apelação improvida (TRF-5 – Apelação cível: 0807196-38.2018.4.05.8000, Relator: Francisco Roberto Machado, Julgamento: 19.11.2020, 1ª Turma).

***

1. Consta dos autos que a parte autora, ora recorrente, pleiteou em juízo a anulação de auto de infração lavrado em seu desfavor em razão da existência de suposta irregularidade da construção de seu imóvel, tendo sido seu pedido, por ocasião da sentença, sido julgado extinto sem resolução do mérito ante necessidade de prova pericial, razão pela ingressou com a súplica recursal em voga, objetivando a reforma do decisum, ao argumento principal de que sua edificação fora construída antes da delimitação da Área de Preservação Permanente (APP do Córrego Camim Puba), argumentando que o que se busca na presente demanda é matéria de direito e, portanto, não se exige perícia. Requer, pois, o provimento do recurso e consequente nulidade do ato administrativo (auto de infração ambiental). 2. Pretende a parte autora a anulação do Auto de Infração 55025, que resultou em aplicação de penalidade Multa Simples no valor de R$ 5.000,00, pela infração prevista no artigo 90 do Decreto Federal 6.514/08 do Decreto Federal 6.514/08, no artigo 70 e 75 da Lei Federal 9.605/08 e no artigo 1º do Decreto Municipal 2.149/08. 3. Vale ressaltar, de início, que os atos administrativos se revestem de presunção de legalidade e legitimidade, somente se sujeitando a desconstituição por meio de prova inequívoca capaz de infirmá-los, cuja produção constitui ônus que recai sobre a parte insurgente. 4. Assim, a possibilidade do Poder Judiciário intervir em atos praticados pela Administração Pública é medida excepcional, sendo permitida apenas nos casos de flagrante ilegalidade, sob pena de intromissão no mérito dos atos administrativos e afronta a separação de poderes consagrada na Constituição Federal. 5. Contudo, o caso dos autos, não há de ser procedimentalizada perante a Justiça Especial por dois motivos, os quais passa-se a dispor nos itens abaixo. 6. Primeiramente, reside a necessidade de produção de prova pericial, diante da complexidade que envolve a questão. Constata-se a exigência de um estudo/levantamento topográfico para identificar, com precisão, se a edificação no imóvel do autor está dentro da metragem exigida na APP e/ou até mesmo se o Município efetuou ou não uma medição correta. 7. Neste contexto, por serem incompatíveis com os princípios da simplicidade, da economia processual e da celeridade que orientam o procedimento abreviado dos Juizados Especiais, as causas complexas, que demandem a realização de perícia técnica, como na espécie, deverão ser apreciadas e julgadas pelo Juízo Comum, razão pela qual agiu com acerto a sentença de primeiro grau ao extinguir o feito sem resolução do mérito ante necessidade de realização de perícia técnica. 8. Ainda que se assim não fosse suficiente, vale destacar o valor venal do imóvel que originou o aludido auto de infração. Consta dos autos (evento 01 arquivo 06) as seguintes informações: Imóvel de 760 metros quadrados, área edificada 181 metros quadrados, valor venal do terreno R$409.628,44, valor venal da edificação R$176.025.93 e valor venal total R$585.654,37. 9. Importante salientar que a competência dos Juizados Especiais da Fazenda Pública está definida no artigo 2º, da Lei 12.153/09, onde foi atribuída competência absoluta para processar, conciliar e julgar as causas cíveis de interesse dos Estados, do Distrito Federal, dos Territórios e dos Municípios, até o valor de 60 (sessenta) salários mínimos. 10. O imóvel, objeto da demanda, conforme se verifica possui valor que ultrapassa o teto dos Juizados Especializados, razão pela qual torna-se incompetente o juízo singular. 11. Registre-se, finalmente, que não há que se falar em redistribuição dos presentes autos ao Juízo competente em razão de previsão específica contida no art. 51 da Lei 9.099/1995, uma vez que a peça de estreia submetida ao procedimento comum possui requisitos próprios. 12. Por derradeiro, observa-se que o Município, ora recorrido, em sede de contrarrazões ao recurso inominado, pleiteia que seja reconhecido sua ilegitimidade, todavia, tal argumento não pode ser perquirido em sede de contrarrazões recursais, vez que é necessária a interposição de recurso próprio e adequado. Assim, não deve ser conhecida a inconformidade pleiteada pelo reclamado. 13. Recurso conhecido e desprovido. Sentença fustigada mantida por estes e seus próprios fundamentos, acrescendo na fundamentação da sentença, de ofício, a incompetência do Juizado Especial da Fazenda Pública em razão do valor do imóvel. 14. Em razão da sucumbência, condena-se o recorrente ao pagamento das custas processuais e honorários advocatícios, arbitrados em 18% (dezoito por cento) sobre o valor da causa, nos termos do art. 55

ser realizadas etc. É, portanto, um instrumento extremamente importante e ao qual é necessário que se dê uma ampla divulgação, sob pena de restar letra morta. Ele deve ser elaborado mediante consultas à comunidade, sobretudo os proprietários das terras submetidas ao regime especial, quando se tratar de UC de uso sustentável. Observe-se que a obediência aos ditames do Plano de Manejo depende de uma precondição que é a sua publicidade. Há uma questão relevante que não tem sido observada pela doutrina que é o zoneamento das áreas de proteção ambiental que, como sabemos, em sua maioria são constituídas por áreas privadas. Normalmente são estabelecidos zoneamentos os quais contemplam, por exemplo, zonas de conservação da vida silvestre (ZCVS) que não admitem atividades econômicas ou de lazer. Certamente tais zonas são relevantes intervenções na propriedade privada e, portanto, se faz necessário que os proprietários sejam ouvidos quando da instituição do zoneamento. Além do mais, é preciso que se averbe à margem do registro da propriedade a restrição de origem ambiental.

9.3 DANO

O artigo 91 do Decreto 6.514/2008[10] pune o dano causado às diferentes modalidades unidades de conservação, não estabelecendo limites para o dano infringido. Dano,

---

da Lei 9.099/95, obrigações suspensas em razão da concessão da assistência judiciária, nos termos do art. 98, § 3º, do CPC (TJ-GO – RI: 56738769720228090051 Goiânia, Relator: Roberto Neiva Borges, 3ª Turma Recursal dos Juizados Especiais, Publicação: (S/R) DJ).

10. Art. 91. Causar dano à unidade de conservação: Multa de R$ 200,00 (duzentos reais) a R$ 100.000,00 (cem mil reais).
Jurisprudência:
1. Trata-se de apelações interpostas pelo IBAMA e pelo particular em face da sentença, que julgou parcialmente procedente o pedido inicial para reduzir o valor da multa aplicada pela autarquia ambiental de R$ 25.000,00 (vinte e cinco mil reais) para R$ 2.000,00 (dois mil reais), por entender que o dano causado à FLONA, em maior proporção, foi realizado à época da construção do empreendimento imobiliário. A multa foi mantida com sua redução, tendo em vista que o particular em momento à obra também realizou podas na área sem a respectiva autorização do IBAMA. 2. O auto de infração, que o particular pretende anular, se resume ao fato de que o condomínio promoveu, em torno do muro do empreendimento, o corte de vegetação nativa, no interior de Unidade de Conservação, sem licença e/ou autorização do IBAMA, tendo sido lavrado o referido auto em julho de 2009, com imposição de multa no valor de R$ 20.000,00 (vinte mil reais), nos termos do artigo 91, do Decreto Federal 6.514/08. O valor foi acrescido de 25% (vinte e cinco por cento), diante da gravidade da infração, que implicou desmatamento de aproximadamente 1.000m² da FLONA. 3. Da análise do acervo probatório juntado aos autos, verifica-se que no ano de 2006, em inspeção realizada pelo IBAMA, foi constatada a existência de clareira entre o muro do empreendimento e a FLONA, resultado do corte de árvores, quando ainda se encontrava em construção, fato que se mostra incontroverso. 4. Diante dos fatos, não há como deixar de concluir que o desmatamento apontado pelo IBAMA, na verdade, não decorreu da poda de árvores ocorrida em 2009, mas quando da construção do empreendimento, nos idos de 2006. A poda não teria sido por si só, capaz de gerar danos ambientais na proporção apontada pelo Instituto. 5. Conforme reconhecido pelo particular, na via administrativa, o Condomínio realizou a poda de árvores, sem a respectiva autorização do IBAMA, não obstante ter ciência que para tal prática deveria obter autorização prévia do instituto. Sendo assim, não se pode isentar de um todo da infração apontada no auto lavrado pelo Instituto, cabendo tão somente, em observância aos princípios da razoabilidade e proporcionalidade, a possibilidade de redução do valor da multa imposta. 6. As sanções impostas pelo Administrador aos administrados devem guardar uma relação de proporcionalidade e razoabilidade com a infração cometida. No caso concreto, a multa no valor de R$ 20.000,00 (vinte mil reais) apresenta-se desproporcional ao prejuízo causado à FLONA, restando razoável o valor fixado na sentença,

como se sabe, é o ato ilícito capaz de gerar prejuízo injusto, devendo, pois ser reparado pelo seu causador. Penso que o dano à unidade de conservação deva ser compreendido como o ato ilícito capaz de pôr em risco ou debilitar gravemente os atributos que deram origem à instituição da unidade de conservação concretamente considerada. Não deve ser considerado dano à unidade de conservação aquele causado às instalações utilizadas como *meio* para o funcionamento da referida unidade. O dano causado ao estacionamento de um parque nacional é dano ao patrimônio público, e não dano à unidade de conservação. Os danos causados à sede da APA de Petrópolis, situada em zona urbana à beira da estrada União e Indústria, são danos ao patrimônio público.

O artigo 92 do Decreto 6.514/2008[11] estabelece como tipo administrativo o ato de "penetrar em unidade de conservação conduzindo substâncias ou instrumentos

---

com a redução para R$ 2.000,00 (dois mil reais), diante do seu caráter pedagógico. 7. Por fim, diante do fato de ter saído vitorioso de maior parte do pedido, cabível a condenação do Instituto ao pagamento de honorários advocatícios, que devem ser arbitrados de acordo com o Código de Processo Civil de 1973, vigente à época do ajuizamento da ação, no valor de R$ 2.300 (dois mil e trezentos reais), equivalente a 10% do proveito econômico obtido, nos termos do artigo 20, parágrafo 3º, do CPC/73. 8. Apelo do particular provido parcialmente e apelo do IBAMA improvido (TRF-5 – Apelação / Reexame necessário: 0000974-16.2011.4.05.8200, Relator: Rubens de Mendonça Canuto, Julgamento: 12.09.2017, 4ª Turma, Publicação: 15.09.2017).
***
1. Na origem, trata-se de ação ordinária ajuizada por Marcone da Conceição de Souza a fim de obter a anulação dos Autos de Infração 720168-D, emitidos pelo Ibama. 2. O Juízo de 1º Grau julgou improcedente o pedido formulado pelo autor para anular a multa administrativa, ao considerar a inexistência de exorbitância na multa imposta no valor próximo ao mínimo R$ 880,00 (oitocentos e oitenta reais) previsto na legislação de regência, conforme dispõe o art. 126 do Decreto 6.514/2008 c/c os arts. 91 e 92 da instrução normativa 10/2012 – IBAMA. 3. O Tribunal de origem deu parcial provimento ao Apelo do autor para determinar a redução da multa ao valor mínimo, R$ 200,00 (duzentos reais), conforme previsto no art. 91 do Decreto 6.514/2008, em razão dos seguintes argumentos: "Levando em conta a situação financeira do apelante, o fato de ser pessoa de baixa instrução, além da hipótese de ser profissional autônomo, não possuindo rendimentos fixos..." (fl. 118, e-STJ). 4. Nesse contexto, a aferição do quantum aplicado a título de multa ao recorrido, bem como sua majoração, como pretende o Ibama, enseja, considerando as circunstâncias específicas do caso concreto, incursão nos aspectos fático-probatórios dos autos, o que encontra óbice na Súmula 7 do STJ. 5. Recurso Especial não conhecido (STJ – REsp: 1773206 PB 2018/0239667-7, Relator: Ministro Herman Benjamin, Data de Julgamento: 13.12.2018, 2ª Turma, Publicação: DJe 19.12.2018).
11. Art. 92. Penetrar em unidade de conservação conduzindo substâncias ou instrumentos próprios para caça, pesca ou para exploração de produtos ou subprodutos florestais e minerais, sem licença da autoridade competente, quando esta for exigível: Multa de R$ 1.000,00 (mil reais) a R$ 10.000,00 (dez mil reais). Parágrafo único. Incorre nas mesmas multas quem penetrar em unidade de conservação cuja visitação pública ou permanência sejam vedadas pelas normas aplicáveis ou ocorram em desacordo com a licença da autoridade competente.
Jurisprudência:
Constitucional, administrativo e processual civil. Ação anulatória. Infração ambiental. Penetração de unidade de conservação com instrumento para extração de produtos florestais sem autorização. Presunção de legalidade dos atos administrativos. Veículo automotor (caminhão). Apreensão de veículo utilizado na prática de infração ambiental. Desnecessidade de comprovação de uso específico e exclusivo com essa finalidade. Observância de tese fixada pelo superior tribunal de justiça sob a sistemática dos recursos repetitivos. Redução da multa. Cabimento. Razoabilidade. Gratuidade judiciária. Sentença parcialmente reformada. I. Para obtenção dos benefícios da Assistência Judiciária Gratuita (Lei 1.060/50 e art. 98 e seguintes do Código de Processo Civil vigente), presume-se o estado de pobreza, mediante simples afirmação da parte interessada na petição inicial, de próprio punho ou por intermédio de procurador legalmente constituído, e desde que não provado o contrário. II. Além disso, a orientação jurisprudencial desta Corte é no sentido de que, a percepção mensal de renda líquida inferior a 10 (dez) salários mínimos leva à presunção de existência do estado de miserabilidade

próprios para caça, pesca ou para exploração de produtos ou subprodutos florestais e minerais, sem licença da autoridade competente, quando esta for exigível". Penetrar,

daquele que pleiteia a concessão da justiça gratuita, o que é o caso dos autos. Precedentes. Dessa forma, afigura-se devida a concessão dos benefícios da assistência judiciária gratuita ao litisconsorte passivo necessário. III. Na hipótese dos autos, afigura-se manifesta, na espécie, além da legitimidade da autuação administrativa, a ocorrência do ilícito ambiental descrito no Auto de Infração em referência, consistente em penetrar o Parque Nacional Mapinguari conduzindo instrumento próprio para exploração de produtos florestais (caminhão toreiro), sem licença da autoridade competente, restando configurada a efetiva existência de atividade potencialmente lesiva ao meio ambiente, a caracterizar o ilícito ambiental previsto no art. 92 do Decreto 6.514/2008. IV. Nos termos do art. 92 do Decreto 6.514/2008, constitui infração ambiental sujeita a multa de R$ 1.000,00 (mil reais) a R$ 10.000,00 (dez mil reais), Penetrar em unidade de conservação conduzindo substâncias ou instrumentos próprios para caça, pesca ou para exploração de produtos ou subprodutos florestais e minerais, sem licença da autoridade competente, quando esta for exigível. V. Em matéria ambiental aplica-se o princípio da solidariedade, resultando patente a responsabilidade civil, criminal e administrativa de todos os que concorreram para a infração ambiental, afigurando-se irrelevante a discussão sobre a isenção do patrimônio alegada pelo suposto terceiro de boa-fé. VI. Sob a sistemática dos recursos repetitivos, o Superior Tribunal de Justiça decidiu que a apreensão do instrumento utilizado na infração ambiental, fundada na atual redação do § 4º do art. 25 da Lei 9.605/1998, independe do uso específico, exclusivo ou habitual para a empreitada infracional (Tema Repetitivo 1036), afigurando-se desinfluente ao deslinde da controvérsia a discussão acerca da autoria da infração ambiental ou de eventual boa-fé do proprietário do caminhão apreendido pelo ICMBio. VII. Na hipótese dos autos, considerando as circunstâncias do caso concreto, especialmente a primariedade do infrator e a não ocorrência de extração de madeira, sendo certo que o caminhão apreendido estava ainda vazio, a caminho da área de preservação, não se revela razoável a imposição de multa no valor máximo previsto na legislação, afigurando-se legítima a sua redução para o valor de R$ 2.000,00 (dois mil reais), patamar que se mostra mais condizente com a gravidade do fato e suas consequências para o meio ambiente, na forma do art. 6º, I da Lei 9.605/98 e do art. 92 do Decreto 6.514/2008. VIII. Apelação parcialmente provida. Sentença parcialmente reformada. Ação julgada parcialmente procedente para reduzir o valor da multa arbitrada para R$ 2.000,00 (dois mil reais). Agravo interno prejudicado. IX. Considerando que a parte autora sucumbiu em parte significativa do pedido, deve ser mantida sua condenação ao pagamento dos honorários advocatícios fixados na sentença, no valor de R$ 1.000,00 (mil reais), acrescidos de R$ 200,00 (duzentos reais), nos termos do § 11 do art. 85 do CPC (TRF-1 – Apelação Cível: 10137500820204014100, Relator: Juiz federal Emmanuel Mascena de Medeiros (Conv), Julgamento: 31.08.2023, 5ª Turma, Publicação: PJe 31.08.2023).
***

Ambiental. Auto de infração. Ibama. Art. 92 do Decreto 6.514/08. Elaborar estudo ambiental enganoso ou omisso em procedimento administrativo ambiental. Multa administrativa. Responsabilidade subjetiva. Da teoria da culpabilidade. Ausência de autoria. 1. O autor alega que é parte ilegítima para suportar a autuação do IBAMA, sob a alegação de que a sua Anotação de Responsabilidade Técnica – ART de Geógrafo/Agrimensor não se estende à identificação de APPs e nascentes, razão pela qual é impossível responsabilizá-lo por autuação em matérias que extrapolam sua qualificação profissional. 2. No presente feito, deve-se destacar que a responsabilidade administrativa ambiental é subjetiva, exigindo demonstração de que a conduta foi cometida pelo infrator, além de prova do nexo causal entre o comportamento e o dano. Em matéria de infração administrativa ambiental, o Superior Tribunal de Justiça entende que a responsabilidade é subjetiva, a qual demanda a demonstração da existência de dolo ou culpa. 3. Observando os elementos de convicção trazidos aos autos, deve ser reconhecida a impossibilidade do autor atuar na questão ambiental, ao menos no que tange especificamente ao objeto da autuação (identificação de APPs e nascentes). 4. De acordo com a prova pericial produzida nos autos, a área de autuação do autor é alheia ao mapeamento de áreas de preservação permanente, de modo que não subsiste à imputação de elaborar estudo enganoso e omisso, em procedimento administrativo ambiental no que se refere a omissão de mapeamento de APPs, induzindo ao aumento de área passível de supressão. 5. Em conclusão, com apoio na premissa de que a responsabilidade administrativa que enseja a imposição de sanção ao infrator é de cunho subjetivo, com necessidade de aferição da autoria da degradação ambiental e da existência de culpa ou dolo, entendo que o ato do IBAMA é nulo, por absoluta impossibilidade de se atribuir autoria do ato ilícito a geógrafo/agrimensor (TRF-4 – Apelação Cível: 5037230-82.2014.4.04.7200 SC, Relator: Marcos Roberto Araújo dos Santos, Julgamento: 03.04.2024, 4ª Turma).

no caso, deve ser entendido como invadir, entrar sem consentimento da autoridade responsável pela manutenção da UC. Neste particular, duas questões devem ser observadas (i) a UC deve estar demarcada e os seus limites devem ser acessíveis ao público em geral que deverá ter meios de saber se está ou não "penetrando" em uma UC ocorra, estará havendo uma aplicação de responsabilidade objetiva e, no particular, como a pena é de multa, o § 2º do artigo 3º do decreto determina que ela somente seja aplicada após a advertência do infrator para cessar a atividade e que se apure a "negligência ou dolo", em outras palavras, a culpabilidade e, ainda (ii) que a UC seja daquelas de proteção integral, pois nas de uso sustentável, muitas vezes a pesca, por exemplo, é permitida. Note-se que a ausência de licença para porte dos equipamentos mencionados no artigo já é, em si mesma, uma infração administrativa.

Uma questão tormentosa é a que diz respeito às chamadas áreas de entorno de UCs. Em primeiro lugar há que se consignar que nem toda UC é dotada de área entorno ou zona de amortecimento. Isto significa que as zonas de amortecimento devem ser demarcadas e definidas por ato próprio, e jamais por um ato genérico que defina arbitrariamente a área de entorno.

O artigo 93[12] do Decreto 6.514/2008 estabelece uma agravante genérica para os ilícitos administrativos que sejam cometidos em unidades de conservação ou sua zona de amortecimento.[13]

---

12. Art. 93. As infrações previstas neste Decreto, quando afetarem ou forem cometidas em unidade de conservação ou em sua zona de amortecimento, terão os valores de suas respectivas multas aplicados em dobro, ressalvados os casos em que a determinação de aumento do valor da multa seja superior a este ou as hipóteses em que a unidade de conservação configure elementar do tipo.
Jurisprudência:
1. Infração imposta pela pesca de caranguejo-uçá em área de preservação ambiental. 2. A duplicação do valor da penalidade com fundamento no artigo 93 do Decreto 6.514/2008 não se justifica na medida em a infração somente restou caracterizada por ter sido a conduta praticada em estação ecológica, ou seja, a proibição decorre da qualidade especial do local. 3. Apelação desprovida (TRF-4 – AC: 50072066620174047200, Relator: Victor Luiz dos Santos Laus, Julgamento: 06.07.2022, 4ª Turma).
***
1. O art. 93 do Decreto 6.514/08 prevê a majoração da multa caso a infração ambiental seja cometida em local compreendido em Unidade de Conservação ou em local que a afetaria. Cumpre ao IBAMA, como órgão sancionador, demonstrar os fatos que ensejaram a sanção. Na hipótese em que há dúvidas acerca do local em que cometida a infração bem como não há demonstração de que esta afetou Unidade de Conservação, incabível a majoração da multa. 2. A multa simples pode ser convertida em prestação de serviços de preservação, melhoria ou recuperação do meio ambiente, devendo a autoridade ambiental, quando da análise da defesa do infrator, julgar motivadamente sobre a possibilidade ou não da pretendida conversão (TRF-4 – APL: 50219321120184047200 SC 5021932-11.2018.4.04.7200, Relator: Sérgio Renato Tejada Garcia, Julgamento: 15.10.2019, 3ª Turma).
13. "Penal. Crimes contra o meio ambiente. Tipicidade. I – Nulidade de decisão revogando recebimento da denúncia que se declara. Precedentes. II – Circunstâncias de imputadas ações sobre a flora em terras particulares a justificarem exame de ofício. III – Precário o grau de determinação do conteúdo da lei, deficiente a descrição da conduta, a interpretação a daí se extrair não pode ser de maior restrição à esfera da liberdade. Caráter excessivamente genérico da definição legal que não pode ser empregado para como delito enquadrar a conduta em si do proprietário em terras particulares. IV – A mera conduta de ocupação de área sem prévia

CAPÍTULO 9 • INFRAÇÕES COMETIDAS EXCLUSIVAMENTE EM UNIDADES DE CONSERVAÇÃO

As unidades de conservação são a materialização do mandamento constitucional que determina ao Poder Público que delimite os espaços territoriais a serem especialmente protegidos. Isto poderá (rectius: deverá) ser feito pelas três esferas do Poder Público havendo unidades de conservação federais, estaduais e municipais. Unidades de Conservação são as definidas como tal pela Lei Federal 9985/2000 ou por atos legais e normativos dos Estados e Municípios. Elas se dividem em (1) unidades de conservação do grupo de proteção integral e (2) unidades de conservação do grupo de uso sustentável. A unidade de conservação é o espaço territorial e seus recursos ambientais, incluindo águas jurisdicionais,[14] com características naturais relevantes, legalmente instituído pelo Poder Público, com objetivos de conservação e limites definidos, sob regime especial de administração, ao qual se aplicam garantias adequadas de proteção. Portanto, elas não se confundem, por exemplo, com as áreas de preservação permanente, nem com a reserva legal.

As unidades de conservação do grupo de proteção integral têm por objetivo legal preservar a natureza, admitindo-se apenas o uso indireto dos seus recursos naturais; já as unidades de conservação do grupo de uso sustentável têm por finalidade compatibilizar a conservação da natureza com o uso sustentável de parcela de seus recursos naturais. O grupo de unidades de conservação de proteção integral é composto por: (1) estação ecológica; (2) reserva biológica; (3) parque nacional; (4) monumento natural e (5) refúgio de vida silvestre. Cada uma das diferentes unidades de conservação tem o seu objetivo e o seu contorno jurídico definidos em lei. O grupo de unidades de conservação de uso sustentável é composto por: (1) área de proteção ambiental; (2) área de relevante interesse ecológico; (3) floresta nacional; (4) reserva extrativista; (5) reserva de fauna; (6) reserva de desenvolvimento sustentável; (7) reserva particular do patrimônio natural.[15]

---

autorização da autoridade ambiental supostamente exigida não configura crime, não se entrevendo dano no sentido do artigo 40 mas conduta de outra natureza, não havendo previsão de crime com semelhante descrição de conduta. V – Delitos que exigem a elementar da unidade de conservação criada, que por sua vez submete-se ao regime da Lei 9.985/2000 que em obediência à Constituição expressamente estabelece a criação em terras públicas ou que como tal venham a se tornar por desapropriação e quando admite a abrangência ao domínio privado ressalva os direitos dos proprietários e os limites constitucionais. VI – Recurso provido para anular-se a decisão revogando o recebimento da denúncia e de ofício concedido 'Habeas Corpus' para trancamento do processo criminal" (TRF da 3ª Região, RSE 200261240011464, RSE – Recurso em Sentido Estrito – 4026, 2ª Turma, DJU 02.02.2007, p. 338).

14. IN 3/MB/MD/2022.
Art. 1º Estabelecer, perante a Marinha do Brasil, o seguinte conceito: as "Águas Jurisdicionais Brasileiras (AJB)" compreendem as águas interiores e os espaços marítimos, nos quais o Brasil exerce jurisdição, em algum grau, sobre atividades, pessoas, instalações, embarcações e recursos naturais vivos e não vivos, encontrados na massa líquida, no leito ou no subsolo marinho, para os fins de controle e fiscalização, dentro dos limites da legislação internacional e nacional. Esses espaços marítimos compreendem a faixa de 200 milhas marítimas contadas a partir das linhas de base, acrescida das águas sobrejacentes à extensão da Plataforma Continental além das 200 milhas marítimas, onde ela ocorrer.

15. Em muitos estados brasileiros, o regime jurídico das reservas particulares do patrimônio natural é de proteção integral.

Decreto 40909/2007 (RJ). Art. 1º A Reserva Particular do Patrimônio Natural – RPPN é uma unidade de conservação de domínio privado, criada por iniciativa e expressa manifestação do legítimo proprietário da área abrangida, mediante ato do poder público, desde que constatado o interesse público e com o objetivo de preservar a diversidade biológica, as paisagens notáveis e, subsidiariamente, sítios que apresentem elevado valor histórico, arqueológico, paleontológico e espeleológico. (...) § 3º No Estado do Rio de Janeiro, as RPPN constituídas pelo poder público estadual serão consideradas como sendo do grupo de Proteção Integral.

2ª PARTE
PROCESSO ADMINISTRATIVO PARA APURAÇÃO DE INFRAÇÕES AMBIENTAIS

Capítulo 10
A AUTUAÇÃO

A autuação é o documento formal que dá início ao processo administrativo de apuração das infrações ambientais. A lavratura do auto respeitando todas as formalidades é, portanto, essencial.

10.1 A LEGALIDADE CONSTITUCIONAL

A Constituição de 1988 inaugurou uma nova fase na vida política nacional com a incorporação de inúmeros valores que não se encontravam presentes nas Cartas Constitucionais que a precederam. Dentre os valores mais significativos se encontram os princípios arrolados no artigo 1º, com especial ênfase para a cidadania e a dignidade da pessoa humana. O Estado brasileiro se organiza sob a forma federativa, formada pela união indissolúvel dos Estados e Municípios e do Distrito Federal" e se constitui "em Estado Democrático de Direito". O artigo 18 da CF define o modelo de federação adotado pelo País. Relativamente ao Estado, o artigo 37, *caput* da Lei Fundamental da República arrola os princípios da legalidade, da impessoalidade, da moralidade, da publicidade e da eficiência. A ação administrativa, portanto, deve articular os fundamentos republicanos listados no artigo 1º com a principiologia própria aplicável à Administração Pública em quaisquer de suas manifestações.

A legalidade da ação administrativa tem uma primeira previsão geral no artigo 5º, II da CF que estabelece que "ninguém será obrigado a fazer ou deixar de fazer alguma coisa senão em virtude de lei".

Os princípios constitucionais previstos no artigo 37 são de elevada importância nas "relações jurídicas com terceiros" nas quais a Administração "igualmente tome parte" (Pestana, 2008, p. 23). A Administração Pública, com frequência, entra em atrito com os particulares pelos mais variados motivos. No caso específico da proteção ambiental, os conflitos são constantes, pois muitas vezes existem interpretações divergentes sobre normas de proteção ambiental e, também, inúmeros casos de violação pura e simples de normas tutelares do meio ambiente. Em tais casos, há conflitos entre direitos individuais e direitos de proteção ambiental.

A solução dos conflitos entre direitos individuais e os direitos coletivos de proteção ambiental é tema complexo e que não tem uma solução clara no ordenamento jurídico brasileiro. A ordem jurídica infraconstitucional permanece em uma posição conservadora que não extrai todas as consequências da Constituição, mantendo uma injustificável situação de privilégio da Administração em relação aos administrados. Repare-se que, inobstante o artigo 5º, LV da Lei Fundamental assegurar que "aos litigantes, em processo judicial ou administrativo, e aos acusados em geral são assegurados o contraditório e ampla defesa, com os meios e recursos a ela inerentes", no campo do processo administrativo a garantia da ampla defesa é um desejo distante de ser atendido. De fato, a presunção de legalidade dos atos administrativos sancionatórios e a inexistência de juízes administrativos independentes são obstáculos concretos ao exercício da ampla defesa.

10.2 PROCEDIMENTO E PROCESSO ADMINISTRATIVO AMBIENTAIS

A defesa de direitos perante a administração ambiental se faz mediante dois processos em particular: o (1) licenciamento ambiental que é "o procedimento administrativo destinado a licenciar atividades ou empreendimentos utilizadores de recursos ambientais, efetiva ou potencialmente poluidores ou capazes, sob qualquer forma, de causar degradação ambiental" (LC 140, artigo 2º, I) e o (2) processo "administrativo para a apuração de infrações administrativas por condutas e atividades lesivas ao meio ambiente" (artigo 94 do Decreto 6.514/2008).

Há uma discussão recorrente, em relação ao licenciamento ambiental, que diz respeito à sua classificação como *procedimento* ou como *processo*. Em última análise, tal debate tem como finalidade estabelecer os limites da atuação do poder público e a extensão do exercício do direito de ampla defesa e do contraditório nos diferentes "processos" que transcorrem perante a administração pública. Na atualidade, sobretudo em face do caráter democrático da Constituição de 1988, há um crescente consenso do caráter processual do licenciamento ambiental (Farias, 2024). Dessa forma, os mecanismos de ampla defesa e contraditório são inerentes ao seu regular prosseguimento.

A Lei 9.784/1999 que regula o processo administrativo federal no parágrafo único do artigo 2º, estabelece que a Administração Pública deverá observar no processo administrativo, dentre outros, 13 critérios constantes de seus incisos. Dentre os aludidos critérios não se encontra o julgamento ou a decisão proferida por árbitros independentes. Ao contrário, a decisão conforme o "interesse público" ou "interesse geral" aparece em três dos incisos. O inciso VIII fala em "observância das formalidades essenciais à garantia dos direitos dos administrados". Entretanto, o direito básico a ser julgado por árbitros independentes não é sequer mencionado. Os comentadores da Lei 9784/1999, em sua maioria, não têm criticado a falta de decisores independentes no processo administrativo (Fortini et al, 2023).

O Decreto 6.514/2008 é hoje um texto legal desfigurado e incoerente. As mudanças políticas e as suas concepções sobre meio ambiente, papel dos órgãos ambientais e a aplicação das sanções administrativas pelo descumprimento da legislação tutelar do meio ambiente, fazendo com que ele oscile ao sabor das conveniências momentâneas.

A parte relativa ao processo de apuração das infrações administrativas,[1] assim como a parte material do Decreto sofre o mesmo mal decorrente de modificações constantes e cujos resultados práticos são quase que nulos, pois os processos administrativos permanecem lentos.

É interessante observar que existem vários setores nos quais os processos administrativos são regulados por lei, e.g., (1) Lei 6.385/1976 (Comissão de Valores Mobiliários), (2) Lei 12529/2011 (Sistema Brasileiro de Defesa da Concorrência) e, mesmo nos casos em que a matéria processual é regulada por decreto (e.g. Decreto 70.235/1972 – processo administrativo tributário), o sistema é muito mais sólido com previsão mais adequada do sistema de recursos e uma estrutura de julgamentos por árbitros mais independentes.

O processo administrativo é regido pela legalidade, finalidade, motivação, razoabilidade, proporcionalidade, moralidade, segurança jurídica, interesse público e eficiência, bem como pelos critérios mencionados no parágrafo único do art. 2º da Lei 9.784, de 29 de janeiro de 1999. Assim, o processo administrativo sancionatório não admite exigências inúteis, delongas desnecessárias e não deve se caracterizar por uma busca de vingança contra o autuado, mas pela correta aplicação da legislação ambiental. O artigo 95-A, fruto da nova redação do Decreto 6.514/2008, introduziu, em boa hora, a possibilidade da conciliação, que hoje é uma modalidade de solução alternativa de conflitos amplamente estimulada pela legislação brasileira.

A Lei 13.140, de 26 de junho de 2015 estabelece a possibilidade de autocomposição dos conflitos no âmbito da Administração Pública. Com efeito, o inciso II do artigo 32 da lei estabelece que as câmaras de prevenção e resolução administrativas de conflitos, no âmbito dos respectivos órgãos da Administração Pública poderão "avaliar a admissibilidade dos pedidos de resolução de conflitos, por meio de composição, no caso de controvérsia entre particular e pessoa jurídica de direito público". Assim, o disposto no artigo 95-A do Decreto 6.514/2008 encontra base legal e deve ser prestigiado sobretudo em face das indiscutíveis dificuldades dos órgãos ambientais de avançarem de forma coerente com os processos sancionatórios. Logo, a conciliação deve ser estimulada pela administração pública federal ambiental, de acordo com o rito estabelecido no Decreto 6.514/2008, com vistas a encerrar os processos administrativos federais relativos à apuração de infrações administrativas por condutas e atividades lesivas ao meio ambiente.

---

1. Art. 94. Este Capítulo regula o processo administrativo federal para a apuração de infrações administrativas por condutas e atividades lesivas ao meio ambiente. Parágrafo único. O objetivo deste Capítulo é dar unidade às normas legais esparsas que versam sobre procedimentos administrativos em matéria ambiental, bem como, nos termos do que dispõe o art. 84, inciso VI, alínea "a", da Constituição, disciplinar as regras de funcionamento pelas quais a administração pública federal, de caráter ambiental, deverá pautar-se na condução do processo.

10.2.1 Os princípios do processo

O processo administrativo para a apuração de infração ambiental, como não poderia deixar de ser, observa os mesmos princípios contemplados na Lei 9.784/1999.[2]

---

2. Art. 95. O processo será orientado pelos princípios da legalidade, finalidade, motivação, razoabilidade, proporcionalidade, moralidade, ampla defesa, contraditório, segurança jurídica, interesse público e eficiência, bem como pelos critérios mencionados no parágrafo único do art. 2º da Lei 9.784, de 29 de janeiro de 1999.
Art. 95-A. A adesão a uma das soluções legais previstas no inciso II do § 5º do art. 96 será estimulada pela administração pública federal ambiental, com vistas a encerrar os processos administrativos federais relativos à apuração de infrações administrativas por condutas e atividades lesivas ao meio ambiente.
Art. 95-B. O procedimento para a adesão a uma das soluções legais previstas no inciso II do § 5º do art. 96 será estabelecido em regulamento do órgão ou da entidade ambiental responsável pela apuração da infração ambiental. § 1º A adesão de que trata o *caput* será admitida somente na hipótese de multa ambiental consolidada. § 2º O pagamento da multa ambiental consolidada será interpretado como adesão a solução legal e implicará o encerramento imediato do processo administrativo, observadas as condições previstas em regulamento do órgão ou da entidade ambiental responsável pela apuração da infração ambiental.
Jurisprudência:
1. O Poder Judiciário não pode se desconectar das transformações da realidade fático-social, tampouco desconsiderar os desdobramentos de suas decisões que, inicialmente não previstos, vieram a ser evidenciados em momento subsequente. A chamada força normativa da realidade também deve ser elemento presente na interpretação das normas jurídicas, daí porque o engessamento jurisprudencial pode significar, em dadas circunstâncias, a própria negativa dos fatos sociais. 2. Superação do entendimento da Corte em relação à regra da impossibilidade de apreensão de veículos utilizados no cometimento de infrações ambientais, excepcionando-se as hipóteses de reiteração infracional. 3. O direito a um meio ambiente ecologicamente equilibrado possui o status de decisão fundamental do Estado brasileiro, já que, na dicção do art. 225 da Constituição Federal, ele é essencial à qualidade de vida e, por essa razão, intrinsecamente ligado ao princípio da dignidade da pessoa humana, um dos princípios fundantes da República. 4. O reconhecimento do direito ao meio ambiente equilibrado como um direito fundamental e indisponível impõe a obrigação do Estado – e da coletividade – de garanti-lo, não se admitindo, também por isso, a interpretação das normas constitucionais e infraconstitucionais regentes da matéria com um sentido e alcance que se mostrem aptos ao seu enfraquecimento ou supressão. 5. As disposições presentes na Lei 9.605/98 e em seus atos regulamentares devem ser interpretadas de modo a se assegurar máxima eficácia às medidas administrativas voltadas à prevenção e à recuperação ambiental, sem que isso implique, necessariamente, em uma autorização expressa à vulneração de outros direitos constitucionalmente assegurados. 6. O art. 101 do Decreto 6.514/2008 permite ao agente autuante, no uso do seu poder de polícia e dentro de sua discricionariedade, a determinação da apreensão dos bens utilizados no cometimento do ilícito, como medida administrativa necessária e suficiente à prevenção de novas infrações, à recuperação ambiental e à garantia do resultado útil do processo administrativo. 7. O art. 105 do Decreto 6.514/2008 estabelece como regra a guarda dos bens apreendidos pelo órgão ou entidade responsável pela fiscalização, sendo possibilitada apenas excepcionalmente a nomeação de fiel depositário e, de forma ainda mais excepcional, a nomeação do próprio autuado para esse múnus, desde que a posse dos bens não traga risco de utilização em novas infrações (art. 106, II). 8. Particularizando para processo administrativo relativo a infrações ambientais a determinação presente no art. 5º, LV, da Constituição Federal, o art. 95 do Decreto 6.514/2008 estabelece a observância do contraditório e da ampla defesa, bem como dos princípios da legalidade, finalidade, motivação, razoabilidade e proporcionalidade, adotando também como critério informador a vedação a restrições e sanções em medida superior àquelas estritamente necessárias ao atendimento do interesse público (art. 95 do Dec. 6.514/2008 c/c art. 2, VI, da Lei 9.784/99). 9. O ato administrativo que estabelece a apreensão de veículo utilizado no cometimento de infração ambiental é revestido de relativa presunção de legitimidade, cabendo a quem alega a sua ilegitimidade o ônus da prova. 10. Existindo Documento de Origem Florestal - DOF que forneça cobertura parcial à madeira transportada, somente deve permanecer apreendido o quantitativo (ou espécie) não compreendido nas notas fiscais e guias de transporte. 11. A retenção da totalidade da carga objeto da fiscalização do órgão ambiental, prevista no art. 47, § 3º do Decreto 6.514/98, viola os princípios da razoabilidade e da proporcionalidade, exorbitando o disposto na Lei 9.605/98 quanto à matéria. Precedentes. 12. Reforma parcial da sentença que, concedendo parcialmente a segurança requerida, determinou a restituição do veículo apreendido cautelarmente e anulou o auto de infração na parte referente ao volume de madeira

Assim como a lei de processo administrativo federal, o Decreto 6.514/2008 padece do defeito de não ter a previsão de julgamento a ser realizado por um órgão independente e, igualmente, não possui a previsão e mecanismos para a solução consensual dos litígios entre a administração e os particulares. Pedro Niebuhr ao se referir ao processo administrativo para apuração das infrações ambientais, chega a falar em "processo administrativo ambiental" (Niebuhr, 2017).

Observe-se que, mesmo nos países que não adotam a revisão judicial dos atos administrativos, o antigo conceito de contencioso administrativo mudou inteiramente de significado e conteúdo, pois como nos relembra Odete Medauar,

> [c]ontencioso administrativo, em sentido contemporâneo, significa atividade jurisdicional, dotada das mesmas conotações da atividade jurisdicional comum (Medauar, 2008, p. 49).

Logo, nada justifica que o Brasil não tenha avançado no sentido de criar estruturas mais estáveis e independentes para o julgamento dos processos administrativos, inclusive os ambientais.

> acobertada pelo Documento de Origem Florestal – DOF. 13. Apelação e remessa oficial a que se dá parcial provimento (TRF-1 – AMS: 00001999020154013602, Relatora: Desembargadora Federal Daniele Maranhão Costa, Julgamento: 15.05.2019, 5ª Turma, Publicação: 30.05.2019).
> ***
> Administrativo. Apelação cível. Anulatória de débito fiscal. Nulidade de ato administrativo. Auto de infração ambiental. Ibama. Multa. Apreensão de aves. Suspensão de acesso ao SISPASS. Sistema de cadastro de criadores amadoristas de passeriformes. Inexistência de precedência da advertência às penalidades. Higidez do fundamento legal do ato impugnado. Proporcionalidade. Contraditório. Ampla defesa. Observância. Sentença confirmada. 1. Apelação Cível interposta pelo autor contra a sentença que, nos autos da ação anulatória de débito fiscal c/c nulidade de ato administrativo ajuizada contra o IBRAM – Instituto do Meio Ambiente e Recursos Hídricos do Distrito Federal, julgou parcialmente procedente o pedido para determinar a redução da multa imposta no auto de infração ambiental, de R$4.500,00 (quatro mil e quinhentos reais) para R$4.000,00 (quatro mil reais), ratificando, no mais, a plena eficácia e validade do ato administrativo. 2. Infração Ambiental consistente em utilizar espécimes da fauna silvestre em desacordo com a licença obtida, pela constatação da ausência de 4 (quatro) aves cadastradas no plantel do criador e presença de 4 (quatro) outras não registradas. 3. Apenas na hipótese de "situação regularizável" é que a norma contempla a prévia advertência e notificação do interessado para adoção das providências cabíveis, sob pena de punição mais grave (art. 45, parágrafo único, da Lei Distrital 41/1989; art. 72, inc. I, § 3º, da Lei 9.605/98; § 3º do art. 56 da Instrução Normativa 10/2011 do IBAMA). 4. Configuração da conduta de "manutenção em cativeiro de espécime da fauna silvestre sem origem legal comprovada", à qual norma prescreve a suspensão do acesso do criador ao Sistema (§ 1º do art. 56 da Instrução Normativa 10/2011 do IBAMA, que regulamenta o manejo de passeriformes da fauna silvestre brasileira) e aplicação de multa, sendo desnecessária prévia advertência. 5. Não há que se cogitar de violação à proporcionalidade se a norma contempla expressamente as sanções aplicadas. 5. Desfigura alegada violação ao contraditório ou à ampla defesa (§ 4º do art. 70 da Lei 9.605/98, art. 95 do Decreto 6.514/2008, art. 2º da Lei 9.784/99) a constatação de trâmite de Processo Administrativo, a não exigência da multa aplicada no auto de infração objeto do julgamento (art. 126 do Dec. 6.514/2008) e, ainda, a constatação de que a suspensão da licença do autuado e apreensão de aves encontra-se dentre medidas cautelares possíveis de serem adotadas pelos agentes públicos – que poderão, ou não, serem referendadas quando do julgamento da defesa administrativamente apresentada pelo autuado. 6. Idôneo o fundamento legal do auto de infração ambiental impugnado, na medida em que, tanto a Lei 9.605/98, quanto o Dec. 6.514/08, albergam as sanções administrativas derivadas de condutas e atividades lesivas ao meio ambiente. 7. Recurso do autor conhecido e desprovido (TJ-DF 20160110307138 0011787-44.2016.8.07.0018, Relator: César Loyola, Julgamento: 15.02.2017, 2ª Turma Cível, Publicação: 20.02.2017. P.: 321-338).
> ***

10.3 A AUTUAÇÃO

A autuação[3] é feita pelo agente da administração pública legalmente investido na função e com designação específica para fiscalização. Ela é uma obrigação do servidor

---

3. Art. 96. Constatada a ocorrência de infração administrativa ambiental, será lavrado auto de infração, do qual deverá ser dado ciência ao autuado, assegurando-se o contraditório e a ampla defesa. § 1º O autuado será intimado da lavratura do auto de infração pelas seguintes formas: I – pessoalmente; II – por seu representante legal; III – por carta registrada com aviso de recebimento; IV – por edital, se estiver o infrator autuado em lugar incerto, não sabido ou se não for localizado no endereço. § 2º Caso o autuado se recuse a dar ciência do auto de infração, o agente autuante certificará o ocorrido na presença de duas testemunhas e o entregará ao autuado. § 3º Nos casos de evasão ou ausência do responsável pela infração administrativa, e inexistindo preposto identificado, o agente autuante aplicará o disposto no § 1º, encaminhando o auto de infração por via postal com aviso de recebimento ou outro meio válido que assegure a sua ciência. § 4º A intimação pessoal ou por via postal com aviso de recebimento será substituída por intimação eletrônica ou ocorrerá por registro de acesso do autuado ou do seu procurador à íntegra do processo administrativo eletrônico correspondente. § 5º Do termo de notificação da lavratura do auto de infração constará que o autuado, no prazo de vinte dias, contado da data da cientificação, poderá: I – apresentar defesa ou impugnação contra o auto de infração; ou II – aderir a uma das seguintes soluções legais possíveis para o encerramento do processo: a) pagamento da multa com desconto; b) parcelamento da multa; ou c) conversão da multa em serviços de preservação, de melhoria e de recuperação da qualidade do meio ambiente. III – (...) § 6º Os autos de infração, os processos administrativos deles originados e os polígonos de embargo são públicos e deverão ser disponibilizados à população via sítio oficial na internet, respeitada a Lei 13.709, de 14 de agosto de 2018. § 7º Os órgãos responsáveis pela autuação deverão manter base de dados pública de todos os autos de infração emitidos e disponibilizá-la à população via sítio oficial na Internet.

Jurisprudência:

STJ

Processo REsp 1.933.440-RS, Rel. Ministro Paulo Sérgio Domingues, 1ª Turma, por unanimidade, julgado em 16.04.2024.

Tema:

Processo administrativo ambiental. Intimação por edital para alegações finais. Declaração de nulidade. Prejuízo concreto à defesa. Necessidade de comprovação.

***

Nulidade do procedimento administrativo por falta de regular intimação do autuado acerca da aplicação da multa – Inteligência dos artigos 34 da Lei Estadual 10.177/98 e 96 do Decreto Federal 6.514/08 – Lesão ao princípio da ampla defesa e do contraditório configurada – Nulidade da CDA – Extinção da execução de rigor – Recurso Improvido (TJ-SP – AC: 10011002320178260601 SP 1001100-23.2017.8.26.0601, Relator: Luis Fernando Nishi, Julgamento: 14.12.2021, 2ª Câmara Reservada ao Meio Ambiente, Publicação: 14.12.2021).

***

1. Nos termos do inc. IV do § 1º do art. 96 do Decreto 6.514/08, o autuado será intimado da lavratura do auto de infração por edital, se estiver em lugar incerto, não sabido ou se não for localizado no endereço, situação que não restou configurada no caso concreto. 2. Nulidade da notificação por edital mantida (TRF-4 – AC: 50058965220134047204 SC 5005896-52.2013.4.04.7204, Relator: Francisco Donizete Gomes, Julgamento: 21.10.2020, 1ª Turma).

***

1. Embargos à Execução Fiscal em que foi acolhida a tese do embargante, ora apelado, pelo que declarada a nulidade da intimação quanto ao auto de infração (por isso o cerceamento de defesa e a violação do devido processo legal administrativo) e, por consequência, a nulidade da CDA com a extinção da execução fiscal embargada. 2. Em que pese o exequente, embargado, ora apelante tenha negado por duas vezes no processo, fato é que, sim, existe prova nos autos (fls. 53-54), conforme foi apontado na sentença, de que houve uso imediato da forma editalícia de intimação, contrariando a regra do art. 96, § 1º do Decreto Federal 6514/2008. 3. Recurso desprovido (TJ-RJ – APL: 02504209020188190001, Relator: Des(a). Antônio Iloizio Barros Bastos, Julgamento: 03/06/2020, 4ª Câmara Cível, Publicação: 17.06.2020).

que não poderá deixar de proceder se constatar infração. A sua atuação deve ser ostensiva, salvo em casos especiais, com a utilização de uniforme e caracterização. Em contexto de legalidade estrita, como é o da aplicação do direito administrativo sancionatório, faz-se necessário que haja previsão legal das sanções a serem aplicadas ao infrator, assim como se faz necessário que os motivos e fundamentos que impliquem o agravamento das sanções a serem aplicadas pela autoridade administrativa estejam, igualmente, previstos na norma.

A autuação é um ato formal que consiste em reduzir a termo os fatos verificados pela fiscalização e o seu enquadramento em um tipo administrativo indicando a pena a ser aplicada, bem como o prazo para que o autuado, querendo, apresente defesa (art. 96, § 5º) ou tome qualquer uma das providências autorizadas no inciso II e alíneas o § 2º do artigo 96. A comunicação da lavratura do auto de infração é um procedimento formal que deve ser seguido, conforme a ordem de preferência estabelecida pelos quatro primeiros parágrafos do artigo 68.

Caso o autuado – ou seu preposto – se encontre presente no momento da lavratura do auto de infração, a autoridade autuante deverá dar-lhe ciência pessoal do AI e de todos os seus termos, mediante a entrega, sob recibo, de cópia da autuação. O inciso II determina que a intimação poderá ser feita na pessoa do "representante legal" do autuado. O termo adotado não é técnico, pois somente é representante legal de terceiros a pessoa que tem uma expressa delegação para agir em representação de terceiro. Assim, o termo representante legal não deve ser tomado em sentido estritamente técnico. Para fins de autuação, basta que o agente autuante intime um gerente ou outro funcionário da empresa que se encontre no local de cometimento da infração, usando de bom senso no sentido de intimar pessoa que possua discernimento e capacidade de compreensão do ato que está sendo praticado. Na impossibilidade de tal proceder, o AI poderá ser remetido ao responsável pela atividade, por via postal com aviso de recebimento. A intimação via correio eletrônico deve ser aceita, desde que comprovado o recebimento por parte do autuado, sem qualquer prejuízo para a defesa; o que também poderá ser feito por registro de acesso aos autos eletrônicos do processo.

A intimação por Edital só é legítima se, após efetuadas diligências, o autuado não tenha sido encontrado; isto é, esteja em local incerto ou não sabido. A hipótese de não localização no endereço só se aplica em ausência contumaz do autuado. O mero fato de que no dia da autuação o autuado não se encontre não justificada a intimação por edital. A recusa em dar ciência à autuação não impede que a autuação seja lavrada, bastando que o fiscal certifique a recusa na presença de duas testemunhas e entregue o documento ao autuado. Caso haja nova recusa, deverá ser lavrada uma certidão do fato, com a assinatura de duas testemunhas.

A notificação da autuação deverá assinar o prazo de vinte dias, contado na forma do caput do artigo 66 da Lei 9.784/1999,[4] por força do artigo 150-A do Decreto 6514/2008

---

4. Art. 66. Os prazos começam a correr a partir da data da cientificação oficial, excluindo-se da contagem o dia do começo e incluindo-se o do vencimento. § 1º Considera-se prorrogado o prazo até o primeiro dia útil seguinte

para que o autuado, querendo, apresente defesa conforme o disposto nos artigos 113 e seguintes; ou, ainda, opte pelo encerramento do processo mediante a adesão às hipóteses de (1) pagamento da multa com desconto; (2) parcelamento da multa e (3) conversão da multa em serviços de preservação, de melhoria e de recuperação da qualidade do meio ambiente. A norma fala em adesão, ou seja, a impossibilidade de discussão das condições estipuladas no Decreto 6.514/2008.

A Instrução Normativa 19, de 2 de junho de 2023 do IBAMA baixada ao abrigo do artigo 151 do Decreto 6.514/2008, estipula em seu artigo 89 que o requerimento de adesão a uma das soluções previstas no inciso II do § 5º do artigo 96 do Regulamento conterá: (1) a qualificação completa do autuado e de seu representante legal ou procurador; (2) a indicação de meio eletrônico (rectius: correio eletrônico) do autuado ou de seu representante legal ou procurador utilizado para receber notificações eletrônicas; (3) opção por uma das soluções legais; (4) confissão irrevogável e irretratável do débito, indicado no documento, decorrente de multa ambiental consolidada na data do requerimento; (5) desistência de impugnar judicial ou administrativamente a autuação ambiental ou de prosseguir com eventuais impugnações ou recursos administrativos e ações judiciais que tenham por objeto o auto de infração discriminado; (6) renúncia a quaisquer alegações de direito sobre as quais possam ser fundamentadas as impugnações e os recursos administrativos e as ações judiciais relacionadas ao auto de infração em questão.

Caso o requerimento seja firmado por procurador, a procuração deverá outorgar-lhe poderes especiais "para confessar, assumir dívida em nome do devedor, transigir, firmar compromisso e receber notificações".

Os requerimentos para o pagamento de multa diária deverão ser instruídos com a prova da regularização da situação que deu causa à lavratura do auto de infração ambiental, ou do termo de compromisso de reparação ou cessação dos danos.

Nos casos em que o autuado tenha ajuizado medida judicial com vistas à anulação do auto de infração, o requerimento deverá ser instruído com "com cópia do protocolo do pedido de extinção do respectivo processo com resolução do mérito, dirigido ao juízo competente, com fundamento na alínea "c" do inciso III do *caput* do art. 487 da Lei 13.105, de 2015".

Ao deferir o pedido de adesão, a autoridade deverá notificar o requerente para cumprir com a modalidade à qual aderiu. Caso o requerente não cumpra com o deferido, no prazo assinado, o processo será encaminhado para inscrição do débito na dívida ativa.

se o vencimento cair em dia em que não houver expediente ou este for encerrado antes da hora normal. § 2º Os prazos expressos em dias contam-se de modo contínuo. § 3º Os prazos fixados em meses ou anos contam-se de data a data. Se no mês do vencimento não houver o dia equivalente àquele do início do prazo, tem-se como termo o último dia do mês.

10.3.1 O auto de infração

O auto de infração,[5] do ponto de vista formal, deverá ser lavrado em impresso próprio, com a identificação do autuado, a descrição clara e objetiva das infrações administrativas constatadas e a indicação dos respectivos dispositivos legais e regulamentares infringidos, não devendo conter emendas ou rasuras que comprometam sua validade. Logo, pequenas rasuras ou correção de texto não implicam na nulidade do auto, desde que não comprometam o seu entendimento e não dificultem a apresentação de defesa.

Existente a tecnologia, a sua ciência pelo autuado, como visto acima, poderá ser feita por meio eletrônico.

10.3.1.1 Vícios do Auto de Infração e prescrição

A autuação, como a imensa maioria dos atos administrativos, produz efeitos imediatos e independem de autorização judicial. Mesmo os autos de infração que apresentam defeitos podem ser convalidados pela autoridade administrativa, mediante despacho, exarado nos autos do processo administrativo, devidamente fundamentado.[6]

O erro de direito, isto é, o enquadramento equivocado da infração, não é motivo capaz de dar suporte à anulação do AI, pois o autuado se defende de fatos. Desde que os fatos estejam descritos adequadamente, o AI é legal. Todavia, a descrição de fatos que não constituam ilícitos administrativos, impõe a anulação do AI. Igual destino terá o AI cuja correção leve à modificação da situação fática. O parágrafo segundo do artigo 100 determina que, nos casos em que o auto de infração for declarado nulo e estiver caracterizada a conduta ou atividade lesiva ao meio ambiente, deverá ser lavrado novo

---

5. Art. 97. O auto de infração deverá ser lavrado em impresso próprio, com a identificação do autuado, a descrição clara e objetiva das infrações administrativas constatadas e a indicação dos respectivos dispositivos legais e regulamentares infringidos, não devendo conter emendas ou rasuras que comprometam sua validade.
6. Art. 99. O auto de infração que apresentar vício sanável poderá ser convalidado de ofício pela autoridade julgadora, mediante despacho saneador, devidamente justificado.
Jurisprudência:
1. O erro no enquadramento legal da infração não invalida o ato, posto se tratar de vício sanável, nos exatos termos dos artigos 99 e 100 do Decreto 6514/08. 2. Registra-se, ainda, que o infrator defende-se dos fatos descritos no auto de infração e no processo administrativo, e não de sua capitulação legal. Hipótese em que a autoridade competente manteve a descrição fática e a pena imposta, alterando tão somente a capitulação legal da conduta anteriormente tipificada em dispositivo diverso. 3. Deste modo, não tendo havido qualquer prejuízo ao apelante, não há falar em decretação de nulidade, em observância ao princípio *pas de nullité sans grief*. 4. No caso em tela, a fiscalização aconteceu mediante monitoramento pelo sistema PREPS (Programa Nacional de Rastreamento de Embarcações Pesqueiras por Satélite). Dessa forma, foi possível caracterizar a atividade em localidade em que a pesca é proibida. Em casos tais a legislação prevê, se possível, a apreensão da embarcação, seja no ato da fiscalização seja em momento posterior. 5. Tendo o Termo sido lavrado na sequência e dentro do prazo prescricional assinalado pela legislação, não há qualquer ilegalidade na atuação da autarquia ambiental em cumprir os regulamentos. 6. A pesca de arrasto é reconhecida como o tipo de pesca mais predatória realizada no litoral brasileiro, sendo a apreensão medida proporcional, adequada e legalmente prevista para prevenir a ocorrência de novas infrações, resguardar a recuperação ambiental e garantir o resultado prático do processo administrativo. 7. Apelo desprovido (TRF-4 – AC: 50121672120204047208 SC, Relator: Victor Luiz dos Santos Laus, Julgamento: 26.04.2023, 4ª Turma).

auto, observadas as regras relativas à prescrição. Aqui é importante observar que a prescrição, no caso concreto, será aplicada à medida punitiva. Não se trata da polêmica prescrição introduzida pelo Decreto 12.189/2024 que acrescentou o parágrafo único ao artigo 83-B que atribuiu a imprescritibilidade "à reparação, à compensação ou à indenização de dano ambiental".

Observe-se que, em relação à indenização do dano ambiental, o Tema 999 do STF dispõe que:

> Título:
> Imprescritibilidade da pretensão de reparação civil de dano ambiental.
>
> Descrição: Recurso extraordinário em que se discute, à luz dos arts. 1º, inc. III, 5º, *caput*, incs. V e X, 37, § 5º, e 225, § 3º, da Constituição da República, a imprescritibilidade da pretensão de reparação civil de dano ambiental.

A prescrição é uma das consequências do tempo sobre o direito, possuindo significação jurídica, tal como as manifestações de vontade e dos demais atos aquisitivos de direitos. O tempo é um elemento que se soma aos demais requisitos formadores de um direito. Para San Tiago Dantas (1979) a influência do tempo no direito, pela inércia do titular, serve a vários propósitos, com destaque para o estabelecimento da segurança das relações jurídicas. São poucas as hipóteses de imprescritibilidade de direitos ou mesmo de ações previstas na Constituição Federal (CF), com destaque para a imprescritibilidade dos direitos sobre terras indígenas (art. 231, § 4º), não havendo qualquer menção ao tema no artigo 225 da Carta Política.

O dano ambiental é a alteração adversa das condições ambientais vigentes em determinado momento. Todavia, é necessário considerar que o dano ambiental pode ser dividido em dois grandes blocos, sendo o (1) primeiro constituído pelos danos aos recursos naturais em si mesmos, água, flora, fauna etc., ou danos ambientais próprios (ecológicos) e o segundo (2) bloco constituído pelos danos causados a outros bens jurídicos tutelados, tais como, à saúde humana e animal, às propriedades, bens e atividade econômica, os danos ambientais impróprios.

Há consenso que, em relação aos danos ambientais impróprios, não se discute a incidência da prescrição: "Em matéria de prescrição cumpre distinguir qual o bem jurídico tutelado: se eminentemente privado seguem-se os prazos normais das ações indenizatórias".[7] A controvérsia limita-se à prescrição da reparação dos danos ecológicos, ou danos ambientais próprios.

Nos países nos quais não há previsão legal para a prescrição de danos ao meio ambiente, recorre-se ao Código Civil para solucionar a questão. Na Argentina, e.g., o Código Civil e Comercial unificado[8] estabelece as normas gerais de prescrição e

---

7. STJ. REsp 1120117/AC, Rel. Ministra Eliana Calmon, 2ª Turma, julgado em 10.11.2009, DJe 19.11.2009.
8. Articulo 2532. – Ambito de aplicación. En ausencia de disposiciones específicas, las normas de este Capítulo son aplicables a la prescripción adquisitiva y liberatoria. Las legislaciones locales podrán regular esta última

decadência aplicáveis na ausência de disposições específicas, como é o caso da ação de reparação de danos ao meio ambiente, sendo o prazo de 5 (cinco) anos o genérico.[9] 6. As ações indenizatórias de danos derivados de responsabilidade civil prescrevem em 3 (três) anos; já no prazo de 2 (dois) anos prescreve a ação de responsabilidade civil decorrente de danos de natureza extracontratual. No Chile, há a prescrição ambiental,[10] estabelecendo a Lei 19.330 que o início da contagem do prazo prescricional se dá a partir da manifestação evidente do dano. O artigo, como se percebe, determina que é a ciência do dano que dá início à fluência do prazo, no caso dos danos continuados e evidentes, que se renova diariamente (CS, Rol 47890-2016, 02.03.2017).

No Brasil, a prescrição no regime geral do Código Civil se dá em 10 (dez) anos, salvo estipulação legal em contrário. No caso dos danos ambientais impróprios, o prazo prescricional aplicável é o constante do § 3º, V artigo 206 do CCB.

O Recurso Extraordinário 654833 se originou do Resp 1120117/AC, de cuja ementa destaca-se: "O direito ao pedido de reparação de danos ambientais, dentro da logicidade hermenêutica, está protegido pelo manto da imprescritibilidade, por se tratar de direito inerente à vida, fundamental e essencial à afirmação dos povos, independentemente de não estar expresso em texto legal." E mais: "O dano ambiental inclui-se dentre os direitos indisponíveis e como tal está dentre os poucos acobertados pelo manto da imprescritibilidade a ação que visa reparar o dano ambiental." Como se pode perceber há (1) o reconhecimento expresso da inexistência de norma legal declarando a imprescritibilidade dos danos ambientais e (2) uma clara confusão entre dano

---

en cuanto al plazo de tributos. Disponível em: https://www.enre.gov.ar/web/bibliotd.nsf/58d19f48e1cdeb-d503256759004e862f/5c18060884e0322f0325806400508133?OpenDocument. Acesso em: 30 dez. 2024.

Si bien, como se aclaró desde entrada en la sentencia, el presente asunto solo obligó a considerar la reparación de los daños individuales o personales derivados de un daño ambiental, y no específicamente la cuestión del daño ecológico puro, es sumamente valioso el precedente no solo por las consideraciones que efectúa en cuanto al cómputo del plazo de la prescripción frente a supuestos de actos continuados de una actividad contaminante, sino mayormente por el análisis que realiza de los cuatro ineludibles presupuestos de la responsabilidad extracontractual. En efecto, respecto de los mismos aplicó, en base a una interpretación sistémica, las normas del nuevo Código Civil y Comercial de la Nación que entró en vigencia el 1 de agosto del 2015, aun cuando se trataba de hechos anteriores, ya que parte de considerar a la protección del Ambiente como un valor que el ordenamiento jurídico reconoce como fuente del derecho y pauta de interpretación (Miklavec, 2018).

9. Articulo 2560. – Plazo genérico. El plazo de la prescripción es de cinco años, excepto que esté previsto uno diferente en la legislación local.

10. Artículo 63. – La acción ambiental y las acciones civiles emanadas del daño ambiental prescribirán en el plazo de cinco años, contado desde la manifestación evidente del daño. Disponível em: https://www.suseso.cl/612/w3-propertyvalue-117827.html. Acesso em: 30 dez. 2024.

Nuestra segunda propuesta tiene que ver con la acción de indemnización de perjuicios quenace a raíz de un daño medioambiental. Sobre esta, revisamos que los bienes jurídicos protegidos responden a una esfera patrimonial del legitimado activo, como lo es por ejemplo la pérdida de la posible venta de una cosecha en crecimiento a raíz de una contaminación en el suelo. En este ámbito es relevante que exista la institución de la prescripción, pero su cómputo debe ser claro. En ese orden de ideas, y como ha sido demostrado, la "manifestación evidente del daño" como hito para comenzar el plazo de prescripción ha sido objeto de una amplia interpretación jurisprudencial que ha creado una situación de incertidumbre, por lo que nos parece acertado que la prescripción se comience a contabilizar desde que el actor tomó conocimiento del daño, dejando así la acción por sus asuntos patrimoniales bajo su única responsabilidad (Ruiz e Leiva, 2023, p. 63).

ambiental e direitos indisponíveis, "como tal está dentre os poucos acobertados pelo manto da imprescritibilidade". A argumentação, do ponto de vista jurídico, é modesta.

A imprescritibilidade, no caso, não está amparada pelo direito à vida, como criativamente, a questão é tratada. A resposta jurídica para a questão é muito mais simples: O § 4º do artigo 231 da CF estabelece a imprescritibilidade dos direitos sobre as terras indígenas. Cuida-se, evidentemente, de um regime jurídico especial que não se confunde com o regime geral aplicável aos danos ambientais fora de terras indígenas. A argumentação da decisão, no entanto, parte para províncias distantes do caso concreto. Salvo engano, o § 4º do artigo 231 da CF não é citado uma única vez. Trata-se, efetivamente, de uma das poucas hipóteses de imprescritibilidade declaradas formalmente na CF. Ora, sabe-se que exceções são interpretadas restritivamente. O STF, por sua vez, reproduziu a equivocada interpretação – por maioria –, criando direito novo.

O reconhecimento da imprescritibilidade dos danos ambientais serve para aumentar a proteção ambiental? A resposta é, certamente, negativa. Há que se considerar que a vida humana, sob todos os aspectos, se faz sobre a base da utilização dos recursos ambientais. A partir disto, o conceito de danos ao meio ambiente varia no tempo e no espaço. Caso sejam utilizados conceitos atuais e contemporâneos de danos ambientais ao passado, corre-se o risco de desestabilizar a vida em sociedade, sem qualquer benefício ambiental. Ao contrário, podem ser criados danos ambientais mais amplos.

A CF, por exemplo, admite o conceito de meio ambiente cultural (art. 216, V) que, em não poucas oportunidades, é construído com "sacrifício" do meio ambiente natural, e, g., aterro do Flamengo (Rio de Janeiro) ou monumento ao Cristo Redentor (Rio de Janeiro). Do ponto de vista estritamente ecológico, tais obras de arte humana causaram danos indiscutíveis. A tese da imprescritibilidade, seguramente, coloca em risco a existência de tais bens culturais. Certamente, poder-se-ia alegar que não é cabível à argumentação, pois tais obras de arte já se incorporaram ao meio ambiente cultural, pelo decorrer do tempo. Entretanto, nem tudo aquilo que foi feito no passado se transformou em obra de arte.

Há cidades inteiras que são construídas às margens de rios (Recife, v.g.), ocupando o que atualmente são áreas de preservação permanente. Logo, há equívoco em se proclamar a imprescritibilidade de danos ambientais sem uma previsão legal expressa, não cabendo a extrapolação do § 4º do artigo 231 da CF para toda e qualquer situação relativa a danos ambientais, pois as exceções são interpretadas restritivamente.

Apesar de o STF ter fixado o Tema 999, dada a grande oscilação das decisões da Corte, espera-se que a matéria seja revista à luz da ordem jurídica nacional.

10.3.1.1.1 Vícios sanáveis e insanáveis dos autos de infração

A Lei 4.717/1965, em seu artigo 2º, determina que são nulos os atos lesivos ao patrimônio público nos casos de: das entidades mencionadas no artigo anterior, nos casos de: a) incompetência; b) vício de forma; c) ilegalidade do objeto; d) inexistência dos motivos; e) desvio de finalidade. O parágrafo único do mesmo artigo estabelece que: a) a incompetência fica caracterizada quando o ato não se incluir nas atribuições legais do agente que o praticou; b) o vício de forma consiste na omissão ou na observância incompleta ou irregular de formalidades indispensáveis à existência ou seriedade do ato; c) a ilegalidade do objeto ocorre quando o resultado do ato importa em violação de lei, regulamento ou outro ato normativo; d) a inexistência dos motivos se verifica quando a matéria de fato ou de direito, em que se fundamenta o ato, é materialmente inexistente ou juridicamente inadequada ao resultado obtido; e) o desvio de finalidade se verifica quando o agente pratica o ato visando a fim diverso daquele previsto, explícita ou implicitamente, na regra de competência.

O artigo 3º da Lei 4.717/1965 explicita que os atos lesivos ao patrimônio público, cujos vícios não estejam compreendidos nas especificações do artigo 2º, são anuláveis. Por sua vez, a Lei 9.784/1999 em seu artigo 53 determina que a administração anule "seus próprios atos, quando eivados de vício de legalidade". Dessa forma, a autoridade deve exercer o controle da legalidade do AI para, se for o caso, anulá-lo por vício de legalidade.[11] Neste particular, convém relembrar a lição de Hely Lopes Meirelles para

---

11. Art. 100. O auto de infração que apresentar vício insanável será declarado nulo pela autoridade julgadora. § 1º Para os efeitos do caput, considera-se vício insanável aquele em que a correção da autuação implica modificação do fato descrito no auto de infração. § 2º Nos casos em que o auto de infração for declarado nulo e estiver caracterizada a conduta ou atividade lesiva ao meio ambiente, deverá ser lavrado novo auto, observadas as regras relativas à prescrição. § 3º O erro no enquadramento legal da infração não implica vício insanável, podendo ser alterado pela autoridade julgadora mediante decisão fundamentada que retifique o auto de infração.

Jurisprudência:

1. Em síntese, o Ibama constatou o desmatamento a corte raso, sem autorização do órgão ambiental competente, de 408 hectares de vegetação nativa do bioma pantanal, e lavrou o Auto de Infração 567.664, série D, determinando multa no valor de R$ 2.040.000,00 (dois milhões e quarenta mil reais) e interdição da atividade, conforme os arts. 2º e 50 da Lei 9.605/98; arts. 1º, § 1º, e 19 da Lei 4.771/65; e arts. 3º, II e VII, e 50 do Decreto 6.514/08. 2. Todavia, após o processo administrativo, o Ibama alterou a capitulação legal do fato, passando a enquadrá-lo nos artigos 3º, II e VII, 52 e 60, I, do Decreto 6.514/08, bem como reconheceu que o desmatamento atingiu uma área de 167 hectares, menor, portanto, do que a originalmente consignada, reduzindo-se a multa aplicada para R$ 250.500,00 (duzentos e cinquenta mil e quinhentos reais). 3. Ocorre que as regras do processo administrativo não foram seguidas, porquanto a área desmatada sob a responsabilidade do administrado representava matéria de fato, corrigida pela autoridade ambiental. 4. A infração não mais recaiu sobre 408 hectares, mas sobre 167 hectares, o que trouxe modificação da própria dimensão material do ato ilícito. 5. O Decreto 6.514/2008, que dispõe sobre as infrações e sanções administrativas ao meio ambiente, considera o vício, nesse caso, insanável, determinando a anulação do procedimento e a abertura de outro, com a instauração oportuna da fase contenciosa. 6. Diante da verificação de que a área desmatada era de 167 hectares, ao invés de 408 hectares, cabia à Administração anular todo o ato, consoante o artigo 100, § 1º e § 2º, do Decreto 6.514/2008. 7. Recursos de apelação desprovidos (TRF-3 – ApCiv: 00109783920124036000 MS, Relator: Desembargador Federal Antônio Carlos Cedenho, Julgamento: 22.03.2021, 3ª Turma, Publicação: 25.03.2021).

***

1. De acordo com o artigo 496, § 3º, III, do Código de Processo Civil, não se sujeita à remessa necessária a sentença em que a condenação ou o proveito econômico obtido na causa seja de valor inferior a 500 (quinhentos) salários mínimos, no caso do Distrito Federal. Remessa necessária não conhecida. 2. Conforme entendimento do Superior Tribunal de Justiça, a apreensão de instrumentos utilizados para a prática de infração ambiental não pode dissociar-se do elemento volitivo. *In casu*, não restou configurada a intenção manifesta do proprietário do caminhão em cometer a infração de despejo de entulho em área pública inapropriada. 3. Não se admite a

quem a ilegalidade para os fins de anulação o ato administrativo não se limita só a mera infringência da lei, mas atinge também, "o abuso, por excesso ou desvio de poder, ou por relegação dos princípios gerais do direito" (Meirelles, 1989, p. 181).

O agente da fiscalização, tão logo constate a prática de infração, poderá (= deverá) adotar uma das seguintes medidas administrativas, conforme a situação concreta requerer: (1) apreensão; (2) embrago de obra ou atividade e suas respectivas áreas; (3) suspensão de venda ou fabricação do produto; (4) suspensão parcial ou total de atividades; (5) destruição ou inutilização dos produtos, subprodutos e instrumentos da infração; e (6) demolição.

O § 1º do artigo 101 do Decreto 6.514/2008[12] atribui natureza cautelar às medidas acima referidas, vez que elas "têm como objetivo prevenir a ocorrência de novas infra-

---

retificação da autuação, quando a correção implicar na modificação do fato descrito no auto de infração, nos termos do art. 100, § 1º do Decreto federal 6.514/2008. 4. Remessa necessária não recebida. Apelação Conheb de Oliveira, Julgamento: 14.08.2019, 4ª Turma Cível, Publicação: Publicado no DJE: 19.08.2019.

12. Art. 101. Constatada a infração ambiental, o agente autuante, no uso do seu poder de polícia, poderá adotar as seguintes medidas administrativas: I – apreensão; II – embargo de obra ou atividade e suas respectivas áreas; III – suspensão de venda ou fabricação de produto; IV – suspensão parcial ou total de atividades; V – destruição ou inutilização dos produtos, subprodutos e instrumentos da infração; e VI – demolição. § 1º As medidas de que trata este artigo têm como objetivo prevenir a ocorrência de novas infrações, resguardar a recuperação ambiental e garantir o resultado prático do processo administrativo. § 2º A aplicação de tais medidas será lavrada em formulário próprio, sem emendas ou rasuras que comprometam sua validade, e deverá conter, além da indicação dos respectivos dispositivos legais e regulamentares infringidos, os motivos que ensejaram o agente autuante a assim proceder. § 3º A administração ambiental estabelecerá os formulários específicos a que se refere o § 2º. § 4º O embargo de obra ou atividade restringe-se aos locais onde efetivamente caracterizou-se a infração ambiental, não alcançando as demais atividades realizadas em áreas não embargadas da propriedade ou posse ou não correlacionadas com a infração.

Jurisprudência:

1. O art. 101 do Decreto 6.514/2008 permite ao agente autuante, no uso do seu poder de polícia e dentro de sua discricionariedade, a determinação da apreensão dos bens utilizados no cometimento do ilícito, como medida administrativa necessária e suficiente à prevenção de novas infrações, à recuperação ambiental e à garantia do resultado útil do processo administrativo. 2. O art. 105 do mesmo diploma regulamentar estabelece como regra a guarda dos bens apreendidos pelo órgão ou entidade responsável pela fiscalização, sendo possibilitada apenas excepcionalmente a nomeação de fiel depositário e, de forma ainda mais excepcional, a nomeação do próprio autuado para esse múnus, desde que a posse dos bens não traga risco de utilização em novas infrações (art. 106, II). 3. Existindo documentação válida que forneça cobertura parcial à madeira transportada, somente deve permanecer apreendido o quantitativo (ou espécie) não compreendido nas notas fiscais e guias de transporte. 4. A retenção da totalidade da carga objeto da fiscalização pelo órgão ambiental, prevista no art. 47, § 3º do Decreto 6.514/98, viola os princípios da razoabilidade e da proporcionalidade, exorbitando o disposto na Lei 9.605/98 quanto à matéria. Precedentes. 5. Reforma parcial da sentença que concedeu parcialmente a segurança para determinar que a totalidade da carga apreendida fosse mantida sob guarda da parte impetrante, na condição de fiel depositária, até o julgamento do recurso do processo administrativo. 6. Apelação e remessa oficial a que se dá provimento (TRF-1 – AC: 00035376720134013303, Relator: Desembargadora Federal Daniele Maranhão Costa, Julgamento: 15.05.2019, 5ª Turma, Publicação: 30.05.2019).

***

O art. 72, IV, da Lei 9.605/98 e o art. 101, I, do Decreto 6.514/08 preveem a apreensão de veículo de qualquer natureza utilizado para o cometimento de infração ambiental. Porém, a restrição à propriedade na seara administrativa deve ocorrer sem prejuízo do devido processo legal e aos princípios do contraditório e ampla defesa, nos termos claros do art. 5º, LIV e LV, da CRFB/88. A autuação e subsequente restrição de bem de terceiro deve ser imediatamente acompanhada da instauração do devido procedimento administrativo. não

ções, resguardar a recuperação ambiental e garantir o resultado prático do processo administrativo".

Administrativamente, a IN 19/2023 do IBAMA estabelece em seu artigo 41 que, "[d]esde que relacionado à prática de infração administrativa ambiental, os animais, produtos, subprodutos, instrumentos, petrechos, equipamentos, veículos e embarcações de qualquer natureza, independentemente de sua fabricação ou utilização exclusiva para a prática de atividades ilícitas, serão objeto de medida administrativa cautelar de apreensão, salvo impossibilidade justificada". A impossibilidade justificada se dá, por exemplo, em relação às máquinas utilizadas para a prática ilegal de garimpo no interior da Amazônia. Assim, caso a retirada do bem seja inviável e haja recusa ou impossibilidade de nomeação de depositário, o agente ambiental federal notificará, por meio de formulário próprio, o proprietário ou ocupante do local e demais presentes para que se abstenham de remover ou alterar a situação dos bens até que sejam colocados sob a guarda do Ibama, confiados em depósito ou destinados. Este procedimento não impede a destruição do bem, se presentes as condições legais para tal.

A apreensão[13] é, naturalmente, uma medida formal que deve ser reduzida a termo do qual deve constar: (1) as caraterísticas do bem apreendido, estado de conservação

---

sendo assim providenciado, a restrição deve ser levantada. (TRF-4 – AC: 50030108420164047201 SC 5003010-84.2016.4.04.7201, Relatora: Vânia Hack de Almeida, Julgamento: 03.09.2019, 3ª Turma).

13. Art. 102. Os animais, produtos, subprodutos, instrumentos, petrechos, veículos de qualquer natureza referidos no inciso IV do art. 72 da Lei 9.605, de 1998, serão objeto da apreensão de que trata o inciso I do art. 101, salvo impossibilidade justificada. § 1º A apreensão de produtos, subprodutos, instrumentos, petrechos e veículos de qualquer natureza de que trata o *caput* independe de sua fabricação ou utilização exclusiva para a prática de atividades ilícitas. § 2º Na hipótese de o responsável pela infração administrativa ou o detentor ou o proprietário dos bens de que trata o *caput* ser indeterminado, desconhecido ou de domicílio indefinido, a notificação da lavratura do termo de apreensão será realizada por meio da publicação de seu extrato no Diário Oficial da União.

Jurisprudência:
Tema 1036 do STJ
Situação do Tema: Trânsito em Julgado
Questão submetida a julgamento: Aferir se é condição para a apreensão do instrumento utilizado na prática da infração ambiental a comprovação de que o bem é de uso específico e exclusivo para a atividade ilícita (Lei 9.605/1998, art. 25, § 4º, atual § 5º).
Tese Firmada: "A apreensão do instrumento utilizado na infração ambiental, fundada na atual redação do § 4º do art. 25 da Lei 9.605/1998, independe do uso específico, exclusivo ou habitual para a empreitada infracional".
***
1. Apelação interposta pelo IBAMA, em face da sentença que julgou procedente a pretensão autoral para determinar a restituição do veículo do promovente, apreendido por ter sido caracterizado como instrumento para a prática de ilícito ambiental (art. 102 do Decreto 6.514/2008). 2. A sanção de apreensão de bens utilizados em infração ambiental exige a demonstração de que o objeto foi empregado de forma específica e reiterada na prática do ilícito, sob pena de violação aos princípios da proporcionalidade e razoabilidade. Houve a apreensão de veículo de passeio sem comprovação clara do seu envolvimento na rinha de galo apurada pelo IBAMA, tampouco existindo antecedentes relacionados ao seu proprietário, contexto que impõe a restituição do bem. 3. Somente o mérito dos atos administrativos (juízo de conveniência e oportunidade) é insindicável ao Poder Judiciário, sendo válido o controle de legalidade, ainda que relacionado à observância de princípios constitucionais, sem se cogitar de violação ao princípio da separação dos Poderes. 4. A análise da validade da apreensão de bens, segundo a interpretação exposta acima, configura apreciação da compatibilidade do ato

com o texto legal, inexistindo indevida invasão do mérito administrativo. Apelação improvida (TRF-5 – AC: 08003099520154058403 RN, Relator: Desembargador Federal Cid Marconi, Julgamento: 24.02.2016, 3ª Turma).
***

Trata-se de recurso especial interposto por Ivolzir Bedin, com fulcro no artigo 105, inciso III, alínea *a*, da Constituição Federal, contra acórdão deste Tribunal que deu provimento aos embargos de declaração, com modificação do resultado do julgamento para dar provimento à remessa oficial e à apelação do IBAMA, assim ementado: administrativo e processual civil. Mandado de segurança. Embargos de declaração. Omissão ocorrência. Infração ambiental. Transporte irregular de madeira. Apreensão do veículo. Possibilidade (Lei 9.605/98, arts. 25, *caput*, e 72, IV, c/c o art. 70, *caput*). Nomeação de fiel depositário. Poder discricionário da administração (Decreto 6.514/2008, arts. 105, *caput*, e 106, incisos II). I – Deixando o julgado embargado de se pronunciar acerca de matéria ventilada nos autos, como no caso, em que a resolução da controvérsia instaurada desconsiderou o enquadramento da situação fática em que repousa a pretensão mandamental às disposições legais de regência, afigura-se legítima a via dos embargos de declaração, para fins de supressão da omissão apontada. II – A apreensão de veículo utilizado na prática de ilícito ambiental encontra expressa autorização legislativa, conforme se extrai dos arts. 25, 72, IV, c/c o art. 70, caput, da Lei 9.605/98. III – Nos termos do art. 105, *caput*, do Decreto 6.514/2008, os bens apreendidos devem ficar sob a guarda do órgão ou entidade responsável pela fiscalização ambiental, podendo, excepcionalmente, ser confiados a fiel depositário, até o julgamento do processo administrativo, caso em que caberá à Administração, no exercício do seu poder discricionário, definir sobre quem assumirá esse encargo, dentre as opções previstas nos incisos I e II do art. 106 do referido ato normativo. IV – Embargos de declaração providos, com modificação do resultado do julgamento. V – Provimento da remessa oficial e da apelação do IBAMA. Sentença reformada. Segurança denegada. Alega violação ao artigo 1.022 do CPC porquanto evidente que o caráter unicamente infringente dos Embargos, de modo que o então Embargante, ora Recorrido, tão somente desejou um novo reexame da matéria fática, portanto, deveriam ter sido rejeitados, por inadequação da via eleita. Sustenta, ainda, afronta à decisão proferida nos autos dos Embargos de Declaração ora recorridos, os artigos 72, IV da Lei 9.605/98 e ainda os artigos 101, I, § 1º e artigo 102 do Decreto 6.514/08, de forma que a apreensão de bens, pela via administrativa, detém natureza cautelar e preventiva e é, por óbvio, exceção à regra, devendo ocorrer apenas nos casos específicos de lei ou quando o objeto apreendido consubstanciar-se, obviamente, em instrumento de crime. Esse é, em síntese, o relatório. Decido. Em recente julgado proferido pela Primeira Seção do Superior Tribunal de Justiça, sob o tema repetitivo 1036, restou consignado que a apreensão do instrumento utilizado na infração ambiental, fundada na atual redação do § 4º do art. 25 da Lei 9.605/1998, independe do uso específico, exclusivo ou habitual para a empreitada infracional". Vejamos: Direito ambiental. Recurso especial representativo de controvérsia. Submissão à regra prevista no enunciado administrativo 3/STJ. Apreensão de veículo utilizado na prática de infração ambiental. Desnecessidade de comprovação de uso específico e exclusivo com essa finalidade. Fixação de tese repetitiva. 1. Trata-se de recurso especial interposto contra acórdão do Tribunal Regional Federal da 5ª Região que manteve a sentença de procedência do pedido de veículo apreendido na prática de infração ambiental. 2. Entendeu a Corte de origem a retenção é justificável somente nos casos em que a posse em si do veículo constitui ilícito, o que não é a hipótese dos autos. 3. Ocorre que essa não é a interpretação mais adequada da norma, que não prevê tal condição para a sua aplicação, conforme entendimento recentemente adotado na Segunda Turma no julgamento do REsp 1.820.640/PE (Rel. Min. Og Fernandes, Segunda Turma, DJe de 09.10.2019). 4. Nesse julgado, observou-se que "[a] efetividade da política de preservação do meio ambiente, especialmente no momento em que a comunidade internacional lança os olhos sobre o papel das autoridades públicas brasileiras no exercício de tal mister, atrai para o Judiciário o dever de interpretar a legislação à luz de tal realidade, recrudescendo a proteção ambiental e a correspondente atividade fiscalizatória"; assim, "[m]erece ser superada a orientação jurisprudencial desta Corte Superior que condiciona a apreensão de veículos utilizados na prática de infração ambiental à comprovação de que os bens sejam específica e exclusivamente empregados na atividade ilícita". 5. Em conclusão, restou assentado que "[o]s arts. 25 e 72, IV, da Lei 9.605/1998 estabelecem como efeito imediato da infração a apreensão dos bens e instrumentos utilizados na prática do ilícito ambiental", por isso "[a] exigência de requisito não expressamente previsto na legislação de regência para a aplicação dessas sanções compromete a eficácia dissuasória inerente à medida, consistindo em incentivo, sob a perspectiva da teoria econômica do crime, às condutas lesivas ao meio ambiente". 6. Com efeito, a apreensão definitiva do veículo impede a sua reutilização na prática de infração ambiental – além de desestimular a participação de outros agentes nessa mesma prática, caso cientificados dos inerentes e relevantes riscos dessa atividade, em especial os de ordem patrimonial –, dando maior eficácia à legislação que dispõe

e outros elementos que o distingam; (2) a individualização precisa dos animais e as condições em que eles se encontram; (3) as condições de armazenamento e eventuais riscos de perecimento; (4) estimativa de seu valor pecuniário com base no seu valor de mercado, sempre que possível; (5) as circunstâncias de fato que relacionam os bens apreendidos com a infração; (6) informação de eventual alteração ou adaptação para a prática de infrações ambientais; e (7) o proprietário ou possuidor, quando possível. As irregularidades no auto de apreensão podem ser sanadas pela autoridade administrativa.

A documentação do auto de apreensão deve ser a mais ampla possível, inclusive com registros fotográficos e de GPS para que a caracterização do local não deixe dúvidas.

Em relação aos bens objeto de apreensão, estes poderão ser restituídos ao proprietário ou detentor, pela autoridade que julgar o processo administrativo, desde que não tenham sido fabricados ou alterados com a finalidade de praticar a infração. Neste último caso aplica-se a pena de perdimento. Cabe ao Ibama,[14] no âmbito federal, a guarda dos bens e animais apreendidos, podendo ser nomeado um fiel depositário. Não há restrição clara para a nomeação do fiel depositário.[15] Todavia, tal nomeação deve ser

---

as sanções penais e administrativas derivadas de condutas e atividades lesivas ao meio ambiente. 7. Assim, é de ser fixada a seguinte tese: "A apreensão do instrumento utilizado na infração ambiental, fundada na atual redação do § 4º do art. 25 da Lei 9.605/1998, independe do uso específico, exclusivo ou habitual para a empreitada infracional". 8. Recurso especial provido para julgar improcedente o pedido de restituição do veículo apreendido. Acórdão sujeito ao regime previsto no art. 1.036 e seguintes do CPC/2015, c/c o art. 256-N e seguintes do RISTJ. (REsp 1814944/RN, Rel. Ministro Mauro Campbell Marques, Primeira Seção, julgado em 10.02.2021, DJe 24.02.2021). (Grifo nosso) Nesse contexto, o Superior Tribunal de Justiça, debruçou-se também sobre o tema que visava aferir se constitui direito subjetivo do infrator a guarda consigo, na condição de fiel depositário, do veículo automotor apreendido, até ulterior decisão administrativa definitiva (Decreto 6.514/2008, art. 106, II), ou se a decisão sobre a questão deve observar um juízo de oportunidade e conveniência da Administração Pública. Vejamos: Administrativo. Ambiental. Recurso especial repetitivo. Enunciado administrativo 2/STJ. Transporte irregular de madeira. Apreensão do instrumento da infração ambiental. Possibilidade de nomeação do proprietário como depositário fiel. Juízo de oportunidade e de conveniência administrativos. Inexistência de direito público subjetivo do proprietário. 1. O proprietário do veículo apreendido em razão de infração de transporte irregular de madeira não titulariza direito público subjetivo de ser nomeado fiel depositário do bem, cabendo à Administração Pública a adoção das providências dos arts. 105 e 106 do Decreto Federal 6.514/2008, em fundamentado juízo de oportunidade e de conveniência. 2. Recurso especial provido. (REsp 1805706/CE, Rel. Ministro Mauro Campbell Marques, Primeira Seção, julgado em 10/02/2021, DJe 26.03.2021) Nesta ocasião se firmou a seguinte tese em julgamento do Tema 1043: O proprietário do veículo apreendido em razão de infração de transporte irregular de madeira não titulariza direito público subjetivo de ser nomeado fiel depositário do bem, as providências dos arts. 105 e 106 do Decreto Federal 6.514/2008 competindo ao alvedrio da Administração Pública, em fundamentado juízo de oportunidade e de conveniência. Assim, verifica-se o acórdão recorrido está em consonância com as teses firmadas pelo Superior Tribunal de justiça, em julgamento dos temas repetitivos 1036 e 1043, com publicação das teses em 24.02.2021 e 26.03.2021, respectivamente Ante o exposto, nego seguimento ao recurso especial. Publique--se. Intime-se. Brasília, na data em que assinado eletronicamente. Desembargadora Federal Ângela Catão Corregedora Regional no exercício da Vice-Presidência do TRF1 (TRF-1 – ApReeNec: 00027561820134013603, Relator: Desembargador Federal Souza Prudente, Julgamento: 25.02.2022, 5ª Turma, Publicação: PJe 25.02.2022).

14. Os Centros de Triagem de Animais Silvestres – CETAS são regulamentados pela IN 5/2021 do IBAMA.
15. Art. 105. Os bens apreendidos deverão ficar sob a guarda do órgão ou entidade responsável pela fiscalização, podendo, excepcionalmente, ser confiados a fiel depositário, até o julgamento do processo administrativo. Parágrafo único. Nos casos de anulação, cancelamento ou revogação da apreensão, o órgão ou a entidade ambiental responsável pela apreensão restituirá o bem no estado em que se encontra ou, na impossibilidade de fazê-lo, indenizará o proprietário pelo valor de avaliação consignado no termo de apreensão.

feita com critério, de modo que em infrações graves não se nomeie como fiel depositário o próprio infrator; pois somente excepcionalmente o autuado poderá ser nomeado fiel depositário, assegurado que ela não acarretará novas infrações, não prejudique a recuperação ambiental e não impeça o resultado prático do processo administrativo sancionador ambiental. Com certeza, são circunstâncias que dificilmente podem ser antecipadas. De qualquer modo, há necessidade de que a autoridade autuante justifique fundamentadamente a nomeação do fiel depositário. A apreensão[16] de animais

---

Jurisprudência:
STJ Tema repetitivo 405.
O art. 2º, § 6º, inc. VIII, do Decreto 3.179/99 (redação original), quando permite a liberação de veículos e embarcações mediante pagamento de multa, *não é compatível* com o que dispõe o art. 25, § 4º, da Lei 9.605/98; entretanto, *não há ilegalidade* quando o referido dispositivo regulamentar admite a *instituição do depositário fiel* na figura do proprietário do bem apreendido por ocasião de infração nos casos em que é apresentada defesa administrativa – anote-se que não se está defendendo a simplória *liberação* do veículo, mas a devolução com a instituição de depósito (e os consectários legais que daí advêm), observado, entretanto, que a liberação só poderá ocorrer caso o veículo ou a embarcação estejam regulares na forma das legislações de regência (Código de Trânsito Brasileiro, p. ex.).
Delimitação do Julgado.
Conforme ponto 17 da ementa do REsp 1.133.965/BA, "toda esta sistemática é inaplicável aos casos ocorridos já na vigência do Decreto 6.514/08, que deu tratamento jurídico diverso à matéria (arts. 105 e ss. e 134 e ss.)".
***
I – Cinge-se a controvérsia acerca da possibilidade de doação de madeira apreendida, por estar em desacordo com Documento de Origem Florestal, conforme se observa do Auto de Infração 9190460/E, antes de concluído o processo administrativo. II – A doação do produto florestal está prevista na Lei 9.605/98 e no Decreto 6.514/08, entretanto, deferida a medida liminar em maio de 2018, determinando a suspensão da doação da madeira e, considerando a alegação do IBAMA, de que deve ser procedida a imediata doação por se tratar de bem perecível, em razão do decurso de tempo, tal questão não se mostra tão urgente, de modo que não possa aguardar o término do procedimento administrativo. III – De acordo com os artigos 105 e 106 do Decreto 6.514, os bens apreendidos em infrações ambientais devem ficar sob guarda da administração ou confiados, excepcionalmente, a fiel depositário, até o julgamento do processo administrativo. Precedentes. IV – Recurso de apelação do IBAMA e remessa oficial, tida por interposta, aos quais se nega provimento (TRF-1 – AMS: 1000810-63.2018.4.01.3200, Relator: Desembargador Federal Jirair Aram Meguerian, Julgamento: 12.08.2019, 6ª Turma, Publicação: e-DJF1 09.10.2019).
***
1. O Superior Tribunal de Justiça, em recurso paradigma (REsp 1133965/BA – Tema Repetitivo 405), pacificou entendimento no sentido de ser possível a liberação do bem apreendido, mediante constituição do proprietário como fiel depositário, desde que exista defesa administrativa pendente de julgamento e o bem não ofereça risco ao meio ambiente. 2 . "1. O proprietário do veículo apreendido em razão de infração de transporte irregular de madeira não titulariza direito público subjetivo de ser nomeado fiel depositário do bem, cabendo à Administração Pública a adoção das providências dos arts. 105 e 106 do Decreto Federal 6.514/2008, em fundamentado juízo de oportunidade e de conveniência. 2. Recurso especial provido". (REsp 1805706/CE, Rel. Ministro Mauro Campbell Marques, Primeira Seção, julgado em 10.02.2021, DJe 26.03.2021) 3. Recurso desprovido (TJ-MT 10004562520208110106 MT, Relator: Gerardo Humberto Alves Silva Junior, Julgamento: 18.10.2022, Primeira Câmara de Direito Público e Coletivo, Publicação: 31.10.2022).

16. Art. 103. Os animais domésticos e exóticos serão apreendidos quando: I – forem encontrados no interior de unidade de conservação de proteção integral; ou II – forem encontrados em área de preservação permanente ou quando impedirem a regeneração natural de vegetação em área cujo corte não tenha sido autorizado, desde que, em todos os casos, tenha havido prévio embargo. § 1º Na hipótese prevista no inciso II, os proprietários deverão ser previamente notificados para que promovam a remoção dos animais do local no prazo assinalado pela autoridade competente. § 2º Não será adotado o procedimento previsto no § 1º quando não for possível identificar o proprietário dos animais apreendidos, seu preposto ou representante. § 3º O disposto no *caput* não

domésticos e exóticos[17] deve ser procedida quando (1) forem encontrados no interior de unidade de conservação de proteção integral; ou (2) forem encontrados em área de preservação permanente ou quando impedirem a regeneração natural de vegetação em área cujo corte não tenha sido autorizado, desde que, em todos os casos, tenha havido prévio embargo. Nos casos previstos em (2), os proprietários deverão ser previamente notificados para remover os animais do local no prazo estabelecido pela autoridade administrativa. Os animais não serão apreendidos quando a atividade desenvolvida for de baixo impacto, desde que previamente autorizada, quando for o caso.

---

será aplicado quando a atividade tenha sido caracterizada como de baixo impacto e previamente autorizada, quando couber, nos termos da legislação em vigor.
Jurisprudência:
STF – ADPF 640.
Tese Jurídica
É inconstitucional a interpretação da legislação federal que possibilita o abate imediato de animais apreendidos em situação de maus-tratos.
***
1. A preservação do meio ambiente ecologicamente equilibrado é uma preocupação do ordenamento jurídico contemporâneo. A Constituição Federal, em seu art. 225, reconhece o meio ambiente como um direito fundamental e estabelece obrigações ao Estado e à sociedade de preservá-lo para as presentes e futuras gerações. 2. Tal reconhecimento reforça a importância da máxima efetividade das normas de direito ambiental e conduz à necessidade de implementação de medidas administrativas e judiciais voltadas para a prevenção e recuperação ambiental. 3. O Supremo Tribunal Federal, em 10.09.2021, ao julgar a Arguição de Descumprimento de Preceito Fundamental 640, que tratava sobre a possibilidade de abate de animais apreendidos em situação de maus-tratos, declarou a "ilegitimidade da interpretação dos arts. 25, §§ 1º e 2º da Lei 9.605/1998, bem como dos artigos 101, 102 e 103 do Decreto 6.514/2008 e demais normas infraconstitucionais, em sentido contrário à norma do art. 225, § 1º, VII, da CF/88, com a proibição de abate de animais apreendidos em situação de maus-tratos". 4. Remessa necessária e apelação desprovidas. (TRF-1 – Apelação Cível: 10031778520174013300, Relator: Desembargador Federal Newton Pereira Ramos Neto, Julgamento: 28.05.2024, 11ª Turma, Publicação: PJe 28.05.2024).

17. IBAMA: IN 7/2015. Art. 2º Para os efeitos desta Instrução Normativa, adotam-se as seguintes definições: I – animal de estimação ou companhia: animal proveniente de espécie da fauna silvestre nativa, nascido em criadouro comercial autorizado para tal finalidade, mantido em cativeiro domiciliar, sem finalidade de abate, de reprodução, uso científico, uso laboratorial, uso comercial ou de exposição; II – espécie: conjunto de indivíduos semelhantes e com potencial reprodutivo entre si, capazes de originar descendentes férteis, incluindo aqueles que se reproduzem por meios assexuados; III – espécime: indivíduo vivo ou morto, de uma espécie, em qualquer fase de seu desenvolvimento, unidade de uma espécie; IV – fauna doméstica: conjunto de espécies da fauna cujas características biológicas, comportamentais e fenotípicas foram alteradas por meio de processos tradicionais e sistematizados de manejo e melhoramento zootécnico tornando-as em estreita dependência do homem, podendo apresentar fenótipo variável, mas diferente da espécie silvestre que os originou; V – fauna silvestre exótica: conjunto de espécies cuja distribuição geográfica original não inclui o território brasileiro e suas águas jurisdicionais, ainda que introduzidas, pelo homem ou espontaneamente, em ambiente natural, inclusive as espécies asselvajadas e excetuadas as migratórias; VI – fauna silvestre nativa: todo animal pertencente a espécie nativa, migratória e qualquer outra não exótica, que tenha todo ou parte do seu ciclo de vida ocorrendo dentro dos limites do território brasileiro ou águas jurisdicionais brasileiras; VII – parte ou produto da fauna silvestre: pedaço ou fração originário de um espécime da fauna silvestre que não tenha sido beneficiado a ponto de alterar sua característica, forma ou propriedade primária, como por exemplo: carcaça, carne, víscera, gordura, ovo, asa, pele, pelo, pena, pluma, osso, chifre, corno, sangue, glândula, veneno, entre outros; VIII – subproduto da fauna silvestre: pedaço ou fração originário de um espécime da fauna silvestre beneficiado a ponto de alterar sua característica, forma ou propriedades primárias.

O bem apreendido poderá ser colocado à disposição das autoridades, desde que a decisão seja fundamentada e diante de interesse público relevante, nas hipóteses "em que não haja outro meio disponível para a consecução da respectiva ação fiscalizatória". O parágrafo único do artigo 104 dispõe que os "veículos de qualquer natureza que forem apreendidos poderão ser utilizados pela administração ambiental para fazer o deslocamento do material apreendido até local adequado ou para promover a recomposição do dano ambiental". O interesse público relevante é um conceito abstrato que carece de definição.

Ao regulamentar o artigo 104 a IN 19/2023, em seu artigo 43, autoriza a utilização do bem apreendido (1) quando não houver outro meio disponível para a consecução da respectiva ação fiscalizatória; (2) para fazer o deslocamento de outros bens ou animais apreendidos até local adequado; (3) para promover a recomposição do dano ambiental; e (4) quando a sua conservação depender de funcionamento periódico de seus motores ou demais mecanismos, atestada tal necessidade por profissional competente, quando recomendável. Observe-se que, nos casos estabelecidos pela normativa, a ideia subjacente é que a sociedade não deve arcar com os custos da infração ambiental, sendo razoável a utilização dos bens apreendidos. Entretanto, dado que o processo administrativo e/ou o judicial é que definirão a responsabilidade pela infração, cabe à administração conservar o bem apreendido para, se for o caso, devolvê-lo em condições semelhantes às existentes quando da apreensão. O controle da utilização do bem apreendido poderá (= deverá) ser feito por instrumento de rastreamento instalados pela autarquia no bem apreendido; a utilização do bem por parte do fiel depositário poderá (= deverá) ser autorizada mediante a instalação ou manutenção dos equipamentos de rastreamento.

A destinação do bem depositado é medida administrativa discricionária[18] e, portanto, submetida a juízo de conveniência e/ou oportunidade, no que se refere às entidades

---

18. Art. 106. A critério da administração, o depósito de que trata o art. 105 poderá ser confiado: I – a órgãos e entidades de caráter ambiental, beneficente, científico, cultural, educacional, hospitalar, penal e militar; ou II – ao próprio autuado, desde que a posse dos bens ou animais não traga risco de utilização em novas infrações. § 1º Os órgãos e entidades públicas que se encontrarem sob a condição de depositário serão preferencialmente contemplados no caso da destinação final do bem ser a doação. § 2º Os bens confiados em depósito não poderão ser utilizados pelos depositários, salvo o uso lícito de veículos e embarcações pelo próprio autuado. § 3º A entidade fiscalizadora poderá celebrar convênios ou acordos com os órgãos e entidades públicas para garantir, após a destinação final, o repasse de verbas de ressarcimento relativas aos custos do depósito.
Jurisprudência:
Mandado de Segurança – Pretensão à liberação de veículos aprendidos em fiscalização efetivada pela Polícia Militar Ambiental – Trator Rodas e um caminhão imprescindíveis para o sustento da família – Possibilidade de liberação – Art. 105 e 106 do Decreto 6.514/2008 – Prevalência do princípio da proteção ao trabalho – Precedentes – Segurança concedida – Recurso não provido (TJ-SP – APL: 10010612720188260266 SP 1001061-27.2018.8.26.0266, Relator: Reinaldo Miluzzi, Julgamento: 13.09.2018, 6ª Câmara de Direito Público, Publicação: 13.09.2018).
***
Em se tratando de ação de depósito, ajuizada pelo Instituto Brasileiro do Meio Ambiente e dos Recursos Naturais Renováveis - IBAMA, para o fim de reaver bens confiados em depósito ao réu ou o seu equivalente em dinheiro (artigos 105 e 106, inciso II, do Decreto 6.514/2008, c/c artigos 397, parágrafo único, 627, 629, 633 e 652 do Código Civil), sem reconvenção (artigo 343 do CPC), não há espaço para discussão acerca da validade,

descritas no inciso I do artigo 106. A escolha do depositário deve ser criteriosa, pois a jurisprudência registra casos de necessidade de medidas judiciais para reaver o bem depositado. A norma expressa uma preferência para a definição do depositário, pois em primeiro lugar define como depositários (1) órgãos e entidades de caráter ambiental, beneficente, científico, cultural, educacional, hospitalar, penal e militar. Naturalmente as instituições arroladas deverão ser consultadas previamente ao depósito, ou firmar convênio com o órgão ambiental para que a destinação se dê de forma "automática". O autuado, como depositário, é a segunda opção. De acordo com a natureza dos bens apreendidos e tendo em vista o risco de perecimento, a autoridade administrativa[19] deverá (1) libertar os animais da fauna silvestre em seu hábitat ou entregá-los a jardins zoológicos, fundações, entidades de caráter científico, centros de triagem, criadouros regulares ou entidades assemelhadas, desde que fiquem sob a responsabilidade de técnicos habilitados, podendo ainda, respeitados os regulamentos vigentes, serem entregues em guarda doméstica provisória; (2) no caso dos animais domésticos ou exóticos tratados no artigo art. 103 do Decreto 6.514/2008 poderá autorizar a venda; em relação aos (3)

---

legalidade e regularidade da sanção (ou prescrição da pretensão punitiva), sob pena de afronta ao princípio da congruência ou adstrição ao pedido (TRF-4 – AC: 50033392620174047213 SC, Relator: Vivian Josete Pantaleão Caminha, Julgamento: 03.05.2023, 4ª Turma).

19. Art. 107. Após a apreensão, a autoridade competente, levando-se em conta a natureza dos bens e animais apreendidos e considerando o risco de perecimento, procederá da seguinte forma: I – os animais da fauna silvestre serão libertados em seu hábitat ou entregues a jardins zoológicos, fundações, entidades de caráter científico, centros de triagem, criadouros regulares ou entidades assemelhadas, desde que fiquem sob a responsabilidade de técnicos habilitados, podendo ainda, respeitados os regulamentos vigentes, serem entregues em guarda doméstica provisória. II – os animais domésticos ou exóticos mencionados no art. 103 poderão ser vendidos; III – os produtos perecíveis e as madeiras sob risco iminente de perecimento serão avaliados e doados. § 1º Os animais de que trata o inciso II, após avaliados, poderão ser doados, mediante decisão motivada da autoridade ambiental, sempre que sua guarda ou venda forem inviáveis econômica ou operacionalmente. § 2º A doação a que se refere o § 1º será feita às instituições mencionadas no art. 135. § 3º O órgão ou entidade ambiental deverá estabelecer mecanismos que assegurem a indenização ao proprietário dos animais vendidos ou doados, pelo valor de avaliação consignado no termo de apreensão, caso esta não seja confirmada na decisão do processo administrativo. § 4º Serão consideradas sob risco iminente de perecimento as madeiras que estejam acondicionadas a céu aberto ou que não puderem ser guardadas ou depositadas em locais próprios, sob vigilância, ou ainda quando inviável o transporte e guarda, atestados pelo agente autuante no documento de apreensão. § 5º A libertação dos animais da fauna silvestre em seu hábitat natural deverá observar os critérios técnicos previamente estabelecidos pelo órgão ou entidade ambiental competente.

Jurisprudência:

Apelação interposta contra sentença que concedeu segurança para restituição de aves apreendidas por autoridade ambiental – Espécies não ameaçadas de extinção e sem sinais de maus tratos – Possibilidade de restituição à proprietária – Aplicação das exceções legais previstas nos termos do art. 29, § 2º, da Lei 9.605/98 e art. 107, I, do Decreto 6.514/08 – Recursos improvidos (TJ-SP – APL: 10074343420188260344 SP 1007434-34.2018.8.26.0344, Relator: Miguel Petroni Neto, Julgamento: 19.09.2019, 2ª Câmara Reservada ao Meio Ambiente, Publicação: 26.09.2019).

***

Nos casos de infrações de transporte de madeira em quantidade ou espécie divergente da constante na Nota Fiscal e Guia Florestal, a autuação deverá incidir sobre a totalidade do objeto da fiscalização, conforme preceitua o artigo 47, § 3º, do Decreto 6514/08. Acertada a decisão proferida pelo juízo a quo que decretou o perdimento de toda a madeira apreendida, ante o seu transporte irregular, determinando a sua doação a uma entidade beneficente, nos termos dos arts. 107, inc. III, § 4º, do Decreto 6514/08 e artigo 25, § 2º, da Lei 9605/98 (TJ-MT Pet 116140/2013, Des. Gilberto Giraldelli, 3ª Câmara Criminal, Julgado em 11.06.2014, DJE 25.06.2014).

produtos perecíveis e as madeiras sob risco iminente de perecimento serão avaliados e doados. Em relação à doação, necessário se faz que haja encargo de proibição de venda, empréstimo, cessão ou qualquer outra figura jurídica que implique em transferência de posse para terceiros, como forma de evitar a reintrodução do produto no mercado.

A IN IBAMA 19/2023 estabeleceu os mecanismos operacionais para o funcionamento da norma contida no Decreto 6514/2008. Assim, nos termos do artigo 45, os produtos e subprodutos, instrumentos, petrechos, equipamentos, veículos e embarcações apreendidos serão destinados por meio de (1) venda ou leilão; (2) doação; ou (3) destruição ou inutilização. O artigo 46 define a destinação dos animais apreendidos como se segue: (1) os animais silvestres nativos serão, prioritariamente, libertados em seu hábitat natural ou entregues a centros de triagem; (2) os animais exóticos serão repatriados ou entregues a criadouros conservacionistas, mantenedouros ou jardins zoológicos; (3) os animais de produção serão leiloados ou doados; (4) os animais domésticos serão doados.

No caso dos animais silvestres nativos não poderem ser restituídos aos seus hábitats naturais, eles serão entregues a (1) jardins zoológicos; (2) criadouros conservacionistas; (3) mantenedouros; (4) criadouros comerciais; conforme ordem de preferência.

10.4 MECANISMOS ALTERNATIVOS DE SOLUÇÃO DE CONTROVÉRSIAS

O Decreto 11.373/2023 deu nova redação aos artigos 95 A e 95 B tal como dispostos pelo Decreto 11.080/20222 que havia instituído um mecanismo de conciliação nos processos de apuração de ilícitos administrativos ambientais. O decreto estabelecia que a administração deveria "estimular" a adesão e a conciliação relativamente às soluções propostas no inciso II do § 1º do artigo 98 A (redação revogada) que seriam propostas na audiência de conciliação que deveria seguir o seguinte rito: (1) apresentação para o autuado das razões de fato e de direito que levaram à lavratura do AI; (2) indicação das soluções legais possíveis para o encerramento d o processo, tais como o (a) desconto para pagamento, (b) o parcelamento e a conversão da multa em serviços de preservação, melhoria e recuperação da qualidade do meio ambiente; (c) conversão da multa (3) a conversão da multa em serviços de preservação, de melhoria e de recuperação da qualidade do meio ambiente; (4) decidir sobre questões de ordem pública e (5) homologar a opção do autuado.

O regime revogado instituiu o Núcleo de Conciliação Ambiental composto, no mínimo, por dois servidores efetivos do órgão ou da entidade da administração pública federal ambiental responsável pela lavratura do auto de infração. Competia ao extinto Núcleo: (1) realizar a análise preliminar da autuação para: (a) convalidar de ofício o auto de infração que apresentar vício sanável; (b) declarar nulo o auto de infração que apresentar vício insanável; (c) decidir sobre a manutenção da aplicação das medidas administrativas de que trata o art. 101 e sobre a aplicação das demais sanções de que trata o art. 3º ambos do Decreto 6.514/2008; e (d) consolidar o valor da multa ambiental, observado o disposto no art. 4º do Decreto 6.514/2008. Havia um início de autonomia e independência no Núcleo, com a proibição de que o servidor responsável pela lavratura do AI presidisse trabalhos desenvolvidos no próprio Núcleo.

A conciliação ambiental não avançou em função de inúmeros problemas de natureza política e institucional. Institucionalmente podem ser apontadas duas questões capitais: (1) a falta de estrutura administrativa e de pessoal e (2) falta de conciliadores que se dedicassem apenas à função, de forma a garantir a sua independência. Do ponto de vista político, a medida foi severamente criticada como parte do desmonte ambiental produzido pela administração Bolsonaro. A administração Lula deveria ter aperfeiçoado o mecanismo no lugar de tê-lo simplesmente extinto.

10.4.1 A necessária adoção de mecanismos alternativos de solução de disputas

As questões relativas a passivos ambientais, licenciamento ambiental e suas repercussões financeiras são uma realidade nas arbitragens no Brasil, tendo por base cláusulas de contratos privados. A indústria do petróleo foi pioneira na adoção das arbitragens para a resolução de seus conflitos, inclusive com a própria Agência Nacional do Petróleo, do Gás Natural e dos Biocombustíveis (ANP), como foi o célebre caso Newfield, sobre o qual já pude me manifestar anteriormente (Antunes, 2012). Veja-se que a Lei 9.478/1997, artigo 43, X, previu como cláusulas essenciais dos contratos de concessão, as regras sobre solução de controvérsias, relacionadas com o contrato e sua execução, inclusive a conciliação e a arbitragem internacional.

A Lei 9.307/1996, em seu artigo 1º, dispõe que: "[a]s pessoas capazes de contratar poderão valer-se da arbitragem para dirimir litígios relativos a direitos patrimoniais disponíveis". A Lei 13.129/2015 estendeu tal possibilidade para a administração pública, direta e indireta, quando o litígio versar sobre "direitos patrimoniais indisponíveis". Quanto à arbitragem em matéria ambiental, o entendimento doutrinário, majoritário, tem sido no sentido de que o "meio ambiente", por se constituir em direito indisponível, não está sujeito à arbitragem.

Sobre a questão, lembre-se que os danos ambientais se dividem em próprios ou ecológicos, "assim entendidos como aqueles sofridos pelo ambiente em si mesmo considerado, ou seja, as águas, a vida silvestre, o solo etc." e os danos ambientais impróprios, assim entendidos como consequência dos danos próprios, ou seja: a perda de vidas humanas; a redução da capacidade de trabalho; a saúde humana; as perdas econômicas; a destruição de propriedades etc. (Antunes, 2023). Em relação aos danos ambientais impróprios, parece claro que eles são plenamente arbitráveis, haja vista que podem ser convertidos em valores econômicos, como ocorre diariamente nos tribunais brasileiros.

A controvérsia está relacionada à possibilidade de arbitragem quando se trata dos danos ambientais próprios, haja vista, a doutrina e jurisprudência predominante têm considerado o direito ao meio ambiente equilibrado como um direito indisponível e, a partir de tal consideração, não tem admitido a arbitragem de questões ambientais.

O professor Paulo Affonso Leme Machado (2023, p. 86) afirma que "o direito ao meio ambiente equilibrado, do ponto de vista ecológico, consubstancia-se na conservação das propriedades e das funções naturais desse meio, de forma a permitir a "existência, a evolução e o desenvolvimento dos seres vivos". Ter direito ao meio ambiente ecologicamente equilibrado equivale a afirmar que há um direito em que não se desequilibre significativamente o meio ambiente.

Logo, o direito a usufruir de um meio ambiente equilibrado não se confunde com a impossibilidade de adoção de medidas rápidas e simplificadas para a solução de seus problemas, inclusive no que se refere à sua recuperação. Aliás, não é ocioso relembrar que o § 3º do artigo 36 da Lei 9.985/2000 expressamente reconhece a possibilidade de impactos às unidades de conservação de "proteção integral", determinando o pagamento de "compensação".

Os conceitos de utilidade pública e interesse social previstos na Lei 12.651/2012, e.g., para a supressão de áreas de preservação permanente significam, de fato, uma arbitragem de interesse feita pelo Estado, desmentindo a tese de direitos indisponíveis. Várias outras normas jurídicas possuem disposições assemelhadas.

A indisponibilidade do direito ao meio ambiente equilibrado, tal como vem sendo interpretada, doutrinária e judicialmente, na prática, é uma "não solução" para o problema ambiental debatido em juízo. O Superior Tribunal de Justiça tem decidido que "a audiência de conciliação se mostra desnecessária quando a controvérsia envolver direitos indisponíveis, como no caso de danos ao meio ambiente. Precedente do STJ: REsp 327.408/RO, Rel. Ministro Franciulli Netto, 2ª Turma, DJ de 14.03.2005".

Veja-se que o Ministério Público de São Paulo, em dezembro de 1998, ajuizou ação civil pública com vistas a obter reparação de danos ambientais (contaminação de solo e lençol freático). O STJ decidiu o caso em 2016, tendo publicado o acórdão em 2020. Assim, passaram-se 22 longos anos de tramitação da ACP. É desnecessário qualquer comentário adicional.[20]

A Resolução 125/2010 do Conselho Nacional de Justiça (CNJ) instituiu a Política Judiciária Nacional de tratamento adequado dos conflitos de interesses no âmbito do Poder Judiciário, que serviu de base para a criação do 1º Centro Judiciário de Solução de Conflitos e Cidadania em matéria ambiental do Brasil (Cejusc Ambiental), conforme a Portaria 307/2013-PRES (Tribunal de Justiça de Mato Grosso).

A iniciativa visou à atuação em demandas pré-processuais, bem como advindas de ações em curso na Vema e no Juvam de Cuiabá, cuja complexidade e especificidade dos casos permitiam uma abordagem mais adequada por métodos autocompositivos. Com o aprimoramento do fluxo de atuação do Cejusc Ambiental, que propiciou uma gestão mais articulada entre os litigantes, houve um engajamento dos entes públicos e

---

20. STJ – REsp: 1537281 SP 2014/0005327-5, Relator: Ministro Herman Benjamin, Julgamento: 10.11.2016, 2ª Turma, Publicação: DJe 28.08.2020.

maior efetividade das audiências (mais acordos).[21] Alguns resultados práticos alcançados pelo Cejusc Ambiental:

Entre os anos de 2015 e 2019 foram realizadas mais de 190 audiências pré-processuais, com 85% de acordos, nas quais foram tratados assuntos como acessibilidade e queimadas, resultado de parcerias com município e Ministério Público. Em 2019, as demandas judiciais foram inseridas na nova metodologia, o que trouxe maior qualidade nas resoluções e uma mudança de postura dos envolvidos que se sentem inspirados a promover a conciliação. Dos processos judiciais em tramitação no Cejusc Ambiental, apenas 16% não tiveram sucesso; 84% resultaram em diligência ou acordos significativos.

O experimento levado a efeito pelo Cejusc demonstra de forma indiscutível que a solução judicial litigiosa é ineficaz, custosa e, sobretudo, retórica. No mundo real, ela acarreta uma "não solução" que é camuflada por discursos veementes, como se a decisão judicial acarretasse a resolução do problema. A experiência concreta indica o oposto. Aqui não se quer subalternizar o Poder Judiciário ou o processo civil. O fato é que o modelo é disfuncional. Não é sem motivo que se fala em "processo estruturante" como uma evolução processual que permitirá dar solução a problemas estruturais da sociedade.[22]

Não se duvida de importância do Judiciário como instrumento válido para a solução de conflitos; entretanto, há que se alertar para o fato de que ele, por melhor que sejam as suas intenções e os esforços de seus membros, não é capaz de solucionar os problemas estruturais do País, nem os problemas ambientais que enfrentamos. Entre 2009 e 2019, o CNJ indica o ingresso de 1921 ações tendo como objeto o licenciamento ambiental; 40377 relacionadas a danos ambientais; 2284 sobre áreas de preservação permanente e 2652 relacionadas às infrações administrativas ambientais, além de uma grande quantidade sobre outros temas ambientais.[23]

O número é, simplesmente, inadministrável. Há uma hiperlitigiosidade na área ambiental que, de fato, tem contribuído muito pouco para melhorar as condições ambientais do País, salvo em alguns casos específicos e isolados. Já passou da hora de termos mecanismos que sejam capazes de reduzir os litígios ambientais a números racionais.

---

21. Disponível em: https://boaspraticas.cnj.jus.br/pratica/530. Acesso em: 17 ago. 2024.
22. 7 – Para a adequada resolução dos litígios estruturais, é preciso que a decisão de mérito seja construída em ambiente colaborativo e democrático, mediante a efetiva compreensão, participação e consideração dos fatos, argumentos, possibilidades e limitações do Estado em relação aos anseios da sociedade civil adequadamente representada no processo, por exemplo, pelos *amici curiae* e pela Defensoria Pública na função de custos *vulnerabilis*, permitindo-se que processos judiciais dessa natureza, que revelam as mais profundas mazelas sociais e as mais sombrias faces dos excluídos, sejam utilizados para a construção de caminhos, pontes e soluções que tencionem a resolução definitiva do conflito estrutural em sentido amplo (STJ – REsp: 1854842 CE 2019/0160746-3, Relatora: Ministra Nancy Andrighi, Julgamento: 02.06.2020, 3ª Turma, Publicação: DJe 04.06.2020).
23. Disponível em: https://paineis.cnj.jus.br/QvAJAXZfc/opendoc.htm?document=qvw_l%2FPainelCNJ. qvw&host=QVS%40neodimio03&anonymous=true&sheet=shResumoDespFT. Acesso em: 17 ago. 2024.

São conhecidos casos de licenciamentos ambientais, ou mesmo de remediações de áreas contaminadas, por exemplo, que se prolongam por anos devido a divergências entre órgãos de controle ambiental, Ministério Público e empresas sobre o "*how clean is clean*?" A discussão sobre os níveis adequados de descontaminação de um terreno, sobre a "ameaça de uma espécie" e tantas outras têm levado a impasses ambientais e econômicos.

Os impasses surgem na medida em que os mecanismos que levam a termos de ajustamento de conduta ou outros documentos assemelhados não são mediações efetivas, pois não contam com um mediador neutro para conduzir as negociações. Em geral, os TAC são firmados sob pressão e, em função disso, passam por diversas renegociações, em perda de tempo, recursos e baixíssima efetividade. No estado do Rio de Janeiro foi notória a discussão sobre o lagarto do rabo verde.

A indicação de painéis técnicos independentes que fossem escolhidos pelas partes poderia ser um fator muito relevante para a solução de questões que se "arrastam" há anos sem uma solução visível. Julgo interessante que, assim como foi feito pelo CNJ, os órgãos ambientais pudessem estabelecer programas-piloto com vistas a desenvolver mediações dos conflitos.

A solução alternativa de disputas é amplamente praticada pelos órgãos de controle ambiental dos Estados Unidos e tem servido para a redução de custos de transação, proteção ambiental mais colaborativa, diminuição de tempo e, portanto, maiores benefícios ambientais (Siegel, 2007).

No Brasil, é crescente o número de arbitragens ambientais, especialmente em relação a descumprimento de contratos em razão de (1) "atrasos" no licenciamento ambiental e (2) responsabilidade por passivos.

Há, contudo, uma terceira possibilidade que não tem sido explorada: a arbitragem contra a administração pública em matéria ambiental. O tema pode parecer estranho, tendo em vista o dogma da "indisponibilidade" do meio ambiente e, sobretudo, de uma certa incompreensão do que é recuperação ambiental e as formas pelas quais ela pode se dar, bem como os amplos domínios do tema ambiental.

Em outro momento, eu me manifestei assim: "todo e qualquer instituto jurídico que possa ser utilizado de maneira a assegurar mais eficiência para a proteção do meio ambiente não deve ser desprezado" (Antunes, 2011-A, p. 131).

A doutrina e a jurisprudência ambientais brasileiras resistem em aceitar a arbitrabilidade das questões ambientais, com raríssimas exceções. A posição não se sustenta, seja do ponto de vista do Direito interno brasileiro, seja em relação à experiência internacional. Para a compreensão da questão, inicialmente, há que se perceber o que é direito indisponível, quando se trata de meio ambiente.

A Constituição, no artigo 225, define que "todos têm direito ao meio ambiente ecologicamente equilibrado, bem de uso comum do povo e essencial à sadia qualidade de vida", cuidando-se, portanto, de um direito fundamental. A questão, portanto, é a forma de efetivação de tal direito e não o direito em si.

A própria CF estabelece que, além do poder público, a "coletividade" tem o "dever de protegê-lo e preservá-lo". Logo, do ponto de vista constitucional, existe uma obrigação imposta aos particulares de preservação (*rectius*: conservar) ambiental, nada impedindo que isso se faça por meios privados e com diminuição do nível de conflito.

Disputas por limites de parques, zonas de amortecimento, limitações administrativas em áreas protegidas de domínio privado, montantes indenizatórios, discussões sobre limites de descontaminação, podem e devem ser submetidas à solução alternativa de disputas, tais como mediação ou mesmo a arbitragem.

O Direito brasileiro possui inúmeros exemplos de conservação ambiental privada, inclusive com incentivo financeiro governamental. O primeiro modelo é a Lei 9.985/2000 nos artigos 5º, III e 21, dentre outros. A Lei 14.119/2012 cuida do pagamento por serviços ambientais que são as "atividades individuais ou coletivas que favoreçam a manutenção, a recuperação ou a melhoria dos serviços ecossistêmicos".

Ora, se a "obrigação" do artigo 225 da CF fosse levada a "ferro e fogo" não teria sentido pagar para que o particular a cumprisse. Ocorre que a realidade é muito mais complexa do que parece. O próprio poder público é autorizado a pagar por tais serviços.[24]

Está claro que, do ponto de vista legal, é perfeitamente aceitável a transformação em pecúnia dos benefícios e, também, dos danos ambientais. Há que se registrar que importantes instituições do sistema de justiça, *e.g.*, o Conselho Nacional de Justiça (CNJ) e o Conselho Nacional do Ministério Público (CNMP) têm se dedicado ao tema da quantificação dos danos ambientais,[25] buscando soluções para casos concretos e, certamente, não estão "mercantilizando" ou "afrouxando a proteção ambiental".

É conveniente apresentar o seguinte trecho do documento denominado "Diretrizes gerais para a valoração econômica dos danos ambientais", elaborado pelo CNJ:

> Um exemplo prático da aplicação deste procedimento é a ação civil pública ajuizada em 2016 pelo Ministério Público Federal para a reparação dos danos causados pelo rompimento da barragem de Fundão, em Mariana (MG), tendo como um dos fundamentos para o pedido de reparação preliminar uma analogia jurídica com o paradigmático caso do desastre de plataforma de petróleo da British Petroleum, *estimado em R$ 155 bilhões*. Sustentou-se que uma análise comparativa poderia ser realizada a partir dos gastos já reconhecidos pela empresa para custeio da reparação preliminar dos danos provocados pelo desastre da Deepwater Horizon, ocorrido no Golfo do México em 2010. Comparou-se, por exemplo, que o vazamento de cerca de 4,9 milhões de barris de óleo, com impactos diretamente de 180.000 km² de águas marinhas

---

24. Art. 2º Para os fins desta Lei, consideram-se: (...) IV – pagamento por serviços ambientais: transação de natureza voluntária, mediante a qual um pagador de serviços ambientais transfere a um provedor desses serviços recursos financeiros ou outra forma de remuneração, nas condições acertadas, respeitadas as disposições legais e regulamentares pertinentes; V – pagador de serviços ambientais: poder público, organização da sociedade civil ou agente privado, pessoa física ou jurídica, de âmbito nacional ou internacional, que provê o pagamento dos serviços ambientais nos termos do inciso IV deste *caput*.
25. Disponível em: https://www.cnmp.mp.br/portal/publicacoes/14837-diretrizes-para-valoracao-de-danos-ambientais.

e morte de 11 pessoas, foram menores que os impactos em Mariana, com 19 mortes e com a mesma extensão proporcional de água poluída.

Aduziu o Ministério Público Federal, na ação, que seria inadmissível que a valoração do dano ambiental provocado pelas empresas Samarco, Vale e BHP ficasse aquém de *US$ 43,8 bilhões, reconhecidos pela empresa responsável pela tragédia no Golfo do México*. Registre-se apenas que a comparação analógica para a reparação preliminar pretendida neste processo restringiu-se a uma comparação mais jurídica de reconhecimento inicial de estimativa de valor de reparação preliminar do dano para situações semelhantes em relação aos fatores número de vítimas e poluição hídrica.

O pedido foi convertido em pecúnia. Agora, cabe uma indagação: caso o pedido de R$ 155 bilhões tivesse sido resolvido em acordo de R$ 130 bilhões, o MP teria "transacionado direitos indisponíveis"? Não! As peculiaridades das situações concretas, a dificuldade de produção de prova e a necessidade de rapidez na solução do problema teriam sido consideradas e aconselhado o acordo.

Aliás, diariamente, são celebrados termos de ajustamento de conduta (TAC) e transações judiciais pelo MP, sob o pálio da "indisponibilidade de direitos", mas que envolvem concessões recíprocas. Há diversas decisões do STJ que expressamente reconhecem a legitimidade de transações em matéria ambiental.[26]

O direito dos empregados, individuais ou coletivos, são considerados indisponíveis; apesar disso, são perfeitamente arbitráveis, inclusive por disposição constitucional. De fato, o § 1º do artigo 114 da Constituição estabelece que, no âmbito do direito coletivo do trabalho, frustrada a negociação coletiva, as partes poderão eleger *árbitros*. A CLT, por sua vez, também admite a arbitragem, desde que prevista no contrato de trabalho e observadas algumas condições.

Em relação à arbitragem levada a efeito contra a administração pública, é útil relembrar a decisão do STF no famoso "Caso Lage",[27] no qual foi reconhecida como legítima a arbitragem contra a Fazenda Nacional. Hoje, a arbitragem contra a Fazenda Pública é aceita tranquilamente, sendo objeto de lei, conforme o § 1º do artigo 1º da Lei 9.307/1996. Veja-se que o próprio Código Tributário Nacional, desde 1966, já admitia a transação tributária, mediante concessões mútuas, assim como a chamada Lei do Petróleo.

Alguns exemplos de direitos nacionais indicam que a arbitragem tem sido utilizada em matéria ambiental, na *Indonésia*, o artigo 32 da Lei de Gestão Ambiental[28] admite

---

26. REsp 1260078 / SC. Relator: Ministro Herman Benjamin, 2ª Turma. Julgamento: 17/05/2016. DJe 07.08.2020; CC 144922 / MG: Relatora Ministra Diva Malerbi (Desembargadora Convocada TRF 3ª Região). 1ª Seção. Julgamento: 22.06.2016. DJe 09.08.2016; REsp 802060 / RS.
27. STF – Tribunal Pleno, AI 52181 / GB – Guanabara. Relator(a): Min. Bilac Pinto. Julgamento: 14.11.1973, Publicação: 15.02.1974.
28. *Article 32* To facilitate the course of out of court discussion, the parties which have an interest can request the services of a neutral third party which can be in the form of: (a) a neutral third party which does not have decision making authority. This neutral third party functions as a party which facilitates the parties which have an interest such that agreement can be reached. The neutral third party must (1) be agreed to by the parties in dispute; (2) not have familial relations and/or work relations with one of the parties in dispute; (3) possess skill to carry out discussion or mediation; (4) not have an interest in the process of discussion or its outcome.

a indicação de terceira parte (árbitro) para solucionar uma controvérsia ambiental, atribuindo à decisão efeitos vinculantes.

No Japão, há a Lei para a Solução de Disputas sobre Poluição (Pollution Dispute Settlement Law – Act 108 of June 1, 1970)[29] que dispõe amplamente sobre arbitragem. A solução alternativa de disputas é amplamente praticada pelos órgãos de controle ambiental dos Estados Unidos da América e tem servido para a redução de custos de transação, proteção ambiental mais colaborativa, diminuição de tempo e, portanto, maiores benefícios ambientais (Siegel, 2007).

Na América Latina, pelo menos o Peru[30] e o México[31] se utilizam da arbitragem em matéria ambiental, havendo um projeto de lei na Colômbia.[32]

(b) a neutral third party which has decision-making authority functions as arbitrator, and all such arbitration decisions have are of a fixed and binding nature on the parties in dispute. Disponível em: https://faolex.fao.org/docs/html/ins13056.htm. Acesso em: 03 out. 2024.

29. Disponível em: https://www.japaneselawtranslation.go.jp/en/laws/view/3897/en.
30. Ley 28.611 – Artículo 152º Del Arbitraje y conciliación.

Pueden someterse a arbitraje y conciliación las controversias o pretensiones ambientales determinadas o determinables que versen sobre derechos patrimoniales u otros que sean de libre disposición por las partes. Em particular, podrán someterse a estos medios los siguientes casos: (a) determinación de montos indemnizatorios por daños ambientales o por comisión de delitos contra el medio ambiente y los recursos naturales; (b) definición de obligaciones compensatorias que puedan surgir de un proceso administrativo sean monetarias o no; (c) controversias en la ejecución e implementación de contratos de acceso y aprovechamiento de recursos naturales; (d) precisión para el caso de las limitaciones al derecho de propiedad preexistente a la creación e implementación de un área natural protegida de carácter nacional; € conflictos entre usuarios con derechos superpuestos e incompatibles sobre espacios o recursos sujetos a ordenamiento o zonificación ambiental. Disponível em: https://www.oas.org/juridico/pdfs/mesicic4_per_ley28611.pdf. Acesso em: 1º jan. 2025.

31. Lei Ambiental do Distrito Federal. Artículo 295.- De conformidad con lo que establezca el reglamento de este ordenamiento, se podrán aplicar los mecanismos alternativos para la solución de conflictos derivados de infracciones a las disposiciones jurídicas señaladas en la presente Ley. Dentro de dichos mecanismos, se considerarán la mediación, el arbitraje y la conciliación. La aplicación de mecanismos alternativos para la solución de conflictos se determinará atendiendo a los criterios previstos en el artículo 300 de la presente Ley.

En ningún caso los mecanismos alternativos de solución de conflictos pueden implicar eximir de responsabilidad a los responsables de violaciones o incumplimientos de la normatividad ambiental y tendrán por objeto resarcir daños al ambiente y a los recursos naturales.

El reglamento conciliará la aplicación de los mecanismos anotados y los procedimientos de verificación que se instauren.

32. Disponível em: https://medioambiente.uexternado.edu.co/el-arbitraje-nacional-ambiental-una-solucion-adicional-para-garantizar-el-acceso-efectivo-a-una-justicia-ambiental/. Acesso em: 03 out. 2024.

Capítulo 11
A DEFESA ADMINISTRATIVA

A defesa[1] é um direito facultado ao autuado que poderá exercê-la ou não, conforme a sua própria conveniência. O direito de defesa, no entanto, é uma garantia constitucional que não pode ser negado ou dificultado por parte do Estado. Ele é exercido dentro de regras e prazos que são estabelecidos normativamente pelo poder público. No prazo de vinte dias contados da data da ciência da autuação, o autuado poderá, querendo apresentar as suas razões de defesa, as quais deverão impugnar especificamente as imputações constantes do AI. A negação geral não produz qualquer efeito jurídico. A peça de defesa, deve alegar as preliminares que o autuado julgue cabíveis, tais como,

---

1. Art. 113. O autuado poderá, no prazo de vinte dias, contado da data da ciência da autuação, oferecer defesa ou impugnação contra o auto de infração. Parágrafo único. O desconto de trinta por cento de que tratam o § 2º do art. 3º e o art. 4º da Lei 8.005, de 22 de março de 1990, será aplicado na hipótese de o autuado optar pelo pagamento da multa à vista.
Jurisprudência:
1. Ressalto que, em recurso dessa espécie, cabe ao juízo ad quem apreciar, tão somente, o teor da decisão interlocutória impugnada. As demais questões, inclusive o *meritum causae*, deverão ser analisadas e decididas no processo principal, sendo vedada a sua apreciação em sede de agravo de instrumento. Nesta ocasião, cabe à instância superior apenas dizer se estão presentes ou não os requisitos que autorizam o deferimento da medida requerida na origem. 2. *In casu*, o Agravado foi notificado dos Autos de Infração 000855, 001473 e 001474, constando nos referidos documentos a sua assinatura e a orientação de que "terá o prazo de 20 dias, a contar desta data, para a apresentação de defesa ou impugnação ao presente auto de infração perante a Secretaria de Meio Ambiente com base no art. 113 do Decreto 6.514/2008". Conforme se infere do art. 101, do Decreto 6.514/08, o agente público atuou no exercício do poder de polícia que, como se sabe, possui entre seus atributos a autoexecutoriedade e a coercibilidade. 3. Os riscos por danos ambientais põem em relevo a necessidade de não flexibilizar as exigências dos órgãos ambientais, que gozam de presunção legal de legitimidade, em nome de interesses econômicos e/ou financeiros, que, por mais respeitáveis que sejam, não podem se sobrepor ao interesse público. Precedentes TJTO. 4. Nos termos do Artigo 23 e 225 da CF, compete ao Município zelar pela entrega de um meio ambiente sadio aos munícipes. Precedentes TJTO. 5. Agravo conhecido e provido, para revogar a decisão objurgada e determinar que sejam mantidos hígidos os efeitos do Auto de Embargo 000407/2021. (TJTO, Agravo de Instrumento, 0015962-55.2021.8.27.2700, Rel. Jocy Gomes De Almeida, 3ª Turma da 2ª Câmara Cível, julgado em 27.04.2022, DJe 05.05.2022 17:09:52) (TJ-TO – AI: 00159625520218272700, Relator: Jocy Gomes de Almeida, Julgamento: 27.04.2022, Turmas das Câmaras Cíveis).
***
Ação proposta para reconhecimento de inexigibilidade de débito referente à multa por infração ambiental imposta Pagamento efetuado com aplicação de desconto previsto no art. 113, § 1º, do Decreto 6.514/08 Cabimento Normas gerais elaboradas em âmbito federal que não possuem proibição de incidência em âmbito estadual Ausência de contradição de dispositivos e de óbice à utilização da penalidade do decreto federal Recurso improvido (TJ-SP – APL: 00159637920128260664 SP 0015963-79.2012.8.26.0664, Relator: Álvaro Passos, Julgamento: 15.05.2014, 2ª Câmara Reservada ao Meio Ambiente, Publicação: 20.05.2014).

eg., incompetência do agente fiscal e/ou do órgão responsável pela autuação, nulidade da autuação etc. A defesa deve ser escrita.[2]

O parágrafo único do artigo 113 assegura desconto de 30% sobre o valor da multa aplicada se o autuado desejar pagá-la à vista. Em relação à multa, a IN IBAMA 19/2023, em seu artigo 6º, incisos IV, V e VI define que a (1) multa fechada é a sanção pecuniária cujo valor está previamente fixado em lei ou regulamento; (2) multa aberta é a sanção pecuniária cuja definição deve observar os limites mínimo e máximo previstos na lei ou no regulamento e (3) multa consolidada é o valor da sanção pecuniária concretamente definida com a observância dos limites previstos nesta Instrução Normativa e na legislação ambiental vigente, que pode ser composto por valores relativos à caracterização da reincidência e à configuração das circunstâncias majorantes e atenuantes, sobre o qual incidem os acréscimos legais. No caso, o pagamento será do valor da multa consolidada.

O autuado poderá apresentar a sua defesa[3] perante qualquer unidade administrativa do órgão autuante. Veja-se que, atualmente, o IBAMA se utiliza do sistema de processo eletrônico o que torna mais fácil a protocolização de documentos (https://www.gov.br/pt-br/servicos/protocolar-documentos-junto-ao-ibama).

11.1 A DEFESA TÉCNICA

No processo sancionatório ambiental não há previsão de obrigatoriedade de defesa técnica, isto é, aquela produzida por profissional do direito. A jurisprudência do STF está consolidada no sentido de que não há obrigatoriedade de defesa técnica em processos administrativos disciplinares.[4] A consolidação da jurisprudência pelo STF é, com o devido respeito, um forte retrocesso relativamente à garantia e à defesa de direitos individuais, pois sabemos que os processos administrativos podem ter feitos mais gravosos para os indivíduos do que muitos processos criminais. Figure-se o exemplo de um servidor condenado administrativamente à perda da função pública e um condenado pela prática de crime com a prestação de algumas cestas básicas ou mesmo à prestação de serviços comunitários. A edição da Súmula Vinculante 5 acarretou a revogação da Súmula 343 do Superior Tribunal de Justiça que assegurava a defesa técnica em processos administrativos disciplinares.[5]

---

2. Art. 115. A defesa será formulada por escrito e deverá conter os fatos e fundamentos jurídicos que contrariem o disposto no auto de infração e termos que o acompanham, bem como a especificação das provas que o autuado pretende produzir a seu favor, devidamente justificadas. Parágrafo único. Requerimentos formulados fora do prazo de defesa não serão conhecidos, podendo ser desentranhados dos autos conforme decisão da autoridade ambiental competente.
3. Art. 114. A defesa poderá ser protocolizada em qualquer unidade administrativa do órgão ambiental que promoveu a autuação, que o encaminhará imediatamente à unidade responsável.
4. STF – Súmula Vinculante 5.
   A falta de defesa técnica por advogado no processo administrativo disciplinar não ofende a Constituição.
5. A Primeira Seção do Superior Tribunal de Justiça (STJ) cancelou o enunciado de súmula número 343, que trata da presença de advogado no processo administrativo disciplinar.

A Lei 9784/1999, em seu artigo 3º, IV, dispõe que o administrado poderá "fazer-se assistir, facultativamente, por advogado, salvo quando obrigatória a representação, por força de lei." Entretanto, há que se observar que a Lei 8906/1994 estabelece como atividades privativas de advocacia (1) a postulação a qualquer órgão do Poder Judiciário e aos juizados especiais; (2) as atividades de consultoria, assessoria e direção jurídicas. Por seu turno, o § 2º-A do artigo 2º da mesma lei dispõe que no processo administrativo, o advogado contribui com a postulação de decisão favorável ao seu constituinte, e os seus atos constituem múnus público.

Fato é que, dificilmente, em um processo sancionatório ambiental, os princípios constitucionais da ampla defesa e do contraditório serão respeitados sem a apresentação de uma defesa técnica por parte do autuado. Ambos os princípios buscam, dentre outras coisas, assegurar a isonomia das partes no processo administrativo. Não se esqueça que, dentre os autuados, estão milhares de pessoas naturais, muitas delas com condições econômicas e pessoais fragilizadas que, claramente, não possuem condições de promoverem defesas consistentes sem o auxílio de um profissional do direito. A legislação de tutela ambiental está repleta de normas reconhecendo situações especiais para pessoas em condições sociais mais desfavorecidas.[6] Não são apenas grandes e médias empresas os autuados por infracções ambientais. A igualdade processual, necessariamente, demanda a produção defesa técnica por parte do autuado, pois a administração possui em seus quadros corpos especializados de advogados. Egon Bockmann Moreira sustenta que "o exercício da função administrativa exige que a defesa do interesse público não implique superioridade intransponível da pessoa administrativa. Ao contrário, há de reger-se pela ausência de privilégios desarrazoados e desproporcionais" (Moreira, 2000, p. 78). No mesmo sentido há posicionamento de Odete Medauar

> [o] princípio da *igualdade*, como um dos aspectos do Estado de Direito, encontra um campo propício de realização no processo administrativo, pois aos sujeitos que dele participam são oferecidas idênticas oportunidades de apresentar argumentos, provas, pontos de vista. Nos processos administrativos em que figuram como sujeitos a Administração e um administrado (particular ou servidor) as posições jurídicas reconhecidas a estes conferem caráter paritário à relação processual (Medauar, 2008, p. 90).

Por fim, Lúcia Valle Figueiredo (2008) indica que não há "tergiversações maiores" entre a doutrina quanto à necessidade de defesa técnica nos processos sancionatórios ou disciplinares.

O Decreto 11.373/2023 deu nova redação ao artigo 116, mantendo o conceito de que o autuado pode se fazer representar por advogado ou procurador, devendo anexar aos autos o "instrumento de procuração". Veja-se que a norma admite a apresentação de defesa por "advogado ou procurador", ou seja, mesmo um "não advogado" poderá apresentar as razões de impugnação às imputações contidas no AI. Conforme já foi visto

---

"É obrigatória a presença de advogado em todas as fases do processo administrativo disciplinar", informava a súmula, que foi cancelada por estar em desacordo com a Súmula Vinculante 5, editada em 2008 pelo Supremo Tribunal Federal.

6. Lei 11428/2006, artigo 3º, VIII, b; art. 6º.; 9º.; 13; 23, II; 41, I dentre outras normas.

acima, a apresentação de defesa técnica é um dos elementos constitutivos do exercício dos direitos constitucionais de ampla defesa, contraditório e igualdade entre as partes. É certo que, nas razões de defesa, em não poucas vezes serão apresentados argumentos de natureza ecológica, química e tantas outras para as quais há necessidade de pareceres técnicos, laudos e outros estudos que deverão ser produzidos por profissionais devidamente habilitados e capacitados. Entretanto, tais documentos se destinam a subsidiar uma defesa jurídica relativa à imputação de infração a uma norma legal, o que implica na produção de uma peça jurídica que deverá ser produzida por um profissional habilitado (advogado), assim como os laudos técnicos devem ser produzidos por profissionais legalmente habilitados. Perdeu-se uma excelente oportunidade para dar tratamento adequado à questão.

A parte final do artigo 116, "deverá anexar à defesa o respectivo instrumento de procuração", indica um erro técnico primário. A procuração, conforme o disposto no artigo 653 do Código Civil é o instrumento do mandato. O mandato, como se sabe, é o conjunto de poderes outorgados a terceiros para a prática de atos ou administração de interesses em nome do outorgante. O mandato pode ser tácito ou expresso, verbal ou escrito. A procuração, na qualidade de instrumento, será sempre escrita e com definição clara dos poderes outorgados pelo mandato. A procuração, mediante requerimento, poderá ser juntada aos autos do processo administrativo no prazo de 15 dias após a protocolização da defesa.

A desistência de recursos, confissão, reconhecimento de direitos e outros atos de disposição impõem que o mandatário tenha poderes especiais para praticá-los, conforme o § 1º do artigo 66 do CCB, pois são praticados em "excesso de mandato", não gerando efeitos contra o mandante, salvo ratificados por ele. O recebimento de notificações deve constar da procuração.[7]

---

7. 1 – Somente será considerada válida a intimação via Diário Oficial, para defesa em processo administrativo ambiental, na pessoa do representante legal constituído, quando na procuração contiver expressamente poderes específicos para tanto, sob pena de violação literal da legislação regente (Decreto Estadual 1.986/2013), e afronta ao princípio do contraditório e da ampla defesa. 2 – A inobservância da regra impõe a nulidade do ato (TJ-MT – APL: 00035792820178110082, Relator: Gilberto Lopes Bussiki, Julgamento: 28.02.2023, 2ª Câmara de Direito Público e Coletivo, Publicação: 28.03.2023).
***
1. Os princípios do contraditório e da ampla defesa estão previstos no art. 5º, LV, da CF como direito e garantia fundamental e são repetidos como regras a serem observadas na legislação infraconstitucional, notadamente na Lei 9.784/99 e na Lei Distrital 41/89. 2. A comunicação de decisão administrativa proferida no processo administrativo decorrente de infração ambiental deve ser realizada por meio de notificação pessoal ao infrator, o que possibilitará o conhecimento da decisão e o exercício, se o caso, do direito de recorrer à instância superior. 3. Deve ser declarada a nulidade da notificação do autuado acerca do teor de decisão administrativa realizada na pessoa do advogado constituído nos autos do processo administrativo e não do próprio infrator, mormente quando consta dos autos o seu endereço atualizado, bem como em razão de previsão expressa do art. 58 da Lei Distrital 41/89, exigindo a notificação pessoal do autuado, e diante da constatação da ausência do poder especial de receber notificação no instrumento de procuração outorgado ao causídico. 4. Deu-se provimento ao recurso. Concedida a segurança (TJ-DF 07183448120218070001 1429859, Relator: Fabrício Fontoura Bezerra, Julgamento: 15.06.2022, 7ª Turma Cível, Publicação: 29.06.2022).

11.2 PRAZOS PROCESSUAIS

O amplo direito de defesa não se confunde com o "direito" de apresentá-la a qualquer tempo e sob qualquer forma. A observância de formalidades é essencial para que ela possa ser conhecida pelo órgão administrativo encarregado de apreciá-la e possa ter prosseguimento regular.[8]

Os prazos processuais aplicáveis ao processo sancionatório perante o IBAMA são contados na forma dos artigos 68 e seguintes da IN IBAMA 19/2023 que atende à determinação do artigo 150-A do Decreto 6514/2008.[9] Dessa forma, os prazos expressos em dias, contam-se de modo contínuo, começando a correr a partir da data da cientificação oficial, excluindo-se da contagem o dia do começo e incluindo-se o do vencimento (arts. 68; 71).

Em caso de processos eletrônicos para a apuração de infrações ambientais, considera-se realizada a "cientificação" (IN 19/2023, art. 71§ 1º) (1) no dia em que o usuário (autuado) efetivar a consulta eletrônica ao teor da notificação eletrônica;[10] (2) em cinco dias úteis após a data de encaminhamento da notificação eletrônica, nos casos em que não for efetuada a consulta referida em (1). O início e o vencimento dos prazos se dão no primeiro dia útil seguinte, caso coincidentes com dias em que não haja expediente, ou este tenha sido encerrado antes da hora habitual. Em ambos os casos a circunstância deve constar dos autos. Caso o prazo seja fixado em meses ou anos, a contagem se faz data a data; na hipótese de que no mês do vencimento não haja data equivalente, utiliza-se como termo final o último dia do mês.

11.2.1 O prazo razoável

Uma forma tradicional de denegação de justiça é o prolongar dos processos sem que lhes sejam dadas soluções. Em função disso, o artigo 5º, LXXVIII da Constituição Federal[11] estabelece como um dos direitos individuais a "razoável duração do processo".

---

8. Art. 117. A defesa não será conhecida quando apresentada: I – fora do prazo; II – por quem não seja legitimado; ou III – perante órgão ou entidade ambiental incompetente.
9. Art. 150-A. Os prazos de que trata este Decreto contam-se na forma do disposto no *caput* do art. 66 da Lei 9.784, de 1999.
10. No processo eletrônico de apuração de infrações ambientais, consideram-se tempestivos os atos praticados até às 23h59 do último dia do prazo, horário de Brasília.
11. STF.
O Princípio Constitucional da Duração Razoável do processo, previsto no art. 5º, LXXVII, da Constituição Federal e no art. 8º da Convenção Americana de Direitos Humanos [CADH; Caso Baena Ricardo e outros v. Panamá], aplica-se a qualquer procedimento estatal, com três sentidos distintos. O primeiro é o de garantir à definição da situação jurídica de arguidos perante os procedimentos sancionatórios estatais, evitando a prorrogação do contexto de incerteza. O segundo é o de conferir estabilidade às relações jurídicas dos envolvidos, fundamento do próprio Estado. O terceiro é o de proporcionar condições de apuração da verdade em lapso temporal que impeça a degradação da integridade probatória, nem dificulte excessivamente a atividade defensiva, porque acusações remotas tendem a impedir ou prejudicar demasiadamente o exercício da ampla defesa. A diretriz é a de evitar a submissão de investigados a procedimentos infindáveis, sem robusto e concreto avanços investigatórios, por prazo desarrazoado e destituídos de elementos mínimos de materialidade, autoria

O texto constitucional tem inspiração evidente no artigo 8 (1) do Pacto de San José que dispõe:

> Artigo 8
> Garantias Judiciais
> 1. Toda pessoa tem direito a ser ouvida, com as devidas garantias e dentro de um prazo razoável, por um juiz ou tribunal competente, independente e imparcial, estabelecido anteriormente por lei, na apuração de qualquer acusação penal formulada contra ela, ou para que se determinem seus direitos ou obrigações de natureza civil, trabalhista, fiscal ou de qualquer outra natureza.

O inciso LXXVIII do artigo 5º da CF determina que a Administração estabeleça "os meios que garantam a celeridade" da tramitação dos processos judiciais ou administrativos.

A Lei 9.873/1999, em seu artigo 1º, estabelece que prescreve em cinco anos a ação punitiva da Administração Pública Federal, direta e indireta, no exercício do poder de polícia, objetivando apurar infração à legislação em vigor, contados da data da prática do ato ou, no caso de infração permanente ou continuada, do dia em que tiver cessado. O § 1º do mesmo artigo dispõe que a prescrição incide no procedimento administrativo paralisado por mais de três anos, pendente de julgamento ou despacho, cujos autos serão arquivados de ofício ou mediante requerimento da parte interessada, sem prejuízo da apuração da responsabilidade funcional decorrente da paralisação, se for o caso. Por fim, no caso em que as infrações administrativas também corresponderem a crimes, a prescrição se rege pela prescrição criminal. Estas normas estão presentes no artigo 21 do Decreto 6514/2008.[12]

Logo, em tese, o prazo máximo de duração de um processo administrativo é de cinco anos. A jurisprudência tem se dedicado à discussão da questão do excesso de

---

ou elemento subjetivo [Rcl 44.398 AgR, rel. Min. Edson Fachin, red. do ac. Min. Gilmar Mendes, j. 05.06.2023, 2ª T, *DJE* de 29.08.2023].

***

STF

Ressalte-se que a prestação jurisdicional firmou-se como um verdadeiro direito público subjetivo do cidadão na Constituição da República. Assim, o Poder Judiciário não é fonte de justiça segundo suas próprias razões, como se fosse um fim e a sociedade um meio. O Judiciário foi criado pela sociedade para fazer justiça, para que os cidadãos tenham convivência harmoniosa. Portanto, é dever do Judiciário dar a resposta buscada pelo cidadão no prazo razoável. A justiça humana se presta aos vivos e em prol da vida que se julga. [AR 1.244 EI, rel. Min. Cármen Lúcia, j. 22.09.2016, P, *DJE* de 30.03.2017].

***

STF

A razoável duração do processo (...), logicamente, deve ser harmonizada com outros princípios e valores constitucionalmente adotados no direito brasileiro, não podendo ser considerada de maneira isolada e descontextualizada do caso relacionado à lide penal que se instaurou a partir da prática dos ilícitos. A jurisprudência desta Corte é uniforme ao considerar que o encerramento da instrução criminal torna prejudicada a alegação de excesso de prazo (...). [HC 95.045, rel. Min. Ellen Gracie, j. 09.09.2008, 2ª T., *DJE* de 26.09.2008.] = RHC 98.731, rel. Min. Cármen Lúcia, j. 02.12.2010, 1ª T, *DJE* de 1º.02.2011. Vide HC 98.621, rel. Min. Ricardo Lewandowski, j. 23.03.2010, 1ª T, *DJE* de 23.04.2010].

12. Ver Capítulo 3 (1) e (2).

prazo no direito sancionatório disciplinar, muito embora seja ambígua em relação às delongas administrativas, o que gera um elevado grau de insegurança tanto para a administração quanto para os cidadãos.

11.2.2 Preclusão e preclusão administrativa

A preclusão administrativa é a perda de uma faculdade processual pela inércia ou intempestividade de seu exercício (Ferraz, 2006, p. 297). A preclusão administrativa tem relação com a chamada "coisa julgada administrativa". Quanto ao particular, convém relembrar lição de Amílcar de Araújo Falcão proferida na longínqua década de 1950

> [m]esmo aqueles que sustentam a teoria da chamada coisa julgada administrativa, reconhecem que, efetivamente, não se trata, quer pela natureza, quer pela intensidade de seus efeitos, de *res judicata* propriamente dita, senão de um efeito semelhante ao da preclusão, e que se conceituaria, quando ocorresse, sob o nome de irretratabilidade (Falcão, 1977, p. 69)

A Lei 9.784/1999 não definiu o conceito normativo de preclusão administrativa, muito embora a ela faça referência no § 2º do artigo 63. De acordo com o dispositivo legal, "o não conhecimento do recurso não impede a Administração de rever de ofício o ato ilegal, desde que não ocorrida preclusão administrativa".

Sérgio Ferraz considera que o

> legislador empacotou, num mesmo embrulho, dois temas diferentes, apenas eventualmente relacionáveis e de abrangências especiais diversas. Um deles, o do não conhecimento do recurso administrativo; o outro, o da revisão material, de ofício, pelo próprio autor do ato ilegal, temática em realidade, muito mais ampla do que o precedente e que, só parcial e acidentalmente, om esse interfere (Ferraz, 2006, p. 300).

Por fim, Elpídio Donizetti (2024), em termos processuais civis, aponta as três modalidades de preclusão, a saber: (1) a temporal que se caracteriza pela inércia da parte que deixa de praticar um ato processual no tempo próprio; (2) a lógica que exprime a incompatibilidade entre o ato praticado e outro que se queria praticar; no processo administrativo podemos ter como exemplo o pagamento da multa que faz com que se perca o interesse na impugnação do AI; (3) a consumativa que decorre da própria prática do ato; isto é, ainda que o autuado se arrependa das razões apresentadas como defesa; v. g., não poderá apresentá-las novamente.

Capítulo 12
INSTRUÇÃO E JULGAMENTO DO AUTO DE INFRAÇÃO

A instrução é a preparação do processo para julgamento. Estes são os dois momentos que, em conjunto com a autuação, formam o coração do drama processual.

12.1 A INSTRUÇÃO

A instrução processual é uma das fases mais críticas do processo administrativo, dada a sua enorme relevância para o deslinde da apuração que estiver sendo feita. Pedro de Menezes Niebuhr observa com propriedade que

> [a] instrução probatória, ao mesmo tempo em que se presta para confirmar – técnica, científica e comprovadamente – a notícia da prática de uma ação que pode ser caracterizada como ilícito administrativo-ambiental, também serve para que o fiscalizado esclareça – técnica, científica e comprovadamente – que as acusações que lhes são atribuídas (seja quanto à autoria, materialidade, extensão e intensidade de eventual dano, dentre outras nuances) não são procedentes (Niebuhr, 2017, p. 257).

Em outras palavras: a instrução objetiva encontrar a verdade real. Ela é o mecanismo processual mediante o qual as partes envolvidas no processo produzirão as provas e argumentos suficientes para afirmar a procedência de seu direito. O processo administrativo (inclusive o ambiental) tem como um de seus princípios a impulsão de ofício, sem prejuízo da atuação dos interessados (Lei 9.784/1999, artigo 2º, XII), isto significa que a administração "tem um amplo poder de iniciativa, independentemente da intervenção de terceiros" (Cunha, 1987, p. 152). Logo, a autoridade que presida o julgamento administrativo tem o poder/dever de requisitar os documentos, perícias, depoimentos e outros meios de prova que julgue conveniente para formar o seu convencimento sobre a questão que está sendo debatida.

A instrução é regida por dois princípios fundamentais – mas, não só por eles –, a saber a (1) legalidade e a (2) busca da verdade real. A legalidade decorre diretamente do texto constitucional (artigo 37, *caput*), a busca da verdade real é a contrapartida devida pela administração em razão do artigo 4º, I da Lei 9.784/1999 que instituiu a obrigação do administrado (cidadão) expor os fatos conforme a verdade. À Administração cumpre buscar a verdade, não decidindo com base na presunção de legitimidade e legalidade dos atos administrativos (art. 36 da Lei 9784/1999).[1]

---

1. Art. 118. Ao autuado caberá a prova dos fatos que tenha alegado, sem prejuízo do dever atribuído à autoridade julgadora para instrução do processo.

12.2 A PRODUÇÃO DE PROVAS

A autoridade que preside o processo administrativo tem amplo poder para produzir provas,[2] inclusive mediante requisição de perícias, documentos, laudos, depoimentos etc.; isto em função do princípio do impulso oficial (ou oficialidade) do procedimento administrativo (Lei 9874/1999, art. 2º, XII[3]), mediante o qual há interesse da adminis-

---

Jurisprudência:
STJ Processo
REsp 2.065.347-PE, Rel. Ministro Francisco Falcão, Segunda Turma, por unanimidade, julgado em 27.02.2024.
Tema
Despejo irregular de esgoto. Área próxima de arrecifes. Princípios da precaução e da prevenção. Incidência. Necessidade de reparação de danos. Desnecessidade de prova técnica.
***
Apelação. Ação anulatória de multa ambiental. Cerceamento de defesa. Devido processo legal. Ato administrativo hígido. Conduta enquadrada na legislação de regência. Ilícito ambiental comprovado. Redução da multa imposta. 1. Não há falar em cerceamento de defesa em processo administrativo quando demonstrado que se tomou providências para resguardo do contraditório. 2. A intimação do interessado para ciência de decisão no processo administrativo pode ser feita por via postal com aviso de recebimento, ou outro meio que assegure a certeza da ciência do interessado. Inteligência do art. 126 do Decreto 6.514/08.4. O auto de infração goza de presunção de veracidade, de modo que para sua desconstituição exige-se prova robusta refutando as informações ali constantes e que deve ser produzida pela parte autuada. 5. Para a fixação da multa, considerado os princípios da razoabilidade e proporcionalidade, imperioso observar as peculiaridades do caso concreto, notadamente a capacidade econômica do infrator. 6. Apelo parcialmente provido. Apelação Cível, Processo 7021275-30.2019.822.0001, Tribunal de Justiça do Estado de Rondônia, 1ª Câmara Especial, Relator(a) do Acórdão: Des. Gilberto Barbosa, Data de julgamento: 27.05.2021 (TJ-RO – Apelação Cível: 70212753020198220001, Relator: Des. Gilberto Barbosa, Julgamento: 27.05.2021).
2. Art. 119. A autoridade julgadora poderá requisitar a produção de provas necessárias à sua convicção e parecer técnico ou contradita do agente autuante, especificado o objeto a ser esclarecido.
3. A Administração Pública tem o dever de pronunciar-se sobre os requerimentos que lhe são apresentados pelos administrados na defesa de seus interesses, dentro de um prazo razoável, sob pena de ofensa aos princípios norteadores da atividade administrativa, em especial, o da eficiência, previsto no do caput, do artigo 37, da Constituição da República. Ademais, a emenda constitucional 45, de 2004, inseriu o inciso LXXVIII, no artigo 5º da Constituição, que dispõe: "a todos, no âmbito judicial e administrativo, são assegurados a razoável duração do processo e os meios que garantam a celeridade de sua tramitação". Tais princípios expressos na Lei 9.784/99, que estabeleceu "normas básicas sobre o processo administrativo no âmbito da Administração Federal direta e indireta, visando, em especial, à proteção dos direitos dos administrados e ao melhor cumprimento dos fins da Administração" (art. 1º). Cabe destacar o que dispõe seu artigo 2º: "Art. 2º A Administração Pública obedecerá, dentre outros, aos princípios da legalidade, finalidade, motivação, razoabilidade, proporcionalidade, moralidade, ampla defesa, contraditório, segurança jurídica, interesse público e eficiência. Parágrafo único. Nos processos administrativos serão observados, entre outros, os critérios de: I – atuação conforme a lei e o Direito; (...) VIII – observância das formalidades essenciais à garantia dos direitos dos administrados; IX – adoção de formas simples, suficientes para propiciar adequado grau de certeza, segurança e respeito aos direitos dos administrados; (...) XII – impulsão, de ofício, do processo administrativo, sem prejuízo da atuação dos interessados;" Por sua vez, os arts. 48 e 49, da referida lei, dispõe que a Administração Pública deve emitir decisão nos processos administrativos, solicitação e reclamações em no máximo 30 dias, prorrogável por igual prazo. "Art. 48. A Administração tem o dever de explicitamente emitir decisão nos processos administrativos e sobre solicitações ou reclamações, em matéria de sua competência. Art. 49. Concluída a instrução de processo administrativo, a Administração tem o prazo de até trinta dias para decidir, salvo prorrogação por igual período expressamente motivada." Como já expressou o Colendo Superior Tribunal de Justiça, após a promulgação da Lei 9.784/99, devem ser observados prazos razoáveis para instrução e conclusão dos processos administrativos, que não poderão prolongar-se por tempo indeterminado, sob pena de violação dos princípios da eficiência e razoabilidade. Pois bem. Verifica-se que, na data da impetração deste MS (19.04.2022), o pedido adminis-

tração em solucionar a controvérsia administrativa, motivo pelo qual a movimentação do processo não depende apenas da prática de atos pelo interessado.

> [a] oficialidade é uma decorrência da autotutela e do dever da Administração Pública de regularizar seus próprios atos. Afinal, verificada alguma ilegalidade no mundo fenomênico por agentes públicos, devem estes comunicar o fato às autoridades competentes para que estas, então, busquem restaurar a legalidade, o que é feio por intermédio de procedimentos e de processos administrativos (Fortini et al., 2023, p. 112).

O princípio da oficialidade, no entanto, possui alto grau de tensão com o da imparcialidade, pois no processo administrativo, cabe à própria administração julgar os atos praticados por seus prepostos, situação agravada pela presunção de legalidade e legitimidade dos atos administrativos. Ao comentar o já mencionado artigo 2º, XII da Lei 9.874/1999, Sandro Lúcio Dezan e Paulo Afonso Cavichioli Carmona chamam a atenção para o fato de que

> [e]ssa forma de exercício e de aplicação do devido processo legal faz acrescentar, dessarte, certa contaminação de interesses entre o colegiado apurador, autoridades julgadoras e sancionadoras e a Administração Pública, comprometendo, de certa forma, uma oficialidade imparcial (Dezan e Carmona, 2019 p. 237).

A produção de prova por parte da autoridade julgadora não inibe a atuação do autuado no sentido de produzir as provas que entenda necessárias para provar o seu direito. Evidentemente que, assim como no processo judicial, as provas ilícitas[4] não são aceitas.

As provas ilícitas são aquelas obtidas em contravenção às normas legais, tais como escutas telefônicas sem autorização judicial; extratos bancários obtidos sem autorização judicial. A utilização de provas ilícitas encontra barreiras no caput do artigo 50. LVI[5] c/c

---

trativo da impetrante (22.12.2020) encontrava-se sem análise/conclusão por tempo superior a 60 (sessenta) dias decorridos. Ante o exposto, nego provimento à remessa necessária, consoante fundamentação. É o meu voto. (TRF-3 – RemNecCiv: 50009713720224036133 SP, Relator: Desembargadora Federal Mônica Autran Machado Nobre, Julgamento: 28.11.2022, 4ª Turma, Publicação: 06.12.2022).

4. Art. 120. As provas ilícitas, impertinentes, desnecessárias ou protelatórias propostas pelo autuado serão recusadas por meio de decisão fundamentada.
Jurisprudência:
O fundamento para o indeferimento da medida liminar no mandado de segurança impetrado na origem de que a ausência de manifestação específica sobre as provas requeridas no processo administrativo é insuficiente para determinar desde já a concessão de medida liminar neste *mandamus*. Há que se oportunizar a prestação de informações pela autoridade impetrada a fim de se verificar se as providências solicitadas eram efetivamente necessárias ou se o objetivo da prova poderia ser alcançado por outro meio não se sustenta, pois o art. 120 do Decreto 6.514/08, preconiza que as provas propostas pelo autuado, quando impertinentes, desnecessárias ou protelatórias, poderão ser recusadas, mediante decisão fundamentada da autoridade julgadora competente. Tal dispositivo não pode ser desconsiderado, uma vez que a própria decisão emanada da esfera administrativa vem estribada no Decreto supra referido. Diante deste contexto, os efeitos do processo administrativo 9000-0567/13-8, inclusive de sua decisão, devem ser sustados até o julgamento final do mandado de segurança que tramita na origem. À autoridade coatora é facultada a renovação dos atos procedimentos com a deliberação motivada da necessidade ou não de produção das provas testemunhal e pericial requeridas pela ora agravante. Agravo de instrumento Provido (TJ-RS – AI: 70058997925 RS, Relator: Nelson Antônio Monteiro Pacheco, Julgamento: 20.11.2014, 3ª Câmara Cível, Publicação: 15.12.2014).
5. STF – "São inadmissíveis, em processos administrativos de qualquer espécie, provas consideradas ilícitas pelo Poder Judiciário." [RE 1.316.369, rel. Min. Edson Fachin, red. do ac. Min. Gilmar Mendes, j. 09.12.2022, P, *DJE*

o 37 da Constituição Federal e nos artigo 2º, *caput* e IV c/c o artigo 30 da Lei 9784/1999. Em termos práticos, as provas consideradas ilícitas pelo Judiciário, também o serão na esfera administrativa.

O artigo 120 do Decreto 6.514/2008 determina que mesmo as provas ilícitas, impertinentes, desnecessárias ou protelatórias que o autuado pretenda utilizar, somente podem ser recusadas pela autoridade julgadora "por meio de decisão fundamentada". Esta norma corresponde ao § 2º do artigo 38 da lei de processo administrativo federal. Antes da edição do tema 1238 do STF, a doutrina debatia, com intensidade, a questão do aproveitamento das provas ilícitas. Atualmente, em princípio, a matéria está superada.

As provas impertinentes são aquelas que não guardam qualquer relação com a matéria discutida no processo administrativo; a rigor não deveriam ser chamadas de prova. O seu requerimento de juntada aos autos tem a única finalidade de tumultuar a instrução e retardar o regular andamento do processo. A recusa fundamentada é o tratamento a ser-lhes dado pela autoridade administrativa. A prova desnecessária é a que serve apenas para reafirmar o que já se encontra demonstrado e provado nos autos. A prova protelatória se caracteriza por requerimentos feitos com a única finalidade de retardar o processo e evitar o seu rápido desenlace.

12.3 ALEGAÇÕES FINAIS

Uma vez encerrada a fase da produção de provas[6] o autuado deverá ser intimado para, querendo, apresentar suas alegações finais. As alegações finais se constituem em

---

de 22.03.2023, Tema 1.238, com mérito julgado].
6. Art. 122. Encerrada a instrução, o autuado terá o direito de manifestar-se em alegações finais, no prazo máximo de dez dias. § 1º Para fins de apresentação de alegações finais pelos interessados, o setor responsável pela instrução notificará o autuado e publicará em sua sede administrativa e na Internet a relação dos processos que entrarão na pauta de julgamento. § 2º A notificação de que trata o § 1º deste artigo poderá ser realizada por: I – via postal com aviso de recebimento; II – notificação eletrônica, observado o disposto no § 4º do art. 96; ou III – outro meio válido.
Jurisprudência:
I. Trata-se, na origem, de Execução Fiscal de multa ambiental, decorrente da venda ilegal de madeira serrada, impugnada em Embargos à Execução, nos quais Rio Verde Reflorestadora Ltda. postulou o reconhecimento da nulidade da certidão de dívida ativa, por cerceamento do direito de defesa, alegando, ainda, prescrição, bem como requerendo a exclusão do valor referente à multa e de parte da penhora. II. O Juízo de 1º Grau afastou a alegação de prescrição, mas acolheu a tese de cerceamento de defesa, julgando procedentes os Embargos à Execução, extinguindo a Execução, por entender que, contrariamente à Lei 9.784/99, "foi expedido edital de intimação para apresentação de alegações finais". A sentença foi mantida pelo Tribunal de origem, sob o fundamento de que o disposto no Decreto 6.514/2008, na redação vigente à época, "exorbitava do poder regulamentar", de modo que, por isso, seria "evidente a nulidade da intimação realizada pelo IBAMA". III. No Recurso Especial do IBAMA defendem-se duas teses: (a) o Decreto 6.514/2008 não desbordaria das balizas fixadas pela Lei 9.784/99, pois esta última, além de autorizar a intimação por edital, expressamente determina, no seu art. 69, que os processos administrativos específicos continuam regidos por lei própria; (b) o reconhecimento da nulidade de ato processual exige a comprovação de prejuízo, o que não teria ocorrido, no caso, uma vez que "a recorrida, na esfera administrativa, impugnou amplamente a autuação, com o oferecimento de defesa, recurso e pedido de reconsideração". Essa argumentação impugna os fundamentos do acórdão recorrido, que são de natureza jurídica, razão pela qual o apelo merece ser conhecido. IV. Quanto ao mérito, o posicionamen-

uma peça de defesa na qual o autuado fará uma breve exposição do contido nos autos,

to adotado no acórdão recorrido encontra amparo em alguns julgados do STJ, colegiados e singulares. Nesse sentido: AgInt no AREsp 1.701.715/ES, Rel. Ministro Gurgel De Faria, Primeira Turma, DJe de 08.09.2021; AgInt no REsp 1.374.345/PR, Rel. Ministra Regina Helena Costa, Primeira Turma, DJe de 26.08.2016; AREsp 2.190.128/RS, Rel. Ministro Mauro Campbell Marques, DJe de 06.10.2022, decisão monocrática transitada em julgado; AREsp 2.244.689/SC, Rel. Ministra Assusete Magalhães, DJe de 05.05.2023, decisão monocrática com Agravo interno pendente de apreciação. Há, também, decisão monocrática que, em sentido oposto, acolhe a tese do ente público: AREsp 2.251.757/SC, Rel. Ministro Herman Benjamin, DJe de 21.09.2023, com Agravo interno pendente de apreciação. E, ainda, decisão monocrática transitada em julgado que, reconhecendo ofensa ao art. 1.022 do CPC/2015, determinou que a instância ordinária analisasse as teses do IBAMA em sua totalidade: AREsp 2.339.467/SC, Rel. Ministro Sérgio Kukina, DJe de 22.05.2023. Não há precedente colegiado da Segunda Turma do STJ, no mérito, sobre o assunto. IV. Quanto ao processo administrativo para apuração de infrações ao meio ambiente, observa-se que, na sistemática adotada pelo Decreto 6.514/2008, com a redação que teve vigência entre 2008 e 2019 – quando ocorreram os fatos que originaram os presentes Embargos à Execução –, a intimação por edital, publicado na sede administrativa e na internet, para a apresentação de alegações finais, só poderia ocorrer, licitamente, quando a autoridade julgadora não agravasse a penalidade que a autuação impusera ao interessado (art. 122, parágrafo único). Do contrário, se houvesse possibilidade de agravamento, deveria haver, antes da respectiva decisão, intimação, por meio de aviso de recebimento, para manifestação, no prazo das alegações finais (art. 123, parágrafo único). Com a alteração promovida pelo Decreto 9.760/2019, estabeleceu-se que a notificação para apresentação de alegações finais seria feita por via postal, com aviso de recebimento, ou por outro meio válido, capaz de assegurar a certeza da ciência pelo interessado, previsão que continuou mantida, na essência, após uma nova alteração da norma, pelo Decreto 11.373/2023 (art. 122, §§ 1º e 2º). Para o caso sob exame, interessam as previsões que tiveram vigência entre 2008 e 2019. V. No caso, a conclusão do Tribunal de origem, no sentido de que a intimação por edital não é possível quando o interessado tiver endereço certo, está de acordo com o art. 26, § 4º, da Lei 9.784/99. Ocorre que é incontroverso, na situação sob exame, que a sanção fixada no auto de infração não foi agravada, pela autoridade julgadora de 1ª instância, que manteve, em tudo, a penalidade fixada na autuação. Tal circunstância foi desconsiderada, pelo Tribunal de origem, que se limitou a afirmar que o uso da via editalícia torna "evidente a nulidade da intimação realizada pelo IBAMA". VI. Nesse ponto, o acórdão recorrido destoa da tradição jurisprudencial brasileira que, na matéria, é a seguinte: "Em direito público, só se declara nulidade de ato ou de processo quando da inobservância de formalidade legal resulta prejuízo" (STF, MS 22.050/MT, Rel. Ministro Moreira Alves, Tribunal Pleno, DJU de 15.09.1995). E ainda: STJ, RMS 46.292/RJ, Rel. Ministro Humberto Martins, Segunda Turma, DJe de 08.06.2016; MS 13.348/DF, Rel. Ministra Laurita Vaz, Terceira Seção, DJe de 16.09.2009; MS 9.384/DF, Rel. Ministro Gilson Dipp, Terceira Seção, DJU de 16.08.2004. VII. Em harmonia com essa orientação, o STF, especificamente quanto à manifestação do interessado após o encerramento da instrução, afasta a tese de que esse seria um direito indispensável ao devido processo legal, exigindo, para o reconhecimento de nulidade, a comprovação de prejuízo. Nessa direção: "A ausência de intimação do resultado do relatório final da comissão de processo administrativo não caracteriza afronta ao contraditório e à ampla defesa quando o servidor se defendeu ao longo de todo o processo administrativo" (STF, RMS 30.881/DF, Rel. Ministra Cármen Lúcia, Segunda Turma, DJe de 29.10.2012). Em igual sentido: STF, MS 23.268/RJ, Rel. Ministra Ellen Gracie, Plenário, DJU de 07.06.2002. VIII. Por outro lado, a tese no sentido de que a intimação por edital, para a apresentação de alegações finais, configuraria nulidade grave e insanável, também não se sustenta. Isso porque, consoante posição dominante no STJ, nem mesmo a ausência de intimação, para esse fim, configura vício dessa ordem. Esse entendimento é aplicado em matéria de (a) servidor público: "No processo administrativo disciplinar regido pela Lei 8.112/90 não há a previsão para a apresentação, pela defesa, de alegações finais, não havendo falar em aplicação subsidiária da Lei 9.784/99" (STJ, MS 8.213/DF, Rel. Ministra Maria Thereza de Assis Moura, DJE de 19.12.2008); (b) direito regulatório: "A agravante possui regramento específico para o processo administrativo simplificado – Resolução ANTT 442/2004 (...), Ou seja, se o procedimento não prevê fase para alegações finais, não se cuida de omissão normativa, mas de simplificação do processo administrativo, motivo pelo qual inexiste cerceamento de defesa em sua não oportunização" (STJ, AgInt no AgInt no REsp 1.814.146/PR, Rel. Ministro Og Fernandes, Segunda Turma, DJe de 10.03.2022); (c) improbidade administrativa: "A ausência de intimação para apresentação de alegações finais não implica nulidade processual quando isso não importar em prejuízo para a defesa, como entendido pelo Tribunal de origem, no caso concreto" (STJ, AgInt no REsp 1.187.447/SE, Rel. Ministro Sérgio Kukina, Primeira Turma, DJe de 13.12.2017); (d) direito civil: "A ausência de intimação do recorrente para apresentar alegações finais,

analisará as provas produzidas, concluindo com a postulação de seu direito. A apresentação de alegações finais é um direito garantido pelo artigo 2º, parágrafo único, X da Lei 9.784/1999, sendo uma faceta fundamental do direito à ampla defesa (CF, art. 5º, LV).

Como no processo administrativo não existem os efeitos da revelia (art. 27 da Lei 9.784/99), o primeiro ato de defesa pode se constituir exatamente nas próprias alegações finais. O administrado pode, como estratégia de defesa, aguardar o desenrolar do processo, inclusive com eventual instrução probatória efetuada pela Administração Pública, para somente se manifestar em alegações finais.

---

como asseverado pelo Tribunal local, só enseja a declaração da nulidade se causar efetivo prejuízo à parte que a alega" (STJ, AgInt no AREsp 1.995.064/MG, Rel. Ministro Marco Aurélio Bellizze, Terceira Turma, DJe de 24.03.2022). IX. Quanto ao sentido que se deve atribuir ao brocardo pas de nullité sans grief, é certo que a imposição e a manutenção de penalidade, por si só, não podem ser consideradas prejuízo, sob pena de se aniquilar a utilidade do princípio, especialmente no caso sub judice, no qual a instrução não agravou a penalidade inicialmente imposta. O prejuízo, conceito jurídico indeterminado que é, há de ser discernido em cada caso concreto, sendo para isso imprescindível, sempre, que a decretação da nulidade se fundamente nos fatos da causa, e não em considerações de ordem abstrata. X. Por fim, merece destaque que a norma infralegal questionada nos autos, incluída pelo Decreto 6.686, de 10.12.2008, esteve em vigor até 11.04.2019, data de publicação do Decreto 9.760/2019. Assim, pelo menos nos casos como o dos autos – em que não houve demonstração de prejuízo e o processo de execução se baseia em certidão de dívida ativa revestida de presunção de certeza e liquidez (art. 3º da Lei 6.830/80) –, deve levar-se em consideração que estão em jogo atos de fiscalização ambiental realizados por praticamente uma década. Tal circunstância deve ser considerada, para que "as consequências do desfazimento em si e sua repercussão não acarretem maior prejuízo que a subsistência do ato" (MEDAUAR, Odete. *Direito Administrativo Moderno*, RT, São Paulo, 1996, p. 180). XI. Recurso Especial provido, para, reconhecida a higidez do processo administrativo, determinar o retorno dos autos à origem, a fim de que a Execução Fiscal tenha continuidade (STJ, Resp 2.021.212 – PR (2022/0264055-7), Relatora: Ministra Assusete Magalhães, 2ª Turma, Julgado em 07.11.2023, DJe: 28.11.2023).

***

1. A Lei 9.784/99, que regula o processo administrativo no âmbito da Administração Pública Federal, determina que a intimação seja efetuada por ciência no processo, por via postal com aviso de recebimento, por telegrama ou outro meio que assegure a certeza da ciência do interessado. 2. O art. 122 do Decreto 6.514/08, por limitar o direito do administrado, não se sobrepõe sobre as regras da Lei 9.784/99 (TRF-4 – AC: 50006882720174047211 SC, Relator: Rogério Favreto, Julgamento: 16.03.2023, 3ª Turma).

***

1. Trata-se de remessa necessária de sentença, de fls. 212-220, proferida em mandado de segurança versando sobre processo administrativo instaurado no âmbito do Instituto Brasileiro do Meio Ambiente e dos Recursos Naturais Renováveis (IBAMA), na qual a segurança foi deferida para, confirmando a liminar deferida em 29.05.2018, declarar a nulidade dos atos posteriores à instrução do processo administrativo 02010.000931/2014-28, com reabertura de prazo para o impetrante apresentar suas alegações finais, o qual começou a fluir a partir da intimação da decisão que deferiu parcialmente a liminar requerida. 2. A sentença considerou que o Poder Executivo, ao pretender regulamentar o processo administrativo ambiental, incidiu em ilegalidade quando definiu, no art. 122 do Decreto 6.514/08, que a primeira e única forma de ciência do interessado para, querendo, apresentar alegações finais, é o edital fixado na sede do órgão e disponibilizado na internet. A ciência por edital, até porque apenas presumida, deve ser a última opção de comunicação do ato administrativo quando a preocupação é assegurar a certeza da ciência do interessado. 3. Com fulcro na legislação de regência, tanto a específica ambiental, Lei 9.605/98 e seu Decreto regulamentador, n. 6.514/2008, como a Lei 9.784/99, que regula o processo administrativo no âmbito da Administração Pública Federal, todas com base na Lei Maior, é assegurada a ampla defesa do requerido, com previsão expressa para que a intimação seja efetuada de forma que assegure a certeza da ciência do interessado, sendo a via editalícia meio subsidiário (TRF-1, AMS 0013014-51.2013.4.01.4100, Rel. Desembargador Federal Jirair Aram Meguerian, 6ª Turma, e-DJF1 de 04.05.2018). 4. Negado provimento à remessa necessária (TRF-1 – REOMS: 10033298120184013500, Relator: Desembargador Federal João Batista Moreira, Julgamento: 08.06.2020, 6ª Turma, Data de Publicação: 09.06.2020).

O § 1º do artigo 122 determina duas providências a serem tomadas pela administração com vistas a possibilitar ao autuado o exercício do direito de produzir alegações finais: (1) notificar o autuado e (2) publicar na sua sede a e na internet a pauta dos processos que entrarão em julgamento. O julgamento do AI é um ato de controle de legalidade, motivo pelo qual a autoridade julgadora não está vinculada à penalidade contida na autuação.⁷

---

7. Art. 123. A decisão da autoridade julgadora não se vincula às sanções aplicadas pelo agente autuante, ou ao valor da multa, podendo, em decisão motivada, de ofício ou a requerimento do interessado, minorar, manter ou majorar o seu valor, respeitados os limites estabelecidos na legislação ambiental vigente. Parágrafo único. Na hipótese de ser identificada, após o encerramento da instrução processual, a possibilidade de agravamento da penalidade, o autuado será notificado, para que formule, no prazo de dez dias, as suas alegações, antes do julgamento de que trata o art. 124: I – por via postal com aviso de recebimento; II – por notificação eletrônica, observado o disposto no § 4º do art. 96; ou III – por outro meio válido que assegure a certeza da ciência.
Jurisprudência:
I. Em observância aos princípios norteadores dos juizados especiais, tais como celeridade, simplicidade, economicidade, entendo que a sentença bem enfrentou a questão, motivo pelo qual deve ser confirmada pelos próprios fundamentos, nos termos do art. 46 da Lei 9.099/95. II. Conforme salientado em sentença, o art. 155, do Decreto 53.202/16 e 123, do Decreto 6.514/08, não afronta preceitos constitucionais e está de acordo com o que disciplina, inclusive, a Lei do Processo Administrativo (Lei 9.784/99), a qual prevê, expressamente, a possibilidade, em caso de recurso, de majoração da penalidade ou agravamento da decisão em desfavor do recorrente, resguardando-se, única e exclusivamente, a sua prévia cientificação para que formule suas alegações antes da decisão, nos termos do art. 64, parágrafo único. 1. III. No caso concreto, De igual modo, não houve violação aos princípios constitucionais do contraditório e ampla defesa, uma vez que o autor teve ciência inequívoca dos fatos, tendo sido notificado, inclusive, acerca da possibilidade de majoração da multa, oportunizando-se ao requerente a apresentação de nova defesa, conforme se verifica dos documentos de fls. 100-105. Recurso inominado desprovido (TJ-RS – Recurso Cível: 71009410408 RS, Relator: José Luiz John dos Santos, Julgamento: 29/08/2020, 2ª Turma Recursal da Fazenda Pública, Publicação: 1º.09.2020).
***
1. O cerne da questão cinge-se em verificar a higidez da decisão interlocutória que deferiu parcialmente a tutela antecipada no sentido de suspender a aplicação apenas da majoração da multa, em virtude desta só ter sido cogitada após a apreciação da defesa apresentada pela parte Agravada, o que, a seu sentir, reduziu as oportunidades de insurgência do Município. 2. Contudo, diversamente do pontuado pelo douto Juízo a quo, ao proceder com análise acurada do caderno virtualizado, bem assim, das legislações aplicáveis ao caso em desate, não vislumbrei probabilidade do direito do Agravado que justificasse a concessão parcial da tutela antecipada deferida. 3. Isso porque, corroborando com os argumentos expendidos pelo Agravante e com o judicioso Parecer da douta Procuradora de Justiça, Dra. Maria Isabel Salustiano Arruda Porto, é possível verificar que logo após a elaboração do Parecer epigrafado, houve a expedição de Ofício 3274/2013 (fl. 179), com o respectivo Aviso de Recebimento acostado à fl. 207, confirmando a correta intimação da Municipalidade na data de 10.06.2013, momento anterior à própria apresentação das alegações finais prestadas pelo Agravado. 4. Tais expedientes condizem com o que dispõe o art. 51 da Instrução Normativa 02/2010 e art. 123 do Decreto 6.514/2008, inexistindo, assim, qualquer afronta à ampla defesa e contraditório ou cerceamento de defesa que justificasse a não aplicação ou irregularidade da majoração da multa imposta ao Recorrido. 5. Ademais, é possível observar que houve estrita obediência a todo o devido processo legal previsto nas legislações acima pontuadas, com as respectivas intimações e apresentação de defesa, restando imperioso salientar que, mesmo intimada a se manifestar acerca de provas ou a produção destas, a parte Agravada deixou de fazê-lo. 6. De tal modo, não havendo comprovação do preenchimento dos requisitos concomitantes e necessários para o deferimento da tutela antecipada outrora deferida, ainda que parcial, não nos resta outra medida senão a reforma da Decisão Interlocutória vergastada, para indeferir o pleito do Agravado em primeiro grau, eis que não houve comprovação de qualquer desobediência do Agravante ao devido processo legal. 7. Recurso conhecido e provido. Decisão reformada. Acórdão. Vistos, relatados e discutidos estes autos de Agravo de Instrumento 0625780-55.2017.8.06.0000, em que são partes as acima relacionadas, acordam os Desembargadores que compõem a 1ª Câmara de Direito Público do Tribunal de Justiça do Estado do Ceará, por unanimidade, em conhecer do

De acordo com entendimento jurisprudencial consolidado, no processo administrativo não há obrigatoriedade de apresentação de defesa técnica firmada por advogado. Dessa forma, os comandos contidos nos artigos 122 e 123 devem ser interpretados levando-se em consideração tais circunstâncias. Inicialmente, cabe considerar que a comunicação dos atos processuais, de acordo com o disposto no artigo 26 da Lei 9.784/1999, se faz mediante *intimação* da parte.

A comunicação dos atos processuais é um dos elementos fundamentais do processo em quaisquer de suas manifestações, pois é por seu intermédio que as partes, no caso do Decreto 6514/2008, o autuado, tomam conhecimento oficial do andamento do processo. É a partir da comunicação dos atos processuais que o contraditório e a ampla defesa poderão ser exercidos. No caso dos AI, a primeira comunicação se faz mediante a ciência de sua lavratura (Decreto 6514/2008, artigo 96). O § 1º do artigo 96 diz que o "autuado será intimado" da lavratura do AI, mediante a adoção das modalidades que apresenta nos incisos I/IV. Entretanto, o § 5º do mesmo artigo utiliza a expressão "termo de notificação da lavratura do auto de infração", quando o correto seria utilizar "termo de intimação" da lavratura do auto de infração.[8]

A intimação é o ato processual mediante o qual se dá ciência a alguém dos atos e termos do processo; é a comunicação oficial feita a quem esteja relacionado ao processo, independentemente da condição processual, noticiando a necessidade da prática, por parte do intimado, de algum ato processual (Câmara, 2024). O artigo 28 da Lei 9784/1999 determina que devem ser objeto de intimação "os atos do processo que resultem para o interessado em imposição de deveres, ônus, sanções ou restrição ao exercício de direitos e atividades e os atos de outra natureza, de seu interesse." O Decreto 6514/2008 não define o conteúdo das notificações (*rectius*: intimações), motivo pelo qual deve ser aplicado o artigo 26, § 1º, da Lei 9784/1999.

12.3.1 Intimação por edital

O artigo 96, § 1º, IV do Decreto 6.514/2008 determina que o infrator será cientificado do AI "por edital, se estiver o infrator autuado em lugar incerto, não sabido ou se não for localizado no endereço", podendo a prescrição ser interrompida pelo mesmo meio (art. 22, I). Estas são as duas únicas hipóteses nas quais a palavra edital é utilizada pelo decreto. Embora o Decreto 6.514/2008 não fale, a publicação do Edital deve ser feita no Diário Oficial. Por sua vez, o artigo 122, § 1º determina que o "setor responsável pela instrução notificará o autuado e publicará em sua sede administrativa e na Internet a relação dos processos que entrarão na pauta de julgamento".

---

recurso e dar-lhe provimento, nos termos do voto da eminente Relatora, parte integrante deste. Fortaleza/CE, 25 de maio de 2020 (TJ-CE – AI: 06257805520178060000 CE 0625780-55.2017.8.06.0000, Relatora: Lisete de Sousa Gadelha, Julgamento: 25.05.2020, 1ª Câmara Direito Público, Publicação: 26.05.2020).

8. IN Ibama 19/2023. Art. 6º Para os fins desta Instrução Normativa, entende-se por: (...) XVI – notificação: providência mediante a qual o Ibama leva ao conhecimento do interessado os atos administrativos praticados no âmbito da apuração de infração administrativa ambiental.

A notificação deverá ser feita, segundo ordem de preferência, por (1) via postal com aviso de recebimento; por (2) notificação eletrônica, observado o disposto no § 4º do art. 96; ou por (3) outro meio válido. O disposto em (3) é extremamente aberto, motivo pelo qual a autoridade administrativa deverá se valer dos §§ 2º e 3º do artigo 26 da Lei 9.784/1999.

A intimação por Edital, prevista no § 3º não se confunde com a publicação na sede administrativa do ente autuante. Edital é uma modalidade de comunicação ficta que se dá quando o(s) autuado(s) forem "indeterminados, desconhecidos ou com domicílio indefinido (...) por meio de publicação oficial" (Lei 9.784/1999, artigo 26, § 4º). A formalidade do processo administrativo, muito embora não possua a rigidez do processo penal, deve ser capaz de assegurar ao autuado a "garantia dos direitos dos administrados"; pois, ainda que sejam simples devem ser "suficientes para propiciar adequado grau de certeza, segurança e respeito aos direitos dos administrados" (Lei 9.784/199, artigo 2º, VIII e IX). Relembre-se que o administrado (no caso, o autuado) tem os direitos de "ter ciência da tramitação dos processos administrativos em que tenha a condição de interessado, ter vista dos autos, obter cópias de documentos neles contidos e conhecer as decisões proferidas" e, ainda, "formular alegações e apresentar documentos antes da decisão" (Lei 9.784/1999, artigo 3º, II e III).

A IN Ibama 19/2023,[9] em seu artigo 73, determina que o autuado será cientificado da lavratura do auto de infração ambiental e dos demais atos do processo por uma das seguintes formas: (1) pessoalmente ou na pessoa do seu representante legal ou procurador; (2) por via postal com aviso de recebimento; (3) por notificação eletrônica; ou (4) por edital. Em relação à notificação por Edital, o artigo 80, estabelece que ela "somente será realizada" nas hipóteses de (1) frustração da notificação pessoal; (2) quando certificado no processo que o interessado está em local incerto ou não sabido; (3) quando o autuado for estrangeiro não residente e sem representante constituído no país; ou (4) para dar publicidade às medidas de embargos e apreensão de autoria desconhecida. Quanto à intimação (notificação) para a apresentação das alegações finais (artigo 106) não há previsão de que ela seja feita por via de editais, devendo, portanto, ser aplicado o artigo 73.

A redação original do § 1º artigo 122 do Decreto 6.514/2008 dispunha que "[a] autoridade julgadora publicará em sua sede administrativa a relação dos processos que entrarão na pauta de julgamento, para fins de apresentação de alegações finais pelos interessados".[10] O Decreto 6.686/2008 revogou o § 1º do artigo e introduziu o parágrafo único, com a seguinte redação: "A autoridade julgadora publicará em sua sede adminis-

---

9. A Instrução Normativa Conjunta 1/2021 dispõe que: Art. 21. A notificação por edital só será realizada: I – se infrutíferas as tentativas de notificação de que trata o art. 20; II – quando demonstrado cabalmente, especialmente em consulta à base de dados de órgãos da Administração Pública Federal, a incerteza e o desconhecimento do local em que se encontra o autuado; ou III – na hipótese de autuado estrangeiro não residente e sem representante constituído no país.
10. Disponível em: https://legis.senado.leg.br/norma/410560/publicacao/15744591. Acesso em: 04 jan. 2025.

trativa e em sítio na rede mundial de computadores a relação dos processos que entrarão na pauta de julgamento, para fins de apresentação de alegações finais pelos interessados." Posteriormente, o Decreto 9.760/2019 deu nova redação ao parágrafo único: "A autoridade julgadora notificará o autuado por via postal com aviso de recebimento ou por outro meio válido que assegure a certeza de sua ciência, para fins de apresentação de alegações finais". Posteriormente, nova alteração foi produzida na norma, por força do Decreto 11.080/2022, que ficou assim redigida: "O setor responsável pela instrução processual notificará o autuado, para fins de apresentação de alegações finais: I – por via postal com aviso de recebimento; II – por notificação eletrônica, observado o disposto no § 4º do art. 96; ou III – por outro meio válido que assegure a certeza da ciência". Finalmente, o Decreto 11.373/2023 revogou o parágrafo único e reintroduziu o § 1º e acrescentou o § 2º ambos com as seguintes redações: "§ 1º Para fins de apresentação de alegações finais pelos interessados, o setor responsável pela instrução notificará o autuado e publicará em sua sede administrativa e na Internet a relação dos processos que entrarão na pauta de julgamento. § 2º A notificação de que trata o § 1º deste artigo poderá ser realizada por: I – via postal com aviso de recebimento; II – notificação eletrônica, observado o disposto no § 4º do art. 96; ou III – outro meio válido."

Assim, de 2008 a 2019 vigeu a notificação (intimação) editalícia em evidente contradição com a Lei 9.784/1999 e os princípios basilares da ampla defesa e devido processo legal.

Paradoxalmente, o Decreto 11.373/2023 convalidou "as notificações por edital para apresentação de alegações finais realizadas até a data de publicação do Decreto 11.080, de 24 de maio de 2022" (art. 2º). Assim, antes de mais nada, reconheceu-lhes a ilegalidade, pois não atenderam aos requisitos legais contidos no artigo 26, § 4º da Lei 9.784/99. Como se sabe, somente se convalida o que se entende inválido, eis que uma das formas de correção da ilegalidade é a convalidação, a outra é a invalidação. Se o Decreto 11.373/2023 convalidou a prática de intimar os autuados para a apresentação de alegações finais, por edital sem observar os requisitos do artigo 26, § 4º da Lei 9.784/99, é porque confirmou a ilegalidade passada, buscando solucioná-la. Ocorre que a "emenda saiu pior do que o soneto"

A convalidação só tem lugar no caso concreto, pois o que se convalida é o ato administrativo e não a praxe administrativa. No caso, havia uma praxe administrativa *contra legem*. Na hipótese, causa espanto que uma prática administrativa *contra legem* tenha por tanto tempo sem que as diversas administrações tenham tomado providência para sanar o problema. No particular, convém relembrar os termos do artigo 116, XII da Lei 8112/1990:

> Art. 116. São deveres do servidor: (...)
> XII – representar contra ilegalidade, omissão ou abuso de poder.

Acrescente-se que a convalidação, nos termos do artigo 55 da Lei 9.784/99 exige evidência de ausência de lesão ao interesse público e ausência de prejuízo a terceiros, o que não se consegue fazer com ato geral.

Embora sejam nulas as intimações fictas (edital) sem que o interessado esteja em local incerto e não sabido, o comparecimento espontâneo do administrado pode sanar essa nulidade (Lei 9.784/99, art. 26, § 5º).[11] José dos Santos Carvalho Filho bem observa os limites do comparecimento como supridores da intimação efetuada sem as prescrições legais:

> [p]rimeiramente, só se pode considerar que o comparecimento do interessado supre a falta ou a irregularidade da intimação se esses fatos não lhe tiverem causado prejuízo. Havendo prejuízo, quer por ofensa ao direito de defesa, quer por impossibilidade de provar algum fato ou efetivar alguma diligência relevante para a tutela de seu interesse, deve a autoridade decretar a nulidade e, ao fazê-lo, deverão ser anulados também todos os atos subsequentes que decorram da intimação (Carvalho F., 2013, p. 174).

Conforme a doutrina, "vícios na intimação importarão nulidade do processo", já que estará caracterizado o cerceamento de defesa, a não ser que esta não tenha sido afetada, o que se admite quando o interessado procurou se informar e conseguiu realizar sua defesa (sentido amplo) sem qualquer sorte de prejuízo" (Fortini, Pereira e Camarão, 2012, p. 133).

A decisão proferida no REsp 2.021.212, com o devido respeito, deixou de observar o ordenamento jurídico e, em seu próprio texto, admite que a jurisprudência majoritária reconhecia a ilegalidade da norma:

> IV. Quanto ao mérito, o posicionamento adotado no *acórdão recorrido encontra amparo em alguns julgados do STJ, colegiados e singulares*. Nesse sentido: AgInt no AREsp 1.701.715/ES, Rel. Ministro Gurgel De Faria, Primeira Turma, DJe de 08.09.2021; AgInt no REsp 1.374.345/PR, Rel. Ministra Regina Helena Costa, Primeira Turma, DJe de 26.08.2016; AREsp 2.190.128/RS, Rel. Ministro Mauro Campbell Marques, DJe de 06.10.2022, decisão monocrática transitada em julgado; AREsp 2.244.689/SC, Rel. Ministra Assusete Magalhães, DJe de 05.05.2023, decisão monocrática com Agravo interno pendente de apreciação. *Há, também, decisão monocrática que, em sentido oposto,* acolhe a tese do ente público: AREsp 2.251.757/SC, Rel. Ministro Herman Benjamin, DJe de 21.09.2023, com Agravo interno pendente de apreciação. E, ainda, decisão monocrática transitada em julgado que, reconhecendo ofensa ao art. 1.022 do CPC/2015, determinou que a instância ordinária analisasse as teses do IBAMA em sua totalidade: AREsp 2.339.467/SC, Rel. Ministro Sérgio Kukina, DJe de 22.05.2023. Não há precedente colegiado da Segunda Turma do STJ, no mérito, sobre o assunto.

Segundo a argumentação da decisão proferida no REsp 2.021.212:

> IX. Quanto ao sentido que se deve atribuir ao brocardo pas de nullité sans grief, é certo que a imposição e a manutenção de penalidade, por si só, não podem ser consideradas prejuízo, sob pena de se aniquilar a utilidade do princípio, especialmente no caso *sub judice*, no qual a instrução não agravou a penalidade inicialmente imposta. O prejuízo, conceito jurídico indeterminado que é, há de ser discernido em cada caso concreto, sendo para isso imprescindível, sempre, que a decretação da nulidade se fundamente nos fatos da causa, e não em considerações de ordem abstrata.

Ora, há prejuízo concreto caso a penalidade imposta pelo AI seja mantida e a parte não tenha sido intimada para apresentar suas razões; salvo se se considerar que

---

11. Art. 26. O órgão competente perante o qual tramita o processo administrativo determinará a intimação do interessado para ciência de decisão ou a efetivação de diligências. [...] § 5º As intimações serão nulas quando feitas sem observância das prescrições legais, mas o comparecimento do administrado supre sua falta ou irregularidade.

a imposição de uma sanção administrativa (qualquer que seja) não significa prejuízo; levando o raciocínio ao extremo: não há necessidade do autuado se defender, basta que a autoridade administrativa superior mantenha os termos da autuação.

> Ocorre que é incontroverso, na situação sob exame, que a sanção fixada no auto de infração não foi agravada, pela autoridade julgadora de 1ª instância, que manteve, em tudo, a penalidade fixada na autuação. Tal circunstância foi desconsiderada, pelo Tribunal de origem, que se limitou a afirmar que o uso da via editalícia torna "evidente a nulidade da intimação realizada pelo IBAMA".

Por fim, a decisão afirma:

> Assim, pelo menos em casos como o dos autos – em que não houve demonstração de prejuízo e o processo de execução se baseia em certidão de dívida ativa revestida de presunção de certeza e liquidez (art. 3º da Lei 6.830/80) –, deve levar-se em consideração que estão em jogo atos de fiscalização ambiental realizados por praticamente uma década.

O argumento final, respeitosamente, é um incentivo para que a Administração não dote os seus órgãos de fiscalização com as estruturas necessárias para que possam desempenhar suas atribuições de forma legal e eficiente. A decisão é daquelas que podem ser classificadas como fazendárias, pois privilegia o interesse secundário do Estado e não o interesse público primário. A decisão limitou-se a defender o interesse patrimonial da Administração, ou seja, o interesse público secundário.

> o "interesse público" que justifica a intervenção do Ministério Público não está relacionado à simples presença de ente público na demanda nem ao seu interesse patrimonial (interesse público secundário ou interesse da Administração). Exige-se que o bem jurídico tutelado corresponda a um interesse mais amplo, com espectro coletivo (interesse público primário) (STJ – EREsp: 1151639 GO 2011/0148916-3, Relator: Ministro Benedito Gonçalves, Julgamento: 10.09.2014, 1ª Seção. Publicação: DJe 15.09.2014).

Há também que se considerar que a execução das multas do IBAMA é baixíssima, situação que perdurou pelas mais diversas administrações, com várias ideologias políticas.

> Das 17 entidades analisadas pelo TCU, o Inmetro ficou em primeiro lugar na lista de arrecadadores, com 332 mil multas aplicadas no período e que somaram juntas R$ 609,9 milhões. Desse total, foram arrecadados R$ 541 milhões (88,7%). *Já o IBAMA, por outro lado, só arrecadou 0,7% de um montante de R$ 13,5 bilhões relativos a 89 mil multas aplicadas no mesmo período.* Na lanterna da lista, em termos de valores, aparece a Agência Nacional das Águas (ANA) com apenas R$ 62,8 mil arrecadados relativos às penalidades pagas, embora a agência tenha aplicado somente 55 multas no período, somando R$ 85,3 mil.[12]

Em outras palavras, em uma análise consequencialista (art. 20), o impacto real não é o estampado nos valores declarados prescritos, mas, abstratamente considerado, em *parcela ínfima* do seu valor.

A anulação não é automática, ela deve ser analisada caso a caso. Não basta listar apenas processos que tenham sido cadastrados como tendo intimação para apresentar alegações finais por edital. Não apenas pela imprecisão dos registros, mas porque realmente

---

12. Disponível em: https://oglobo.globo.com/politica/tcu-de-29-bilhoes-de-multas-aplicadas-so-5-sao-arrecadados-5090853. Acesso em: 08 jan. 2025.

poderia ser caso de intimação ficta (edital), o interessado pode ter comparecido espontaneamente (com ou sem apresentação das alegações finais), a decisão de primeiro grau pode ter sido favorável (ausência de prejuízo), a intimação foi efetuada novamente junto com a manifestação para se manifestar sobre a reincidência e/ou para apresentar projeto de recuperação de danos ambientais, não ter havido instrução processual (ausência de juntada de documentos, contradita ou confecção de informação, parecer ou manifestação instrutória) ou o interessado pode ter pedido conversão em multa, abrindo mão de litigarem primeira instância sobre teses defensivas. Ademais, pode ter havido julgamento favorável ao interessado em segunda instância, pelos mais variados motivos (*v.g.*, morte, ausência de materialidade, autoria ou culpabilidade), inclusive a prescrição intercorrente ou a da pretensão punitiva sem qualquer relação com a invalidade da intimação por edital para apresentar alegações finais fora dos casos autorizados pela Lei 9.784/99 (art. 26, § 4º).

Destaque-se que a prática de seguir o decreto nem sempre era respeitada nem mesmo pela AGU, conforme se vê do Despacho do Procurador-Chefe Nacional/PFE/Ibama 179/2010 (PA 02047.001013/2005-16, 1824944, fls. 41) no qual pediu o retorno dos autos a origem "para que providenciem a notificação, via postal", do autuado para alegações finais", motivando tal despacho:

> Em que pese seja cabível a notificação por edital, diante das peculiaridades do caso, bem como do valor da multa aplicado, a intimação pelos correios se mostra mais adequada.

Há inúmeros casos nos quais mesmo publicado o edital, ordena-se nova intimação do interessado para apresentar as alegações finais conjuntamente com a manifestação sobre a reincidência, o que ocorre por carta, ou mesmo apresentação de projeto de recuperação de danos ambientais.

12.4 O JULGAMENTO ADMINISTRATIVO

A autoridade administrativa, antes de julgar o processo (art. 121), sempre que a matéria versar sobre interpretação jurídica de uma determinada situação de fato – o que ocorre na maioria dos casos –, antes de prolatar a decisão deverá solicitar parecer jurídico ao órgão da Procuradoria-geral federal, com vistas a subsidiar a decisão. O parecer não é vinculante, o que significa que a autoridade administrativa não está obrigada a acompanhar a orientação. Contudo, a prudência indica que, em boa parte dos casos, o Parecer seja observado. Nos casos de Parecer dotados de força vinculante.

> A Lei Complementar 73, de 1993 informa que o parecer aprovado pelo Advogado-Geral da União e publicado juntamente com o despacho presidencial vincula a Administração Federal, cujos órgãos e entidades ficam obrigados a lhe dar fiel cumprimento.[13]

---

13. Disponível em: https://www.gov.br/agu/pt-br/composicao/cgu/arquivos/Consolidacaodepareceresvinculantesatualizacaoam08.pdf. Acesso em: 04 jan. 2025.

A conclusão dos autos para julgamento independe da apresentação de defesa por parte do autuado, entretanto, esteja subordinada à notificação deste último.[14] A medida

14. Art. 124. Oferecida ou não a defesa, a autoridade julgadora, no prazo de trinta dias, julgará o auto de infração, decidindo sobre a aplicação das penalidades. § 1º Nos termos do que dispõe o art. 101, as medidas administrativas que forem aplicadas no momento da autuação deverão ser apreciadas no ato decisório, sob pena de ineficácia. § 2º A inobservância do prazo para julgamento não torna nula a decisão da autoridade julgadora e o processo. § 3º O órgão ou entidade ambiental competente indicará, em ato próprio, a autoridade administrativa responsável pelo julgamento da defesa, observando-se o disposto no art. 17 da Lei 9.784, de 1999.
Art. 125. A decisão deverá ser motivada, com a indicação dos fatos e fundamentos jurídicos em que se baseia. Parágrafo único. A motivação deve ser explícita, clara e congruente, podendo consistir em declaração de concordância com fundamentos de anteriores pareceres, informações ou decisões, que, neste caso, serão parte integrante do ato decisório.
Jurisprudência:
1. Não há ofensa à garantia do contraditório e da ampla defesa, inerente ao devido processo legal, quando em procedimento administrativo, o interessado, notificado, deixa, sem justa causa, de apresentar defesa no prazo legal (STF, RMS 26.027-AgR). 2. O Decreto 6.514/2008 (que dispõe sobre as infrações e sanções administrativas ao meio ambiente) estipula, em seu art. 124, que independentemente da apresentação ou não da defesa, a autoridade julgadora no prazo de trinta dias julgará o auto de infração, dispensando, assim, até mesmo alegações finais. 3. Nos termos do que dispõe o artigo 95 da Decreto 6.514/2008, o processo administrativo ambiental é orientado pelos princípios da legalidade, finalidade, motivação, razoabilidade, proporcionalidade, moralidade, ampla defesa, contraditório, segurança jurídica, interesse público e eficiência, não se exigindo esgotamento de todas as fases do processo ordinário, tampouco que se esgote todas as modalidades de intimação do autuado, exigências que são próprias do processo judicial. 4. Pelo princípio do pas de nullité sans grief, é imperiosa a demonstração de prejuízo à parte que suscita vício, pois não se declara nulidade por mera presunção. 5. Não há ofensa ao contraditório e à ampla defesa na hipótese em que o autuado se recusa a receber o auto, pois a ninguém é dado utilizar-se de sua própria torpeza para beneficiar-se. Ademais, os atos administrativos gozam de presunção de legalidade, daí porque se reconhece a ciência do auto na forma do art. 96, § 2º, Decreto 6.514/08. Notificação por edital. Inexistência de ilegalidade, abuso de poder por parte da Administração, sobretudo quando adotada as providências necessárias para garantia da ampla defesa e do contraditório ao apelado, não havendo que se falar em cerceamento de defesa. 6. Recurso do Estado de Rondônia provido (TJ-RO – AC: 70064029620188220021 RO 7006402-96.2018.822.0021, Julgamento: 20.11.2020).
***
1. Caso em que o apelo do IBAMA reclama da sentença, que julgou procedentes os pedidos formulados na inicial para declarar a inexistência de dívida referente ao Auto de Infração 704747/D, ao argumento de que fora lavrado pelo Instituto de Meio Ambiente em virtude do agravamento por reincidência manifestamente ilegal. Em consequência, condenou o demandado à restituição, em dobro, do valor pago pela autora. 2. Em verdade, não destoa da razoabilidade, menos ainda mostra-se incorreta a consideração da reincidência para a majoração da multa por parte do IBAMA. Afinal, na seara administrativa, a matéria referente à reincidência possui uma incidência diversa da vigente no âmbito penal. Enquanto na quadra penal é imprescindível o trânsito em julgado, em se tratando de matéria administrativa, não se faz necessário tal rigor em sua caracterização, mas tão somente a observância do lapso temporal entre os fatos, consoante estabelece o art. 11, do Decreto 6.514/2008: "O cometimento de nova infração ambiental pelo mesmo infrator, no período de cinco anos, contados da lavratura de auto de infração anterior confirmado no julgamento de que trata o art. 124, implica: I – aplicação da multa em triplo, no caso de cometimento da mesma infração; ou II – aplicação da multa em dobro, no caso de cometimento de infração distinta." 3. De mais a mais, restou demonstrado nos autos que à época da decisão do Processo Administrativo 02007.000038/2014-51 (que ensejou a aplicação da multa com a majoração por reincidência), já restava confirmada, mediante decisão em via administrativa, a aplicação da multa cominada no anterior Auto de Infração (de n. 704.491– D). 4. Apelação provida. mcp/cm (TRF-5 – Ap: 08083678420194058100, Relator: Desembargador Federal Paulo Roberto de Oliveira Lima, Julgamento: 1º.09.2020, 2ª Turma).
***
Trata-se de recurso inominado interposto em face da sentença que julgou improcedente a ação em que busca o autor a anulação de processo administrativo, que lhe impôs multa de R$ 6.000,00 (...) pelo cometimento da infração prevista no artigo 24 do Decreto 6514/08 (manter em cativeiro pássaro silvestre sem licença ambiental), sem que lhe tivesse sido oportunizado o contraditório e a ampla defesa. 2) A Administração Pública

tem por objetivo evitar a procrastinação indevida do julgamento do auto de infração. O exercício do direito de defesa é uma faculdade da parte e não uma obrigação. Se a defesa não for oferecida tempestivamente, mesmo que o autuado tenha sido regularmente intimado do prazo assinalado, o feito administrativo prosseguirá com o reconhecimento da "revelia" do interessado. A defesa intempestiva deverá ser anexada aos autos; diante do princípio da busca da verdade real, do interesse público da boa aplicação e da legalidade, não há impedimento para que, fundamentadamente, o julgador leve em consideração os argumentos contidos na peça.

A norma determina que o julgamento seja realizado no prazo de trinta dias, muito embora não assine qualquer sanção para a sua inobservância; muito embora disponha que a não observância dos prazos não acarreta a nulidade da decisão. Há, aqui, uma porta aberta para as delongas.

A decisão deve expor todas as questões de fato e de direito suscitadas nos autos – mesmo que sucintamente – antes de apreciá-las. A motivação (fundamentação) dos atos administrativos é uma obrigação prevista no artigo 50 e seus incisos da Lei 9784/1999; contudo, o dever de motivação não atinge apenas os atos administrativos arrolados no mencionado dispositivo legal, pois se dirigem a todos os atos administrativos, sob pena de que estes fiquem imunes ao controle de legalidade. A motivação "deve ser explícita, clara e congruente, podendo consistir em declaração de concordância com fundamentos de anteriores pareceres, informações, decisões ou propostas, que, neste caso, serão parte integrante do ato" (Lei 9.784/1999, artigo 50, § 1º). É importante consignar que a motivação não pode ser posterior à prática do ato administrativo.

> A referida motivação deve ser apresentada anteriormente ou concomitante à prática do ato administrativo, pois, caso se permita a motivação posterior, dar-se-ia ensejo para que se fabriquem, se forjem ou se criem motivações para burlar eventual impugnação ao ato. Não se deve admitir como legítima, portanto, a prática imotivada de um ato que, ao ser contestado na via judicial ou administrativa, faça com que o gestor construa algum motivo que dê ensejo à validade do ato administrativo (STJ – AgInt no AgInt no Agravo em Recurso Especial 1108757 – Pl. Relator: Ministro Napoleão Nunes Maia Filho).

O julgador deve prestar especial atenção para o § 1º do artigo 124 e, expressamente, decidir sobre as medidas cautelares noticiadas nos autos, sob pena de perda de eficácia delas, e.g., a não apreciação de um embargo acarreta a sua suspensão.

é regida a luz dos princípios constitucionais inscritos no \caput\ do artigo 37 da Carta Magna, sendo que o princípio da legalidade é a base de todos os demais princípios que instruem, limitam e vinculam as atividades administrativas. Dessa feita, o administrador público está adstrito ao princípio constitucional da legalidade e as normas de Direito Administrativo. 3) No presente, o processo administrativo foi efetivado nos termos do Decreto Federal 6514/08, não merecendo prosperar a alegação do recorrente no sentido de que irregular a fixação de multa já no momento da autuação, antes da oportunização de sua defesa. Embora no caso se trate de aplicação de multa simples, tem-se que a mesma foi arbitrada no momento da autuação, como expressamente previsto e autorizado pelo art. 10º do Decreto 6514/08, e com base no valor fixo estabelecido no art. 24, inc. I, da norma em apreço. Oportunizado, posteriormente, a interposição de recursos administrativos pelo autor, os quais restaram, ao final, motivadamente rejeitados, nos termos do art. 125, *caput*, do Decreto 6514/2008. Assim, tem-se que o auto de infração e a multa aplicada no caso encontram-se em perfeita consonância com o texto legal, não sendo possível vislumbrar qualquer abuso do agente fiscalizador, tampouco inobservância do contraditório e ampla defesa no processo administrativo em questão. 7) Sentença de improcedência da ação mantida na sua integralidade. Recurso inominado desprovido (TJ-RS – Recurso Cível: 71004981825 RS, Relator: Niwton Carpes da Silva, Julgamento: 26.05.2015, Turma Recursal da Fazenda Pública, Publicação: 09.06.2015).

Uma vez prolatada a decisão administrativa, o autuado deverá ser intimado da decisão, tal como disposto no artigo 126 do Decreto 6.514/2008.[15]

---

15. Art. 126. Julgado o auto de infração, o autuado será notificado por via postal com aviso de recebimento ou outro meio válido que assegure a certeza de sua ciência para pagar a multa no prazo de cinco dias, a partir do recebimento da notificação, ou para apresentar recurso. Parágrafo único. O pagamento realizado no prazo disposto no caput contará com o desconto de trinta por cento do valor corrigido da penalidade, nos termos do art. 4º da Lei 8.005, de 1990.

Jurisprudência:

1. Apelação Cível interposta pelo autor contra a sentença que, nos autos da ação anulatória de débito fiscal c/c nulidade de ato administrativo ajuizada contra o IBRAM – Instituto do Meio Ambiente e Recursos Hídricos do Distrito Federal, julgou parcialmente procedente o pedido para determinar a redução da multa imposta no auto de infração ambiental, de R$4.500,00 (quatro mil e quinhentos reais) para R$4.000,00 (quatro mil reais), ratificando, no mais, a plena eficácia e validade do ato administrativo. 2. Infração Ambiental consistente em utilizar espécimes da fauna silvestre em desacordo com a licença obtida, pela constatação da ausência de 4 (quatro) aves cadastradas no plantel do criador e presença de 4 (quatro) outras não registradas. 3. Apenas na hipótese de "situação regularizável" é que a norma contempla a prévia advertência e notificação do interessado para adoção das providências cabíveis, sob pena de punição mais grave (art. 45, parágrafo único, da Lei Distrital 41/1989; art. 72, inc. I, § 3º, da Lei 9.605/98; § 3º do art. 56 da Instrução Normativa 10/2011 do IBAMA). 4. Configuração da conduta de "manutenção em cativeiro de espécime da fauna silvestre sem origem legal comprovada", à qual norma prescreve a suspensão do acesso do criador ao Sistema (§ 1º do art. 56 da Instrução Normativa 10/2011 do IBAMA, que regulamenta o manejo de passeriformes da fauna silvestre brasileira) e aplicação de multa, sendo desnecessária prévia advertência. 5. Não há que se cogitar de violação à proporcionalidade se a norma contempla expressamente as sanções aplicadas. 5. Desfigura alegada violação ao contraditório ou à ampla defesa (§ 4º do art. 70 da Lei 9.605/98, art. 95 do Decreto 6.514/2008, art. 2º da Lei 9.784/99) a constatação de trâmite de Processo Administrativo, a não exigência da multa aplicada no auto de infração objeto do julgamento (art. 126 do Dec. 6.514/2008) e, ainda, a constatação de que a suspensão da licença do autuado e apreensão de aves encontra-se dentre medidas cautelares possíveis de serem adotadas pelos agentes públicos – que poderão, ou não, serem referendadas quando do julgamento da defesa administrativamente apresentada pelo autuado. 6. Idôneo o fundamento legal do auto de infração ambiental impugnado, na medida em que, tanto a Lei 9.605/98, quanto o Dec. 6.514/08, albergam as sanções administrativas derivadas de condutas e atividades lesivas ao meio ambiente. 7. Recurso do autor conhecido e desprovido (TJ-DF 20160110307138 0001787-44.2016.8.07.0018, Relator: César Loyola, Julgamento: 15.02.2017, 2ª Turma Cível, Publicação: DJE : 20.02.2017. p.: 321-338).

***

I – Em que pese a leitura do art. 72, § 3º da Lei 9.605/98 indicar a observância de suposta gradação entre as penalidades administrativas de advertência e multa simples, verifica-se que não há qualquer interdependência entre as cominações descritas na espécie, notadamente, em face da regra descrita no § 2º, deste mesmo artigo que garante a aplicação da penalidade de advertência, "sem prejuízo das demais sanções previstas". II – A todo modo, inobservadas determinadas providências contidas do Decreto 6.514/08, que dispõe, especificamente, sobre o processo administrativo federal para apuração de infrações administrativas ao meio ambiente (irregularidade quanto à notificação da empresa autuada para pagamento de multa imposta), verifica-se a viabilidade do pedido sucessivo da empresa requerente, no sentido de que seja observado o devido processo administrativo, procedendo a Administração a notificação da autuada para pagamento da multa que fora imposta, no prazo de cinco dias, ou para apresentar recurso administrativo, assegurado o desconto de trinta por cento do valor corrigido da penalidade, no caso de realização do recolhimento no prazo indicado, nos termos do art. 126 da norma em referência. III – Como consectário lógico da procedência do pedido, reputa-se indevida a inclusão do nome da empresa impetrante no CADIN, além da imposição de juros de mora quanto ao valor imposto à título de multa, sendo certo que, nos termos do art. 4º da Lei 8.005/1990, que dispõe sobre a cobrança e atualização dos créditos do IBAMA, estes serão devidos, somente, após o julgamento definitivo da infração, pelo que a sua cobrança se mostra indevida neste particular. IV – Apelação e remessa oficial parcialmente providas (TRF-1 – AMS: 201038000002592 MG 2010.38.00.000259-2, Relator: Desembargador Federal Souza Prudente, Julgamento: 13.11.2013, 5ª Turma, Publicação: e-DJF1 p. 39 de 27.11.2013).

Capítulo 13
RECURSOS

O autuado, no prazo de 20 dias da intimação da decisão em primeira instância administrativa, poderá interpor recurso voluntário.[1] O recurso voluntário é uma das

---

1. Art. 127. Da decisão proferida pela autoridade julgadora caberá recurso no prazo de vinte dias. § 1º O recurso voluntário de que trata este artigo será dirigido à autoridade que proferiu o julgamento na primeira instância, a qual, se não reconsiderar a decisão no prazo de cinco dias, o encaminhará à autoridade competente para o julgamento em segunda e última instância administrativa. § 2º O órgão ou entidade ambiental competente indicará, em ato próprio, a autoridade superior que será responsável pelo julgamento do recurso mencionado no caput. § 3º O autuado poderá exercer, no prazo a que se refere o *caput*, a faculdade prevista no § 2º do art. 148, o que caracterizará a renúncia ao direito de recorrer.

Jurisprudência:
1. O cerne da questão cinge-se à análise do direito da apelante ao processamento de seu recurso hierárquico administrativo. 2. De acordo com os documentos acostados aos autos o Impetrante foi autuado pelo IBAMA, em 12 de fevereiro de 1998, com fundamento no art. 3º, II, IV e VII; art. 24, § 3º, III e § 5º, do Decreto 6.514/2008, conforme demonstram o auto de infração número 584855, série D, o Termo de Apreensão número 359944 e o Termo de Depósito número 362013 (fls. 63, 65 e 67), em virtude de manter em cativeiro espécie de pássaro sem a devida autorização do órgão ambiental. 3. O apelante apresentou defesa escrita, com fundamento no art. 113 do Decreto número 6.514/2008 (fls. 69/88) e, após a autoridade administrativa julgadora ter homologado o auto de infração e notificado o ora recorrente, o mesmo interpôs recurso administrativo, nos moldes do art. 127 do Decreto 6.514/2008, sendo que o a pelado manteve a decisão proferida, informando que esta era irrecorrível. 4. Não obstante, o apelante apresentou recurso administrativo hierárquico, o qual teve seu seguimento negado sob a justificativa de que a Instrução Normativa 18/2003 somente permite tal modalidade de recurso para os procedimentos cuja multa seja superior a R$ 100.000,00 (cem mil reais), o que não era o caso, eis que a multa aplicada no auto de infração 584855-D resultou no valor de R$ 13.500,00 (treze mil e quinhentos reais). 5. A sentença denegou a ordem lastreada no fundamento de que "não sendo o duplo grau de jurisdição uma garantia constitucional, é suficiente que a Administração Pública assegure ao administrado o pleno acesso ao devido processo legal, ao contraditório e à ampla defesa". 6. O recurso administrativo à instância superior nos processos administrativos em que se discute infração ambiental encontra previsão no art. 71, III, da Lei 9.605/98. 7. Visando regulamentar tal norma, foi editada pelo IBAMA a Instrução Normativa 08/2003, trazendo, em seu art. 17, § 1º, a previsão de que somente será admitida interposição de recurso administrativo da decisão recorrida proferida pelo Presidente do IBAMA ao Ministro de Estado do Meio Ambiente nos procedimentos, cujo valor da multa seja superior a R$ 100.000,00 (cem mil reais). 8. A autoridade administrativa ambiental ao editar a referida instrução normativa restringiu a interposição de recurso administrativo hierárquico, impondo um limite objetivo que não se encontrava previsto na lei que lhe conferiu fundamento de validade. 1 9. Na mesma linha da Instrução Normativa 18 de 2003, o IBAMA editou a Instrução Normativa 14 de 2009, mencionada na decisão que negou seguimento ao recurso do apelante e que, em seu art. 5º, estabelece que das decisões proferidas em grau de recurso pelo Superintendente, no âmbito da Presidência do IBAMA, não cabe recurso, mais uma vez inovando no ordenamento jurídico e restringindo o direito de defesa positivado na Lei 9.605/98. 10. Ainda que o princípio do duplo grau de jurisdição não possua substrato constitucional, se uma lei em sentido estrito o positiva, o mesmo somente poderá ser restringido por outra norma de igual hierarquia, não cabendo aos atos administrativos, incluindo-se dentre eles as instruções normativas, inovar no ordenamento jurídico, estabelecendo ressalvas quanto à interposição de recursos administrativos quando a lei não faz qualquer menção a este respeito, em ofensa ao princípio da legalidade, da ampla defesa e do devido processo legal. 11. Como bem destacado pelo Parquet federal, em sua manifestação de fls. 556/559: "aos atos administrativos cabe tão somente interpretar a legislação ou unificá-la, nos casos em que leis que versem sobre a mesma matéria

modalidades de recursos previstas no Decreto 6.514/2008; Ele é acessível ao autuado ou, eventualmente, a uma terceira parte que possa ser atingida pela decisão proferida nos autos. O artigo 9º da Lei 9.784/1999 indica como legitimados (interessados) as (1) pessoas físicas ou jurídicas que o iniciem como titulares de direitos ou interesses individuais ou no exercício do direito de representação; (2) aqueles que, sem terem iniciado o processo, têm direitos ou interesses que possam ser afetados pela decisão a ser adotada; (3) as organizações e associações representativas, no tocante a direitos e interesses coletivos; (4) as pessoas ou as associações legalmente constituídas quanto a direitos ou interesses difusos.

O artigo 131 do Decreto 6514/2008 determina que o recurso "não será conhecido quando interposto" por "quem não seja legitimado" (artigo 131, III). A contrário senso, qualquer legitimado poderá apresentar recurso com vistas a obter a reforma de uma decisão administrativa terminativa prolatada nos autos de um processo sancionatório. Em princípio, as decisões proferidas nos autos de infração são de três tipos, conforme definição do artigo 6º da IN IBAMA 19/2023: (1) decisão sobre a reparação pelos danos ambientais: a decisão sobre a existência dos pressupostos necessários à configuração da responsabilidade do agente pela reparação de danos ambientais; (2) decisão de primeira instância: a decisão exarada quando do julgamento do auto de infração ambiental, contra o qual cabe recurso e (3) decisão de segunda instância: a decisão exarada quando do julgamento de recurso. Dado que a conversão da multa em serviços de preservação, de melhoria e de recuperação da qualidade do meio ambiente é uma das formas de encerramento do processo, artigo 96, § 5º, II, c.

Uma organização ambientalista, legalmente constituída, poderá, e.g., recorrer contra um projeto de conversão de multa que, em seu entendimento, não atenda às necessárias condições legais e ambientais. A propósito, os artigos 6º e 8º[2] do Acordo de Escazú[3] dispõem amplamente sobre o direito de recursos administrativos em matéria ambiental.

---

estiverem esparsas. Ou seja, sua função é tão somente auxiliar na legislação, mas jamais inovar, pois, caso contrário, se estará diante de invasão de competência legislativa e o ato, por consequência, será inconstitucional." 12. Este egrégio Tribunal já firmou entendimento no mesmo sentido em caso análogo: (TRF-2ª Região, AC 0 01727950.2013.4.02.0000, Rel. Des. Fed. José Antonio Neiva, julg. 26.03.2014). 13. Deste modo, impõe-se o reconhecimento da ilegitimidade da decisão administrativa que negou seguimento ao recurso hierárquico do apelante. 14. Apelação provida para, reformando a sentença, conceder a ordem e determinar o recebimento do recurso hierárquico interposto pelo apelante à autoridade superior, para apreciação e julgamento (TRF-2 – AC: 00057774920134025001 ES 0005777-49.2013.4.02.5001, Relator: Alcides Martins, Julgamento: 21.09.2017, 5ª Turma Especializada).

2. Artigo 6º Geração e divulgação de informação ambiental.
(...) 3. Cada Parte contará com um ou mais sistemas de informação ambiental atualizados, que poderão incluir, entre outros: (...) j) informações sobre a imposição de sanções administrativas em questões ambientais.
Artigo 8º Acesso à justiça em questões ambientais
(...) 2. Cada Parte assegurará, no âmbito de sua legislação nacional, o acesso a instâncias judiciais e administrativas para impugnar e recorrer, quanto ao mérito e procedimento: (...) c) qualquer outra decisão, ação ou omissão que afete ou possa afetar de maneira adversa o meio ambiente ou infringir normas jurídicas relacionadas ao meio ambiente.

3. Mensagem 209/2023 enviada pelo Executivo ao Congresso Nacional.

A outra modalidade de recurso é o chamado reexame necessário ou recurso de ofício, definido pelo artigo 127-A[4] do Decreto 6.514/2008. A IN IBAMA 19/2023 não trata do reexame necessário. A Instrução Normativa Conjunta MMA/IBAMA/ICMBio 1/2021, em seu artigo 104, define as seguintes hipóteses de cabimento do reexame necessário: (1) de decisão de readequação ou redução em mais de 50% do valor da multa indicada; ou (2) de decisão pela extinção de processo ou de readequação ou redução de sanção sobre auto de infração cujo valor indicado seja igual ou superior a 500 mil reais. As hipóteses de não cabimento são as seguintes: (1) contra decisão de declaração de nulidade do auto de infração, quando a conduta for objeto de nova autuação; (2) quando houver assinatura de termo de compromisso de conversão de multa, ainda que a decisão tenha reduzido o valor da multa indicada; e (3) nas hipóteses previstas no art. 117 da própria IN.[5]

O recurso de ofício deve constar da própria decisão recorrida e, obviamente, não demanda fundamentação. A sua remessa à autoridade superior somente se dá após o decurso de prazo para o recurso voluntário do autuado.

É importante consignar que o reexame necessário (recurso de ofício), embora não previsto na IN IBAMA 19/2023 deve ser aplicado, pois dado que ela não tratou da matéria, não há qualquer revogação da Instrução Normativa Conjunta já mencionada.

A interposição de recursos administrativos, como regra, não tem efeito suspensivo,[6] de forma que a decisão proferida tem execução imediata. Nos casos em que a decisão

---

4. Art. 127-A. O julgamento proferido em primeira instância estará sujeito ao reexame necessário nas hipóteses estabelecidas em regulamento do órgão ou da entidade ambiental competente. Parágrafo único. O recurso de ofício será interposto mediante declaração na própria decisão.

5. Art. 117. Extingue a punibilidade: I – a prescrição da pretensão punitiva; II – a morte do autuado antes do trânsito em julgado administrativo, comprovada por certidão de óbito; III – a retratação do autuado, nos casos admitidos; e IV – a anistia. § 1º Não cabe recurso de ofício ou pedido de revisão contra a decisão que julga extinta a punibilidade da multa. § 2º O auto de infração com punibilidade extinta não gera reincidência. § 3º Na hipótese do inciso I, a autoridade julgadora competente determinará a apuração de responsabilidade funcional.

6. Art. 128. O recurso interposto na forma prevista no art. 127 não terá efeito suspensivo. § 1º Na hipótese de justo receio de prejuízo de difícil ou incerta reparação, a autoridade recorrida ou a imediatamente superior poderá, de ofício ou a pedido do recorrente, conceder efeito suspensivo ao recurso. § 2º Quando se tratar de penalidade de multa, o recurso de que trata o art. 127 terá efeito suspensivo quanto a esta penalidade.

   Jurisprudência:

   Segundo a dicção dos arts. 125, 127 e 128, § 2º, do Decreto Federal 6.514/2008, a decisão proferida em processo administrativo relativo a auto de infração ambiental deve ser motivada e dela cabe recurso ao CONSEMA, no prazo de 20 dias, com efeito suspensivo em caso de imposição de penalidade de multa. Demais disso, o Supremo Tribunal Federal firmou o entendimento de que padece de inconstitucionalidade a exigência do depósito da multa como condição para a interposição de recurso administrativo (Súmula Vinculante 21) (TJ-SC – MS: 20100529226 Tubarão 2010.052922-6, Relator: Luiz Cézar Medeiros, Julgamento: 19.10.2010, 3ª Câmara de Direito Público).
   ***

   I Trata-se de agravo interno interposto pelo Instituto Brasileiro do Meio Ambiente e dos Recursos Naturais Renováveis – IBAMA em face da decisão que negou seguimento ao seu recurso especial, por considerar que o acórdão de apelação está alinhado ao entendimento do STJ no REsp 1.115.078/RS, julgado sob o rito dos recursos repetitivos, segundo o qual o termo inicial da prescrição da pretensão executiva de créditos não tributários é a constituição definitiva do crédito, que se dá com o término do processo administrativo de apuração da infração e constituição da dívida. II – O art. 1º-A da Lei 9.873/99 dispõe que o termo inicial de tal pretensão é a constituição

implique na confirmação de multa, o efeito suspensivo é de direito, pois a multa somente será exigível após a decisão administrativa final.

O autuado poderá requerer a concessão de efeito suspensivo para o seu recurso desde que demonstre "justo receio de prejuízo de difícil ou incerta reparação". A autoridade recorrida, ou a superior, identificando a possibilidade de a decisão causar prejuízo de incerta ou difícil reparação, também poderão atribuir efeito suspensivo ao recurso interposto.

O artigo 129 estabelece que a "autoridade responsável pelo julgamento do recurso poderá confirmar, modificar, anular ou revogar, total ou parcialmente, a decisão recorrida." Ora, com todo respeito, se ela não pudesse fazê-lo, qual seria o sentido de recorrer?

As hipóteses de não conhecimento do recurso estão previstas no artigo 130, não trazendo nada de novo.[7]

---

definitiva do crédito, após o término regular do processo administrativo. III – A controvérsia existente nos autos é a data em que o processo administrativo foi encerrado. O acórdão de apelação reputa que tal ocorreu após o vencimento da multa desacompanhado da interposição de recurso administrativo. O recorrente, a seu turno, considera que o processo administrativo encerrou-se com a notificação do devedor sobre a homologação de seu auto de infração. IV – O STJ perfilha a intelecção proposta pela agravante. Precedente: Processual civil e administrativo. Ação rescisória. Execução fiscal. Multa (infração ambiental). prazo prescricional. Início do cômputo. Constituição definitiva do crédito. 1. A Primeira Seção desta Corte, sob a sistemática dos recursos repetitivos, no julgamento do REsp 1.112.577/SP (julgado em 09.12.2009, DJe 08.02.2010) e do REsp 1.115.078/RS (julgado em 24.03.2010, DJe 06.04.2010), ambos da relatoria do em. Ministro Castro Meira, firmou, entre outras, as seguintes teses: a) "Prescreve em cinco anos, contados do término do processo administrativo, a pretensão da Administração Pública de promover a execução da multa por infração ambiental" e b) "O termo inicial do prazo prescricional para o ajuizamento da ação executória 'é a constituição definitiva do crédito, que se dá com o término do processo administrativo de apuração da infração e constituição da dívida." 2. No caso, com espeque no art. 485, V, do CPC/1973, o IBAMA propôs ação rescisória em que questiona o transcurso do prazo prescricional para a cobrança de multa por infração ambiental, ao argumento de que seu início se dá a partir "da data da constituição definitiva do crédito não tributário e não da data da notificação do débito do devedor", tendo sido violados os arts. 1º e 1º-A da Lei 9.873/1999. 3. A decisão rescindenda assentou que "é de cinco anos o prazo prescricional para o ajuizamento de execução fiscal de cobrança de multa de natureza administrativa, contado do momento em que se torna exigível o crédito (artigo 1º do Decreto 20.910/1932)", sendo que o Regional contou o prazo inicial da prescrição da data em que o autuado foi cientificado do indeferimento do primeiro dos dois recursos administrativos apresentados, em 08.03.1999, ambos dotados de efeito suspensivo, a teor dos arts. 128, § 2º, e 130, § 3º, do Decreto 6.514/2008. 4. Havendo o processo administrativo se ultimado em 17.02.2000 (de cuja decisão final o infrator, ora réu, teve ciência em 03.03.2000) e tendo sido o autuado notificado para pagar o valor da multa até 1º.04.2000 – data após a qual a dívida poderia ser cobrada judicialmente –, não há que se falar em prescrição, porquanto proposto o executivo fiscal em 20.08.2004. 5. Pedido procedente (AR 4.928/RS, Rel. Ministro Gurgel de Faria, Primeira Seção, julgado em 25.09.2019, DJe 25.10.2019). V – Agravo interno parcialmente provido para encaminhar o processo ao órgão julgador para realização do juízo de retratação, nos termos do art. 1.030, II, do CPC/2015 (TRF-1 – AGTAC: 00108731520184019199, Relator: Desembargador Federal Francisco de Assis Betti, Julgamento: 26.11.2021, 7ª Turma, Publicação: PJe 26.11.2021).

7. Art. 131. O recurso não será conhecido quando interposto: I – fora do prazo; II – perante órgão ambiental incompetente; ou III – por quem não seja legitimado.
Jurisprudência:
Inexiste ilegalidade no ato administrativo, porquanto o indeferimento do primeiro recurso e consequente intempestividade do sucessivo recurso, decorreu de falha na representação do impetrante que deixou de outorgar ao advogado que subscreve a referida peça poderes para representá-lo (TRF-4 – AC: 50051032320164047200 SC 5005103-23.2016.4.04.7200, Relatora: Marga Inge Barth Tessler, Julgamento: 07.10.2021, 3ª Turma).

Capítulo 14
DO PROCEDIMENTO RELATIVO À DESTINAÇÃO DOS BENS E ANIMAIS APREENDIDOS

O julgamento do AI deverá dispor sobre a destinação dos bens apreendidos que não tenham sido apreendidos pela fiscalização, quando identificada a prática de infração ambiental que comporte a medida.

A administração ambiental, ao confirmar as decisões administrativas de aplicação da pena de perdimento dos bens apreendidos, deve dar-lhes destino adequado, de forma a desincentivar as ações ilícitas e praticadas em desfavor do meio ambiente. Em princípio a decisão administrativa é autoexecutória e não há necessidade de que o Estado se socorra do Poder Judiciário para implementá-la. Obviamente que, na hipótese em que o Judiciário, de alguma maneira, reverta o administrativamente determinado, o suposto infrator deverá ser indenizado dos danos dos prejuízos causados pela efetivação da decisão administrativa.

Os produtos perecíveis deverão ser doados.[1] Muito embora a norma não mire para quem deva ser efetivada a doação, parece-me evidente que a medida se justifica quando

---

1. Art. 134. Após decisão que confirme o auto de infração, os bens e animais apreendidos que ainda não tenham sido objeto da destinação prevista no art. 107, não mais retornarão ao infrator, devendo ser destinados da seguinte forma: I – os produtos perecíveis serão doados; II – as madeiras poderão ser doadas a órgãos ou entidades públicas, vendidas ou utilizadas pela administração quando houver necessidade, conforme decisão motivada da autoridade competente; III – os produtos e subprodutos da fauna não perecíveis serão destruídos ou doados a instituições científicas, culturais ou educacionais; IV – os instrumentos utilizados na prática da infração poderão ser destruídos, utilizados pela administração quando houver necessidade, doados ou vendidos, garantida a sua descaracterização, neste último caso, por meio da reciclagem quando o instrumento puder ser utilizado na prática de novas infrações; V – os demais petrechos, equipamentos, veículos e embarcações descritos no inciso IV do art. 72 da Lei 9.605, de 1998, poderão ser utilizados pela administração quando houver necessidade, ou ainda vendidos, doados ou destruídos, conforme decisão motivada da autoridade ambiental; VI – os animais domésticos e exóticos serão vendidos ou doados. VII – os animais da fauna silvestre serão libertados em seu hábitat ou entregues a jardins zoológicos, fundações, centros de triagem, criadouros regulares ou entidades assemelhadas, desde que fiquem sob a responsabilidade de técnicos habilitados.
Jurisprudência:
Termos de Apreensão e Depósito lavrados em face do depósito de madeira pelo Apelante em local não autorizado pelo Instituto de Proteção Ambiental do Amazonas (IPAAM), cuja decisão administrativa mantém o contido no respectivo Auto de Infração. Ausência de recurso administrativo; – A doação do produto florestal, sujeito à autorização e apreendido em razão de ilícito administrativo, tem respaldo legal – art. 25 da Lei 9.605/98 e, no caso concreto, art. 134 do Decreto 6.514/2008 – bastando que se faça prévia avaliação da madeira apreendida, a fim de assegurar eventual ressarcimento (art. 105, parágrafo único, do mencionado Decreto); – Trâmite do processo administrativo em consonância com as disposições legais previstas, cuja constatação desautoriza

as indenizações por danos moral e material postuladas; – Recurso conhecido e não provido (TJ-AM – AC: 07080584320128040001 Manaus, Relator: Abraham Peixoto Campos Filho, Julgamento: 16.02.2023, 3ª Câmara Cível, Publicação: 16.02.2023).

***

O contraditório e a ampla defesa serão assegurados em eventual ação penal a ser instaurada para a apuração dos crimes ambientais imputados e não no incidente instaurado, ainda em sede investigativa, que visa apenas dar ao produto florestal apreendido, sujeito à deterioração, a destinação que determina a Lei. A doação de madeiras apreendidas em razão de ilícito administrativo tem respaldo legal – art. 25 da Lei 9.605/98 e arts. 134 e 135 do Decreto 6.514/2008 – bastando que se faça prévia avaliação delas, a fim de assegurar eventual ressarcimento, em caso de anulação, cancelamento ou revogação, definitivos, da apreensão, nos termos do art. 105, parágrafo único, do mencionado Decreto. Prevalece no ordenamento jurídico pátrio a independência das instâncias, de modo que, ainda que a infração administrativa tenha sido tornada insubsistente perante o órgão ambiental, é preciso relembrar que as investigações estão em andamento através de inquérito policial, o que pode desaguar na deflagração de ação penal contra o recorrente por delito ambiental, independentemente da solução administrativa (TJ-MS – Recurso em Sentido Estrito: 0900057-90.2018.8.12.0021 Três Lagoas, Relator: Des. Luiz Gonzaga Mendes Marques, Julgamento: 15.09.2021, 2ª Câmara Criminal, Publicação: 17.09.2021).

***

Art. 135. Os bens apreendidos poderão ser doados pela autoridade competente para órgãos e entidades públicas de caráter científico, cultural, educacional, hospitalar, penal, militar e social, bem como para outras entidades sem fins lucrativos de caráter beneficente. Parágrafo único. Os produtos da fauna não perecíveis serão destruídos ou doados a instituições científicas, culturais ou educacionais.

***

Art. 136. Tratando-se de apreensão de substâncias ou produtos tóxicos, perigosos ou nocivos à saúde humana ou ao meio ambiente, as medidas a serem adotadas, inclusive a destruição, serão determinadas pelo órgão competente e correrão a expensas do infrator.

***

Art. 137. O termo de doação de bens apreendidos vedará a transferência a terceiros, a qualquer título, dos animais, produtos, subprodutos, instrumentos, petrechos, equipamentos, veículos e embarcações doados. Parágrafo único. A autoridade ambiental poderá autorizar a transferência dos bens doados quando tal medida for considerada mais adequada à execução dos fins institucionais dos beneficiários.

Jurisprudência:

1. O Superior Tribunal de Justiça, em julgamento de Recurso Especial sujeito ao regime do art. 1.036 do CPC, fixou a tese segundo a qual A apreensão do instrumento utilizado na infração ambiental, fundada na atual redação do § 4º do art. 25 da Lei 9.605/1998, independe do uso específico, exclusivo ou habitual para a empreitada infracional". (Tema 1036, REsp 1814944/RN, Rel. Ministro Mauro Campbell Marques, Primeira Seção, julgado em 10.02.2021, DJe 24.02.2021). 2. O direito a um meio ambiente ecologicamente equilibrado possui o status de decisão fundamental do Estado brasileiro, já que, na dicção do art. 225 da Constituição Federal, ele é essencial à qualidade de vida e, por essa razão, intrinsecamente ligado ao princípio da dignidade da pessoa humana, um dos princípios fundantes da república. 3. As disposições presentes na Lei 9.605/98 e em seus atos regulamentares devem ser interpretadas de modo a se assegurar máxima eficácia às medidas administrativas voltadas à prevenção e à recuperação ambiental, sem que isso implique, necessariamente, em uma autorização expressa à vulneração de outros direitos constitucionalmente assegurados. 4. A apreensão de veículo utilizado na prática de infração ambiental encontra expressa previsão na legislação de regência (Lei 9.605/98, arts. 25, *caput*, e 72, IV, c/c o art. 70, caput), sujeitando-se, inclusive, à pena de perdimento, nos termos do § 5º do referido art. 25 do mesmo diploma legal. Do mesmo modo, o art. 101 do Decreto 6.514/2008 permite ao agente autuante, no uso do seu poder de polícia e dentro de sua discricionariedade, determinar a apreensão dos bens utilizados no cometimento do ilícito, como medida administrativa necessária e suficiente à prevenção de novas infrações, à recuperação ambiental e à garantia do resultado útil do processo administrativo. 5. Particularizando para processos administrativos relativos a infrações ambientais, a determinação presente no art. 5º, LV, da Constituição Federal e no art. 95 do Decreto 6.514/2008 estabelece a observância do contraditório e da ampla defesa, bem como dos princípios da legalidade, finalidade, motivação, razoabilidade e proporcionalidade, adotando também como critério informador a vedação a restrições e sanções em medida superior àquelas estritamente necessárias ao atendimento do interesse público (art. 95 do Dec. 6.514/2008 c/c art. 2, VI, da Lei 9.784/99). 6.

Hipótese em que a decisão administrativa proferida no processo administrativo 02010.000725/2011-75 e os documentos juntados aos autos, em destaque o Auto de Infração e Apreensão 706334, série D e o Termo de Apreensão 612626, série C, informam que os veículos propriedade do autor foram apreendidos cautelarmente pela autoridade federal competente por transportar 40,264 m3 de madeira serrada em desacordo com a licença ambiental outorgada pela autoridade ambiental competente, que apesar do desconto de 20% da volumetria obtida chegou-se ao excedente de 6,366 m3. Tal infração fez incidir o disposto nos art. 70, I, e 72, II e VII, da Lei 9.605/98; bem como os art. 3º, II, VII; e 47, do Decreto 6.514/98. Findo o processo administrativo, foi declarado então o perdimento do bem, nos termos do § 4º do art. 25 da Lei 9.605/98. 7. Na espécie, a apreensão realizada e a aplicação da pena de perdimento se deram de forma regular tanto em aspectos formais quanto em aspectos materiais, não havendo que se falar em qualquer ilegalidade na condução do respectivo processo administrativo ou mesmo em seu deslinde, mormente se consideradas as disposições normativas que determinam a impossibilidade de restituição dos bens ao infrator e sua destinação nos moldes da legislação em vigor, tais quais as previsões dos arts. 102, 104, 134 e 137 do Decreto 6.514/2008. 8. Desnecessidade de discussão acerca da boa-fé do proprietário dos veículos e demais maquinários eventualmente apreendidos, em razão do princípio da solidariedade em matéria ambiental, devendo ser responsabilizados nos âmbitos cível, administrativo e criminal todos aqueles que concorreram para a infração. (MS 0008139-63.2012.4.01.4200, Desembargador Federal Souza Prudente, Quinta Turma, e-DJF1 08.05.2018). 9. À míngua de qualquer outro elemento nos autos capaz de infirmar a legalidade do ato administrativo impugnado ou a inadequação e desproporcionalidade da medida, e à vista do antes assinalado, não se divisa direito líquido e certo a ser amparado na presente ação, havendo de ser reformada a sentença que declarou nulo o termo de apreensão, exclusivamente em face da autora, e determinou a liberação definitiva do veículo descrito na inicial (Volvo/FH 400, 6 X 2T, ANO FAB 2008, placa JVJ 2943, Carreta S. Reboque e Aberta SR/Guerra, Ano/MOD 2008, placa NKQ 8724, Vermelha, Carreta S. Reboque e Aberta SR/Guerra, Ano/MOD 2008, placa NKQ 3614, Vermelha). 10. Apelação do Ibama a que se dá provimento para, reformando a sentença, julgar improcedentes os pedidos, restituindo a validade do termo de apreensão impugnado, bem como a eficácia da derradeira decisão administrativa proferida no respectivo processo administrativo. 11. Inversão dos honorários advocatícios, imputando-os ao autor, ora apelado, no percentual de 10% sobre o valor da causa, de R$ 12.079,20 (doze mil e setenta e nove reais e vinte centavos) (TRF-1 – AC: 00044725920174013500, Relatora: Desembargadora Federal Daniele Maranhão Costa, Julgamento: 16.03.2022, 5ª Turma, Publicação: PJe 31.03.2022).

***

Art. 138. Os bens sujeitos à venda serão submetidos a leilão, nos termos do § 5º do art. 22 da Lei no 8.666, de 21 de junho de 1993. Parágrafo único. Os custos operacionais de depósito, remoção, transporte, beneficiamento e demais encargos legais correrão à conta do adquirente.

Jurisprudência:

1. Trata-se, na origem, de Ação Ordinária movida pelo Ibama objetivando a devolução de madeiras apreendidas, conforme auto de apreensão, ou, caso a prestação não seja possível, a entrega do equivalente em dinheiro pelo recorrido, na qualidade de depositário fiel. 2. O pedido foi julgado procedente para condenar o recorrido a pagar ao Ibama a quantia equivalente em dinheiro, a título de indenização pelo extravio/deterioração das madeiras apreendidas, conforme o referido auto de apreensão/depósito. Determinou-se ainda que a indenização fosse revertida em doação "a instituições científicas, hospitalares, penais e outras com fins beneficentes", nos termos do artigo 25, § 3º, da Lei 9.605/1998. 3. Em seu Recurso Especial, o Ibama alega ter havido julgamento extra petita, uma vez que o Tribunal a quo, ao decidir que os valores eventualmente arrecadados fossem destinados a instituições beneficentes, extrapolou os limites do pedido. 4. Nos termos da jurisprudência do STJ, não há julgamento ultra petita quando se decide questão que é reflexo do pedido na exordial. O pleito inicial deve ser interpretado em consonância com a pretensão deduzida na exordial como um todo, sendo certo que o acolhimento do pedido além do apresentado naquela peça implica julgamento extra petita. 5. Na hipótese, o pedido presente na inicial foi claro no sentido de haver a restituição do bem ou seu equivalente em pecúnia. Logo, o provimento jurisdicional, ao adentrar no mérito administrativo, foi além do pedido. 6. Ademais, no caso dos autos, conforme relatado, a madeira foi apreendida, pois constatada infração de desmatamento ilegal. Confirmado o auto de infração em julgamento definitivo, o Decreto 6.514/2008, que é o regulamento da Lei 9.605/1998, assim dispõe: Art. 134. Após decisão que confirme o auto de infração, os bens e animais apreendidos que ainda não tenham sido objeto da destinação prevista no art. 107, não mais retornarão ao infrator, devendo ser destinados da seguinte forma: II – as madeiras poderão ser doadas a órgãos ou entidades públicas, vendidas ou utilizadas pela administração quando houver necessidade, conforme decisão motivada da auto-

o beneficiário é uma instituição beneficente reconhecida, ou quando do se tratar de escola ou hospital público, estabelecimentos penitenciários e similares. Penso que no que se refere aos produtos perecíveis, a doação por ser imediata, devendo o suposto infrator ser indenizado, caso ao final seja decidido pela regularidade de sua conduta.

A operacionalização dos artigos 134, 135, 136, 137 e 138 foi normatizada pela IN IBAMA 19/2023, artigos 45/50. Os produtos e subprodutos, instrumentos, petrechos, equipamentos, veículos e embarcações apreendidos serão destinados mediante uma das seguintes modalidades: (1) venda ou leilão; (2) doação; ou (3) destruição ou inutilização.

Em relação à destinação de animais apreendidos as hipóteses de destinação são: (1) os animais silvestres nativos serão, prioritariamente, libertados em seu hábitat natural ou entregues a centros de triagem; (2) os animais exóticos serão repatriados ou entregues a criadouros conservacionistas, mantenedouros ou jardins zoológicos; (3) os animais de produção serão leiloados ou doados; (4) os animais domésticos serão doados.

ridade competente; Art. 138. Os bens sujeitos à venda serão submetidos a leilão, nos termos do § 5º do art. 22 da Lei 8.666, de 21 de junho de 1993. 7. Com base no arcabouço jurídico apresentado, é evidente que a decisão sobre a destinação dos bens apreendidos é do Ibama. Dessa forma, ajuizada a ação de devolução/indenização pelo depósito da madeira, não cabe ao magistrado interferir no mérito administrativo para deliberar sobre a destinação do bem. 8. Recurso Especial do Ibama provido (STJ – REsp: 1446382 PR 2013/0158102-3, Relator: Ministro Herman Benjamin, Julgamento: 09.06.2015, 2ª Turma, Publicação: DJe 26.11.2019).

Capítulo 15
PROCEDIMENTO DE CONVERSÃO DE MULTA SIMPLES EM SERVIÇOS DE PRESERVAÇÃO, MELHORIA E RECUPERAÇÃO DA QUALIDADE DO MEIO AMBIENTE

15.1 PROGRAMA NACIONAL DE CONVERSÃO DE MULTAS DO IBAMA (PNCMI)

A conversão de multas simples em serviços de preservação, melhoria e recuperação da qualidade do meio ambiente é uma política instituída pelo artigo 139[1] do Decreto 6.514/2008, desde a sua redação original, *verbis*:

---

1. Art. 139. Fica instituído o Programa de Conversão de Multas Ambientais emitidas por órgãos e entidades da União integrantes do Sistema Nacional do Meio Ambiente – Sisnama. Parágrafo único. A autoridade competente, nos termos do disposto no § 4º do art. 72 da Lei 9.605, de 1998, poderá converter a multa simples em serviços de preservação, de melhoria e de recuperação da qualidade do meio ambiente, exceto as multas decorrentes de infrações ambientais que tenham provocado morte humana e outras hipóteses previstas em regulamento do órgão ou da entidade ambiental responsável pela apuração da infração ambiental.

    Jurisprudência:
    Trata-se de remessa necessária, tida por consignada, e de recurso de apelação interposto pelo IBAMA em face da sentença que, ao julgar parcialmente procedentes os embargos à execução opostos por Evandro Raasch, determinou a conversão da pena de multa aplicada, no valor de R$ 10.500,00 (dez mil e quinhentos reais), por meio do Auto de Infração de n. 303.123/D, em serviços de preservação, melhoria e recuperação da qualidade do meio ambiente, nos termos do art. 72, § 4º, da Lei 9.605/1998 e do art. 139 do Decreto 6.514/2008. Sem condenação ao pagamento dos honorários advocatícios e sem custas, nos termos do art. 4º da Lei 9.289/96 – Cinge-se a controvérsia na possibilidade de conversão da pena de multa aplicada pelo IBAMA ao embargante, no valor de R$ 10.500,00 (dez mil e quinhentos reais), por meio do Auto de Infração de n. 303.123/D, em decorrência do mesmo ter mantido espécime da fauna silvestre, em cativeiro, em desacordo e sem autorização ambiental competente, em prestação de serviços ambientais, nos termos do art. 72, § 4º, da Lei 9.605/1998 e do art. 139 do Decreto 6.514/2008 – Adota-se, como razões de decidir, a bem lançada sentença que, detalhadamente, apreciou a matéria objeto da remessa necessária, tida por consignada, e do recurso sob análise, estando em consonância com a jurisprudência deste E. Tribunal. Precedentes – Cumpre destacar que o IBAMA, em suas razões recursais, defende a conformidade da multa aplicada ao embargante com a legislação pátria. Todavia, não se discute, neste recurso, a validade da penalidade, uma vez que o próprio embargante narra que, de fato, encontrou os pássaros machucados nos arredores de sua residência, tendo-lhes acolhido para fins de tratamento, sem contudo noticiar às autoridades competentes. Além disso, o embargante não se insurgiu em face da sentença prolatada, que reconheceu a prática de infração ambiental – Ademais, a autarquia federal descreve, exaustivamente, o procedimento 1 a ser seguido para fins de conversão da multa em prestação de serviços ambientais, nos termos do art. 72, § 4º,

Art. 139. A autoridade ambiental poderá, nos termos do que dispõe o § 4º .do art. 72 da Lei 9.605, de 1998, converter a multa simples em serviços de preservação, melhoria e recuperação da qualidade do ambiente.

A atual redação do *caput* do artigo foi atribuída pelo Decreto 9.179/2017, indicando que o programa de conversão é de "multas ambientais emitidas por órgãos e entidades da União integrantes do Sistema Nacional do Meio Ambiente". Na prática, todos os entes públicos que adotem o decreto podem instituir o tal programa.

> Prevista há vinte anos pela Lei de Crimes Ambientais – LCA (Lei 9.605/1998), a conversão de multas aplicadas pelos órgãos do Sistema Nacional do Meio Ambiente (Sisnama) em serviços voltados à preservação, melhoria e recuperação da qualidade ambiental foi objeto de aperfeiçoamento normativo extremamente relevante com a edição do Decreto 9.179 em outubro de 2017, que alterou o Decreto 6.514/2008, o regulamento da LCA. O Ibama participou da formulação das novas regras disciplinadoras desse instituto jurídico e tem envidado grandes esforços para sua imediata aplicação (Ibama, 2018, p. 1).

O Decreto 9.760/2019 acrescentou o parágrafo único ao artigo, com a seguinte redação: "[a] multa simples pode ser convertida em serviços de preservação, melhoria e recuperação da qualidade do meio ambiente, excetuadas as multas decorrentes de infrações ambientais que tenham provocado mortes humanas". Em 2022, o Decreto 11.080, deu nova redação ao parágrafo único que ficou assim redigido: "[a] autoridade

---

da Lei 9.650/98 e dos arts. 139 a 148, do Decreto 6.514/2008. Contudo, não relaciona tal procedimento com o caso concreto, em especial, as circunstâncias em que os 3 (três) pássaros foram encontrados pelo embargante, a gravidade e as consequências da infração para a saúde pública e meio ambiente, a motivação do infrator, seus antecedentes, a sua condição econômica, fatores esses que devem ser avaliados pelo IBAMA, no âmbito de sua competência sancionadora, na forma art. 6º da Lei 9.605/98 –Nesse sentido, ainda que o Judiciário não deva, por razões de prudência e deferência, adentrar no mérito dos atos administrativos, com destaque para aqueles que exigem análise técnica por parte dos agentes da Administração Pública, não está impedido de aferir a sua compatibilidade com os princípios constitucionais. Na espécie, não se afigura razoável a simples alegação do IBAMA de que a conversão da pena de multa em prestação de serviços ambientais é prerrogativa discricionária, sem ao menos justificar, com base nas circunstâncias do caso, a sua decisão negativa. Tal conclusão é reforçada pelo fato de que o embargante não possui condição financeira para arcar com o valor da multa, a qual se encontra, atualmente, ainda mais elevada, conforme Certidão de Dívida Ativa 63527 (fl. 166) – Ademais, não se vislumbra nos autos elemento de prova capaz de refutar a narrativa do embargante, especialmente no que diz respeito a sua condição econômica. Desse modo, afigura-se desproporcional a medida adotada pelo IBAMA. Com efeito, a aplicação da multa fere o subprincípio da adequação, uma vez que a expropriação do embargante se revela inútil, não cumprindo com sua finalidade punitivo-pedagógica, nem mesmo garantindo a melhor proteção ao meio ambiente, já que não haverá ingresso de recursos nos cofres públicos. Ademais, também viola o subprincípio da necessidade, tendo em vista que a execução forçada do embargante acabará por comprometer a sua subsistência, de modo que a multa configura-se gravosa – Assim, por ser mais consentânea com os ditames constitucionais de proteção ao meio ambiente, a conversão da multa em prestação de serviços ambientais, na forma do art. 72, § 4º, da Lei 9.605/1998 e do art. 139 do Decreto 6.514/2008, é medida que se impõe, nos termos da fundamentação acima transcrita – Remessa necessária, tida por consignada, e recurso do IBAMA desprovidos (TRF-2 – AC: 00142793520174025001 ES 0014279-35.2017.4.02.5001, Relator: Vera Lúcia Lima, Julgamento: 04.06.2020, 8ª Turma Especializada, Publicação: 12.06.2020).

***

Tese de erro quanto a tipificação da infração administrativa. Pleito subsidiário de redução da multa. Impossibilidade. As múltiplas ações infratoras levam à tipificação na norma do artigo 66 do Decreto Federal 6.514/2008. Incabível a redução com fulcro nos artigos 139 e 140 do Decreto Federal 6.514/2008, posto que o pedido foi feito a destempo. Incabível a combinação de normas sancionadoras para beneficiar o apelante. Nega-se provimento ao apelo (TJ-SP – Apelação Cível: 10084499220218260292 Jacareí, Relator: Ruy Alberto Leme Cavalheiro, Julgamento: 11.10.2024, 1ª Câmara Reservada ao Meio Ambiente, Publicação: 11.10.2024).

competente, nos termos do disposto no § 4º do art. 72 da Lei 9.605, de 1998, poderá converter a multa simples em serviços de preservação, de melhoria e de recuperação da qualidade do meio ambiente, exceto as multas decorrentes de infrações ambientais que tenham provocado morte humana e outras hipóteses previstas em regulamento do órgão ou da entidade ambiental responsável pela apuração da infração ambiental".

O conteúdo do artigo foi alterado no sentido de estabelecer algumas exceções relativas a restrições para a conversão, o que não estava previsto na redação original do dispositivo legal. Há que se observar que o § 4º do artigo 72 da Lei 9.605/1999 não contempla hipóteses de exclusão. Do ponto de vista moral, justifica-se a proibição de conversão no caso de acidentes, incidentes ou mesmo crimes ambientais dos quais tenham resultado perdas de vida humana, sobretudo em razão do fato de que a conversão implica em generosas reduções de valores, conforme o disposto no artigo 143 do Decreto 6514/2008.

O artigo 140 do Decreto 6.514/2008[2] sofreu profundas e sucessivas modificações em relação à sua redação original que consagrava apenas quatro tipos de preservação, melhoria e recuperação da qualidade do meio ambiente, a saber: (1) execução de obras ou atividades de recuperação de danos decorrentes da própria infração; (2) implementação de obras ou atividades de recuperação de áreas degradadas, bem como de preservação e melhoria da qualidade do meio ambiente; (3) custeio ou execução de programas e de projetos ambientais desenvolvidos por entidades públicas de proteção e conservação do meio ambiente; e (4) manutenção de espaços públicos que tenham como objetivo preservação do meio ambiente.

Em relação à redação anterior do artigo, cabe relembrar que os serviços de preservação, melhoria e recuperação da qualidade ambiental são aqueles considerados pela administração como tal e, portanto, não está na esfera de atribuição do infrator definir a sua natureza. A medida adotada pelo decreto é salutar, pois evita que se desvirtue a natureza de tais serviços. Em primeiro lugar merece elogios o fato de o decreto não

---

2. Art. 140. São considerados serviços de preservação, melhoria e recuperação da qualidade do meio ambiente, as ações, as atividades e as obras incluídas em projetos com, no mínimo, um dos seguintes objetivos: I – recuperação: a) de áreas degradadas para conservação da biodiversidade e conservação e melhoria da qualidade do meio ambiente; b) de processos ecológicos e de serviços ecossistêmicos essenciais; c) de vegetação nativa; d) de áreas de recarga de aquíferos; e e) de solos degradados ou em processo de desertificação; II – proteção e manejo de espécies da flora nativa e da fauna silvestre; III – monitoramento da qualidade do meio ambiente e desenvolvimento de indicadores ambientais; IV – mitigação ou adaptação às mudanças do clima; V – manutenção de espaços públicos que tenham como objetivo a conservação, a proteção e a recuperação de espécies da flora nativa ou da fauna silvestre e de áreas verdes urbanas destinadas à proteção dos recursos hídricos; VI – educação ambiental; VII – promoção da regularização fundiária de unidades de conservação; VIII – saneamento básico; IX – garantia da sobrevivência e ações de recuperação e de reabilitação de espécies da flora nativa e da fauna silvestre por instituições públicas de qualquer ente federativo ou privadas sem fins lucrativos; ou X – implantação, gestão, monitoramento e proteção de unidades de conservação. § 1º Na hipótese de os serviços a serem executados demandarem recuperação da vegetação nativa em imóvel rural, as áreas beneficiadas com a prestação de serviço objeto da conversão deverão estar inscritas no Cadastro Ambiental Rural – CAR. § 2º O disposto no § 1º não se aplica aos assentamentos de reforma agrária, aos territórios indígenas e quilombolas e às unidades de conservação, ressalvadas as Áreas de Proteção Ambiental.

contemplar hipóteses de financiamento de atividades próprias da administração, muito menos a doação de automóveis e diversos aparelhos como era hábito em tempos recentes. Espera-se que, no particular, o decreto possa impedir a tão nociva prática de financiar a administração com recursos de "infratores", o que acaba gerando uma "dependência" da administração em relação ao infrator.

A execução de obras ou atividades de recuperação de danos decorrentes da própria infração não deveria ser enquadrada como serviço de preservação, melhoria ou recuperação ambiental. Pois, como se depreende do texto do decreto, tais serviços têm origem na conversão da multa simples e, como se verá, são direitos do infrator. Por outro lado, a Constituição Federal determina que aquele que causa dano ao meio ambiente está obrigado a repará-lo. Ora, entender que a própria recuperação do dano causado é medida que pode resultar da conversão da multa simples é, data vênia, fraudar o espírito e a letra da Constituição. A recuperação do dano causado pelo infrator é medida de natureza civil que não se confunde com responsabilidade administrativa. A multa não é aplicada ao infrator pela violação de um dever civil, mas, isto sim, pela violação de uma norma administrativa. Confundir ambos institutos,, como faz o decreto, é regredir aos tempos do direito romano, para o qual não havia separação das esferas de responsabilidade.

A implementação de obras ou atividade de recuperação de áreas degradadas, bem como de preservação e melhoria da qualidade do meio ambiente, são medidas importantes que não devem se balizar no valor da multa aplicada ao infrator, mas na necessidade do meio ambiente e no papel educativo que possa vir a exercer obre o infrator. O projeto a ser desenvolvido deve ser em valor que compense ao infrator cessar a resistência à administração e se empenhar efetivamente no novo projeto. A utilização do mecanismo deve ser fortemente incentivada, pois a administração ambiental não tem por finalidade a atividade arrecadatória, mas ao contrário, é seu objetivo criar estímulo para práticas ambientalmente saudáveis e relevantes.

O custeio ou execução de programas e de projetos ambientais desenvolvidos por entidades públicas de proteção e conservação do meio ambiente é medida que merece ser criticada, pois volta-se ao velho conceito de pagar para poluir. Converte-se o valor da multa em pecúnia para a administração que, com ela, passa a financiar os seus projetos ou, dependendo do caso, o próprio infrator passa a executar projeto da própria administração.

Manutenção de espaços públicos que tenham como objetivo a preservação do ente. Por espaço público podem ser entendidas as unidades de conservação, praças públicas, hortos, jardins botânicos e outros locais destinado à visitação pública. Para que a medida possa ser eficaz, não se deve dar oportunidade para que a medida seja transformada em ação de *marketing*. A manutenção como resultado da transformação de multa, deve ser discreta e sem menção pública do *sponsor*, a menos que ela, expressamente, indique que é resultado da conversão de multa, indicando o valor da penalidade e da intervenção desenvolvida.

15.2 DIFICULDADES PARA A EXECUÇÃO DA CONVERSÃO DAS MULTAS

No momento,[3] o artigo 140 abriga dez incisos e várias alíneas, o que indica uma ampliação de escopo. A nova redação demonstra claramente o atual nível de subfinanciamento dos órgãos públicos de proteção ambiental. De fato, inúmeros dos itens contemplados nas hipóteses de conversão de multa são medidas que, claramente, são da competência do Estado, tais como promoção da regularização fundiária de unidades de conservação.

Apesar de o programa existir desde 2008, os resultados são bastante modestos; principalmente devido ao fato de que as multas simplesmente estão no campo puramente ficcional. Isso porque os julgamentos administrativos são lentos e as prescrição das multas é um fato bastante corriqueiro.

> O Ministério da Transparência e Controladoria-Geral da União (CGU) emitiu um relatório em abril de 2019, decorrente de uma auditoria operacional do Instituto Brasileiro do Meio Ambiente e dos Recursos Naturais Renováveis (IBAMA), em que avaliou o desempenho e a gestão do processo sancionador ambiental do instituto, especificamente no tocante aos procedimentos administrativos relacionados à instrução e julgamento das infrações decorrentes de condutas e atividades lesivas ao meio ambiente. A auditoria concentrou-se em duas etapas seguintes às ações fiscalizatórias, quais sejam: instrução dos processos administrativos e julgamento dos autos de infração (CGU, 2019).
>
> Constatou-se que no período de 2013 a 2017, foram lavrados 80.076 atos de infração (AI) totalizando 18.5 bilhões de reais em multas ambientais. Em termos médios, o IBAMA tem lavrado por ano 16.015 autos, correspondendo a 3,7 bilhões em multas. Verificou-se também nesse período, o tempo médio de julgamento em primeira instância dos atos de infração no IBAMA foi de três anos e sete meses e para o trânsito em julgado administrativo, que engloba também os eventuais julgamentos em segunda instância. A duração dos processos até sua conclusão foi, em média, de cinco anos e dois meses. Além disso, mereceu atenção o fato de que 26% dos atos de infração chegaram a aguardar mais de cinco anos da data de lavratura até seu julgamento, sendo expressivo o número de decisões que ocorreram após mais de seis anos do cometimento da infração (15% do total de autos que foram julgados) (CGU, 2019) (Silva, Rabello e Hayashi, 2020).

O programa de conversão de multas para que possa produzir resultados reais necessita de um forte acréscimo da eficiência dos setores de fiscalização e, sobretudo, de decisão dos processos administrativos em tempo menor do que a prática atual. Há u esforço pela melhoria do sistema que, no entanto, é sistematicamente sabotado por dotações orçamentárias escassas.

---

3. Janeiro de 2025.

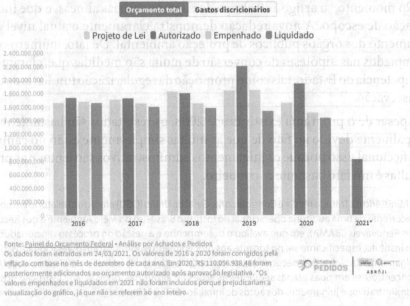

A tendência é suprapartidária e independe de ideologias:

O governo Lula (PT) deixou de receber R$ 573,3 milhões com a prescrição de multas do Instituto Brasileiro do Meio Ambiente e dos Recursos Naturais Renováveis (Ibama) nos últimos dois anos. O valor equivale a um quarto do orçamento do órgão ambiental.

Somente de janeiro a outubro de 2024, foram R$ 270,3 milhões, ante os R$ 303 milhões de 2023. No total, 1.316 autos de infração prescreveram. A coluna obteve os dados via Lei de Acesso à Informação (LAI).[4]

E mais:

Mesmo sendo uma das principais bandeiras da campanha do presidente Luiz Inácio Lula da Silva (PT) ao Palácio do Planalto, a área ambiental está entre as que sofreram cortes no orçamento de 2024. No caso da pasta chefiada pela ministra Marina Silva, a perda chega perto de R$ 700 milhões, segundo o projeto de lei orçamentária entregue pelo governo ao Congresso Nacional.

Atualmente, os recursos destinados ao Ministério do Meio Ambiente são na ordem de R$ 4,3 bilhões. A previsão é que esse montante seja reduzido a R$ 3,6 bilhões em 2024. Isso significa uma queda de 16% no orçamento da pasta.[5]

---

4. Disponível em: https://www.metropoles.com/colunas/tacio-lorran/governo-perde-multas-ibama. Acesso em: 06 jan. 2025.
5. Disponível em: https://noticias.r7.com/brasilia/vitrine-do-governo-lula-ministerio-do-meio-ambiente-sofrera-corte-de-r-700-milhoes-em-2024-01092023/. Acesso em: 06 jan. 2025.

15.3 IMPLEMENTAÇÃO DA CONVERSÃO DA MULTA

O disposto no artigo 140-B estabelece que os órgãos federais "poderão realizar chamamentos públicos para selecionar projetos apresentados por órgãos e entidades, públicas ou privadas sem fins lucrativos, para a execução dos serviços de que trata o art. 140, em áreas públicas ou privadas". Na verdade, não se trata de uma faculdade da administração, mas de uma obrigação. A conversão das multas é uma forma de utilização de recursos públicos não orçamentários e a sua utilização (financiamento de projetos) deverá ser precedida de adequado processo licitatório.

A conversão, assim como na redação anterior do artigo 140, não caberá para a reparação de danos decorrentes das próprias infrações. A conversão da multa pode ser requerida em qualquer momento do processo administrativo, desde que não ultrapasse a fase de alegações finais, segundo o disposto no artigo 142. Entendo que não deveria haver a limitação, pois enquanto a eficiência dos processos não melhorar, a conversão em qualquer fase do processo é de interesse da administração, pois o risco de não receber nada pela prescrição é muito alto.

O requerimento de conversão deve indicar a opção do interessado em (1) conversão direta, com a implementação, por seus meios, de serviço de preservação, de melhoria e de recuperação da qualidade do meio ambiente, no âmbito de, no mínimo, um dos objetivos previstos no caput do art. 140; ou (2) conversão indireta, com adesão a projeto previamente selecionado pelo órgão federal emissor da multa, na forma estabelecida no art. 140-B, observados os objetivos previstos no caput do art. 140.

A implementação direta é, certamente, a pior opção para o autuado, pois ele deverá respeitar "as diretrizes definidas pelo órgão federal emissor da multa. A experiência demonstra que em tal hipótese, o projeto raramente atende às diretrizes, prolongando-se indefinidamente. No caso da execução indireta, o autuado pode autorizar que o órgão ambiental emissor da multa escolha o projeto a ser implementado.

O artigo 143 do Decreto 6.514/2008[6] determina que o valor dos custos dos serviços de preservação, conservação, melhoria e recuperação da qualidade do meio

---

6. Art. 143. O valor dos custos dos serviços de preservação, conservação, melhoria e recuperação da qualidade do meio ambiente será igual ou superior ao valor da multa convertida. § 1º Independentemente do valor da multa aplicada, o autuado fica obrigado a reparar integralmente o dano que tenha causado. § 2º A autoridade ambiental, ao deferir o pedido de conversão, aplicará sobre o valor da multa consolidada o desconto de: I – quarenta por cento, na hipótese prevista no inciso I do *caput* do art. 142-A, se a conversão for requerida juntamente com a defesa; II – trinta e cinco por cento, na hipótese prevista no inciso I do *caput* do art. 142-A, se a conversão for requerida até o prazo das alegações finais; III – sessenta por cento, na hipótese prevista no inciso II do *caput* do art. 142-A, se a conversão for requerida juntamente com a defesa; ou IV – cinquenta por cento, na hipótese prevista no inciso II do *caput* do art. 142-A, se a conversão for requerida até o prazo das alegações finais. § 3º (Revogado) § 3º-A Na hipótese prevista nos incisos III e IV do § 2º, o valor consolidado nominal da multa a ser convertida poderá ser parcelado em até vinte e quatro parcelas mensais e sucessivas, sobre as quais incidirá reajuste mensal com base na variação do Índice Nacional de Preços ao Consumidor Amplo – IPCA. § 4º (Revogado) § 4º-A Os custos decorrentes de serviços bancários necessários à operacionalização da conversão de multa na modalidade prevista nos incisos III e IV do *caput* do art. 142-A serão

ambiente será igual ou superior ao valor da multa convertida. Os parágrafos do artigo tratam amplamente de descontos, custos de administração e bancários da conversão da multa. Entretanto, não vieram a público os estudos que justifiquem a racionalidade econômica das medidas. O fato é que se a conversão não for economicamente atraente para o autuado, não há motivo para que ele adira ao programa.

> deduzidos dos valores obtidos por meio dos rendimentos sobre os valores depositados em conta garantia em banco público, até o limite dos referidos custos. § 5º (Revogado) § 5º-A Na hipótese de os resultados dos rendimentos sobre os valores depositados em conta garantia não serem suficientes para a cobertura dos custos bancários, o autuado complementará o valor faltoso. § 6º (Revogado) § 6º-A Na hipótese de os resultados dos rendimentos sobre os valores depositados em conta garantia ultrapassarem o valor devido aos custos bancários, o excedente será aplicado integralmente na prestação de serviços ambientais estabelecidos pelo órgão federal emissor da multa, conforme estabelecido no art. 140. § 7º O valor resultante do desconto não poderá ser inferior ao valor mínimo legal aplicável à infração.
>
> Jurisprudência:
> 1. Não merece trânsito a alegação de cerceamento de defesa, porquanto há no processo elementos de prova suficientes para a conclusão de que o local da infração está contido no entorno da Área de Relevante Interesse Ecológico Serra da Abelha, tendo sido realizada a vedada atividade de pastagem de gado que impede a regeneração natural da floresta. 2. O ICMBIO possui legitimidade para a lavratura de auto de infração, na forma do art. 1º, inciso IV, da Lei 11.516/07, possuindo poder de polícia ambiental para a proteção das unidades de conservação instituídas pela União. 3. A conversão de multa em prestação de serviços de preservação ambiental é ato discricionário do administrador, conforme a oportunidade e a conveniência, não competindo ao Poder Judiciário decidir em seu lugar. 4. Nos termos do § 3º do art. 143 do Decreto 6.514/2008, a redução da multa está vinculada ao cumprimento integral pelo infrator do projeto técnico de reparação do dano (TRF-4 – AC: 50036172720174047213 SC, Relator: Vânia Hack de Almeida, Julgamento: 11.04.2023, 3ª Turma).
> ***
> 1. Apelação interposta pelo IBAMA contra sentença proferida pelo Juízo Federal da 3ª Vara do Ceará, que julgou procedente em parte o pedido do autor para desconstituir a inscrição de dívida ativa 18542010 do IBAMA, bem como para condenar o réu na obrigação de substituir a penalidade de multa simples em prestação de serviços de preservação, melhoria e recuperação da qualidade do meio ambiente, a ser definida pela autoridade administrativa de acordo com os arts. 140 e 143, ambos do Decreto 6.514/08. 2. A conversão da multa simples em serviços de preservação, melhoria e recuperação da qualidade do meio ambiente encontra-se prevista no art. 72, parágrafo 4º, da Lei 9.605/98, estando regulamentado tal procedimento de conversão nos arts. 139 e ss. do Decreto 6.514/2008. 3. Conforme precedentes deste Tribunal, inclusive da Primeira Turma, é legítima a conversão da pena de multa simples em prestação de serviços pelo poder judiciário, sobretudo no caso dos autos, em que a autoridade administrativa, ao deixar de examinar as circunstâncias do caso concreto, violou os princípios da proporcionalidade e da razoabilidade (Processo: 08040433620144058000, AC/AL, Desembargador Federal Élio Wanderley de Siqueira Filho, 1º Turma, j. 30.06.2017; Processo: 00009901320154058302, AC586478/PE, Desembargador Federal Lazaro Guimarães, Quarta Turma, j. 07.03.2017, DJE 20.03.2017, p. 93; Processo: 08002879820144058200, APELREEX/PB, Desembargador Federal Paulo Machado Cordeiro, 1º Turma, j. 14.02.2017). 4. Considerando que, no caso em exame, se trata de uma pessoa de situação econômica desfavorável, que não tem antecedentes quanto ao cumprimento da legislação de interesse ambiental, que colaborou com os agentes do IBAMA, entregando imediatamente os pássaros aos fiscais e que, apesar de manter os pássaros em cativeiro, a eles dispensava cuidados, faz-se necessário, em respeito aos princípios da razoabilidade e da proporcionalidade, manter a sentença recorrida que converteu a multa aplicada em prestação de serviços de preservação, melhoria e recuperação da qualidade do meio ambiente. 5. Conforme afirmado na sentença, "para uma pessoa com parcos recursos financeiros a aplicação da pena de multa não preenche o requisito da aceitabilidade, já que o pagamento da pena de multa terá por consequência o prejuízo da própria subsistência do autor" e, ainda, "o princípio da proporcionalidade também resta igualmente violado sob o ponto de vista da proporcionalidade em sentido estrito, já que os prejuízos decorrentes da aplicação da pena de multa consubstanciado na violação à subsistência do autor são superiores aos possíveis benefícios que advirão do adimplemento da multa arbitrado". 6. Apelação improvida (TRF-5 – Apelação Cível: 0000359-93.2015.4.05.8100, Relator: Leonardo Resende Martins (convocado), Julgamento: 26/04/2018, 1ª Turma, Publicação: 10.05.2018).

O requerimento de conversão da multa, na modalidade de execução própria,[7] deve ser instruído com o projeto a ser executado – observadas as diretrizes do órgão ambiental –, podendo a autoridade administrativa conceder prazo de sessenta dias para a apresentação do referido projeto. Observe-se que a elaboração de projetos envolve custos que, muitas vezes, são elevados; logo, não faz sentido exigir a apresentação do projeto se o deferimento da conversão for considerado como ato discricionário, podendo ser indeferida pela administração.

Antes da decisão sobre o requerimento de conversão, a autoridade julgadora poderá determinar ao autuado que proceda, em prazo predefinido, a emendas, revisões e ajustes no projeto, incluído o objetivo de adequá-lo ao valor consolidado da multa a ser convertida. Os projetos de conversão direta devem obedecer aos roteiros estabelecidos pelo IBAMA:

> *Roteiro para apresentação de projeto de conversão direta*: formulário oferecido pelo Ibama para projetos decorrentes de multas cujo valor consolidado, sem desconto, for igual ou superior a R$ 1.000.000,00 (um milhão de reais); com campos a serem preenchidos pelo autuado proponente (pessoa física ou jurídica), que deverá apresentar de forma detalhada as informações relevantes para a avaliação técnica e financeira do projeto, pelo Ibama ou seus parceiros, do serviço ambiental que será prestado, metodologia e custos dos insumos a serem empregados.
>
> *Roteiro simplificado para apresentação de projeto de conversão direta*: formulário oferecido pelo Ibama para projetos decorrentes de multas cujo valor consolidado, sem desconto, for inferior a R$ 1.000.000,00 (um milhão de reais); com campos a serem preenchidos pelo autuado proponente (pessoa física ou jurídica), que deverá apresentar de forma simplificada as informações relevantes para a avaliação técnica e financeira, pelo Ibama ou seus parceiros, do serviço ambiental que será prestado, metodologia e custos dos insumos a serem empregados (Ibama, 2018, p. 8).

A observância do disposto no artigo 144 – A é condição para o deferimento do requerimento de conversão pela autoridade julgadora. O *caput* do artigo 145, com redação sofrível, determina que: "[a] autoridade julgadora deverá, em decisão única, *julgar o auto de infração* e o pedido de conversão da multa *por ocasião do julgamento do auto de infração*". Logo, a decisão do auto de infração deve conter a decisão relativa ao requerimento de conversão. Uma vez deferido o requerimento de conversão, o autuado deve ser convocado para a assinatura de Termo de Compromisso.[8] O § 3º do

---

7. Art. 144-A. O requerimento de conversão de multa na modalidade prevista no inciso I do *caput* do art. 142-A será instruído com o projeto, conforme as diretrizes estabelecidas pelo órgão federal emissor da multa. § 1º Na hipótese de o autuado não dispor de projeto na data do requerimento, a autoridade julgadora, se provocada, poderá conceder prazo de sessenta dias para que o autuado apresente o referido projeto. § 2º Antes de decidir sobre o pedido de conversão de multa na modalidade de que trata este artigo, a autoridade julgadora poderá determinar ao autuado que proceda, em prazo predefinido, a emendas, revisões e ajustes no projeto, incluído o objetivo de adequá-lo ao valor consolidado da multa a ser convertida. § 3º O não atendimento por parte do autuado das situações previstas neste artigo implicará o indeferimento do pedido de conversão de multa.

8. Art. 146. Na hipótese de decisão favorável ao pedido, as partes celebrarão termo de compromisso, que estabelecerá os termos da vinculação do autuado ao objeto da conversão de multa pelo prazo de execução do projeto aprovado ou de sua cota-parte no projeto escolhido pelo órgão federal emissor da multa. § 1º O termo de compromisso conterá as seguintes cláusulas obrigatórias: I – nome, qualificação e endereço das partes compromissadas e de seus representantes legais; II – serviço ambiental objeto da conversão; III – prazo de vigência do compromisso, que será vinculado ao tempo necessário à conclusão do objeto da conversão que, em função

artigo 145 dispõe que "[o] deferimento do pedido de conversão suspende o prazo para interposição de recurso hierárquico". Há erro grosseiro no dispositivo. O artigo 96, § 5º, II, c do Decreto 6.514/2008 estabelece que o deferimento da conversão da multa é uma das modalidades de encerramento do processo, nesse caso com o atendimento do requerido pelo autuado; por isso, não cabe suspensão de prazo para recurso, até mesmo pela falta de interesse de agir por parte do autuado. O recurso hierárquico é cabível do indeferimento do requerimento de conversão.

O Termo de Compromisso deve conter as cláusulas padronizadas estabelecidas pelo artigo 146, além de outras que podem ser livremente estipuladas pelas partes, devendo ter o seu extrato publicado no diário oficial da União.

---

de sua complexidade e das obrigações pactuadas, poderá variar entre o mínimo de noventa dias e o máximo de dez anos, admitida a prorrogação, desde que justificada; IV – multa a ser aplicada em decorrência do não cumprimento das obrigações pactuadas; V – efeitos do descumprimento parcial ou total do objeto pactuado; VI – regularização ambiental e reparação dos danos decorrentes da infração ambiental; VII – foro competente para dirimir litígios entre as partes. § 2º Na hipótese da conversão prevista no inciso I do *caput* do art. 142-A, o termo de compromisso conterá: I – a descrição detalhada do objeto; II – o valor do investimento previsto para sua execução; III – as metas a serem atingidas; e IV – o anexo com plano de trabalho, do qual constarão os cronogramas físico e financeiro de implementação do projeto aprovado. § 3º (revogado) § 3º-A Na hipótese da conversão prevista no inciso II do *caput* do art. 142-A, o termo de compromisso deverá: I – ser instruído com comprovante de depósito integral ou de parcela em conta garantia em banco público, observado o previsto no § 3º-A do art. 143, referente ao valor do projeto selecionado ou à respectiva cota-parte de projeto, nos termos definidos pelo órgão federal emissor da multa; II – conter a outorga de poderes do autuado ao órgão federal emissor da multa para a escolha do projeto a ser apoiado, quando for o caso; III – contemplar a autorização do infrator ao banco público, detentor do depósito do valor da multa a ser convertida, para custear as despesas do projeto selecionado; IV – prever a inclusão da entidade selecionada como signatária e suas obrigações para a execução do projeto contemplado; e V – estabelecer a vedação do levantamento, a qualquer tempo, pelo autuado ou pelo órgão federal emissor da multa, do valor depositado na conta garantia, na forma estabelecida no inciso I deste parágrafo. § 4º A assinatura do termo de compromisso suspende a exigibilidade da multa aplicada e implica renúncia ao direito de recorrer administrativamente. § 5º A celebração do termo de compromisso não põe fim ao processo administrativo e o órgão ambiental monitorará e avaliará, a qualquer tempo, o cumprimento das obrigações pactuadas; § 6º A efetiva conversão da multa se concretizará somente após a conclusão do objeto, parte integrante do projeto, a sua comprovação pelo executor e a aprovação pelo órgão federal emissor da multa. § 7º O termo de compromisso terá efeito nas esferas civil e administrativa. § 8º O inadimplemento do termo de compromisso implica: I – na esfera administrativa, a inscrição imediata do débito em dívida ativa para cobrança da multa resultante do auto de infração em seu valor integral, acrescido dos consectários legais incidentes; e II – na esfera civil, a execução judicial imediata das obrigações pactuadas, tendo em vista seu caráter de título executivo extrajudicial. § 9º (revogado) 10. Os recursos depositados pelo autuado na conta garantia referida no inciso I do § 3º-A estão vinculados ao projeto e assegurarão o cumprimento da sua obrigação de prestar os serviços de preservação, de melhoria e de recuperação da qualidade do meio ambiente.

Capítulo 16
DISPOSIÇÕES FINAIS

O Decreto 6.514/2008 é um decreto federal cuja aplicação é, precipuamente, das autoridades ambientais federais.[1] A prática, no entanto, tem demonstrado que boa parte dos Estados e dos Municípios, estes mais do que aqueles, o têm adotado. Isto, no entanto, não atribui aos órgãos ambientais federais poder hierárquico sobre os demais. Assim, em princípio, as determinações do Decreto são destinadas aos órgãos federais. Entretanto, na medida em que Estados e Municípios adotem o Decreto 6.514/2008, obrigam-se em todos os seus termos. As determinações contidas no artigo 149[2] têm por finalidade dar cumprimento ao dever de informação e participação ambiental.

A publicação de listas com relação de infratores à determinada legislação é tema que suscita polêmicas. A mera existência da autuação não é suficiente para caracterizar determinado agente econômico como "poluidor" ou violador de normas de proteção ao meio ambiente e/ou aos direitos humanos.

O artigo 4º da Lei 10.650/2003 determina que deverão ser publicados em Diário Oficial e ficar disponíveis, no respectivo órgão, em local de fácil acesso ao público, listagens e relações contendo os dados referentes aos seguintes assuntos: (1) – pedidos de licenciamento, sua renovação e a respectiva concessão; (2) – pedidos e licenças para supressão de vegetação; (3) – autos de infrações e respectivas penalidades impostas pelos órgãos ambientais; (4) – lavratura de termos de compromisso de ajustamento de conduta; (5) – reincidências em infrações ambientais; (6) – recursos interpostos em processo administrativo ambiental e respectivas decisões; (7) – registro de apresentação de estudos de impacto ambiental e sua aprovação ou rejeição.

As terceiras partes legitimadas terão os seus prazos para recursos contados a partir da divulgação das informações de forma oficial.

***

---

1. Art. 151. Os órgãos e entidades ambientais federais competentes estabelecerão, por meio de instrução normativa, os procedimentos administrativos complementares relativos à execução deste Decreto.
2. Art. 149. Os órgãos ambientais integrantes do Sistema Nacional do Meio Ambiente – SISNAMA ficam obrigados a dar, trimestralmente, publicidade das sanções administrativas aplicadas com fundamento neste Decreto: I – no Sistema Nacional de Informações Ambientais – SISNIMA, de que trata o art. 9º, inciso VII, da Lei 6.938, de 1981; e II – em seu sítio na rede mundial de computadores. Parágrafo único. Quando da publicação das listas, nos termos do *caput*, o órgão ambiental deverá, obrigatoriamente, informar se os processos estão julgados em definitivo ou encontram-se pendentes de julgamento ou recurso.

O artigo 149 – A indica norma de direito processual determinando a aplicação das disposições do artigo somente após a entrada em vigor do Decreto 11.080/2022, ou seja, não admite a aplicação retroativa da norma processual.

***

A Lei 9966/2000 dispõe sobre a prevenção, o controle e a fiscalização da poluição causada por lançamento de óleo e outras substâncias nocivas ou perigosas em águas sob jurisdição nacional e dá outras providências, estabelecendo em seus artigos 25 e 26 infrações administrativas. Neste ponto é relevante notar que, diferentemente do Decreto 6.514/2008, as infrações foram estabelecidas por lei. O que, no mínimo, demonstra uma certa esquizofrenia legislativa, pois admite como fontes legítimas para a instituição de infrações administrativas a lei e o decreto. Logicamente, a fórmula aberta contemplada pelo artigo 70 da Lei 9.605/1998 é uma situação jurídica que, infelizmente, tem sido respaldada pelo Judiciário. Lamenta-se que em quase 30 anos da edição da Lei 9605/1998, o Executivo e o Congresso Nacional não tenham sido capazes de elaborar uma lei sobre sanções administrativas, permanecendo reféns do artigo 70 da Lei 9605/1998, o que por si só é capaz de colocar em dúvida a tão decantada separação entre as esferas administrativa e penal.

O artigo 22 da Lei 9.966/2000 determina que qualquer incidente ocorrido em portos organizados, instalações portuárias, dutos, navios, plataformas e suas instalações de apoio, que possa provocar poluição das águas sob jurisdição nacional, deverá ser imediatamente comunicado ao órgão ambiental competente, à Capitania dos Portos e ao órgão regulador da indústria do petróleo, independentemente das medidas tomadas para seu controle. Incidente, nos termos do artigo 2º, XIV da Lei 9.966/2000 é "qualquer descarga de substância nociva ou perigosa, decorrente de fato ou ação intencional ou acidental que ocasione risco potencial, dano ao meio ambiente ou à saúde humana".

O artigo 27, I da Lei 9.966/2000 define que a autoridade marítima é responsável por (1) fiscalizar navios, plataformas e suas instalações de apoio, e as cargas embarcadas, de natureza nociva ou perigosa, autuando os infratores na esfera de sua competência; (2) levantar dados e informações e apurar responsabilidades sobre os incidentes com navios, plataformas e suas instalações de apoio que tenham provocado danos ambientais; (3) encaminhar os dados, informações e resultados de apuração de responsabilidades ao órgão federal de meio ambiente, para avaliação dos danos ambientais e início das medidas judiciais cabíveis; (4) comunicar ao órgão regulador da indústria do petróleo irregularidades encontradas durante a fiscalização de navios, plataformas e suas instalações de apoio, quando atinentes à indústria do petróleo. Por sua vez, o inciso II do mesmo artigo 27 atribuiu ao órgão federal de meio ambiente as competências para (1) realizar o controle ambiental e a fiscalização dos portos organizados, das instalações portuárias, das cargas movimentadas, de natureza nociva ou perigosa, e das plataformas e suas instalações de apoio, quanto *às exigências previstas no licenciamento ambiental, autuando os infratores na esfera de sua competência*; (2) avaliar os danos ambientais causados por incidentes nos portos organizados, dutos, instalações portuárias, navios, plataformas e suas instalações de apoio; (3) encaminhar à Procuradoria-Geral da República relatório circunstanciado sobre os incidentes causadores de dano ambiental para a propositura das medidas judiciais necessárias; (4) comunicar ao órgão regulador da indústria do petróleo irregularidades encontradas durante a fiscalização de navios, plataformas e suas instalações de apoio, quando atinentes à indústria do petróleo.

Os órgãos estaduais e municipais de meio ambiente têm as suas competências estabelecidas pelos incisos III e IV da Lei 9.966/2000, como se segue. (1) órgão estadual: a) realizar o controle ambiental e a fiscalização dos portos organizados, instalações portuárias, estaleiros, navios, plataformas e suas instalações de apoio, avaliar os danos ambientais causados por incidentes ocorridos nessas unidades e elaborar relatório circunstanciado, encaminhando-o ao órgão federal de meio ambiente; b) dar início, na alçada estadual, aos procedimentos judiciais cabíveis a cada caso; c) comunicar ao órgão regulador da indústria do petróleo irregularidades encontradas durante a fiscalização de navios, plataformas e suas instalações de apoio, quando atinentes à indústria do petróleo; d) autuar os infratores na esfera de sua competência. (2) órgão municipal: a) avaliar os danos ambientais causados por incidentes nas marinas, clubes náuticos e outros locais e instalações similares, e elaborar relatório circunstanciado, encaminhando-o ao órgão estadual de meio ambiente; b) dar início, na alçada municipal, aos procedimentos judiciais cabíveis a cada caso; c) autuar os infratores na esfera de sua competência.

A Lei 9.966/2000 foi regulamentada pelo Decreto 4.136/2002.

O artigo 150 do Decerto 6.514/2008[3] com redação de baixa qualidade determina que "este Decreto se aplica, no que couber, à Capitania dos Portos do Comado da Marinha". De fato, o Decreto não é aplicável à Capitania dos Portos, salvo se, em tese, o órgão estiver praticando alguma infração ambiental. Evidentemente, a autoridade marítima tem atribuição para a aplicação do Decreto 6.514/2008.

---

3. Art. 150. Nos termos do que dispõe o § 1º do art. 70 da Lei 9.605, de 1998, este Decreto se aplica, no que couber, à Capitania dos Portos do Comando da Marinha.
Jurisprudência:
1. Não cabe ICMBio, mas sim, a Capitania dos Portos apreender as embarcações irregulares, cabendo a esta, ainda, conceder prazo para regularização da falta. 2. A mera presunção de que o autor possa utilizar a embarcação para praticar pesca ilegal não é razão suficientemente idônea para se negar a entregá-la. 3. Manutenção da sentença (TRF-4 – AC: 50171121720164047200 SC 5017112-17.2016.4.04.7200, Relator: Luís Alberto Azevedo Aurvalle, Julgamento: 05.06.2019, 4ª Turma).

REFERÊNCIAS

ALCÂNTARA, Maria Emília Mendes de. *Responsabilidade do Estado por atos e judiciários*. São Paulo: RT, 1988.

ALMEIDA, Fernanda Dias Menezes. *Competências na Constituição de 1988*. 3. ed. São Paulo: Atlas. 2005.

ALMEIDA, Maria Emília Mendes. *A responsabilidade do Estado por atos legislativos e judiciários*. São Paulo: RT, 1988.

ANTUNES, Luís Felipe Colaço. *A tutela dos interesses difusos em direito administrativo*: para uma legitimação procedimental. Coimbra: Livraria Almedina. 1989.

ANTUNES, Luís Felipe Colaço. *O procedimento administrativo de avaliação de impacto ambiental* – para uma tutela preventiva do ambiente. Coimbra: Livraria Almedina. 1998.

ANTUNES, Paulo de Bessa. *Áreas protegidas e propriedade constitucional*. São Paulo: Atlas, 2011

ANTUNES, Paulo de Bessa. *Direito Ambiental*. 22. ed. São Paulo: Atlas, 2021.

ANTUNES, Paulo de Bessa. Direito ambiental, indisponibilidade de direitos, solução alternativa de conflitos e arbitragem. *Revista de arbitragem e mediação*. ano 8, v. 30. São Paulo: RT, 2011.

ANTUNES, Paulo de Bessa. Exploração de petróleo e segurança jurídica: o caso Newfield. *Revista Brasileira de Arbitragem e Mediação*, v. 33, abr. 2012.

ANTUNES, Paulo de Bessa. *Federalismo e Competências Ambientais no Brasil*. 2. ed. São Paulo: Atlas, 2015.

ANTUNES, Paulo de Bessa. *Prescrição de danos ambientais*. 2021. Disponível em: https://www.migalhas.com.br/coluna/migalhas-de-responsabilidade-civil/348751/prescricao-de-danos-ambientais. Acesso em: 30 dez. 2024.

ANTUNES, Paulo de Bessa. *Responsabilidade individual ou corporativa?* 2006. Disponível em: https://oeco.org.br/colunas/16896-oeco-15215/.

ANTUNES, Paulo de Bessa. *Tally Ho*. 2004 Disponível em: https://oeco.org.br/colunas/16833-oeco-10299/. Acesso em: 14 nov. 2024.

ANTUNES. Paulo de Bessa. (2019). *Prescrição em matéria ambiental*. Disponível em: https://direitoambiental.com/prescricao-em-materia-ambiental.

ARAÚJO, Luiz Alberto David e NUNES Jr., Vidal Serrano. *Curso de Direito Constitucional*. 22. ed. São Paulo: Editora Verbatim. 2018.

AREND, Cássio Alberto. *Decisão Consensuada em Conflitos Ambientais*. Londrina: Editora Toth, 2022.

BARCELLOS, Ana Paula. *Curso de Direito Constitucional*. 3. ed. Rio de Janeiro: Forense. 2020.

BASTOS, Celso Ribeiro. *Curso de direito administrativo*. 4. ed. São Paulo: Saraiva. 2000.

BIM, Eduardo Fortunato e FARIAS, Talden. Repartição de Competência Legislativa e Administrativa em Matéria Ambiental. In: FARIAS, Talden e TRENNENPOHL, Terence (Coord.). *Direito Ambiental Brasileiro*. 2. ed. São Paulo: Thomson Reuters – Revista dos Tribunais, 2021.

BRÜNING, Raulino Jacó. *Processo administrativo constitucional*. Florianópolis: Conceito Editorial. 2007.

BURMANN. Alexandre. *Fiscalização ambiental* – teoria e prática do processo administrativo para apuração de infrações ambientais. Londrina: Editora Toth. 2022.

CÂMARA, Alexandre Freitas. *Manual de direito processual civil*. 3. ed. Barueri: Atlas, 2024.

CARVALHO F., José dos Santos. *Processo Administrativo Federal*: comentário à Lei 9.784, de 29.01.1999. 5. ed. São Paulo: Atlas, 2013.

CASTRO, Nicolao Dino; BELLO F., Ney de Barros e COSTA e Flávio Dino de Castro. *Crimes e infrações administrativas ambientais*. Brasília: Brasília Jurídica. 2000.

COELHO, Fábio Ulhoa. *Curso de Direito Civil*. São Paulo: Saraiva, 2003. v. 1.

COSTA NETO, Nicolao Dino de Castro. *Proteção jurídica do meio ambiente*. Belo Horizonte: Del Rey, 2003.

CRETELLA Jr., José. *Do Poder de Polícia*. Rio de Janeiro: Forense, 1999.

CRETELLA Jr, José. *Controle jurisdicional do ato administrativo*. Rio de Janeiro: Forense, 1984.

CUNHA, Paulo Ferreira. *O procedimento administrativo*. Coimbra: Livraria Almedina. 1987.

DEZAN, Sandro Lúcio e CARMONA, Paulo Afonso Cavichioli. *Processo administrativo* – Lei 9784/1999. São Paulo: Thomson Reuters – Revista dos Tribunais, 2019.

DONIZETTI, Elpídio. *Curso de direito processual civil* – volume único. 27. ed. Barueri: Atlas, 2024.

ENTERRIA, Eduardo García e FERNANDEZ, Tomás-Ramon. *Curso de Direito Administrativo*. São Paulo: RT, 1990.

FAGUNDES, M. Seabra. *O controle dos atos administrativos pelo Poder Judiciário*. 6. edição. São Paulo: Saraiva, 1984.

FALCÃO, Amílcar de Araújo. *Introdução ao direito administrativo*. 2. ed. São Paulo: Resenha Universitária, 1977.

FARIAS, Talden. *Competência administrativa ambiental*: fiscalização, sanções e licenciamento ambiental na Lei Complementar 140/2011. Rio de Janeiro: Lúmen Iuris, 2020.

FARIAS, Talden. *Licenciamento ambiental* – aspectos teóricos e práticos. 6. ed. Belo Horizonte: Editora Fórum, 2017.

FARIAS, Talden. *Licenciamento ambiental* – aspectos teóricos e práticos. 9. ed. São Paulo: JusPodivm, 2024.

FERRAZ, Sérgio. Processo administrativo: prazos e preclusões. *As leis de processo administrativo* (Lei Federal 9.784/99 e Lei Paulista 10.178/98). 1. ed., 2. tir. São Paulo: Malheiros Editores, 2000.

FERREIRA, André. *Direito Penal Ambiental*: a interdependência das esferas penal e administrativa. Florianópolis: Emais Editora, 2022.

FERREIRA, Daniel. *Teoria Geral da Infração Administrativa*. Belo Horizonte: Editora Fórum, 2009.

FERREIRA, Eduardo Campos. *Ônus da prova na ação civil pública* – um olhar para os direitos fundamentais. Rio de Janeiro: Lúmen Juris. 2019.

FIDELIS, Alessandra Tomaselli. O fogo pode ser um importante aliado na conservação do Cerrado, 2022. Disponível em: https://jornal.unesp.br/2022/11/29/o-fogo-pode-ser-um-importante-aliado-na-conservacao-do-cerrado/. Acesso em: 10 nov. 2024.

FIGUEIREDO, Lúcia Valle. *Curso de Direito Administrativo*. 9. ed. São Paulo: Malheiros, 2008.

FLORES JUANA ROSALINDA c/ Minera Alumbrera Limited s/ Daños y Perjuicios (600348/2003). Actualidad jurídica ambiental. 2018. Disponível em: https://www.actualidadjuridicaambiental.com/jurisprudencia-al-dia-iberoamerica-argentina-dano-ambiental-responsabilidad-civil/. Acesso em: 30 dez. 2024.

FORTINI, Cristiana; PEREIRA, Maria Fernanda Pires de Carvalho; CAMARÃO, Tatiana Martins da Costa. *Processo Administrativo*: comentários à Lei 9.784/1999. 3. ed. Belo Horizonte: Fórum, 2012.

FORTINI, Cristiana; PIRES, Maria Fernanda Veloso; CAMARÃO, Tatiana Martins da Costa e CAVALCANTI, Caio Mário Lana. *Processo administrativo* – comentários à Lei 9.784/1999. 4. ed. Belo Horizonte: Editora Fórum, 2023.

FRANÇA, Phillip Gil. *O controle da Administração Pública* – discricionariedade, tutela jurisdicional, regulação econômica e desenvolvimento. São Paulo: RT, 2011.

FRANGETTO, Flávia Witkowski. *Arbitragem ambiental*. Campinas: Milenium, 2006.

FREITAS, Vladimir Passos. *Direito Administrativo e Meio Ambiente*. Curitiba: Juruá, 1993.

FURTADO, Lucas Rocha. *Curso de Direito Administrativo*. Belo Horizonte: Fórum, 2007.

GONÇALVES, Carlos Roberto. *Direito Civil Brasileiro* – Parte Geral. 2. ed. São Paulo: Saraiva, 2006. v. I.

GRANZIERA, Maria Luiza Machado. *Direito Ambiental*. 6. ed. Indaituba: Foco, 2024.

GRAU, Eros Roberto. *Ensaio e discurso sobre a interpretação do direito*. 5. ed. São Paulo: Malheiros, 2009.

GUEDES, Demian. *Processo administrativo e democracia* – uma reavaliação da presunção de veracidade. Belo Horizonte: Editora Fórum, 2007.

IBAMA – Instituto Brasileiro do Meio Ambiente e dos Recursos Naturais Renováveis. Programa Nacional de Conversão de Multas do Ibama – Biênio 2019-2020. Brasília, 2018.

INCRA – Instituto Nacional de Colonização e Reforma Agrária. *Manual técnico para georreferenciamento de imóveis rurais*. 2. ed. Brasília, 2022.

INSTITUTO BRASILEIRO DE GEOGRAFIA E ESTATÍSTICA – IBGE. *Manuais técnicos em geociências* – Manual Técnico da Vegetação Brasileira. 2. ed. Rio de Janeiro, 2012.

JUSTEM F., Marçal. *Curso de direito administrativo*. São Paulo: Saraiva, 2005.

KOKKE, Marcelo e REZENDE, Élico Nacur. Competência regulatória ambiental e o princípio da legalidade. In: MORAES, Rodrigo Jorge; FARIAS, Talden e DELMANTO, Fabio Machado de Almeida. *Lei de Crimes Ambientais* – antecedentes, efetividade e perspectivas da tutela penal e administrativa. São Paulo: Thomson Reuters, Revista dos Tribunais, 2023.

LIMA, Bernardo. *A arbitrabilidade do dano ambiental*. São Paulo: Atlas, 2010.

LIMA, Rui Cirne. *Princípios de Direito Administrativo*. 5. ed. São Paulo: RT, 1982.

MACHADO, Paulo Affonso Leme. *Direito ambiental brasileiro*. 29. ed. São Paulo: JusPodivm, 2023.

MAFRA, Gabriela Schmitz. *Controle judicial da discricionariedade administrativa* – análise da deferência judicial segundo os artigos 20, 21 e 22 da LINDB. Florianópolis: Habitus editora, 2022.

MARQUES, Camila Dias. *Sanções Administrativas Ambientais*. Rio de Janeiro: Lúmen Juris, 2015.

MAZZILLI, Hugo Nigro. *A Defesa dos Interesses Difusos em Juízo*. 20. ed. São Paulo: Saraiva, 2007.

MEDAUAR, Odete e SCHIRATO, Vitor Rhein (Org.). *Atuais rumos do processo administrativo*. São Paulo: RT, 2010.

MEDAUAR, Odete. *A processualidade no direito administrativo*. 2. ed. São Paulo: RT, 2008.

MEIRELLES, Hely Lopes. *Direito administrativo brasileiro*. 14. ed. São Paulo: RT, 1989.

MEIRELLES, Hely Lopes. *Direito de Construir*. 5. ed. São Paulo: RT, 1987.

MELLO, Celso Antônio Bandeira. *Curso de Direito Administrativo*. 36. ed. Belo Horizonte: Fórum, 2023.

MELLO, Celso Antônio Bandeira. *Discricionariedade e controle jurisdicional*. São Paulo: Malheiros, 1992.

MELLO, Celso Antônio Bandeira. Impossibilidade de o INPS multar municípios. *Revista de Direito Administrativo, Infraestrutura, Regulação e Compliance*. n. 17. ano 5. p. 373-376. São Paulo: Ed. RT, abr./jun. 2021.

MIKLAVEC, Noemi Pino. *Poder Judicial de la Nación* – Cámara Federal de Tucumán, 7 de marzo de 2017.

MIRANDA NETTO, Francisco Gama de. *Ônus da prova no direito processual público*. Rio de Janeiro: Lúmen Juris, 2009.

MORAES, Alexandre. *Direito Constitucional*. 36. ed. São Paulo: Atlas, 2020.

MOREIRA NETO, Diogo de Figueiredo. *Curso de Direito Administrativo*. 15. ed. Rio de Janeiro: Forens, 2009.

MOREIRA, Egon Bockmann. *Processo administrativo* – princípios constitucionais e a Lei 9784/1999. São Paulo: Malheiros, 2000.

NADAL, Thayara e REZENDE, Luiz. *O papel da reintrodução de animais na missão da conservação*. 2024. Disponível em: https://forumanimal.org/site/2024/02/22/o-papel-da-reintroducao-na-missao-da-conservacao/. Acesso em: 14 nov. 2024.

NEGREIROS, Rovena e SANTOS, Sarah Maria M. Dificuldades da gestão pública do uso do solo. In: FERNANDES, Edésio (Org.). *Direito urbanístico e política urbana no Brasil*. Belo Horizonte. Del Rey, 2001.

NIEBUHR. Pedro de Menezes. *Processo administrativo ambiental* – teoria, modalidades e aspectos controvertidos. 2. ed. Rio de janeiro: Lúmen Juris, 2017.

NOHARA, Irene Patrícia Diom. *Direito administrativo*. 11. ed. Barueri: Atlas, 2022.

OLIVEIRA, Odília Ferreira da Luz. *Manual de direito administrativo*. Rio de Janeiro: Renovar, 1997.

OSÓRIO, Fabio Medina. *Direito Administrativo Sancionador*. São Paulo: RT, 2010.

OST, François. *O tempo do Direito*. Bauru: EDUSC, 2005.

PEREIRA Jr., Jessé Torres. *Controle judicial da administração pública*: da legalidade estrita à lógica do razoável. Belo Horizonte: Fórum, 2005.

PESTANA, Marcio. *Direito administrativo brasileiro*. Rio de Janeiro: Elsevier. 2008.

PIETRO, Maria Sylvia Za,nella. *Direito Administrativo*. 35. ed. Rio de Janeiro: Forense, 2022.

PIVA, Rui Carvalho. *Bem Ambiental*. São Paulo: Ed. Max Limonade, 2000.

PONTES DE MIRANDA. *Comentários à Constituição de 1967 com a Emenda n. 1 de 1969*. 2. ed. São Paulo: RT, 1974. t. 5.

PRADO, Luiz Régis. *Direito Penal do Ambiente*. 8. ed. Londrina: Editora Toth, 2024.

RAMOS, André de Carvalho. *Curso de Direitos Humanos*. 11. ed. São Paulo: Saraivajur, 2024.

RÁO, Vicente. *O direito e a vida dos direitos*. São Paulo: RT, 1991.

RIZZARDO, Arnaldo. *Parte Geral do Código Civil*. 5. ed. Rio de Janeiro: Forense, 2007.

ROCHA, José Manuel de Sacadura. Comentários aos artigos 215 e 215 A da Constituição Federal. In: MORAES, Alexandre. *Constituição Federal comentada*. Rio de Janeiro: Forense, 2018.

RODRIGUES, Marcel Abelha. *Processo civil ambiental*. São Paulo: RT, 2008.

RODRIGUES, Marcelo Abelha. *Tríplice responsabilidade ambiental* – elementos para uma teoria geral. Indaiatuba: Foco, 2024.

ROITMAN, Isaac. *Uma pequena história do fogo*. 2024. Disponível em: https://www.noticias.unb.br/artigos-main/7550-uma-pequena-historia-do-fogo. Acesso em: 14 dez. 2024.

ROUBIER, Paul. *Le Droit Transitoire*, 2 ᵉᵐᵉ Paris: Dalloz, 1960.

RUIZ, Paola Laubscher e LEIVA, Marcelo Varas. *Proyecto de Memoria*: La prescripción en las acciones de reparación de daño ambiental y civil indemnizatoria de la Ley 19.300 a la luz del artículo 63. Santiago: Universidad de Chile. 2023. Disponível em: https://repositorio.uchile.cl/bitstream/handle/2250/197190/La-prescripcion-en-las-acciones-de-reparacion-de-da%C3%B1o-ambiental-y-civil.pdf?sequence=1&isAllowed=y. Acesso em: 24 dez. 2024.

SAN TIAGO DANTAS, Francisco Clementino. *Programa de Direito Civil* – aulas proferidas na Faculdade Nacional de Direito (1942-1945). Parte Geral. 4. tir. Rio de Janeiro: Editora Rio, 1979.

SANTANA, José Eduardo. *Competências legislativas mancipais*. 2. ed. Belo Horizonte: Del Rey, 1998.

SARLET, Ingo Wolgang e FENSTERSEIFER, Tiago. *Curso de direito ambiental*. 3. ed. Rio de Janeiro: Forense, 2022.

SIEGEL, Joeph A. *Alternative Dispute Resolution in Environmental Enforcement Cases*: A Call for Enhanced Assessment and Greater Use, 24 Pace Envtl. L. Rev. 187 (2007) DOI: https://doi.org/10.58948/0738-6206.1058 Disponível em: https://digitalcommons.pace.edu/pelr/vol24/iss1/8. Acesso em: 17 ago. 2024.

SILVA Jr., Claudio Aricodemes. *Prova pericial em ações ambientais*. Rio de Janeiro: Lúmen Juris, 2023.

SILVA, Fabrícia Araújo; RABELO, João Paulo Moraes e HAYASHI, Carmino. A inefetividade da aplicação de multas e sua conversão em serviços ambientais. *Research, Society and Development*, v. 9, n. 10, e2769108472, 2020.

SOUZA, Luciane Moessa. *Mediação de conflitos coletivos* – a aplicação dos meios consensuais à solução de controvérsias que envolvem políticas públicas de concretização de direitos fundamentais. Belo Horizonte: Editora Fórum, 2012.

SOUZA, Luciane Moessa. *Meios consensuais de solução de conflitos envolvendo entes públicos* – negociação, mediação e conciliação na esfera administrativa e judicial. Belo Horizonte: Editora Fórum, 2012.

TELLES, Antônio A. Queiroz. *Introdução ao direito administrativo*. 2. ed. São Paulo: RT, 2000.

VERZOLA, Maysa Abrahão Tavares. *Sanção no Direito Administrativo*. São Paulo: Saraiva, 2011.

VITTA, Heraldo Gracia. *A Sanção no Direito Administrativo*. São Paulo: Malheiros, 2003.